Arnold Angenendt

LIUDGER

Arnold Angenendt

LIUDGER

Missionar – Abt – Bischof im frühen Mittelalter

Aschendorff Verlag Münster

Arnold Angenendt

Geb. 1934; 1963 Priesterweihe; nach Promotion und Habilitation Lehrtätigkeit in Toronto, Bochum und Münster; 1986/87 Member of the Institute for Advanced Study in Princeton/N.J.; Mitglied mehrerer Sonderforschungsbereiche an der Universität Münster; 1997 Mitglied der Akademie der Wissenschaften des Landes Nordrhein-Westfalen; 1999 theologischer Ehrendoktor der Universität Lund/Schweden; seit 1999 emeritiert.

Die Abbildungen

auf dem Einband zeigen vorne den sog. Liudgerkelch (siehe Seite 92) und hinten zwei Miniaturen aus der „Vita secunda sancti Liudgeri" (siehe Seite 153 und 155).
Die Abbildung auf Seite 1 zeigt die Bischofsweihe Liudgers (ebenfalls eine Miniatur aus der „Vita secunda", siehe Seite 145).
Zum Frontispiz auf Seite 2: Ein in Werden erhalten gebliebener, mit Beinplatten besetzter Kasten geht vor die Zeit Liudgers zurück und könnte von ihm für Reliquien benutzt worden sein; darunter waren auch solche des Salvators. Dem entspricht das jetzt um die Arme beschnittene Mittelbild: Jesus Christus als „König" (REX).

Lithographie
Clemens Marpert

Kartographie
Burkhard Beyer

Buchgestaltung
Winfried Daut

Zweite Auflage

Printed in Germany

ISBN 3-402-03417-4

Inhaltsverzeichnis

Zweiter Teil: Liudger und seine Mission

Vorwort

Ein Liudger-Buch hat es seit 100 Jahren nicht mehr gegeben, ein direkt wissenschaftliches überhaupt noch nicht. Verdienstvollerweise hat der Gerlever Benediktiner Basilius Senger (†1990) mit seinen Kleinschriften, die sowohl Quellen wie Darstellungen umfaßten, das Interesse wachgehalten. Zur 1200. Wiederkehr der Bischofsweihe sei nun eine umfänglichere Publikation vorgelegt. Die Fülle neuer Aspekte ist groß. Sie alle will dieses Buch zusammenbringen. Der Autor war bestrebt, sowohl forschungsnah wie lesefreundlich zu schreiben. Möge das Buch den Missionar, Abt und Bischof Liudger neu in Erinnerung bringen. Eilige Leser werden gleich mit Liudger beginnen wollen. Die Tiefendimension allerdings zeigt sich erst aus dem längeren Anweg des Frühmittelalters.

Vielen hat der Autor zu danken. Zuerst seinen Mitarbeiterinnen und Mitarbeitern, zumal Dr. Karen Meiners. Dann den kritischen Lesern des Manuskripts: Abt Dr. Pius Engelbert/Gerleve, Kollegen Lutz von Padberg/Paderborn. Den Abdruck aller Miniaturen der zweiten Liudger-Vita ermöglichten großherzige Gaben, von der Bistumsregion Coesfeld – Recklinghausen, von der Münsterschen St.-Lamberti-Pfarrei, vom katholischen Stadtdekanat Münster sowie weiteren ungenannten Spendern. Kollege Theo Kölzer/Bonn gab Hinweise auf die Urkunden Ludwigs des Frommen, und Werner Friedrich/Rheine vermittelte das Historienbild mit dem predigenden Liudger. Dem Münsterschen Stadtmuseum, insbesondere der Leiterin Dr. Barbara Rommé, danke ich für die Möglichkeit der Einsichtnahme in Manuskripte des Katalogs zur Liudger-Ausstellung.

Münster, am 2. Februar 2005

Arnold Angenendt

Im Jahre 1901 stiftete der langjährige Direktor des Rheiner Gymnasiums Dionysianum Dr. Peter Grosfeld aus Anlaß seines goldenen Priesterjubiläums ein Historienbild: Liudger predigt das Evangelium an den Ufern der Ems. Die Westfalen strömen herbei, hören dem Prediger bereitwillig zu und lassen sich – wie im Hintergrund zu sehen – auch schon taufen.

Einführung

1. Wechselnde Bilder

Gemälde des 19. Jahrhunderts, welche Missionare darstellen, präsentieren immer dieselbe Idylle: die ehrfurchtgebietende heilige Gestalt, angetan mit den geistlichen Insignien und mit hochgerecktem Kreuz, solcherweise predigend unseren Vorfahren; die Frauen in Andacht lauschend und ergriffen aufschauend, die Männer noch zur Seite stehend und debattierend. Aber das Ergebnis ist abzusehen: Sie alle werden die alten Götterbilder verbrennen, werden demütig ihre Häupter beugen und das Taufwasser über sich ergießen lassen. Denn unsere Vorfahren waren wie natürliche Gotteskinder; ihr gesunder Sinn sagte ihnen sofort, die neue Religion sei die einzig wahre und bringe ihnen das wirkliche Heil; eigentlich hatten sie diese Predigt längst schon erwartet. Unterstellen wir nicht, solche Darstellungen hätten sich nur frömmelnde Gemüter ausgemalt. Sie galten wissenschaftlich vollauf legitimiert, wurden in Kirchen gepredigt und in Hörsälen doziert, bei freilich konfessioneller oder nationaler Akzentuierung. Die katholische Deutung sah die Kirche immer schon als Beschützerin des einfach-frommen Volkes und in Fürsorge für dessen Gottergebenheit, weswegen gerade das unverdorbene Volk ihr zuströmte. Die protestantische Deutung stellte es nationaler dar: Das Evangelium sei dem Gemüt der Deutschen artverwandt und habe deswegen in der deutschen Reformation seinen bestmöglichen Durchbruch erreicht. Liberal-nationale Kreise deuteten indes auch gegenchristlich: Die christliche Predigt habe die deutsche Wesensart verformt und verfremdet, was nun wieder zu beheben sei. Nicht Karl der Große und die Christenmissionare verdienten darum ein Andenken, sondern einzig der hartnäckigste Gegenspieler, der Verteidiger reinen Germanentums Widukind. Noch im heutigen Westfalen und Niedersachsen findet sich in nahezu jeder Stadt eine Wittekindstraße, nur gelegentlich eine solche für Liudger. Unser Heiliger begegnet allenfalls an katholischen Kirchen der Zwischenkriegszeit, als Namen wie Liudger, Wilfried, Winfried oder Willibald die Vereinbarkeit von Christentum und Deutschtum ausweisen sollten. Von all diesen Forschungsperspektiven, die wohlgemerkt einmal die leitenden waren, ist nichts mehr geblieben. Kurzab kann es heute über die 'Nationalität' der Sachsen heißen: „Als Germanen betrachteten sie sich kaum, als Deutsche sicher nicht“[1]. Neuerarbeitete Ansätze erweisen sich als breiter und reicher, ermöglichen ein profilierteres Bild von Zeit, Umwelt und Personen.

Auch Liudger ist in wechselnden Bildern gesehen worden. Exemplarisch steht dafür das drei mal vier Meter messende Historiengemälde in der Aula des Gymnasium Dionysianum zu Rheine: „Liudger predigt das Evangelium an den Ufern der Ems“[2]. Im Sommer 1901 teilte der zuvor pensionierte Direktor, Dr. Peter Grosfeld, seiner Schule mit, einen lang gehegten Stiftungswunsch verwirklichen zu können, nämlich ein Bild des predigenden Liudger zu schenken, das aus Spendengeldern anläßlich seines Goldenen Priesterjubiläums finanziert war. Gemalt hatte das Bild der Düsseldorfer Akademie-Professor Albert Baur, ein Aachener Bürgersohn und Schüler des aus seiner Heimatstadt stammenden Alfred Rethel (†1859) wie des Münchener Moritz von Schwind (†1871). Baurs Metier waren Historienbilder, monumentale Darstellungen herausragender Personen und Ereignisse mit bedeutender historischer, ethischer und religiöser Nachwirkung. Historie sollte sich zur Gegenwart verlebendigen, und so wollte auch das Gemälde des predigenden Liudger verstanden werden: Der Missionar hat am Emsufer festgemacht, hält wie einstmals Jesus vom Boot aus seine Predigt, hat hinter sich einen Altar stehen mit dem Reliquien-Schrein darauf. Junge Mönche sitzen an den Rudern, schon ältere hüten die Reliquien und halten den Bischofsstab. Die Sachsen kommen den Uferweg herunter oder rudern mit Frau und Kind herbei. Die Fischer-Frauen vergessen ihre Arbeit; die Krieger-Männer sind von ihren Pferden gestiegen, verschränken aber vorerst noch ihre muskulösen Arme. Ihnen allen predigt Liudger, der die Gesichtszüge des Stifters Dr. Grosfeld trägt. Das vom Prediger verbreitete Licht fällt in die dunklen Eichenschatten Westfalens. Die Wirkung läßt nicht auf sich warten. Im Hintergrund werden bereits die ersten in der Ems getauft. Dieses in Ausmaß wie Erzählfreude überdimensionale Bild erhielt einen Ehrenplatz in der neuen Gymnasiumsaula, freilich nachgeordnet dem Portrait Kaiser Wilhelms II. In der Eingangshalle des Gymnasiums präsentierte sich, allerdings kleinformatiger, die nicht minder heilige Vaterlandsgeschichte: Arminius, Karl der Große, Otto der Große mit dem Ungarn-Sieg und Wilhelm I. nach der Schlacht von Sedan. Es sollte eine Botschaft für jeden Schüler sein: Deutschlands Größe und der Sieg des Christentums. Daß sich gerade ein geistlicher Gymnasialdirektor engagierte und hier einen Herzenswunsch verwirklichte, zeigt noch ein weiteres, die Akzeptanz des zweiten, oft als protestantisch deklarierten Kaiserreichs nun auch von seiten der Katholiken. Ja, so die katholische Version, hatten nicht gerade so urgermanische und zugleich römisch-katholische Missionare wie der friesische Liudger und wie zuvor schon der angelsächsische Winfried den Germanen und ihrem reinsten Stamm, den Sachsen, den christlichen Glauben verkündigt? Der predigende Liudger bewies, daß man römischer Katholik und zugleich Deutscher sein konnte. Aber Bilder deuten nicht nur Geschichte, sie machen bzw. erleiden auch Geschichte. Mit dem Ende des Ersten Weltkriegs und der Abdankung des Kaisers brach eine Welt zusammen, und das Kaiser-Portrait verschwand. Und Liudger? Er rückte nun sogar in die Mitte, bis ihn 1940 der Rausch Hitlerscher Blitzsiege ebenfalls hinwegfegte. Doch das Bild überlebte, trotz vandalischer Verwüstung des Gymnasiums; offenbar nötigte der predigende Heilige immer noch Respekt ab. Bürger verbrachten ihn in die Herz-Jesu-Kirche. Aber die alten Grosfeld-Schüler erinnerten an die Besitzrechte des Dionysianum. Dieses ließ sich sein Eigentum bestätigen, war freilich bereit, das Bild – nach damaligem Kunstverständnis „ein Schinken" – vorerst an frommer Stätte zu belassen. Nach vielem Hinhalten und Taktieren kehrte dann der predigende Liudger 1964 an seine Stiftungsstätte zurück, zu einer Stelle im oberen Treppenhaus vor der Aula[3].

So sehr unser heutiges Bild ein anderes ist, so kann doch auch das unserige nicht für ewig genommen werden. Mit neuen Fragen kommen neue Perspektiven. Liudgers Leben fiel in die Zeit Karls des Großen. Dessen Reich wuchs damals nach außen wie nach innen: der Ausgriff nach Italien wie die Eroberung des Sachsenlandes, zugleich die innere 'Bildungserneuerung' mit der Aachener 'Hofakademie'. Mitten in diesem Prozeß, der – wie wir im nachhinein sehen – die Grundlage Europas schuf, stand der Friesenmissionar Liudger. Er war ein Mann nicht der ersten Generation und der ersten Stunde. Da wären Willibrord (†739), Bonifatius (†754) und Alkuin (†804) zu nennen. Diese waren allesamt Angelsachsen. Neben diesen aber standen noch Iren, Italiener und Spanier. Denn gerade das kennzeichnete das Karlsreich: seine Internationalität. Liudger stand ganz im Bann der Angelsachsen. Sein eigener Großvater hatte sich bereits für den Religionswechsel entschieden und den angelsächsischen 'Friesenmissionar' Willibrord unterstützt. In der angelsächsisch geprägten Missionsschule von Utrecht wuchs Liudger heran. Bonifatius, den er als Greis mit schneeweißem Haar in Erinnerung behielt, ist ihm zur Leitfigur geworden. Am Ort von dessen Martyrium in Dokkum, also im Kerngebiet seiner Friesen, sollte er für Jahre wirken. Die Nachbarschaft zu den Sachsen, die Karl zu unterwerfen begonnen hatte, brachte Krieg, gebot sogar Flucht. Liudger pilgerte währenddessen nach Rom und Monte Cassino. Zuletzt ernannte ihn Karl zum Missionar in Westfalen und zum Bischof von Münster. Liudgers Wirken scheint konsequent: die Erfahrung der Christianisierung sowohl seines Volkes wie seiner Familie wie noch seiner eigenen Person machte ihn zum Missionar, zuerst bei den Friesen und nachher bei den Westfalen.

Aber der Missionar machte nicht den ganzen Liudger aus. Schon dem Kind soll Lesen und Schreiben größtes Vergnügen gewesen sein. Als einziger auf dem Kontinent ging er nach England zu Alkuin, dem damals bedeutendsten Gelehrten, den bald Karl der Große an seinen Hof holte und somit Wirksamkeit auf höchster Ebene verschaffte. Mit seinem Lehrer blieb Liudger auch als Missionar in Verbindung, ließ sich von ihm für die Dokkumer Kirche Weihe-Verse schreiben und gab, ganz wie er es bei seinem Lehrer erlebt hatte, selber Schulstunden in Utrecht. Für sein Leben liebte Liudger die Bücher, saß im Skriptorium und leistete Schreibdienst, wurde mit den 'Lebenserinnerungen' an seinen Utrechter Lehrer Gregor sogar zum Autor.

Missionar und Bücherfreund zu sein mag schon als Spagat erscheinen. Liudger gründete obendrein ein Kloster in Werden. Die moderne Deutung ist rasch bei der Hand: eine Missionsstation im sicheren Hinterland, südlich der Grenze auf fränkischem Boden und nicht im immer noch gefährlichen Sachsenland, dabei auch der Gründer noch als Benediktiner. Doch hat Liudger selbst nie das Mönchsgewand getragen, war trotz des Besuchs in Monte Cassino kein Benediktiner, wie ebenso wenig einer aus seiner Umgebung. Heute wissen wir, daß Werden zuerst der 'Memoria' diente, sowohl der Sühne für die Sünden wie der Ruhe für die Toten. Der familiale Bezug verrät es: Das Kloster wurde zum Ort der 'Liudgeriden', der geistlichen Nachfahren des Stifters. Es lebte aus einem Bewußtsein, „das mit der Christianisierung der Familie einsetzt, auf einem Sendungsauftrag beruht, in der gemeinsamen, kontinuierlichen Ausübung des Amtes und der Herrschaft, des bischöftlichen Amtes und der Eigenklosterherrschaft kulminiert und in einer gemeinsamen Grablege seinen letzten sichtbaren Ausdruck findet"[4]. Spätestens hier sehen wir uns einer Welt konfrontiert, die der Erklärung bedarf. Das Kloster bildete bei Liudger den 'privaten' Anteil, stand neben seiner 'öffentlichen' Tätigkeit in Mission und Bischofsamt. Doch existierte auch an seinem Sitz in Mimigernaford ein Kloster, ein 'achtbares' sogar (*honestum monasterium*), das später den Namenswechsel zu Münster bewirken sollte; es dürfte ein 'Kathedralkloster' gewesen sein, dazu bestimmt, einen 'asketisch' und 'rein' lebenden Klerus zu haben. Das alles zeugt von einer Vorstellungswelt, die uns nicht mehr ohne weiteres zugänglich ist, aber für Liudger leitend war.

Um Liudgers Wirken und Wollen näher zu verstehen, muß man sich in eine ferne Welt begeben, sowohl sozial- wie religionsgeschichtlich. Nördlich und östlich des Rheins stand kaum ein Steinhaus und fand sich erst recht kein Buch. Hier lebte eine 'orale' Gesellschaft, verpflichtet den 'sagenhaften' Traditionen und den kriegerischen Göttern. Das Christentum verkündigen hieß hier: eine aus Tradition geheiligte Lebenswelt zu zerstören und eine neuartige aufzubauen, sowohl zivilisatorisch wie kulturell wie noch religiös. Der neuverkündigte Christenglaube wollte identisch mit dem altchristlichen sein, hatte aber längst schon Wandlungen an sich selbst erfahren und stand nun vor herausfordernden Anpassungen. So verlangte das ›Altsächsische Taufgelöbnis‹ die Absage an Wodan, Donar und Saxnot, ebenso die Absage an Opfer, die auch solche von Menschen hatten sein können. Im Gegenzug verstärkten sich im Christentum die Opfervorstellungen. Hier begann die Praxis der vielen Meß-Opfer. Liudger war selbst in diesem fundamentalen Umbruch groß geworden, hat die ältere Welt tagtäglich noch vor Augen gehabt. Um sich davon zu lösen, zumal von den Bindungen an Clan und Stamm, hat er offenbar ein Gelübde abgelegt, immer unter Fremden zu leben. Zugleich blieb er, wie die ihm in Münster auf dem Bischofsstuhl und in Werden auf dem Abtssitz nachfolgenden 'Liudgeriden' ausweisen, der eigenen Familie zutiefst verhaftet. So haben wir in Liudger den Typ eines karolingischen Kirchenmannes: selber aus einer noch zu verchristlichenden Welt herkommend und zugleich aktiv an dieser Christianisierung mitarbeitend. Was einem Einzelnen hierfür an Anstrengung abverlangt wurde, dafür steht Liudger.

2. *Quellen und Forschung*

Die Grundlage aller Liudger-Forschung bilden drei Lebensbeschreibungen. Kritisch ediert und kommentiert hat sie 1881 der damals eben erst habilitierte und mit 31 Jahren verstorbene Wilhelm Diekamp (†1885)[5]. Die von ihm vorgenommene historische Einordnung hat sich bewährt, doch sind Einzelkorrekturen und Ergänzungen nötig[6]. Die erste Vita verfaßte 840/49 Liudgers Neffe, der Münstersche Bischof und Werdener Rektor Altfried (†849), der nach eigener Aussage seinen Onkel nicht mehr gesehen hat und darum kaum vor 800 geboren sein dürfte[7]; er schrieb für seine Werdener „Brüder und Mönche", weniger allerdings über die Gründung ihres Klosters und noch weniger über die Münsterische Bischofszeit, vielmehr über die friesische Vorgeschichte Liudgers[8]. Es folgen weitere zwei Viten aus Werden um und nach der Mitte des 9. Jahrhunderts, beide mit verstärkter monastischer Perspektive. Erhöhter Wertschätzung erfreut sich derzeit Liudgers eigene literarische Tätigkeit: die Erinnerungen an seinen Lehrer Gregor. Zuvor oft ob ihrer chronologischen Fehler und ihres Predigttons übergangen, wurde inzwischen Liudger „als Zeitkritiker" entdeckt[9], auch als Maler einer „liebevollen Miniatur" seines Lehrers Gregor, „die zu den schönsten der frühmittelalterlichen Hagiographien zählt"[10]; Walter Berschin betont „das anekdotische, persönliche Detail", obendrein die „Utrechter Sicht" des Bonifatius als des Märtyrers[11].

In der Erforschung der angelsächsischen Missionare, die auf den Kontinent kamen und teilweise Liudgers Ziehväter wurden, hat der Bonner Mediävist Wilhelm Levison (†1947) die Fundamente geschaffen. Für die ›Monumenta‹, die große Quellen-Edition zur mittelalterlichen Geschichte, edierte er die Viten des Friesenmissionars Willibrord, des nordhumbrischen Bischofs Wilfried von York wie des 'Deutschen-Apostels' Bonifatius, legte dazu auch Einzelstudien vor. Indes mußte Levison, weil Jude, 1939 seine Bonner Alma Mater verlassen und fand Zuflucht im nordenglischen Durham[12]. Mitten im Krieg lud ihn die Universität Oxford zu Gastvorlesungen ein, die 1946 als Buch unter dem Titel ›England and the Continent in the Eighth Century‹ erschienen. Der erste Satz ist bereits Programm: Zweimal habe England einen tiefen und bleibenden Einfluß auf den Kontinent ausgeübt, in der Moderne mit seiner konstitutionellen Demokratie und dem Parlament, ein Jahrtausend früher schon mit seinen Missionaren, nämlich den „English missionaries and scholars, such as Willibrord, Boniface and Alcuin", auch noch mit deren Zögling Liudger, „who carried on Willibrord's tradition in more than one respect"[13]. Schüler Levisons, zumal sich katholisch verstehende, setzen diese Forschungen fort. An erster Stelle ist Theodor Schieffer (1910–1999)[14] zu nennen, der zum Bonifatius-Jubiläum 1954 sein ›Winfrid-Bonifatius und die christliche Grundlegung Europas‹ vorlegte, ein Klassiker bis heute: Abschied von der deutschen Nationalgeschichte und statt dessen Grundlegung Europas[15]. Ein anderer Schüler, der später auf Levisons Bonner Lehrstuhl berufene Eugen Ewig, wurde erster Kenner der Merowinger-Geschichte, schrieb über Verchristlichung des Königsgedankens, erforschte wesentliche Aspekte des 'irofränkischen Mönchtums', zumal dessen 'Exemtion'[16]. Eingebettet waren all diese Arbeiten in die damals bereitwillig von der deutschen Geschichtswissenschaft aufgenommene 'Abendland-Forschung', wie sie 1956 in der großen Ausstellung ›Werdendes Abendland‹ in Villa Hügel/Essen breite Resonanz fand und mit drei ansehnlichen Bänden neue Ergebnisse präsentierte, bei gebührender Berücksichtigung auch von Liudgers benachbartem Werden[17]. Geradezu auftrumpfend zeigte sich diese Abendland-Forschung in der Aachener Karls-Ausstellung von 1965, mit dem Ergebnis gleich fünf großformatiger Bände, dabei einer umfassenden Aufarbeitung der 'karolingischen Erneuerung'[18]. Dann aber bekam die Rede vom 'christlichen Abendland' einen politisch bedingten Beigeschmack, und so sind Frühmittelalter-Spezialisten heute in Deutschland nicht eben zahlreich.

Neu sind die Einsichten in den Missionsprozeß. Der Gießener Mediävist Hans-Dietrich Kahl hat als erster religionssoziologische und religionsgeschichtliche Aspekte einbezogen[19]. Der Bonner Kirchenhistoriker Knut Schäferdiek steuerte Gesamtüberblicke wie Einzelstudien bei[20]. Dem Münsteraner Karl Hauck ist die Herausarbeitung des liudgeridischen 'Priestergeschlechts' zu verdanken[21], dem Freiburger Karl Schmid (†1993) die Erhellung der 'Liudgeriden'[22]. Lutz von Padberg machte die auch für Missionare tragenden Verwandtschaftsnetze deutlich, arbeitete weiter über Missionsstrategien und Predigt[23]. Der Verfasser selbst war befaßt mit den politischen und religiösen Folgen[24]. Höchst rege präsentiert sich derzeit die angelsächsische Forschung[25]. Janet Nelson, eine Schülerin des 1938 aus Österreich geflohenen Walter Ullmann, hat sich für karolingische Dynastie-Geschichte ausgewiesen[26] und Rosemund McKitterick, eine Schülerin des Paläographie-Papstes Bernhard Bischoff, in der karolingischen Kultur und Literatur[27]. Mit Untersuchungen zur Mission ist Ian Wood hervorgetreten, auch zu Liudger[28]. Soeben ist posthum Donald A. Bullough's Monographie über Alkuin, Liudgers verehrten Lehrer, herausgekommen[29].

Für die Liudger-Forschung stecken den engeren Lebensrahmen seine friesische Heimat und sein westfälisches Missionsgebiet ab, und hier dauern die Untersuchungen und Debatten unvermindert an, auch mit neuen Aspekten. Grundlegend ist der Überblick, den Eckhard Freise im ›Handbuch der westfälischen Geschichte‹ vorgelegt hat, dazu seine Einzelstudien zur Münsteraner Stadtgeschichte wie auch die Edition und Kommentierung der Zweiten Liudger-Vita[30]. Für die

Archäologie, die nach dem Zweiten Weltkrieg besondere Chancen hatte, ist Wilhelm Winkelmann zu nennen[31], jetzt fortgesetzt durch Gabriele Isenberg[32].

Kirchengeschichtlich interessiert das neue 'geistliche Bild' Liudgers. Die von Alois Schröer in ›Das erste Jahrtausend‹ 1964 vorgegebene und von dem Gerlever Benediktiner Basilius Senger (†1990)[33] fortgeführte Skizze ist heute umzuzeichnen: Liudger war kein Benediktiner, also nicht „die Frucht benediktinischer Erziehung" und ebensowenig von einer „Frömmigkeit in Übereinstimmung mit der Benediktsregel" samt ihrem „hocherhabenen Opus Dei"; befremdlich erscheint nun die „Vorstellung des Starken und Heldischen" gleich einer „Verkörperung des mittelalterlichen Ritterideals" und zu idyllisierend die „schlichte Predigtweise" des „nüchtern" und „ohne komplizierte Gedankengänge" sprechenden Friesen; beschwichtigend wirkt die Versicherung, daß eine „Verlagerung vom Zentrum der Theologie an die Peripherie" nicht geschehen sei und entschuldigend, daß der Lohngedanke „germanisches Rechtsdenken" spiegele; am Ende bleibt ein „weltflüchtig-eschatologischer Stimmungsgehalt"[34]. Ganz anders der derzeitige Gerlever Abt Pius Engelbert: „Das geistliche Ideal, dem Liudger zuneigt, ist vielmehr das des armen, asketisch lebenden Wandermissionars, der wie der heilige Paulus und wie der heilige Bonifatius allein oder mit wenigen Mitarbeitern unermüdlich für die Bekehrung der ihm anvertrauten Völker tätig unterwegs ist"[35]. Weiter, „wenn Liudger eigene Vorstellungen vom Mönchtum hatte, dann höchstens die des [irofränkischen] Mischregelzeitalters, aber nicht benediktinische"[36]; sein Kloster Werden wurde gegründet als „Familieneigenkloster mit dem Stifter als 'nichtresidierendem' *rector*, der sich auch *abbas* nannte und einer halb benediktinischen, halb kanonikalen Gemeinschaft vorstand"[37]. Speziell zum geistlichen Bild Liudgers heißt es jetzt: Für das quasi-klösterliche Leben wirkte motivierend „die den Zölibat ... begründende Idee von der kultischen (sexuellen) Reinheit"[38]. Das 'neue Bild' will keinen Bildersturm, erklärt sich vielmehr aus vertiefter Einsicht in die sozial- und religionsgeschichtlichen Rahmenbedingungen und zeigt Liudger, weil wirklich besser ausgeleuchtet, in neuem Licht, gewisserweise irgendwie 'angespannter', aber keineswegs weniger 'heldenhaft'.

Die Geschichte der Diözese Münster ▷

Kerngebiet war und ist Westfalen, dazu im Mittelalter das liudgeridische Friesland. Dies ging im 16. Jahrhundert bei der Neuordnung der niederländischen Bistümer verloren. Dafür gelang es, das heutige Oldenburg hinzuzugewinnen, zumal es zum fürstbischöflichen Regierungsgebiet gehörte. Im 19. Jahrhundert kam der Niederrhein hinzu.

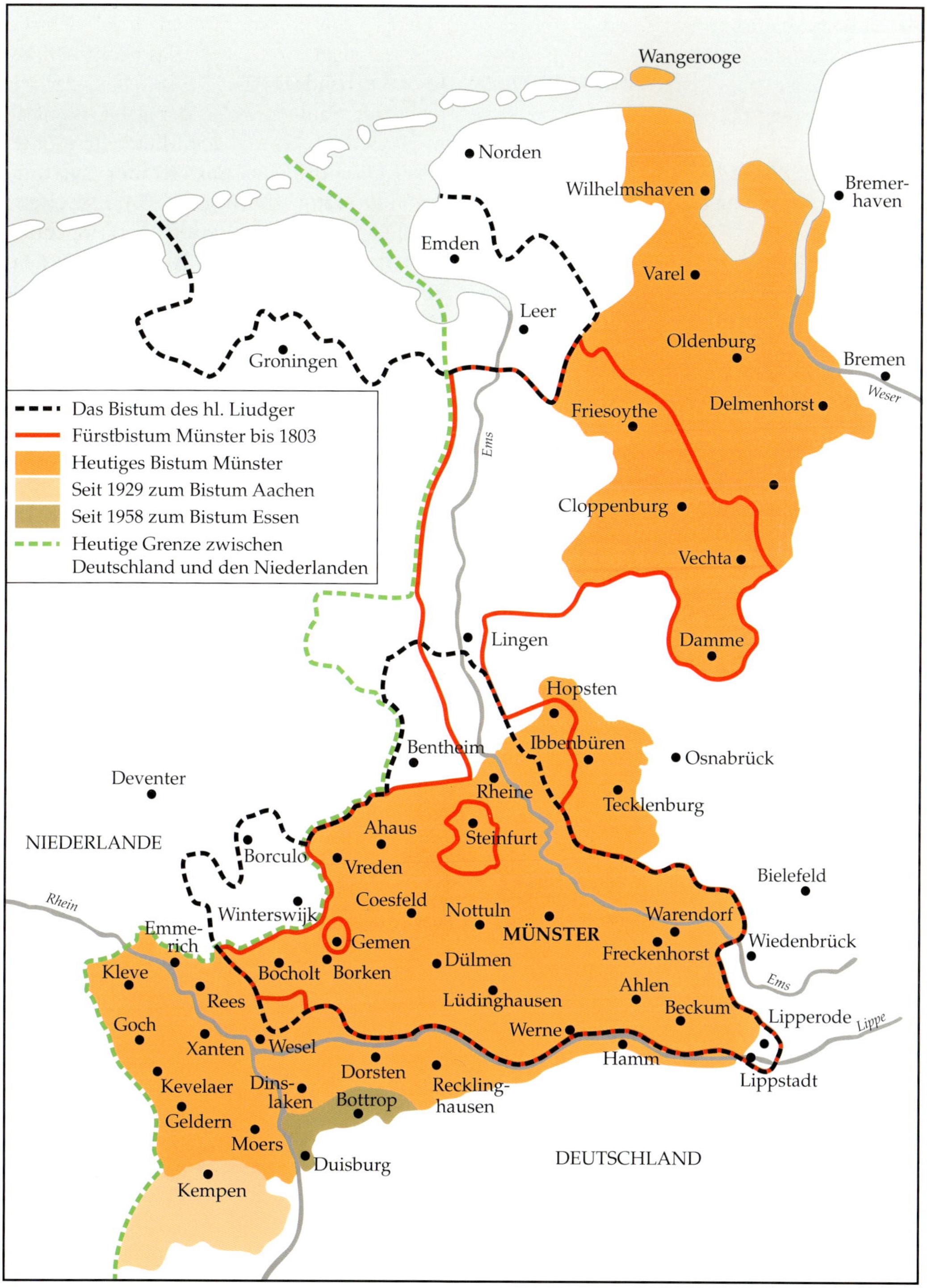
Wangerooge
Norden
Wilhelmshaven
Bremer-
haven
Emden
Varel
Leer
Oldenburg
Bremen
Weser
Groningen
Delmenhorst
Friesoythe
Das Bistum des hl. Liudger
Fürstbistum Münster bis 1803
Heutiges Bistum Münster
Seit 1929 zum Bistum Aachen
Seit 1958 zum Bistum Essen
Heutige Grenze zwischen
Deutschland und den Niederlanden
Ems
Cloppenburg
Vechta
Lingen
Damme
Hopsten
Bentheim
Ibbenbüren
Osnabrück
Deventer
Rheine
Tecklenburg
NIEDERLANDE
Ahaus
Steinfurt
Borculo
Vreden
Bielefeld
Rhein
Winterswijk
Coesfeld
Nottuln
Warendorf
Emme-
rich
MÜNSTER
Gemen
Wiedenbrück
Freckenhorst
Kleve
Bocholt
Borken
Dülmen
Ems
Rees
Ahlen
Lüdinghausen
Beckum
Lipperode
Goch
Lippe
Werne
Xanten
Wesel
Hamm
Dorsten
Kevelaer
Dins-
laken
Reckling-
hausen
Lippstadt
Bottrop
Geldern
Moers
Duisburg
DEUTSCHLAND
Kempen

ERSTER TEIL

Vorbedingungen und Zeitrahmen

I. Mission: altkirchliche Grundlegung und Praxis

1. Missionsauftrag

Schon immer ist die „ganz erstaunlich rasche und intensive Ausbreitung des Christentums im 2. und 3. Jahrhundert" aufgefallen[39]. Adolf von Harnack (†1930), Deutschlands große Wissenschaftsautorität zu Beginn des 20. Jahrhunderts und Verfasser eines bis heute unersetzten Werkes über ›Mission und Ausbreitung des Christentums‹, hielt dafür, „daß sich für keine andere Religion … auch nur annähernd etwas ähnliches zusammenstellen läßt"[40]. Eine Ausbreitung war es ohne besondere Organisation, schon gar nicht durch Staatszwang; vielmehr wirkte hier „die persönliche Darstellung des christlichen Lebens" und das lebendige Bewußtsein, die „Religion für alle Menschen" zu sein[41]. Vergegenwärtigen wir uns: Gebildet hatte sich das Christentum in ein paar Kleinstädten und Fischerdörfern am Nordufer des palästinensischen Sees Genezareth, nicht aber in der Weltmetropole Rom; gepredigt zuerst von dem Juden und Handwerkersohn Jesus, nicht aber erdacht in den philosophischen Schulen der Antike. Im Verlaufe nur einer Generation hatte sich die Botschaft bereits in Großstädten festgesetzt, war in Kleinasien, Griechenland und Rom von dem in Tarsus geborenen Juden Paulus gepredigt worden. Was Wunder, daß die christlichen Selbstzeugnisse „ein triumphales Bewußtsein"[42] durchdrang. Der nordafrikanische Theologe Tertullian konnte um 200 ausrufen: „Kein Volk ist mehr ohne Christen"[43], und selbst auch „bei den Barbaren ist

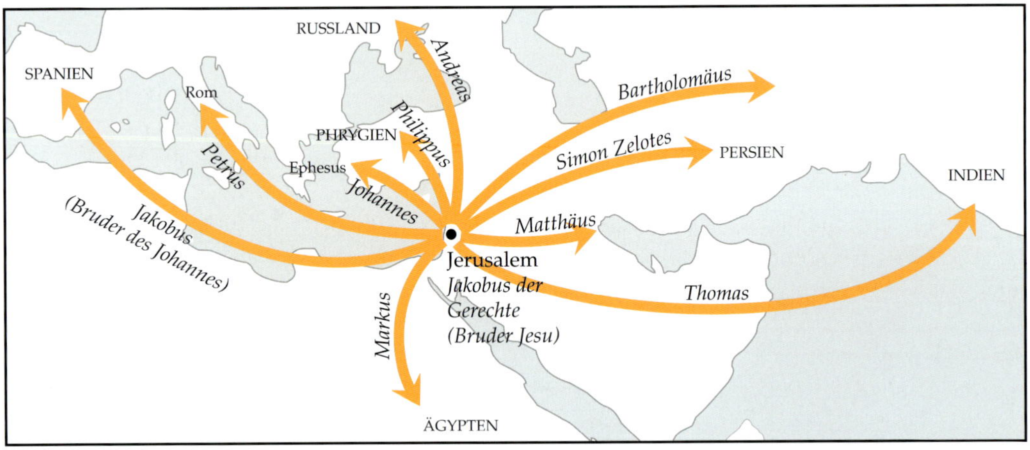

Die apostolische Mission

Für die Alte Kirche war die Welt bereits bekehrt. Die Apostel waren in alle Welt hinausgezogen und hatten jeder ein Volk bekehrt. Das Ziel, in jedem Volk Christen zu gewinnen, schien damit erreicht. Später sollte Karl der Große beanspruchen, mit der Bekehrung der Sachsen „apostelgleich" gehandelt zu haben.

Christus“[44]. Die legendären Apostelakten des zweiten und dritten Jahrhunderts sahen die Mission eigentlich schon vollendet: Die Apostel hätten die Welt untereinander aufgeteilt und allen Völkern den christlichen Glauben verkündigt, und dank dieser apostolischen Völkerverkündigung sei das christliche Missionswerk bereits erfüllt. „Eine Sorge um die Mission, also etwa die Notwendigkeit der Bekehrung aller Nichtchristen und eine dementsprechende allgemeine missionarische Pflicht der Christen wird nicht ausgesprochen“[45]. Nicht die Einzelmenschen – so ist hier zu sehen –, „sondern die Völker sind ‘Objekt’ der Mission“[46]. Man rechnete überhaupt nicht damit, daß alle Einzelnen gläubig würden, stand doch im 2. Thessalonicher-Brief: „Nicht alle nehmen den Glauben an“ (2 Thess 3,2b). Infolgedessen konnte etwa Augustinus (†430) dafürhalten: „Nicht alle müssen glauben, denn allen *Völkern* ist die Verheißung ausgesprochen, nicht allen *Menschen* aller Völker“[47]. Das Idealbild war die *ecclesia ex diversis gentibus,* die Kirche aus verschiedenen Völkern[48].

Wie schon seit jeher wird heute noch verwundert gefragt, wie es zu dieser raschen Ausbreitung kommen konnte[49]. Zu erinnern ist an einmalig günstige Faktoren im Imperium Romanum, wie sie erst in der Moderne wieder gegeben sein sollten: die freien Reisemöglichkeiten, die allgemeine Rechtssicherheit, das fast überall verstandene Griechisch, dazu aber auch das Verlangen nach persönlicher Religion mit ethischem Anspruch und je eigener Heilserlangung. Den Auftrag zur Mission hatten die Evangelien formuliert, bei Matthäus als Weisung des Auferstandenen an seine Apostel: „Geht zu allen Völkern und macht alle Menschen zu meinen Jüngern; tauft sie auf den Namen des Vaters und des Sohnes und des Heiligen Geistes, und lehrt sie alles halten, als ich euch geboten habe“ (Mt 28,19f). Und bei Markus: „‘Geht hinaus in die ganze Welt und verkündet das Evangelium allen Geschöpfen. Wer glaubt und sich taufen läßt, wird gerettet; wer aber nicht glaubt, wird verdammt werden’... Sie aber zogen aus und predigten überall“ (Mk 16,15; 16,20). Genau besehen hat dieser Befehl eine Vielzahl von Voraussetzungen wie ebenso von Aufgaben: Zu lehren war die Botschaft Jesu, dessen von Gott geoffenbartes Wort; dafür sollte Glauben geweckt und dann getauft werden. Das schloß ein: Lehre und Erklärung, Glauben und Überzeugung, Taufe und Heilsgewinnung. Das Christentum verstand sich als Religion der Offenbarung, die überzeugend zu predigen war, entsprechend auch mit Herz und Geist angenommen sein wollte und zuletzt die Taufe erforderte.

2. Geoffenbarte Wahrheit

Die Grundlage bildete Gottes Offenbarung, die „neues Gesetz“ war (vgl. Mt 5,17–20), ja eine „Lehre mit Vollmacht“ (vgl. Mt 7,28f.), von der nicht einmal „eines der kleinsten Gebote aufgehoben“ werden durfte (vgl. Mt 5,19). Mit seiner Lebensweise soll der Mensch Gott entsprechen und darum die Forderung: „Ihr sollt vollkommen sein, wie es auch euer himmlischer Vater ist“ (Mt 5,48). Maßgeblich sollte dabei die Liebe sein: „den Herrn, deinen Gott zu lieben, mit ganzem Herzen und ganzer Seele, mit all deinen Gedanken und all deiner Kraft“; dazu noch: „deinen Nächsten lieben wie dich selbst“ (Mk 12,30f). Mit der Liebe als Erstgebot optierte das Christentum für die „Kultur des Herzens“, wie sie Jan Assmann als charakteristisch für Altägypten und Israel herausgestellt hat[50]. Hier galt: Gott hat ein ‘Herz’ und übt dementsprechend auch Erbarmen, verzichtet allerdings nicht auf sein Gericht, ruft vielmehr zur

Verantwortung. Dem hat der Mensch 'von Herzen' her gerecht zu werden. Das bewirkte, weil darin der je Einzelne angesprochen wurde, „ein konstitutives Kapitel zur 'Urgeschichte der Subjektivität'“[51].

Für die Welt der Religion darf man solche Eigentümlichkeiten nicht als selbstverständlich nehmen. Religiös-kultische Vorgänge in innerer, gar 'liebender' Mitbeteiligung zu vollziehen, das ist auch für die Religionen der Antike keineswegs allgemein gewesen: „Der Gedanke, daß ein Gottesdienst ... der 'Erbauung' der Gemeinde zu Gute kommen müsse, hat außerhalb des Christentums in keinem antiken Kult Beachtung gefunden“[52]. Die Christen jedoch personalisierten ihr Gottesverhältnis in geradezu extremer Weise, redeten Gott, wie Jesus es gelehrt hatte, als „Abba“ (Mk 14,36) an, machten alle Gottesverehrung zur 'Herzensangelegenheit', verlangten eine innere Hinwendung, vollzogen „mit ganzem Herzen“ und „all deinen Gedanken“. Ziel war die Rettung zum ewigen Heil: „Wer glaubt und sich taufen läßt, wird gerettet“ (Mk 16,16). Aus dieser Gottesliebe ergab sich sofort ein Weiteres: die Freiwilligkeit aller Religionsbetätigung und gerade auch der Bekehrung. Weil nämlich die Bekehrung auf innere Gesinnung zielte, konnte sie niemals äußerer Zwang sein, sondern mußte aus freien Entscheid kommen.

Aufgrund der göttlich-autoritativen Offenbarung beanspruchte die Christenheit, die Wahrheit zu verkünden und nicht bloß einem Religionsbrauch zu folgen. Dem Bekehrungswilligen war damit die Unterrichtung in der christlichen Glaubenslehre aufgegeben. Wie schon die innere Mitbeteiligung so war auch die Unterweisung eine christliche Besonderheit; denn in den antiken Religionen gab es „nichts, was einem Religionsunterricht ... nur entfernt zu vergleichen wäre“[53]. Dabei ging es christlicherseits durchaus um mehr als nur das Auswendiglernen heiliger Formeln, eben um Annahme der Offenbarung mit Herz und Geist. Indes hatte sich in der Antike ein kritisches Wissen in Philosophie und Naturwissenschaft angesammelt, das oft genug gegen die tradierte Religion stand. Aber die übliche Religion galt weiter, wurde befolgt als heiliger Brauch. Hier nun setzten die frühchristlichen Theologen an. Der christliche Glaube sei – so der vielzitierte Ausspruch des Nordafrikaners Tertullian († nach 220) – nicht Gewohnheit nur, sondern Wahrheit[54]. Um diesen Wahrheitsanspruch aufzuzeigen, war die Offenbarung zu 'verstehen', war distinkt zu wissen, wer Gott sei und was er wolle, ob und wie Jesus Mensch oder/und Gott sei. Weiter war die Offenbarung mit dem Geschichts- und Naturwissen abzugleichen, zumal mit der philosophischen Mythen- und Wunderkritik. Aus dieser Konstellation entstand die christliche Theologie. Schon Paulus war „gerade als theologischer Denker Missionar der Heiden; so durchdachte er kritische Gemeindesituationen jeweils von theologischen Grundprinzipien her“[55]. Später wird Augustinus – darin tiefprägend für den Westen – sagen: „Man kann sich Gott nur mit dem Verstand nähern – dies stellen nicht nur ein paar Gelehrte in ihren Diskussionen heraus, nein, auch die ungebildete breite Masse von Männern und Frauen in so vielen verschiedenen Völkern“[56]. Der Offenbarungsanspruch wollte also menschliches Denken nicht unterdrücken, vielmehr in das Christenleben einbeziehen. Das alles war so human wie aber auch anspruchsvoll. Und wir können hier gleich noch hinzufügen, daß die beiden anderen Monotheismen, sowohl das Judentum wie erst recht der Islam, sich gleichfalls dem antiken Wissenserbe gestellt haben, wie sie dann ebenso mit Falschlehrern zu ringen hatten.

Das an sich löbliche Unterfangen, Religion zu 'verstehen', führte zu „Klärungen und Gewinnen von großer Reichweite und Dauerhaftigkeit“[57], glitt freilich oft genug ab in Streit und Doktrinalismus. Die Theologie führte zu Disputen, wie ja schon Paulus dem Petrus „offen entgegengetreten“ war (Gal 2,11). Paulus zumal wollte und konnte „kein anderes Evangelium“ dulden (Gal 1,7), verhängte dabei sogar das „anathema“ (Gal 1,9), den Fluch über die Falschlehrer, dessen Vollstreckung freilich nur Gott zustand; immer werde es Häresien geben (1Kor 11,19), und so wolle er Falschbrüder ertragen (2Kor 11,26). Am Ende werde – wie es im Weizen/Unkraut-Gleichnis angekündigt war – Gott selber das Urteil fällen und vollstrecken: „Laßt beides wachsen bis zur Ernte“, um erst dort „das Unkraut zu verbrennen“ (Mt 13,30). In Religionsangelegenheiten Gewalt anzuwenden lehnte die junge Christenheit ab; sie löste sich damit von dem uralten Religionskomplex der Eliminierung der Gottesfeinde und konnte dadurch einen ersten Schritt zur Toleranz tun.

Weiter war die Offenbarung zwar nicht von Jesus, wohl aber von seinen Aposteln und Schülern schriftlich niedergelegt worden. Das hatte das Christentum zur Buchreligion gemacht. Als solche war sie auf einen erheblichen zivilisatorischen Apparat angewiesen, auf Buchproduktion und Lesefähigkeit, auf Schulen und Auslegungskunst. Nur Buchreligionen, so ist gesagt worden, vermöchten sich ihres Fundamentes zu vergewissern und das Wesentliche durchzuhalten, freilich immer bei Gefahr auch der Buchstäblichkeit. Zumal für die Mission seien Buchreligionen ob ihres höheren zivilisatorischen und argumentatorischen Niveaus durchweg besser gerüstet[58]. Die für das Buch notwendigen Erfordernisse konnten eigentlich nur Städte erbringen. Denn erst hier herrschte eine Arbeitsteiligkeit, die höhere Geistesbildung in Schulen und Universitäten erlaubte, erstanden obendrein genügend Subsistenzmöglichkeiten, die über die tägliche Notwendigkeit hinausführten und spezielle Bildungseinrichtungen ermöglichten. Zudem herrschte in Städten eine größere soziale und religiöse Mobilität, die einen Religionswechsel von der Art ermöglichte, wie er christentumsspezifisch war: die ‘Überzeugungsbekehrung’ jeweils Einzelner, nämlich vollzogen in innerer Entscheidung und ohne alle Kollektivzwänge, befolgt nicht nur aus Gewohnheit, sondern aus eigenem Wollen. Wegen dieser persönlich notwendigen Freiheit brach das Christentum mit aller Kollektivität und betrieb eine Freisetzung des Individuums. Dadurch entstand zum Beispiel die religiös gespaltene Familie, etwa beim Heiligen Augustinus, wo der Vater heidnisch und die Mutter christlich war, der Sohn zwar Katechumene wurde und doch für viele Jahre Manichäer blieb. Als religionssoziologische Konsequenz ergab sich daraus: „Mit dem Sieg des Christentums ging die Familie als Kulteinheit überhaupt unter“[59]. Will man mit Max Weber religionssoziologisch urteilen, so erweist sich das Christentum wegen seiner kulturellen Vorbedingungen und seiner sozialen Mobilität als ethische Erlösungsreligion mit je persönlicher Frömmigkeit, und insofern ist die frühchristliche Religiosität „städtische Religiosität“[60].

3. Das ‘neue Gesetz’

Wo die Gottesvorstellung universalistische Züge annehme, so wiederum Max Weber, da forme sich aus den magischen, lediglich mit bösem Zauber operierenden Vorschriften die ‘religiöse Ethik’: „Der Verstoß gegen den Willen Gottes wird jetzt eine ethische ‘Sünde’, die das ‘Gewissen’ belastet“[61]. Für den Menschen bedeutet das sittliche Arbeit an sich selbst: „Auf die religiöse Arbeit an der eigenen Person kommt … alles an“[62]. Systematisch reflektiert hat diese 'Übung' die antike Philosophie mit ihrem Ideal des asketischen, das heißt: 'übenden' Lebens. Als wichtigste Übungen, weil sowohl tagtägliche wie letztgültige Ziele anstrebend, galten: 'mit anderen reden lernen', 'lesen lernen', 'sich freuen lernen', überhaupt 'leben lernen' und zuletzt auch 'sterben lernen'[63]. Das alles war 'Askese' und hierin erreichte die antike Ethik ein hohes und anziehendes Niveau.

In diese Geisteswelt kam das Christentum, mußte sich an den philosophischen Übungen messen lassen und hatte sich der „religiösen Arbeit an der eigenen Person" zu stellen. Was aber vermochte die christliche Botschaft anzubieten? Von Jesus her stellten sich die Forderungen nach Versöhnung, Feindesliebe, Gewaltverzicht, Besitzvergabe und Armenfürsorge[64]. Die Vollzugsweise dieser Ethik war eindeutig eine internalisierte, die das Wollen als innere Intention obenan stellte: Wer im Herzen begehrt, hat schon getan! (cf. Mt 5,28) Eine Fehltat zählt selbst dann, wenn sie nur im Herzen und nicht auch in Wirklichkeit geschehen ist. Paulus erklärte das Begrabenwerden mit Christus in der Taufe schon verheißungsvoll als Auferstehung: „Denn wer gestorben ist, der ist frei von der Sünde" (Röm 6,7). Aber diese Freiheit hatte sich in einem 'Soll' zu verwirklichen: „Die Sünde soll nicht über euch herrschen" (Röm 6,14). Das erforderte die Einübung des Guten. „Von größtem geistesgeschichtlichen Einfluß" wurde das neutestamentliche Gewissen, verstanden individuell „als auf Sittliches bezogenes Mitwissen" und allgemein „als allen Menschen eigen, bei Juden wie bei Heiden"; handeln sollte man „nicht allein aus Furcht vor Strafe, sondern vor allem um des Gewissens willen" (Röm 13,5)[65]. An die Stelle des von außen zu gewärtigenden Gerichts trat das innere des eigenen Gewissens. Paulus war hier wegweisend, seine „nachdrückliche Betonung der Liebe und des Gewissens"[66]. Über die Wirkung des Christentums auf die Antike konnte gesagt werden: „Begründungen für das Handeln werden ... in das Innere des Menschen, in das Gewissen verlegt", und dieser Prozeß wurde „durch das Christentum für alle Schichten der Bevölkerung wirksam"; zudem dürfte diese Verinnerlichung „nicht der geringste Grund für die Ausbreitung des Christentums [gewesen sein], daß die römische Gesellschaft angesichts der Veränderungen seit dem 2. Jh. zunehmend der christlichen Angebote bedurfte"[67].

4. Für die Armen

Den rechten Glauben und die ethische Lebensweise ergänzte das Gebot, den „Nächsten zu lieben", also sich der Armen anzunehmen. Sozialforderungen waren dem Christentum eingeboren: Weil Gott selber Freund der Armen war, hatte sich alle Gottesliebe in Nächstenliebe zu bewähren. Im Vergleich zur Antike war das neu. Aus der griechischen und römischen Welt ist – bei gleichwohl geübter Geld- bzw. Getreideverteilung oder auch Waisenversorgung – „kein spezieller Gesetzesakt zugunsten der Armen überliefert"[68]. Weder der Staat hellenistischer noch römischer Tradition übte eine gezielte Armenfürsorge. Im Gegensatz zum biblischen Sozialdenken hat man für die Antike sagen können: „Grundsätzlich gehörte überhaupt das 'selig sind die Armen' nicht in die griechisch-römische Vorstellungswelt"[69]. Der Euergetismus (Wohltätigkeit) der Oberschichten spendierte – wie der französische Althistoriker Paul Veyne sarkastisch anmerkt – „den Mitbürgern Bauwerke oder Vergnügungen ..., statt den Armen Almosen zu geben"[70]. Bei aller Humanität verblieb eine „fehlende Würdigung der Hingabe zugunsten des

Nächsten“[71]. Erst die Christen machten Armenfürsorge zur Pflicht, „die es in dieser Form in der griechischen und römischen Antike überhaupt nicht gegeben hatte“[72]. Man muß – um das Neue wirklich wahrzunehmen – Beispiele hinzunehmen. So galten etwa Kinder-Prostitution und Gladiatoren-Spiele in der antiken ‘Hochkultur’ als ‘normal’. Daß etwa Kinder von kleinauf zur Prostitution ‘abgerichtet’ werden konnten, was rechtlich nicht belangt wurde, erregte aber sofort schon seit dem zweiten Jahrhundert „die harsche Kritik der christlichen Autoren“[73]. Oder auch die christliche Ablehnung der Gladiatorenspiele, bei denen zum Beispiel im Jahre 107 an 123 Tagen rund 10.000 Gladiatoren mitwirkten und vielfach zu Tode kamen. Der christliche Protest war durchaus „unpopulär“[74], doch auf die Dauer wirksam.

Das ganze Programm des Christentums, sowohl der Wahrheitsanspruch wie die Sozialtätigkeit wie noch der Gewissensanspruch, läßt sich auf einen gemeinsamen Ursprung zurückführen: auf die Umwandlung des Opfers in ein geistiges. So hatten es schon die griechischen Philosophen und die israelitischen Propheten bis zur Hingabe des eigenen Lebens postuliert, die Philosophen als Durchsetzung der geistigen Erkenntnis, die Propheten als Befolgung des Gotteswortes und als Dienst am Nächsten. Opfer von Tieren oder gar Menschen sollten absolut abgetan sein. Sachgaben wurden christlicherseits nur insoweit noch anerkannt, als sie dem Liebesdienst am Nächsten dienten. Die Vergeistigung der Opfervorstellung bildet allgemein ein wichtiges Element im Überstieg zur Hochreligion und muß zweifellos zu den großen Veränderungen der Religionsgeschichte gerechnet werden. Indem das geistige Opfer sowohl der aufgeklärten Antike wie der biblischen Offenbarung die Bereitschaft zu einem gewissenhaften wie auch sozialen Handeln verlangte, beförderte es Internalisierung wie Individualisierung, zugleich eine neue Sozialisierung[75].

5. Die Taufe

Die Taufe ratifizierte das Christwerden. Vom Ritus her gesehen war es eine Waschung, welche die Reinigung anzeigte, die Befreiung von allen Sünden; es folgte die Salbung, welche in der Geistbegabung die Gotteskindschaft bewirkte. Die Taufe betraf den Bekehrungswilligen in seiner Person, wirkte aber zugleich überindividuell: Sie gliederte in die Kirche ein[76]. Wegen der inneren Mitbeteiligung und des geforderten Glaubenswissens kam der Vorbereitung besondere Bedeutung zu. Konzentriert erscheinen hier die typisch christlichen Forderungen. Die Kandidaten hatten die Glaubenslehre inhaltlich zu begreifen, dabei das Glaubensbekenntnis auswendig zu lernen, auch die christliche Lebensweise bis zur Sozialpraxis einzuüben. Unmittelbar vor der Eintauchung wurde die freie Entscheidung eigens erfragt: „Willst du getauft werden?“

Schon zum Ende des 2. Jahrhunderts lag jene Taufform vor, die für alle Zukunft grundlegend blieb, nämlich in der ›Traditio Apostolica‹, der wichtigsten altchristlichen Kirchenordnung. Die Vorbereitung, die auf drei Jahre konzipiert war, begann mit einer Negativprüfung, daß bestimmte Berufe (Gladiatoren, Götzenbildverfertiger, Zauberer, Bordellbesitzer, Strichjungen und Dirnen) nicht zugelassen wurden. Bei der Positivprüfung vor der letzten Intensivphase wurden der Lebenswandel und die Sozialtätigkeit überprüft, dazu eine Reihe von Exorzismen erteilt[77]. Dann erfolgte die Taufe. Ihr Verlauf war dialogisch, wobei das „ich glaube“ des Taufwilligen das entscheidende Wort bildete[78]. Die ›Traditio Apostolica‹ beschreibt hier ganz genau:

„Sobald der Täufling ins Wasser hinabgestiegen ist, legt der Täufer ihm die Hand auf und fragt:
Glaubst du an Gott, den allmächtigen Vater?
Und der Täufling soll antworten: Ich glaube.
Und sogleich, während die Hand auf seinem Haupt liegt, tauft er ihn zum erstenmal.
Und darauf fragt er: Glaubst du an Christus Jesus, den Sohn Gottes,
der geboren ist vom Heiligen Geist aus der Jungfrau Maria,
der unter Pontius Pilatus gekreuzigt wurde, gestorben,
am dritten Tage lebend von den Toten auferstanden
und zum Himmel aufgestiegen ist, zur Rechten des Vaters sitzt,
der kommen wird, zu richten die Lebenden und die Toten?
Und wenn jener geantwortet hat: Ich glaube,
soll er ein zweites Mal getauft werden.
Erneut fragt er: Glaubst du an den Heiligen Geist,
in der heiligen Kirche und an die Auferstehung des Fleisches?
Der Täufling soll sagen: Ich glaube.
Und so soll er ein drittes Mal getauft werden.
Wenn er dann wieder heraufgestiegen ist, soll er vom Presbyter unter folgenden
Worten mit dem Öl der Danksagung gesalbt werden:
Ich salbe dich mit heiligem Öl im Namen Jesu Christi.
Ein jeder soll sich abtrocknen und wieder ankleiden“[79].

Der Taufakt mag auf den ersten Blick wie selbstverständlich erscheinen, erweist sich jedoch als theologisch wohl überlegt und liturgisch klar gestaltet. Zugrunde liegen die beiden Taufbefehle. Das markinische „wer glaubt und sich taufen läßt“ verlangt voraufgehenden Glauben. Das matthäische „taufet im Namen des Vaters, des Sohnes und des Heiligen Geistes“ strukturiert die Abfolge mit den drei Fragen: Glaubst du an den Vater, den Sohn und den Heiligen Geist? Diese drei Fragen sind dann biblisch und dogmatisch noch weiter präzisiert. Auf jede soll der Täufling antworten mit „ich glaube“, woraufhin er jeweils untergetaucht wird. Es wird also die Taufe nicht 'verordnet', sondern im Glauben erfragt. Der Täufling muß sich nicht einer liturgischen Prozedur unterwerfen, die er, zum Objekt gemacht, über sich ergehen lassen müßte. Vielmehr ist er selbst das Subjekt dieser Liturgie. Sein „ich glaube“ bildet nicht nur den Rhythmus der Abfolge, ist vielmehr das Wort, auf das es ankommt; spräche der Täufling dieses Wort nicht, wäre der Ritus damit abgebrochen. Nicht ein hoheitlich-priesterlicher Amtsakt bewirkt diese Taufe; ein „ich taufe dich“ des Taufliturgen fehlt denn auch[80].

Genau diese Tauffragen, wie sie uns die ›Apostolische Tradition‹ vom Ende des 2. Jahrhunderts überliefert, hat auch Liudger benutzt. Wir werden sehen, daß sowohl das ›Altsächsische‹ wie ebenso das ›Altwestfälische Taufgelöbnis‹ danach aufgebaut sind.

Weiter ist die Patenschaft anzusprechen. Sie entwickelte sich in der Spätantike, freilich aus bereits älteren Elementen[81]. Schon gemäß der ›Apostolischen Konstitution‹ sollten die Taufbewerber Bürgen zur Bezeugung ihrer Ernsthaftigkeit mitbringen[82]. Zudem gab es das Amt der Taufhelfer: Diakone und Diakonissen nahmen die Getauften aus dem Brunnen auf, wofür das Wort aufheben (*suscipere*) gebraucht wurde, das später die eigentliche Patentätigkeit kennzeichnete: das Aufheben aus der Taufe. Endlich sehen wir noch den Brauch, daß die Täuflinge zum besseren Hineinwachsen in den Glauben einzelne Betreuer erhielten, die 'geistlicher Vater' (*pater spiritualis*) oder 'geistliche Mutter' (*mater spiritualis*) hießen[83]. Die Taufpatenschaft entstand dadurch, daß die 'geistlichen Eltern' nun nur von ihnen zu vollziehende Aufgaben erhielten. Hatten ursprünglich die Eltern oder die Verwandten und überhaupt jedermann den Täufling begleiten und ihm assistieren können, so taten das seit dem 6. Jahrhundert die eigens bestellten 'geistlichen Eltern'; sie standen den Täuflingen zur Seite, hatten im Falle der Kindertaufe die Tauffragen zu beantworten und hoben sie auch aus dem Brunnen auf. Bei Caesarius von Arles (†542) finden wir das Amt der als Bürgen (*fideiussores*) bezeichneten Paten weitgehend ausgebildet[84]. Was das Patenamt besonders hervorhob, war eine neuartige geistliche Deutung: Man dachte Paten und Täufling durch ein vom Geist Gottes gewirktes Band zu geistlicher Verwandtschaft verbunden, die von besonderer Art war und mehr gelten sollte als die nur 'fleischliche'[85]. Diese geistliche Verwandtschaft avancierte im Mittelalter zu einer der beliebtesten Formen künstlicher Verwandtschaftsbildung[86].

6. Zu allen Völkern

Der Siegeszug des Christentums „kannte keine Grenzen"; denn „die Lehren des gekreuzigten Gottessohnes richteten sich an alle Menschen, und seine Missionare verweigerten niemandem die Heilsbotschaft, mochte er Beschnittener oder Unbeschnittener, Barbar oder Reichsbewohner, Herr oder Knecht sein"[87]. Das war die Auswirkung von Pauli Proklamation: „Nicht mehr Jude, nicht mehr Grieche" (Gal 3,28), „nicht mehr Griechen oder Juden, Beschnittene oder Unbeschnittene, Fremde oder Skythen" (Kol 3,11). Das Christentum verstand sich übervölkisch, wollte jegliche Schranke überwinden, um Botschaft für alle zu sein. Allerdings hat sich die junge Christengemeinde den Schritt in die universale Mission erst noch erkämpfen müssen. Denn Jesus wußte sich nur „zu den verlorenen Schafen des Hauses Israel gesandt", heilte dann aber doch die Tochter der nichtjüdischen Syrophönizierin (Mt 15,24). Die Auseinandersetzungen, die Paulus mit der Ausweitung zu den Heiden hin auszustehen hatte, reflektiert der älteste Text des Neuen Testaments, der erste Thessalonicher-Brief: Die Juden „hindern uns daran, den Heiden das Evangelium zu verkünden" (1Thess 2,16). Für Petrus bezeugt die Apostelgeschichte, daß ihn erst eine Vision von seinen jüdischen Unreinheitsvorstellungen befreite: „Mir hat Gott gezeigt, daß man keinen Menschen unheilig oder unrein nennen darf", und daraus folgt die Konsequenz, „daß für Gott in jedem Volk willkommen ist, wer ihn fürchtet und hört, was recht ist" (Apg 10,28.35). Somit weitete sich das Christentum universalmissionarisch.

Solche Internationalität war auch für die Antike keine Selbstverständlichkeit. Das griechische Wort 'Barbar' diente „zur Deklassierung von Nichtgriechen, Fremden, Ausländern, Landesfeinden, kulturlosen Wilden, Ungebildeten, Dummen (auch von Griechen), überhaupt von Angehörigen eines fremden (Kultur-)Volkes; erst in hellenistischer Zeit kamen positive Aussagen über Andere hinzu, bei freilich weiterhin insgesamt barbarenfeindlicher Einstellung"[88]. Diese Abschätzigkeit erweist sich von der allgemeinen Religions- und Sozialgeschichte her als 'Urmuster', als die ethnologisch allüberall anzutreffende ingroup-/outgroup-Moral: Das eigene Volk ist 'richtig' und die anderen sind 'falsch'. Untereinander verbindet gemeinsames Blut, das der 'Stammvater' seinem Volk mitgab und an dem man durch Abstammung teilhat[89]. Hierin, in Abstammung und Blutsgemeinschaft, gründet die erste und einfachste Gesellschaftsform, der 'Stamm', der sich als „ein sprachlicher und kultureller Verband aus verwandten Gruppen [versteht], die eine gemeinsame Herkunft haben bzw. die der Glaube daran verbindet"[90]. Die Anderen sind minderwertig, die fernzuhalten, ja zu bekämpfen sind. Die homerische Welt verstand sich noch ganz so: „Gerne geben wir uns der Illusion hin, zwischen Völkern sei Friede der Normalzustand und Krieg nur eine Störung. In Wirklichkeit muß Friede seit je vertraglich geschlossen und bewahrt werden. Wer nicht zur eigenen Gemeinschaft gehört, wer 'draußen' steht, ist zunächst 'echthros', Feind... In der Frühzeit gehören Frauenraub, Herdenraub zum Alltäglichen"[91]. Das hier zugrundeliegende ingroup/outgroup-Schema ist so alt wie aktuell. So schreibt der amerikanische Historiker Norman Naimark, der den Begriff 'ethnische Säuberung' eingeführt hat: „Seit den Anfängen der dokumentierten Geschichte haben dominierende Völker weniger mächtige und Gruppen, die sie als untergeordnet und fremd ansahen, angegriffen und von ihrem Territorium verjagt. Homers *Ilias* ist voller brutaler und schockierender Beispiele dessen, was man ethnische Säuberung nennen könnte, gleiches gilt für die Bibel"[92].

Die Idee einer umfassenden Menschlichkeit – so sehr sie im Menschen drinsteckt – darf schon biologisch nicht für eine angeborene Selbstverständlichkeit genommen werden. Vielmehr sei – so der Göttinger Biologe und Philosoph Christian Vogel (†1994) – die menschliche Gen-Konstruktion radikal selbstbezogen, weswegen eine alle Völker und Rassen überspannende Gleichheit, Solidarität und Geschwisterlichkeit reichlich 'naturfern' sei; denn unsere Natur liefere gerade keine universalegalitäre, der Gesamtmenschheit verpflichtete Ethik; eine solche verlange in Wirklichkeit „eine enorme Kulturleistung ..., die einer ständig widerstrebenden Natur des Menschen abzutrotzen ist"[93]. Der Biologe Wolfgang Wieser bestätigt soeben in der Zeitschrift ›Merkur‹ vom März 2003: Ausgangspunkt menschlichen Sozialverhaltens sei der genzentrierte Altruismus mit der Familien- und Clangemeinschaft, und von hieraus sei dann der Schritt in die Fernbeziehung zu tun. Als Beispiel für die in Hochkulturen wie auch in Hochreligionen betriebene 'Entfamiliarisierung' zitiert Wieser das Neue Testament: „Der Überlieferung zufolge hat Jesus die Quintessenz dieses Konfliktes mit großer Deutlichkeit zum Ausdruck gebracht: 'Ihr sollt nicht wähnen, daß ich gekommen sei, Frieden zu senden auf Erden!'"[94].

Das Christentum verstand sich von vornherein als 'übervölkisch'. Schon das Alte Testament hatte hier einen besonderen Schritt getan: Es lehnte die Vielstämmigkeit mit ihren nebeneinander stehenden Völkergruppen ab und sah Adam und Eva als Stammeltern für unterschiedlos alle Menschen an. „Aus keiner Kultur des Mittelmeergebiets ist bisher eine ähnliche Völker-Genealogie bekannt geworden", schreibt der Salzburger Althistoriker Wolfgang Speyer; diese Genealogie „soll nicht nur die Verwandtschaft der Völker untereinander veranschaulichen..., sondern zeigen, daß Gott der Schöpfer und Erhalter aller Menschen ist"[95]. Nicht mehr gab es verschiedene, nebeneinanderstehende oder gar wesensfremd gegeneinanderstehende Völker, sondern die eine Menschheit, und an diese richtete sich die christliche Verkündigung. Infolgedessen war Einheit das große Ziel: „E i n Herr, e i n Glaube, e i n e Taufe, e i n Gott und Vater aller" (Eph 4,5f). Der e i n e Vater und der e i n e Glaube erforderten innere Einheit wie zugleich offene Universalität.

Dafür stellte das Christentum radikale Forderungen, nämlich den Auszug aus der Blutsverwandtschaft. Ein wahrer Christ sollte sich nicht an Volk, Stamm oder Clan binden, sollte vielmehr auf Erden 'heimatlos' leben. Abraham – so deutete schon der Hebräer-Brief – „zog weg, ohne zu wissen, wohin er kommen würde", und „hielt sich als Fremder im verheißenen Land auf" (Hebr 11,8f). Der kurz vor dem Jahr 100 geschriebene Erste Clemens-Brief spricht sowohl die eigene Gemeinde in Rom wie auch die Adressaten-Gemeinde in Korinth jeweils als in der Fremde lebend an: „Die Kirche Gottes, die Rom als eine Fremde bewohnt, an die Kirche Gottes, die Korinth als Fremde bewohnt"[96]. Der vor 200 verfaßte Diognet-Brief schildert als Selbstverständnis und Lebenspraxis der Christen: „Sie bewohnen das eigene Vaterland, aber wie Beisassen. Sie nehmen an allem teil wie Bürger, und alles ertragen sie wie Fremde. Jede Fremde ist ihr Vaterland und jedes Vaterland eine Fremde"[97]. Christen wollten bewußt in der Fremde leben, dadurch die Bindung an Volk und Abstammung demonstrativ entwerten und zugleich allgemeine Menschenverbundenheit vorleben.

Die Forderung, statt der Blutsverwandtschaft die Geistesverwandtschaft der Glaubenden zu befolgen, zeigt sich schon in der Jesus-Gemeinschaft mit deutlichen „familienfeindlichen Tendenzen"[98] und einem „antifamiliaren Ethos"[99]. Die Frage: „Wer ist meine Mutter und wer sind meine Brüder?", hatte Jesus brüsk beantwortet: „Wer den Willen Gottes erfüllt, der ist für mich Bruder und Schwester und Mutter" (Mk 3,33.35). In seiner Nachfolge mußte man Familie und Besitz verlassen (Mk 10,29), ja Vater und Mutter, Frau und Kinder, Brüder und Schwestern „gering achten" (Lk 14,26), sogar zuletzt noch die Beerdigung des toten Vaters hintanlassen (Mt 8,21f.). Die Konsequenz daraus hat der französische Rechtshistoriker Jean Gaudemet (†2001) auf den Satz gebracht: „Die Jüngergemeinde ersetzt die natürlichen verwandtschaftlichen Bindungen durch glaubensmäßige"[100]. In der Urgemeinde sollte die Blutsverwandtschaft mit Jesus keine Bedeutung mehr haben, sondern allein die religiöse Eignung und Bewährung; nur durch bewährte Nachfolge Jesu wurde man sein Jünger, und allein die religiöse Eignung befähigte zum Amt. Sozialgeschichtlich blieb „für die großen Familienverbände der Antike mit ihren religiösen, politischen, wirtschaftlichen und manchmal aristokratischen Aspekten kein Raum mehr"[101].

Mit diesem Programm trat die christliche Mission in die Alte Welt ein und traf dort auf förderliche wie auch hinderliche Bedingungen. Als Vielvölkerreich suchte das römische Imperium die religiöse 'Vielstämmigkeit' zu überspielen: Jede Religion spiegele in Wirklichkeit die allen gemeinsame Urreligion, und die verschiedenen Völker verehrten immer dieselben Gottheiten, nur unter jeweils wechselnden Namen und Kulten[102]. Jüngst noch hat Jan Assmann diese 'Götterübersetzung' erneut herausgestrichen: Die Götter hätten, weil nur dem Namen nach, nicht aber im Wesen als verschieden aufgefaßt, alle gleichgesetzt werden können, womit sich aller Kampf um 'wahr' und 'falsch' erübrigt habe[103]. Aber hiergegen ist Skepsis angemeldet worden: Rom habe nur eine sehr begrenzte Menge 'Andersdenkender' und ebenso 'Andersgläubiger' auszuhalten vermocht, denn „nicht individuell, sondern als Teil des römischen Gemeinwesens war man 'religiös'"[104]. Bei den Eroberungen seien die Römer in religiösen Fragen durchaus liberal verfahren, aber doch nur bis zu bestimmten Grenzen; etwa Religion noch für Autonomieansprüche zu benutzen, „funktionierte unter den Römern nicht mehr"[105]. Wo nötig verfuhr man unerbittlich, etwa Caesar (†44 v. Chr.), der bei der Eroberung Galliens die dort von den Kelten praktizierten Menschenopfer kurzerhand verbot und damit den Druiden-Kult vernichtete[106]. Carsten Colpe, ein immer stark reflektierender Religionshistoriker, vermag in der römischen Religionspolitik nicht wirkliche Toleranz zu entdekken: „Der neue Kult, der neue Gott mußte sich in das System des Imperiums fügen und seine Stabilität mitgarantieren. Tat ein Kult das nicht, wurde mit äußerster Schärfe gegen ihn vorgegangen"[107]. Für die Politik hieß das: Die Akzeptanz dauerte solange, wie Erträglichkeit fürs Imperium bestand, sonst aber drohte Vernichtung.

Darüber hinaus begegnete dem christlichen Universalismus die Idee der Weltmonarchie, die allerdings geschichtet blieb und Nationalgötter zuließ: Der Kosmos sei beherrscht vom obersten Gott, der, weil selber unerreichbar, Volksgötter unter sich habe, die das Geschick und die Eigenart der einzelnen Völker prägten, ihnen jeweils Existenz, Sprache, Recht und Religion garantierten[108]. Wie kaum ein anderer Theologe hat Origenes (†253/254) die Idee solch nationaler Zwischengötter in Auseinandersetzung mit dem heidnischen Philosophen Kelsos bekämpft, der die angestammte Götter- und Völkerordnung verteidigte: „Denn ein jedes Volk hält die von den Vorfahren überkommenen Gebräuche, von welcher Art sie auch sein mögen, in Ehren... Nicht gottgefällig aber scheint es zu sein, die Gebräuche abzuschaffen, die an den verschiedenen Orten von Anfang an eingeführt worden sind"[109]. Eben diese völkischen Götter und Gebräuche wollte das Christentum überwinden, und Origenes denunzierte die zwischengöttliche Herrschaft als Gefangenschaft und die Nationen als Gefängnisse, aus denen der wahre Kosmokrator Christus befreie, vor dem alle Menschen gleich seien und der alle zur Einheit führe[110]. Die e i n e Menschheit des e i n e n Gottes wollte das Christentum sein, ohne alle Zwischengötter. Das sei 'katholisch', wie Isidor von Sevilla (†636), der letzte antike Universalgelehrte und erste Lexikograph des Mittelalters, definierte: „Das Wort Kirche ist griechisch und bedeutet auf Latein Zusammenrufung (*convocatio*), weil dieselbe alle zu sich ruft. Katholisch ist universal [...], das heißt: aufs Ganze hin; nicht wie die Konventikel der Häretiker in irgendwelchen Teilregionen"[111].

Das altkirchliche Missionsverständnis in seinem Grundverständnis, wie es hier dargestellt ist, scheint allzuweit entfernt von Liudger. In Wirklichkeit sind wir ganz in seiner Lebenswelt. Denn nichts stellen die Quellen über ihn eindrücklicher heraus als den Abschied von der eigenen Familie und sein Wirken unter anderen Völkern. Für sich selber scheint Liudger den Entschluß gefaßt zu haben, lebenslang unter Fremden zu leben. Insofern darf er als entschiedener Befolger neutestamentlicher Forderungen gelten. Aber gleichzeitig sehen wir eine verbleibende Bindung an seine Herkunftsfamilie. Verwandte von ihm traten seine Nachfolge in Münster wie auch in Werden an. In der Forschung heißen sie 'Liudgeriden'. Diese mögen alle von besonderer Spiritualität geprägt gewesen sein und sogar heiligmäßig gelebt haben. Daß sie aber Liudger in seinen Ämtern nachfolgten, verdankten sie der Blutsverwandtschaft mit ihm. Liudger sehen wir hier gespalten zwischen zwei Welten, zwischen der christlich geforderten und der real gelebten.

7. Spätantike Reichskirche

Im römischen Vielvölkerreich profitierte das Christentum vom überall verständlichen Griechisch, den freien Reisemöglichkeiten, einem streckenweise auch aufgeklärten Universalismus[112]. Mit Konstantin, dem ersten christlichen Kaiser, glaubten manche den christlichen Universalismus wesentlich verwirklicht. Infolgedessen wollte der Hoftheologe Eusebius (†339) bereits das endgültige Erlöschen aller Nationalität und eine neue Universalität ankündigen: Was Augustus, von der Vorsehung geleitet, begonnen habe, das werde nun von Konstantin vollendet; unter dem e i n e n Gesetz Christi bekehre sich die Vielzahl der Nationen von ihren angestammten Göttern zu dem e i n e n Gott, der über allen sei[113]. Eine neue 'Reichstheologie' verklärte das Imperium zum Instrument des christlichen Universalismus, begann Römerreich und Gottesreich, Monarchie und Monotheismus wenn nicht zu identifizieren, so doch zu mystifizieren[114]. Konstantin selbst verstand sich als 'Bischof des Äußeren' und begann aufgrund dieses Titels bei innerkirchlichen Streitigkeiten einzugreifen und Konzilien einzuberufen. Die religionssoziologische Denkfigur des Priesterkönigs gewann damit auch im Christentum Gestalt, was nichts anderes bedeutete, „als daß der Kaiser der öffentliche Hüter des Glaubens war, worin sich ganz offenbar der letzte Rest des altrömischen Pontifex (*maximus*) erhalten hatte“[115]. Vor allem die byzantinischen Kaiser haben ihre Kirchenhoheit, gipfelnd in Justinian I. (†565), konsequent ausgeübt und betitelten sich offiziell als *basileus kai hiereus*, als Priester und König[116].

Das solcherart christianisierte Kaisertum wirkte tief verändernd auf die Kirche ein: Der Kaiser verstand sich als Hüter der Orthodoxie. Das verschärfte den Religionsdiskurs, führte zum Verbot des Heidentums und zog die Staatsgewalt in die Debatte um den rechten Glauben hinein, zuletzt bis zur Ketzerverfolgung: „Aus dem Anathem wurde im Handumdrehen zugleich ein staatlicher Bannstrahl, aus Lehrdefinitionen einer Bischofsversammlung ein Reichsgesetz“[117]. Weiter schränkte die Identifizierung mit Imperium und Kaiser das christliche Universalbewußtsein auf die Völker innerhalb des Reiches ein. Eine missionarische Aktivität über die Grenzen hinaus hat die westliche Reichskirche nur noch für einen Fall aufzuweisen: für die zum Jahre 431 vermeldete Entsendung des Bischofs Palladius durch Papst Coelestin nach Irland[118]. Die jenseits Lebenden, schon seit alters abschätzig als Barbaren bezeichnet, erschienen zusätzlich als religiös Andere[119].

Zuletzt noch hob das christliche Reichsbewußtsein den Kaiser in eine Sonderrolle für die Mission. Wiederum Byzanz ging hier voran und setzte die Maßstäbe: Die Mission wurde 'imperial'. Hatte die Alte Kirche nie besondere Missionare oder missionarische Institutionen ausgebildet, schon gar nicht den Staat zu Hilfe gerufen, so geschah Mission jetzt mit und unter dem Patronat des Kaisers: „Der Kaiser [...] ist der erste und vornehmste Missionar des Christentums, sein politisches Handeln ist immer auch missionarisch von Bedeutung“[120]. Jede Reichsausweitung dehnte zugleich das Christentum aus. Der Kaiser entsandte sofort Missionare und schlug die neugewonnenen Gebiete der Reichskirche zu. Für diese zugleich politische wie religiöse Ausdehnung kam ein eigens entwickeltes Ritual auf: die 'Vaterschaft' des Kaisers. Sie basierte auf der uralten Idee der 'Familie der Könige', über welche jeweils ein Kaiser als 'Vater aller' präsidierte, der andere Herrscher als seine 'Söhne' betrachtete. Byzanz entwickelte nun für jene Barbarenfürsten, die es nicht gänzlich besiegen konnte, aber doch an sich binden wollte und zum Christentum zu bewegen vermochte, ein spezielles Vater/Sohn-Verhältnis, und zwar mittels der Taufpatenschaft: Der Patriarch von Konstantinopel spendete die Taufe, und der Kaiser übernahm die Patenschaft[121]. Solche Paten-Söhne waren politisch wie religiös an das Reich gebunden, hatten indes Anspruch darauf, als Sohn bzw. Tochter respektiert und nicht unterjocht zu werden. Aus den zahlreichen Fällen, in denen die Kaiser so verfuhren, sei nur an die Taufe des Bulgaren-Khans Boris-Michael, der Rus-Fürstin Olga sowie ihres Enkels Wladimir erinnert[122]. Diese Patenschaften entschieden jeweils darüber, daß die Herrschaftsgebiete der Täuflinge unter den Einfluß von Byzanz gerieten und damit 'ostkirchlich' wurden[123].

All das sollte Bedeutung auch im Westen gewinnen, zumal in Karls des Großen Missionspolitik, und speziell seine Patenschaft über Widukind wird uns besonders noch beschäftigen.

II. Die Völkerwanderung

1. Kulturbruch

Die sogenannte Völkerwanderung führte einen Umbruch herbei, der im 5. und 6. Jahrhundert germanische Reiche innerhalb des weströmischen Reiches entstehen ließ: die Wandalen in Nordafrika, die Westgoten zunächst in Südgallien und dann in Spanien, die Franken in Nordgallien wie anschließend noch im Süden und Osten, die Langobarden in Norditalien und die Angeln, Sachsen und Jüten in Britannien[124]. Am äußersten Rand des Westens verharrten die keltischen Iren, isoliert auf ihrer Insel[125]. Für das römische Westreich brachten diese Germanenreiche den Zerfall in Partikularherrschaften und – viel gravierender – den Verlust von Universalität und Hochkultur. Das schon in der Antike bestehende Kulturgefälle kann man sich am Beispiel von Köln vergegenwärtigen, damals eine Stadt mit schätzungsweise 40.000 Einwohnern, einer bedeutenden (Glas-)Industrie und einer 120 Kilometer langen Wasserleitung aus der Eifel, einem technischen Wunderwerk[126]. Die nach Osten gewandte Rheinuferseite muß mit ihren mehrgeschossigen Bauten, Mauern, Toren und vorgelagerten Grabbauten wie eine Imponierfront gegen die rechtsrheinischen Germanen gewirkt haben, die – wie im rechtsrheinischen Neuwied ausgegraben – in Erdhütten und Flechtwerkhäusern lebten. Jahrhundertelang hatten die Germanen ins Imperium hineinzugelangen gesucht, und als ihnen das mit der Völkerwanderung endlich gelang – so der Berliner Althistoriker Alexander Demandt –, erwiesen sie sich außerstande, dessen Zivilisation fortzusetzen: „Die ihnen so begehrenswert erscheinende römische Kultur vermochten sie nicht fortzuführen, das eroberte Land haben sie nicht zu halten verstanden“[127]. Administration, Gerichte und Steuerbehörden fielen aus, das stehende Heer und die Polizei verschwanden, der Handel ging zurück; an Donau und Rhein wie in ganz Britannien verschwand die Stadtkultur. Aristokratische Großgrundbesitzer, ob nun römische oder fränkische, machten sich zu regionalen Gefolgsherren, welche lokale Gewalt ausübten und Unterwerfung verlangten. Anders als die ehemals national ausgerichtete Geschichtsschreibung, welche die germanische Eroberung des Westimperiums als Triumph der jungen Germanenvölker über das morbide Vielvölker-Imperium darstellte, sehen wir heute deutlicher den Abbruch von 'Hoch'- zu 'Einfach'-Kultur. Es verschwanden Schulen und Universitäten, ebenso Bibliotheken und Literalität. Natürlich blieben Reste, aber doch nur minimal gegenüber der Antike.

Die Frankenherrschaft umfaßte nach ihrer Ausbreitung über ganz Gallien und ihrem Ausgriff noch ins Ostrheinische verschiedenartige Völkerschaften wie auch Kulturen und Religionen. Dabei blieben die Romanen in der weitaus überwiegenden Mehrheit und bildeten südlich der Loire geschlossen die Bevölke-

Antike und Germanen

Für Jahrhunderte war der Rhein eine religiöse, kulturelle, zivilisatorische und militärische Grenze: linksrheinisch das römische Imperium mit zum Beispiel der Großstadt Köln und gegenüber auf der rechten Seite des Rheins die bäuerliche Welt der Germanen. Die Integration der Germanen sei den Römern mißlungen, hat man sagen können. Erst die Karolinger überschritten den Rhein und gliederten endgültig die Bayern, die Alemannen und zuletzt die Sachsen ihrem Reich ein.

rung; hinzu kamen im Norden und Osten Westgoten, Franken, Burgunder, Alemannen, Bayern, Thüringer, Bretonen, Basken und Slaven, zusammen also ein buntes Gemisch von Sprachen, Kulturen und Religionen. Je nach dem Grad, wie sich die Antike erhalten hatte, bestanden die denkbar größten Unterschiede. Gegenüber dem spätantik fortlebenden Südgallien bildeten schon die fränkischen Kernlande zwischen Rhein und Loire eine Übergangszone, die zwar noch antik geprägt, aber hierin doch tief geschädigt war.

Zu behaupten vermochte sich, wenn auch an Rhein und Maas nicht ohne Unterbrechungen, die Kirchenorganisation mit den stadtsässigen Bischöfen und ihrer Bistumsadministration. Die Kirche – so konnte jüngst wieder gesagt werden – war „gerüstet zur Expansion in barbarisierte und barbarische Gebiete"[128]. In Wirklichkeit drohte ihr die Strangulation. Denn die Schriftreligion, die das Christentum war, blieb auf spezielle zivilisatorische Voraussetzungen angewiesen: auf Bücher und Bildung, auf Schulen und Bibliotheken. Doch seit der neuen 'Völker-Herrschaft' erfuhr die verbliebene Hochkultur auch dort, wo sie nicht sofort zerstört wurde, eine stetige Minderung. In Gallien, wo die christliche Literatur im 4. Jahrhundert die heidnische überflügelt und an Zahl der Autoren wie der Werke alle sonstigen lateinischsprachigen Provinzen noch übertroffen hatte[129], ging nach Gregor von Tours (†594) und der ›Chronik des sogenannten Fredegar‹

Rekonstruktion der spätantiken Kirche in Boppard

Nach 300 wurde Gallien christlich. Auch an Rhein und Mosel entstanden Christen-Gemeinden, beispielsweise im mittelrheinischen Boppard. Die hier abgebildete Kirche zeigt vorne den Taufbrunnen, dann eine Abschrankung zum Gemeinde-Raum hin und hinten den Chorraum mit baldachinüberdecktem Altar und dem vorragenden Ambo, dem Ort der Lesungen und der Predigten.

überhaupt die Schriftlichkeit zu Ende. Wo aber Christentum sich behaupten wollte, da mußte ein Minimum an Schriftkultur aufrechterhalten werden für Lesen und Schreiben, für Bibel und Liturgie. In den altgallischen Gebieten konnte man noch vom Erbe zehren, ohne daß es sich auflösen durfte. In den hinzugewonnenen Gebieten mußten die Voraussetzungen neu aufgebaut werden. Wir können uns die Schwierigkeiten kaum groß genug vorstellen. Aus dem Gebiet der frühmittelalterlichen Friesen, das von der Schelde über Utrecht bis zur Weser reichte, ist gerade ein gutes Dutzend Runen-Inschriften überliefert[130]; schon ein einziges vollbeschriebenes Pergamentblatt, wie sie bald buchweise mit den Missionaren ins Land kamen, enthielt weit mehr an Buchstaben. Vor diesem Hintergrund erst begreift man neu die angelsächsischen Missionszentren wie Echternach, Utrecht, Mainz, Fulda oder auch Liudgers Werden, die sich als Schreibstätten neuer Literalität betätigten[131].

2. Neuer Ethnozentrismus

Der Kulturverlust hinterließ nicht einfach eine Lücke nur, die das Leben gewohnt hätte weitergehen lassen. Vielmehr kamen sofort die urtümlichen Elemente des Ethnozentrismus wieder hoch: ein jedes Volk erneut mit halbgöttlicher Herkunft und besonderer Eigenart wie auch mit je eigener Religion. Zum vollen Verständnis muß man sich Phänomene vergegenwärtigen, wie sie erst Sozial-, Mentalitäts- und Religionsgeschichte ansichtig machen: „Ethnien (Stämme, Völker) mit voll ausgeprägtem Identitätsbewußtsein pflegen den Anspruch zu erheben, daß *ihr* Urahn der *erste Mensch schlechthin* war. Er entstieg etwa dem Boden des Landes, in dem seine Nachfahren *noch heute* leben, bzw. ließ sich dort an einem Seil vom Himmel herab oder wurde ebenda von den Göttern erschaffen“[132]. Vermittels der Ahnenreihe entsteht „eine *kontinuierliche* Abfolgebeziehung *von der Urzeit bis zur Gegenwart* konstituiert, stellt das eigene Ethnos das *älteste*, sozusagen das ‘erstgeborene’ mit der *längsten Geschichte* innerhalb der Völkerfamilie der Gesamtmenschheit dar“[133]. Nach außen hin erfolgt eine Abwertung der Anderen bis zur Unmenschlichkeit: „Alles, was sich in der exosphärischen Außenwelt an *Andersgeartetem* findet, [wird] nur *abwertend* beurteilt...

Fremdartige Landschaften muten beängstigend, häßlich und an sich unbewohnbar, Gebrauchsgüter unzweckmäßig und primitiv, Verhaltensformen absonderlich, ungehobelt, unmoralisch und abnormal, Anschauungen kraus, lächerlich, absurd usw. an"[134]. Das betrifft auch die Religion: „Man ist überzeugt, daß die Menschen, die 'da draußen' existieren, quasi regellos, bar aller vernünftigen Ordnung leben, nur über wenig entwickelte 'primitive' Gerätschaften verfügen, keine 'schickliche' Kleidung besitzen, lediglich Dämonen, tote 'Götzen' und ohnmächtige Gottheiten verehren, ohne jedes höhere Empfinden für Moral, Sittlichkeit und Recht sind usw. mehr; mit einem Wort: sie vegetieren gleichsam als rechte Barbaren und 'Wilde' dahin"[135]. Dieser Ethnozentrismus, sofern er sich primär von Abstammung und Blutsverwandtschaft her versteht, kann auch als 'Gentilismus' (von *gens*: 'Volk', 'Geschlecht') bezeichnet werden, darf allerdings nicht, wie im nationalen 19. Jahrhundert, als reale Stammes- und Blutsverwandtschaft verstanden werden, wirkte vielmehr als regulatives Prinzip, das den jeweils bestehenden Verband zusammenhielt[136].

Im frühmittelalterlichen 'Volksbewußtsein' regierte ein neuer gentilischer Ethnozentrismus: Obenan stand der halbgöttliche 'Stammvater', oder wie ihn der Münsteraner Mediävist Karl Hauck genannt hat, der 'Spitzenahn'[137] des von ihm abkünftigen Volkes[138]. In reinster Form besaßen das Abstammungsblut König und Adel, weswegen sie als Geblütsgeborene die Macht beanspruchten – Herrschaft also ob des besseren Blutes und nicht aufgrund von Ausbildung oder Befähigung[139]. Solche Adelsherrschaft bestimmte das Mittelalter, sowohl im weltlichen wie im kirchlichen Bereich; auch Liudger war geburtsblütig. Sofort kam mit dem Ethnozentrismus wieder neuer Krieg, eine – wie der französische Historiker Georges Duby für das Frühmittelalter schreibt – „natürliche Feindschaft": Die von Fremden bewohnten Nachbargebiete hätten als Jagdgrund gedient für Schmuck, Waffen, Vieh und – nicht zuletzt – für Sklaven[140]. Dem Wiener Mediävisten Herwig Wolfram zufolge „befand sich die germanische Stammeswelt ständig im Krieg. Der Friede bildete die Ausnahme, er mußte vertraglich festgelegt werden"[141]. Hervorgebracht wurde dadurch „ein neuer Typ sozialer Beziehungen, der Freiheit nicht nur im Besitz, sondern auch mit der Bereitschaft zum Waffengebrauch verband...", infolgedessen „kriegerische Werte langsam an Bedeutung gewinnen und in die Schriftkultur eindringen konnten"[142]. Zum Symbol wurde das Schwert, das magischen Eigenwert gewann[143]. Sklaven galten, wie ethnologisch üblich, als 'Fremdstämmige', bedeutete doch die Selbstbezeichnung der Freien in den meisten europäischen Sprachen etymologisch 'Stammesgenosse', und ihnen gehörten die Sklaven nicht an[144].

Daß die Germanenreiche geradezu klassische Gentilismen aufweisen, macht es schwer, dezidiert von germanischen 'Wesenseigentümlichkeiten' zu sprechen, wie es die nationale Geschichtsschreibung einmal wollte. Auch die in der Kirchengeschichte gestellte Frage nach einem 'arteigenen Christentum', ja nach einer möglichen Verformung des germanischen Wesens durch die Christianisierung erweist sich als Groteske[145]. In Wirklichkeit sind die den Germanen vormals zugeschriebenen Sondereigenschaften eben nur „altertümliche Züge"[146]. Dies gilt für das Abstammungsbewußtsein samt der Adeligkeit, ebenso für das Clan- und Gentilbewußtsein. Bei der Christianisierung löste das alles erhebliche Probleme aus: die Göttlichkeit der Spitzenahnen, die Geblüts- und Geburtsrechte des Adels, eine familiar bezogene Religiosität, obendrein noch die Parzellisierung des eingeführten Christentums zu 'Gentilkirchen'[147].

Für die Dauer allerdings wurden Veränderungstendenzen angelegt, wie sie Michael Mitterauer aufgrund eines umfassenden Kultur-Vergleichs herausstellt: Seit dem Frühmittelalter erfolgte „eine Konfrontation mit Stammesgesellschaften. Systeme und Begrifflichkeit der Verwandtschaft wurden in ihm grundlegend verändert“[148]. An dieser Veränderung ist Liudger unmittelbar beteiligt gewesen, verstand er sich doch übernational.

3. *Germanische Religion*

Die Forschung möchte heute kaum mehr von einer einheitlichen Germanen-Welt sprechen, auch nicht von einer wesenseigenen Religion[149]. Zumal im Ausstrahlungsbereich des Imperiums hatten sich germanische 'Randkulturen' gebildet[150], die vielerlei aus dem Reich aufnahmen, auch für die Religion. Folglich ist d e n Germanen, i h r e r Religion und ihren Lebensordnungen eine Mischkultur mit einfachen Religions- und Sozialformen zu unterstellen[151]. Bezeichnend ist schon die in der Spätantike vorgenommene Zuordnung der germanischen Götter zu den römischen, wie unsere Wochentage ausweisen: Sonntag (*dies solis*) – Mon(d)tag (*dies lunae*) – Dienstag (*dies Martis Thinxii*, oder *Tiu/Ziu-Tag;* englisch*: Tues-day*) – Mittwoch (*dies Mercurii* – niederdeutsch: *Woensdag = Wodans-Tag*), Donnerstag (*dies Jovis = Donars-Tag*), Freitag (*dies Veneris = Frigge-Tag*). Auch hat die Germanenwelt von den Römern ein so wichtiges Religionselement wie die Planetenwoche mit ihren sieben Tagen übernommen[152]. Weiter konnte an den zahlreichen, in Südschweden aufgefundenen Brakteaten und Goldgubbern – münzengroßen Preßblech-Bildern – aufgezeigt werden, daß ihre Motive von römischen Münzen übernommen und zu eigenen Religionsbildern, hauptsächlich für

Goldbrakteat

In Südschweden sind in den letzten Jahrzehnten mehrere tausend Goldblechprägungen in münzgroßer Rundform (Brakteat) oder Viereckform (Goldgubber) aufgefunden worden. Sie stellen zumeist den Gott Odin dar. Dem Bild nach sind sie von spätantiken Münzen und ihren Kaiserbildern abgeleitet. Für die germanische Religion zeigt sich daran, daß sie auch Fremdeinflüsse aufnahm, wie man die Germanenwelt überhaupt als 'antike Randkultur' hat bezeichnen können.

Odin, umgearbeitet worden sind[153]. Die Beeinflussung reicht bis ins Alltägliche. Ein an der Niederelbe aufgefundener, kunstvoll bearbeiteter Holzthron wäre früher als Zeugnis hochstehender, germanischer Kunstleistung gedeutet worden, gilt heute jedoch als Stück der provinzialrömischen Handwerkskunst[154]. Noch bis in die Sprache reichen die Spuren, sind doch im Altsächsischen römische Werkzeugbezeichnungen anzutreffen, wie zum Beispiel *furca* für Gabel[155]. Trotz all solcher Übernahmen ist dennoch fürs Ganze „eine mißlungene Integration" zu registrieren[156].

Für die germanische Religion bietet der entsprechende, 2003 erschienene Artikel des ›Reallexikon der Germanischen Altertumskunde‹ mehr Erwägungen als feste Aussagen: kein einheitlich germanisches Wesen und somit keine einheitliche Religion, vielmehr eine nichtdoktrinäre Gemeinschaftsreligion mit perioden-verschiedenen Ausformungen: Vorausgesetzt sei eine suprahumane Welt mit Gottheiten wie mit Schutzgeistern und Ahnen; als gemeingermanisch könne das Wort 'wiha'/heilig gelten; es folge 'blotan', das 'eine Gottheit verehren', näherhin 'mit Opfern verehren' bedeute; kollektive Kultfeste seien oft sakrale Trinkgelage gewesen, wobei 'das Fest vorbereiten' auch 'das Bier zubereiten' geheißen habe; für die zahlreichen Kultplätze hätten unterschiedliche Grade von göttlicher Präsenz und somit geregelter Zugänglichkeiten gegolten[157].

Die Germanen-Religion war polytheistisch, sah sich letztlich dem Schicksal unterstellt, einer unpersönlichen, ja willkürlichen Macht[158]. Bei den Göttern stand Wodan an der Spitze, ein Kriegs- und Siegesgott, dessen Name 'Wut' ausdrückt. Seinen Namen bezeugen Alemannen, Franken, Sachsen wie Angelsachsen[159]. In den römischen Grenzgebieten wurde er mit Merkur gleichgesetzt, so daß der *dies Mercurii* zum Wodans-Tag wurde. Im Nordischen hieß er Odin, war ein Wesen von Unruhe und Fahrt: „Er stachelt Freunde und Verwandte gegeneinander auf, damit es zu Krieg und Fehde kommt" [160]; ihm wurden auch Menschen geopfert[161]. Donar (nordisch: Thor) trat als Donnerer auf und schwang den Hammer; man hat ihn als „jähzornigen Polterer, gewaltigen Biertrinker, enormen Esser, scharfen Haudegen" charakterisiert[162]. Mit Jupiter gleichgesetzt, stand er bei den Normannen an oberster Stelle[163]. Der Gott Tiwaz (daraus Tyr/Ziu) sollte das Thing beschützen; bei den Sachsen hieß er Saxnot[164]. Die Götter waren, nicht anders als die germanische Stammeswelt, kriegerisch und verlangten zum Beispiel Kriegsopfer. Beispielhaft bezeugen das zwei Opferplätze im Moor Ejsbøl beim süddänischen Haderslev: Hier wurden im frühen 4. Jahrhundert 200 Krieger mit ihren unbrauchbar gemachten Schwertern, Dolchen, Speeren, Waffen und Pferdegeschirren allesamt in einen See geworfen; hundert Jahre später folgte gleich daneben nochmals ein solches Opfer[165].

Neben Wodan/Odin und Donar/Thor „sind keine germanischen Gottheiten so gut belegt wie die urgermanischen Muttergöttin-

Der göttliche Sieghelfer
Zu den gemeingermanischen Religionsbildern gehörte das des göttlichen Sieghelfers, der dem vorwärtsstürmenden Reiter, dessen Pferd vom Gegner erstochen wird, beispringt. In der germanischen Welt hatten die Götter zum Sieg zu verhelfen. Bekehrungen geschahen erst dann, wenn der Christengott zum Sieg geführt hatte.

nen"; gemeint sind die in der römischen Provinz Niedergermanien verehrten Matronen, über deren Kult wir weit besser Bescheid wissen als über den ganzen nordgermanischen[166]. Zahlreiche steinerne Denkmäler und ergrabene Kultgebäude sind überkommen, die sich provinzial-römischer Kunst verdanken. Zudem war die Verehrung 'international', so bei Kelten und durch das Militär sogar in entfernten Provinzen. Im Blick auf Liudger sei auch ein friesisches Zeugnis angeführt: *Matris Frisiavis paternis* – den frisianischen väterlichen Matronen[167].

Den Missionaren stellten sich hier unlösbare Aufgaben. Wie sollten sie, die gemäß dem Neuen Testament den Frieden Jesu zu verkündigen hatten, auf Gottesvorstellungen antworten, die vorwiegend kriegerisch waren, so bei Wodan und Donar? Das Kriegerisch-Agonale ließ sich „nicht einschränken und nur schwer religiös überwölben"[168]. Doch hatten sich bereits in der christlichen Spätantike Anpassungen vollzogen, denen zufolge Konstantin bei der Schlacht an der Milvischen Brücke (312) das Kreuz – für Jesus das Zeichen erfahrener Gewaltlosigkeit – zum militärischen Siegeszeichen umzudeuten und Christus als Sieghelfer zu feiern vermochte. Ähnlich sehen wir, daß die Bekehrung der Germanenkönige in aller Regel erst nach der Erfahrung göttlicher Sieghilfe erfolgte, eben unter dem Eindruck, daß ihnen Christus als der „stärkere Gott" in der Schlacht zum Sieg verhalf[169].

III. Die Herausforderungen

1. Kollektivität

In dem Maße, wie Familie, Sippe und Stamm wieder Lebens- und Abstammungsgemeinschaften bildeten, drohte die persönliche Glaubensentscheidung dahinzufallen. Weil innere Differenzen nur Schwächung im 'natürlichen Krieg' bedeutet hätten, mußte sich der Einzelne in das größere Ganze einfügen. Strikt galt: „Der einzelne als solcher [war] rechtlich überhaupt nicht existenzfähig. Er besaß Rechtsschutz und Sicherheit nur als Glied einer Gemeinschaft"[170]. Entscheidungen fielen nicht individuell, sondern immer kollektiv. Wer sich dem entzog, wurde ausgegliedert, was aber nicht Freiheit, sondern Verstoßung in Ungesichertheit und zumeist den Tod bedeutete.

Diese Kollektivität galt gerade auch in der Religion. Denn – so Hans-Dietrich Kahl – „ethnische, politische und religiöse Ordnung decken sich; sie alle haben eine gemeinsame Grenze nach außen; innerhalb dieser Grenze ist jedes Glied der Gemeinschaft, solange sie innerlich intakt ist, zur Teilnahme an ihrem kultischen Leben verpflichtet, um seinerseits beizutragen zur Erhaltung des gemeinsamen Heils"[171]. Dementsprechend mußte die Entscheidung über den so fundamental eingreifenden Religionswechsel im Verbund von Clan und Volk fallen. Zwar galt christlicherseits auch im Frühmittelalter theoretisch, daß die Taufe den je eigenen Entscheid fordere; in Wirklichkeit aber dürfte die „starke Gebundenheit des Einzelnen in den Stammes- und Familienverbänden ... schwerlich Spielraum gelassen haben, den heimatlichen Kult in Frage zu stellen, ohne dabei in soziale Isolierung zu geraten"[172]. Das heißt: die Kollektivtaufe entsprach der gesellschaftlichen Verfaßtheit und wäre gar nicht anders möglich gewesen. Wir sollten darum, wie Kahl mahnt, „in der Anwendung von Begriffen wie 'Gewaltmission' und 'Zwangschristianisierung' eine sehr viel größere Zurückhaltung üben als bisher"[173].

Für die christliche Forderung nach 'persönlicher' und 'herzlicher' Bekehrung, wie sie in der altkirchlichen Taufliturgie mit ihrem dezidierten Glaubensbekenntnis ritualisiert war und vor dem Taufakt jeweils erfragte: 'Willst du getauft werden?', wäre eine individuell-freie und literate Gesellschaft vonnöten gewesen. Aber von einer solchen konnte in der frühmittelalterlichen Welt nicht mehr gesprochen werden, bei den Germanen nicht einmal im Ansatz, weder soziologisch noch religiös. Selbst die Sprache erwies sich als zu primitiv, wie der Frankfurter Mediävist Johannes Fried schreibt: „Auf das Christentum, seine subtile Geistigkeit, war das Althochdeutsche in keiner Weise vorbereitet"; die Übersetzung des zentralen christlichen Wortes *misericordia*/Barmherzigkeit gelang erst „nach Jahrhunderten"[174].

Der Entscheid fiel kollektiv und wurde dann vom König 'von oben' her durchgesetzt. Aber auch ein König konnte nicht ohne den Adel regieren, der ihn trug und darum mitbestimmte. Dennoch konzentrierte sich die Entscheidung im König als der korporativen Spitze und brachte für ihn wie für seine Dynastie ein erhebliches Risiko. Sofort konnte nämlich eine heidnisch gebliebene Opposition aufstehen und ihn bei günstiger Gelegenheit vom Thron stoßen; tatsächlich sind immer wieder solche heidnischen Reaktionen erfolgt. Vorsichtshalber ließ darum mancher König den erbberechtigten Sohn zunächst gar nicht taufen, um erst den Erfolg der neuen Religion abzuwarten; bei Überlegenheit der traditionellen Religionspartei hätte der ungetaufte Sohn die angestammte Herrschaft weiterführen können[175].

Wie schon König und Adel so sah sich auch die Allgemeinheit betroffen, wurde doch die Urordnung des Spitzenahns umgestoßen, der einmal in der Frühzeit als halbgöttlicher Erstvater das Volk gezeugt und ihm das Gesetz gegeben hatte, von dem abzufallen nur Unheil heraufbeschwor[176]. Laut christlicher Predigt aber hatte man sich vom Herkommen loszulösen, sollte anstelle der alten, jetzt als 'teuflisch' geltenden Traditionen neue setzen, die aber nach damaligem Verständnis nur wieder anhand von Tradition zu begründen waren, was natürlich unendliche Schwierigkeiten bereitete. Die Lösung, die oft angewandt wurde, war die Rückführung auf einen christlichen 'Spitzenahn', auf den jeweils ersten, der aus der eigenen Familie oder dem eigenen Volk getauft worden war. Für Liudger begann die neue Familien-Saga mit dem Großvater Wursing, dem ersten Christen aus seiner Sippe. Neue 'Stammväter' konnten aber auch herbeigeführt werden, so die Heiligen in Gestalt ihrer Reliquien, die jetzt die neuen christlichen Ahnen bildeten[177]. Für Liudger ist das in besonderer Weise Paulus gewesen, von dem er offenbar Reliquien besaß.

Weitere, sowohl divergierende wie konvergierende Punkte lassen sich anschließen. Wenn die frühmittelalterliche germanische Welt adelig war, wenn also nur bestimmte Menschen aufgrund von Blut und Geburt die Befähigung zur Herrschaft innehatten, war das christlicherseits eigentlich absurd. Denn alle Menschen stammten von Adam und Eva ab, hatten darum dasselbe Blut, und so konnte es keine herrschaftlichen Geblütsvorrechte geben. Ins Amt sollte nur gelangen, wer sich in christlicher Lebensführung hervortat, dabei für die Amtserfordernisse eine geeignete Schulung aufwies und sich zu ethisch-gewissenhafter Amtsausübung verpflichtete. Aber schon in der Spätantike hatten bestimmte Familien ein angeborenes Herrschaftsrecht auch in der Kirche angemeldet, so daß etwa der adlige Bischof Gregor von Tours (†594), jener für die Merowinger-Zeit so wichtige Chronist, nicht ohne Stolz auf sechs Amtsvorgänger aus seiner eigenen Familie hinweisen konnte[178]. Die mittelalterliche Kirche entwickelte sich zur Adelskirche, mußten doch Bischöfe und

Äbte ganz selbstverständlich von adeliger Geburt sein[179]. Selbst die Missionare wie Willibrord und Bonifatius oder auch Liudger waren von Adel. Kurzum, wiederum ist zu sehen, daß Christentum und frühmittelalterliche Welt konvergierten und sich dabei auf einem günstigenfalls mittleren Niveau zusammenfanden.

2. *Ethik*

Grundverschieden gestalteten sich die Ethiken. Für die germanische Lebenswelt und Religion wird unterstellt, daß das Verhalten „'jenseits von Gut und Böse' lag"[180]. So hatte beispielsweise die vielberedete 'germanische Treue', die den Zusammenhalt im Personenverband zu gewährleisten hatte, „mit Ethik nichts zu tun, war zwar kein unsittliches, wohl aber ein außersittliches Verfahren zur Erzeugung von Verbindlichkeit"[181]. Weiter bedeutete Buße „nicht etwa Gesinnung, sondern ein Tun, die Technik der Beseitigung von Unheil"[182]. Das Sozialverhalten war auf den inneren Kreis beschränkt: Güte für die Eigenen und Kampf gegen die Anderen. „Der Fremde war zugleich Feind... Einen Fremden konnte man erschlagen, ohne daß dafür eine Buße fällig wurde... Das Recht reichte nicht weiter als die Blutsverwandtschaft"[183]. Hier herrschte die für Stammesgesellschaften typische Binnensozialität bei Feindschaft gegen alles Fremde. Eine universale Humanität blieb außerhalb des Vorstellbaren.

Welch schwierigen Weg die Mission hier zu bahnen hatte, zeigt ein Blick auf Verhaltensweisen, wie sie als damals üblich aufscheinen, etwa die Gewaltbereitschaft und die jähe Emotionalität, die noch kaum von Überlegungen gemäßigt wurden. Die Disposition der Seele sei wie die ganze Erziehung rauh gewesen, schreibt Johannes Fried: „Fast stets erschienen Schrecken und Gewalt als 'prima ratio'. Sogar zum Mord war der Schritt nicht weit. ... Jeder sann auf den Untergang des Rivalen, suchte seine Zuflucht zu List und Trug, zu aufreizendem Imponiergehabe"[184]. Gleicherweise stellt der russische Mediävist Aaron Gurjewitsch die Welt des nordischen Saga-Menschen dar: „Leidenschaft und innere Erregung werden nicht direkt beschrieben und schon gar nicht analysiert"[185]. Gleichwohl entfaltete der Saga-Mensch eine Innerlichkeit, eine solche freilich für Rache und Kampf. Fortwährend ranken sich die Sagas „um Konflikte zwischen Individuen und Familie, um Zwistigkeiten, die gewöhnlich mit Mord und Totschlag enden, der lange und blutige Rache nach sich zieht"[186]. Des Saga-Menschen „Ohr entgeht nicht der leiseste Hauch einer Beleidigung oder einer ehrenrührigen Anspielung, und er speichert in seinem Herzen alles, was sein Gefühl für Ehre und Würde berührt. Er überstürzt seine Rache nicht, er kann sich Zeit lassen"[187]. Festzuhalten ist besonders, daß, wie Gurjewitsch sagt, der Saga-Mensch frei von jeder inneren Zwiespältigkeit war[188]. Genau diese Zwiespältigkeit bildet aber die Voraussetzung für die innere Überprüfung, ist grundlegend überhaupt für die Möglichkeit des Gewissens, weil nur erst dann, wenn sich das Ich spaltet und sich selbst beobachtet, ein Überdenken begangener Taten möglich wird. Gurjewitsch zufolge kommt für den Saga-Menschen „der Begriff 'Gewissen' wohl kaum in Betracht"[189]. Das Rache-Recht blieb unverzichtbarer Bestandteil des Standes und der Ehre. „Soll ich", läßt Gregor von Tours einen der ersten fränkischen Bischöfe in Gallien, den Bodegesil von Le Mans, ausrufen, „weil ich Geistlicher geworden bin, etwa nicht mehr das Unrecht rächen, das man mir antut?"[190]

Was hier deutlich wird, ist weniger eine 'barbarische' denn eine 'unterentwickelte' Gesellschaft. Die Germanen-Welt hatte die große Wende zu vergeistigter Religion und internalisierter Ethik nicht mitvollzogen. Gerade aber der Übergang von der „faktizistischen" zur „voluntaristischen" Schuld-Auffassung[191] gilt als „weltgeschichtlich einmalige und bahnbrechende Entwicklung"[192], ist für Paul Ricoeur die „wahre Revolution"[193], und eben solcherart Revolution ist bei den Germanen nicht vollzogen worden. Vor dieser Aufgabe stand nun die Mission.

3. Opfer

Vom germanischen Kult wissen wir am meisten über die Opfer, die uns die moderne Archäologie in Überfülle vor Augen stellt: über Jahrhunderte beibehaltene Opferplätze mit Waffen, Kleidern, Schmuck, Nahrungsmitteln, Gerätschaften, Pferdegeschirren, Schiffs- und Wagenteilen, dazu häufig Tiere wie Pferde und Hunde, sogar Menschen[194]. Wohl werden Menschenopfer zuweilen noch als christliche Gegenpropaganda bestritten[195], wie tatsächlich deren Zahl auch nur gering war, aber doch „zu zahlreich, als daß irgendein Zweifel an ihrer Existenz bestehen könnte"[196]. Ein Beispiel: Im Moor von Skedemose auf der Südschweden östlich vorgelagerten Insel Öland fand sich ein 700 mal 400 Meter großer und über Jahrhunderte bis gegen 500 n. Chr. benutzter Opferplatz: mehrere tausend Speerspitzen und Pfeilspitzen, 50 Schildbuckel, eine Reihe zerbrochener Schwerter, dazu ein Vielerlei an Gold, Silber, Bronze und Eisen, sodann 17.000 Knochenreste von Pferden, Rindern und Schafen, zuletzt die Reste von mindestens 38 Menschen[197]. Speziell auch kennen wir „Säuglingsopfer als Bauopfer" und „Menschenopfer in der Form der sog. Moorleichen"[198]. Noch das um 800 geschriebene ›Leben des heiligen Wulfram‹ schildert zuverlässig solche Menschenopfer

Nordische Moor-Opfergaben
Aus der germanischen Welt sind reiche Opfer überliefert, so in Mooren geopferte Waffen und Gerätschaften, deren Anzahl in die Tausende geht. Zumal die aus Metall hergestellten Waffen waren extrem teuer und wurden, weil ins Moor gegeben, den Menschen entzogen. Es war – so hat man sagen können – die teuerste wie zugleich unproduktivste Investition.

bei den Friesen[199]. Zudem fanden sich auf frühmittelalterlichen Friedhöfen Skandinaviens Folgeopfer, nämlich Frauen und Dienstleute, die hochrangigen männlichen Toten ins Grab folgen mußten[200]; dieses Ritual „scheint ziemlich verbreitet gewesen zu sein"[201].

Die Opfer spielten in der Bekehrung eine erhebliche Rolle. Sie abzuschaffen ist sofort und nachdrücklich betrieben worden. Wir sehen das an den Tauf-Abschwörungen. Das altsächsische Gelöbnis forderte vom Täufling direkt und ausdrücklich: „ec forsacho allum diobolgeldae"[202] – ich widersage allem Teu-

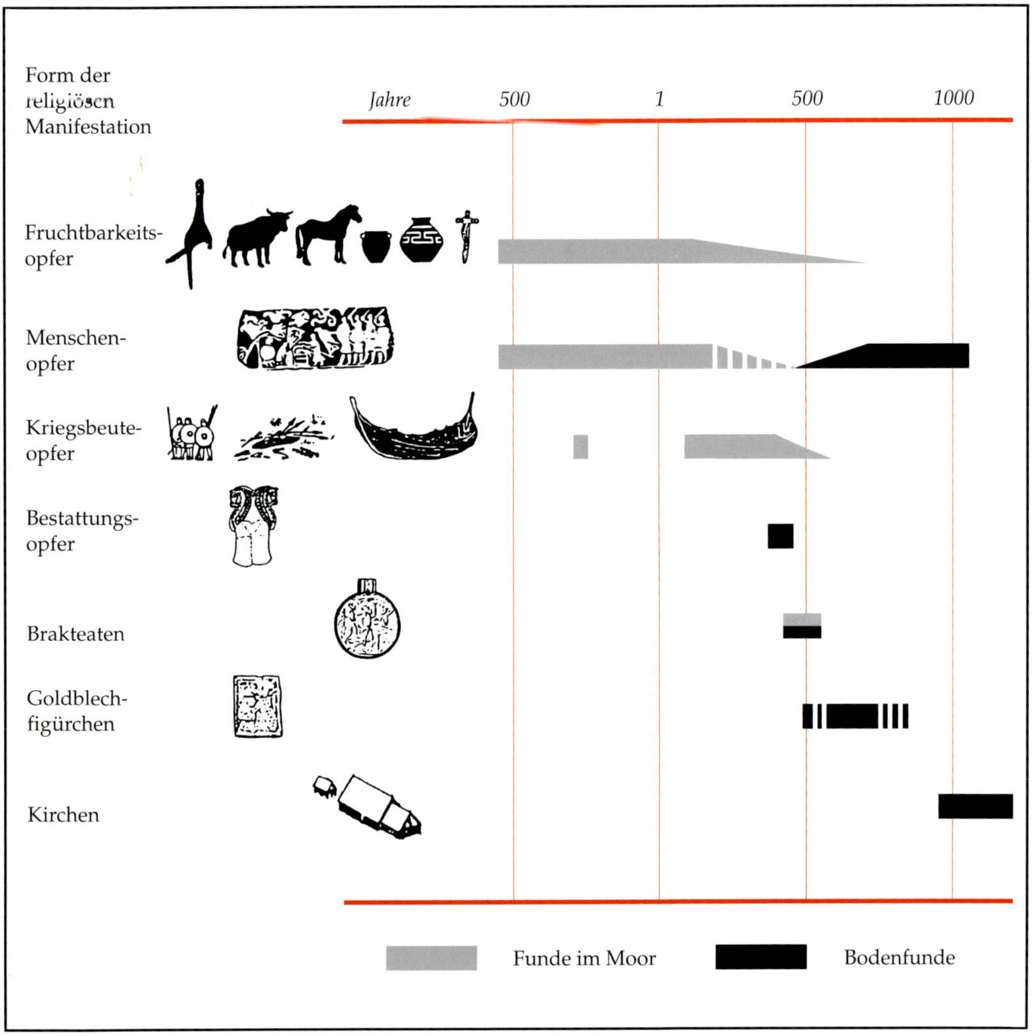

Germanische Opfer

Zumal aus nordländischen Mooren sind jahrhundertelang benutzte Opferplätze bekannt geworden. Neben Tieren, Gerätschaften, Waffen konnten auch besiegte Krieger wie überhaupt Menschen geopfert werden. Die für die Sachsen-Mission verfaßten Taufgelöbnisse verlangten eine Absage an heidnische Opfer, und Karl der Große verbot Menschenopfer bei Todesstrafe. Die Menschenopfer hörten in dem Moment auf, als Kirchen entstanden.

felsopfer. Das altwestfälische fragt ebenso: Entsagst du allen heidnischen Opfern und Anmaßungen, die heidnische Männer zu bezahlen und zu opfern hatten?[203]. Karl der Große setzte auf Menschenopfer die Todesstrafe[204]. Tatsächlich scheint die Mission hier rasch zu Erfolg gekommen zu sein[205]. Freilich nicht so bald bei den anderen Opfern in Feld und Wald, wie sie der ›Indiculus superstitionum‹, ein zeitgenössisches Verzeichnis des

Aberglaubens, so zahlreich an Bäumen, Quellen und Wegkreuzungen aufzählt[206].

Die neue Religion, sosehr sie sich hier herausgefordert sah und strikt auf Abschaffung bestand, mußte andererseits den allgemeinen Opferwillen anerkennen, ihn kanalisieren bzw. sublimieren. Bei materiellen Gaben zur Armenfürsorge war die christliche Deutung leicht zu bewerkstelligen. Aber wie konnte im vorrangigen Opferdienst, in der Messe, verfahren werden? Hier war doch nur eine bescheidene Menge von Brot und Wein darzubringen. Wir werden sehen, daß Stiftungen aufkamen, die sogar Landgüter umfassen konnten und nun als Opfer für die Messe galten. Desweiteren kam eine besondere Form von Kindesopfer auf, nämlich Jungen wie Mädchen mit etwa sieben Jahren ins Kloster zu geben, dargebracht als gottgefälliges Opfer[207]. Die großen Missionare, denen wir begegnen werden, waren einschließlich Liudger allesamt 'geopferte Kinder'.

4. Grab und Totenkult

Grabbestattungen finden sich seit 100.000 Jahren, sind menschenspezifisch, haben im Bereich der Primaten „nichts auch nur annähernd Entsprechendes"; zudem erscheinen im Totenbrauchtum ethnologisch wie historisch „verblüffende Parallelen im Grundsätzlichen": Waschung und Einkleidung der Leichen, Sorge um deren Unversehrtheit, dann Grablegung oder aber Verbrennung, noch Grabbeigaben mit Nahrung und Utensilien, zuletzt Ehrung mit Hügel oder Denkmal[208]. Das Grab galt als Haus des Toten, wohin der Besitz mitgenommen wurde; der Tote lebte in einer anderen Welt, dort wieder im eigenen Haus und mit allem Zubehör. Er blieb lebendig, dabei wahrnehmungs- und handlungsfähig, vermochte zurückzukehren und die Hinterbliebenen zu kontaktieren. Die Gräber der großen Ahnen strahlten Kraft aus, bildeten den Mittelpunkt von Sippe, Dorf, Stadt oder Land; sie dienten als Kult- und Versammlungsort, garantierten Regeneration wie Rechtsfindung; hier waren folglich „die sakralen Gemeinschaftsfeuer lokalisiert, befanden sich die Altäre, hatten die Kultrequisiten, heilige Musikinstrumente ..., Ahnenschädel und andere Reliquien, die Idole, zauberkräftige Steine, 'Medizinen' usw. ihren Platz"[209]. Nochmals gesteigert galt das für Fürstengräber, die den Hinterbliebenen „eine Art 'Legitimationsgenerator'" boten, denn „aus den Gebeinen großer Vorfahren erwuchs Macht"[210].

All das findet sich in der germanischen Welt wieder. Die Grab-Ausstattung sollte die Fortsetzung des irdischen Lebens im Jenseits ermöglichen. Nach nordgermanischer Tradition waren dort wieder all jene Schätze verfügbar, die man auf Erden mitbegraben hatte, zumal Waffen und Biereimer; denn in Walhall, einem „als Halle stilisierten Schlachtfeld"[211], wurde weitergekämpft wie weitergetrunken[212]. Daß die Helden, auch die im Kampf gefallenen, tags darauf wieder lebendig dastanden, war das einzige vom irdischen Leben abgehobene Moment von Transzendenz[213]. Speziell bei Fürsten ging es noch um ein Besonderes, um die Fortsetzung der Herrschaft: Wer im Diesseits König war, konnte im Jenseits weiterherrschen; wer im Diesseits Sklave war, mußte im Jenseits weiter dienen[214]. Zu erschließen ist das nicht nur aus den speziellen Beigaben der Herrschaftszeichen, sondern mehr noch aus dem Folgetod von Hofleuten. In seinem Bericht über die nordischen Waräger im Kiewer Rus-Reich läßt der Araber Ibn Fadlan[215] beim Tod eines mächtigen Herrn die Familienangehörigen bei den Sklaven nachfragen: „Wer von euch will mit ihm zusammen sterben?"[216] Ausführlich folgt die Bestattung und der grausige Fol-

Grab eines (fränkischen) Adeligen aus Wünnenberg (südl. von Paderborn)
Das um 600 angelegte Grab zeigt den Toten mit seinen Waffen, mit dem griffbereiten Schwert, mit Wurfbeil, Speer und Schild, noch mit einem Biereimer. Im Jenseits, in Walhall, wurde weitergekämpft und das dem Wodan heilige Bier getrunken.

getod einer Magd. Ein Schiffsgrab im norwegischen Oresund aus dem 9. Jahrhundert scheint den Folgetod von Sklavinnen auch archäologisch auszuweisen[217].

Der Folgetod findet sich „zu allen Zeiten und in allen Kontinenten" und ist als „eine nahezu universale Erscheinung" anzusehen[218]. Doch die Hochreligionen Judentum, Christentum und Islam mußten ihn aufgrund ihrer veränderten Vorstellung vom Jenseits verurteilen. Ihnen zufolge entschied nämlich die ethische Lebensführung über den Zutritt zur anderen Welt: Wer ethisch gut gelebt hatte, vermochte in das ewig glückselige Leben einzutreten, ob nun König oder Sklave; bei ethisch schlechtem Leben erfolgte die Verstoßung, wiederum einerlei ob König oder Sklave. Den Entscheid führte das Gottesgericht herbei, und damit entfielen alle ständischen Vorrechte. Erstmals in Ägypten sei, so Jan Assmanns These, auf diese Weise der Zugang zum Jenseits „demokratisiert" worden[219]. So hatte nun auch das Christentum alle hierarchischen Rangstufungen ethisch zu revolutionieren, mußte dabei die Ständeordnung durchbrechen.

Tatsächlich führte das Christentum tiefgreifende Veränderungen herbei, schon bei Sterben und Tod, ebenso bei Leichnam und Grab. Nach neutestamentlich-paulinischer Auffassung war der irdische Leib der Verwesung anheimgegeben, und für die Auferstehung erhoffte man einen geistigen Leib (*corpus spiritale*)[220]. Das widersprach der allgemein verbreiteten Auffassung, derzufolge der Tote in seinem Grab fortlebte[221]. Christlicherseits aber hatten die Toten ihre Heimat im Himmel, wo ihnen viele Wohnungen bereitet waren (Joh 14,2), und darum bestritt man die Fortexistenz im Grabe. Erst nach der Mitte des 2. Jahrhunderts vollzog sich eine Aufwertung von Leib und Grab, und zwar in Absetzung von der alle Materialität abwertenden und zum rein Geistigen drängenden Gnosis (eigentlich: Erkenntnis). Dagegen wurde nun der irdische Leib als Substrat des Auferstehungsleibes herausgestellt: Die sterblichen Überreste (Reliquien) sah man bis zur Auferstehung am Ende der Tage auf die Seele im Himmel bezogen, infolgedessen das Aufsuchen des Leibes im Grab eine Verbindung zur Seele im Himmel ermöglichte[222]. In den so verstandenen Reliquien bot sich der germanischen Welt, die ja Gräber als 'Legitimationsgeneratoren' kannte, ein Anknüpfungspunkt zur Christianisierung. Die in die Missionsgebiete und zumal nach Sachsen übertragenen Reliquien-Leiber sollten die vorchristlichen Ahnen-Gräber ersetzen: statt der Ahnen im Blut nun die Vorbilder im Glauben[223].

Mit der christlichen Ersetzung der Ahnengräber geschah gleichzeitig noch ein Anderes: Den Toten legte man keine Beigaben mehr ins Grab, was als einer der wichtigen Erfolge der Missionspredigt anzusehen ist. Denn diese Beigaben waren kostspielig und doch unproduktiv, wie der französische Historiker Georges Duby schreibt: „Keine Investition könnte

Fürstengrab von Beckum

Neben einem bereits älteren Beckumer Grab zeigt das hier skizzierte, vor 600 angelegte Fürstengrab (links) eine Bestattung mit zehn Pferden und einem Hund, eine Kombination ähnlich der beim Grab von Chlodwigs Vater Childerich in Tournai (rechts). Solche Fürstengräber bildeten oft den Ausgangspunkt für weitere Bestattungen. Karl der Große verbot die Beerdigung „bei den Grabhügeln der Heiden".

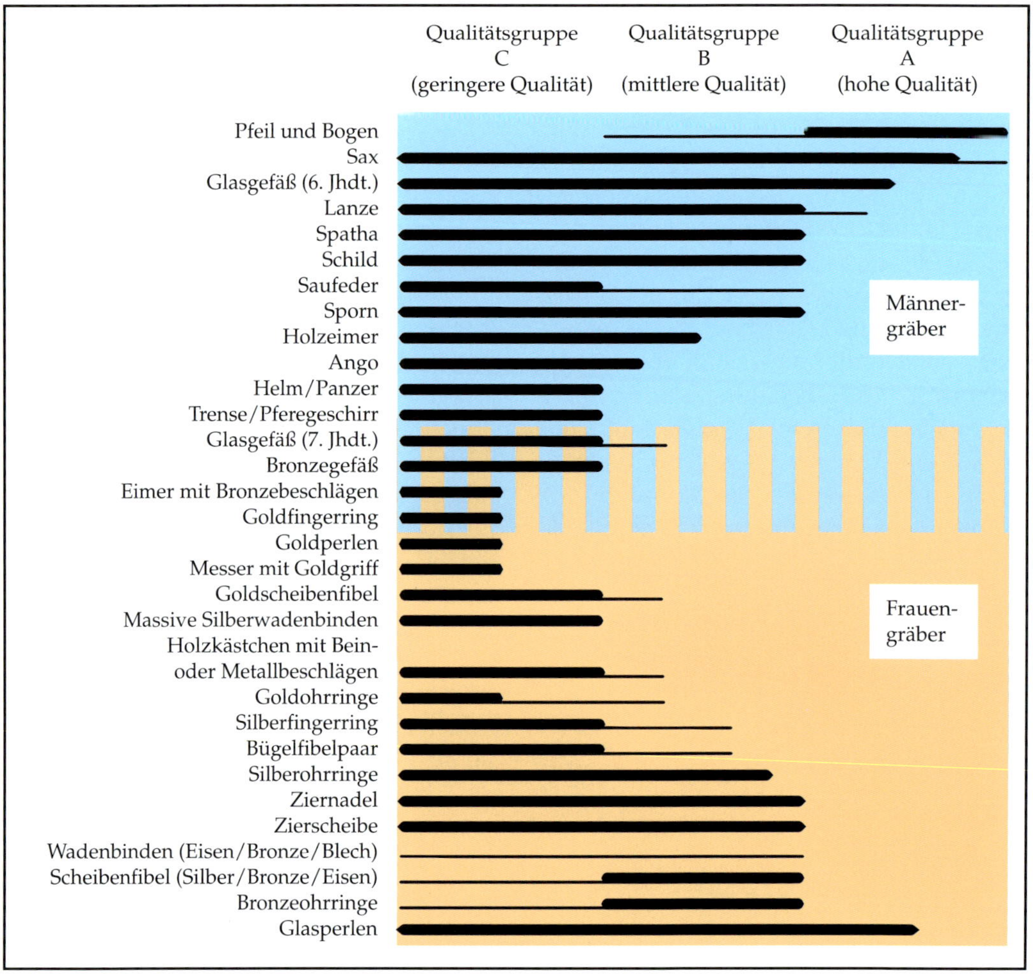

Die Grab-Beigaben

Fränkische und überhaupt germanische Adelskrieger nahmen ihre Waffen mit ins Grab, weil sie im Jenseits weiterkämpften, während die Frauen vornehmlich Schmuck mitnahmen. Zumal die Waffen waren teuer und wurden durch die Mitgabe ins Grab den Lebenden entzogen. Das Christentum wandelte die Gaben um; beim Tode sollte man weiterhin vom Besitz abgeben, aber zugunsten von Kirchen und Armen.

unproduktiver sein als diese, und dennoch war sie die einzige, die diese unendlich arme Gesellschaft in großem Umfange betrieb. Die Fortschritte der Christianisierung ließen die Gräber allmählich leerer werden"[224]. Die Grabgaben wurden umgewandelt in Sozialgaben. Man kann das eindrucksvoll am Grab der heiligen Ida von Herzfeld (an der Lippe) sehen: Als hochadelige Karolingerin hätte sie Anspruch auf eine reiche Grabausstattung gehabt; noch zu Lebzeiten ließ sie sich einen Sarg anfertigen und füllte ihn täglich mit Gaben für die Armen. Die alte Grabmitgift ist hier in Sozialgaben umgewandelt[225]. Oder nochmals Georges Duby: „Die Christianisierung Europas schaffte nicht den Totenkult des

Hortens an sich ab, sie veränderte nur radikal seinen Charakter. Was vorher endgültig verloren ... war, wurde nun zeitgebunden und damit fruchtbar“[226].

5. Geister und Dämonen

Religionen voraufklärerischer Art rechnen durchweg mit Geistern und Mächten, die in der Natur und im Menschenleben, zumal bei außergewöhnlichen Ereignissen mitwirken. Sie bestimmen die großen Rhythmen von Sonne und Mond, Sommer und Winter, jeweils auch Sturm, Kälte, Hitze, Feuer, Fruchtbarkeit, Regen und Mißernten, führen das eine Mal zum Segen und das andere Mal zum Verderben. Ihre Macht wirkt in allen menschlichen Lebenssituationen: bei Geburt und Tod, bei Krankheit und Gesundheit, Essen und Trinken, Arbeit und Schlaf. In wechselnder Gestalt und bei unerwarteten Gelegenheiten erscheinen sie: als Kobold oder Spuk, mit Geheul und Schlägen, als verheißungsvolle Lichtgestalten oder gaukelnde Irrlichter. Im Christentum sollte das alles ‘entzaubert’ werden, sollten kosmische und naturale Mächte weder Existenz noch Macht haben. Vielmehr hatte Gott alles geschaffen und wirkte bis in die letzten Regungen der Natur. Allerdings war ein Gegenspieler unterwegs, der Teufel, der Gottes Ordnung zu zerstören drohte. So stand mit der Christianisierung einerseits eine radikale ‘Entmächtigung’ an, was den ‘unaufgeklärten’ Stammesreligionen des frühen Mittelalters nur als Bedrohung erscheinen konnte, denn ihre Religion sollte fortan nurmehr als Teufelswerk gelten. Andererseits sah sich diese Welt abhängig von vielerlei Lebensmächten, auf die einzuwirken sie stets bestrebt gewesen war. Für alles und jedes hatte es eine Liturgie gegeben, für Haus und Feld, für Leben und Tod. Hierfür mußte nun die neue Religion einstehen, mußte christliche Segens- und Beschwörungsformeln anbieten.

Im Frühmittelalter gestaltete sich indes das christliche Weltbild selbst halb dualistisch, wähnte sich in einem scharfen Antagonismus zwischen Gottes- und Teufelsreich, wobei alle Nichtgetauften wie selbstverständlich als vom Teufel beherrscht galten[227]. Tatsächlich sahen die frühmittelalterlichen Missionare ihre Erstaufgabe darin, die Menschen dem Teufel zu entreißen[228]. Für Liudger bedeutete Mission, „dem Teufel täglich Schaden zuzufügen und dem Wachstum der Kirche Gottes zu dienen“[229]. Alkuin nennt jene Angelsachsen, die vom Kontinent nach England gegangen waren, „beste Christen“ und die auf dem Kontinent verbliebenen ein dämonisches Sündenbabel[230]. Die Heidengötter, allesamt nur Teufelsgesellen, mußten demonstrativ überwunden werden. Schon die Vita des heiligen Martin (†397) hatte dargestellt, daß die heidnischen Tempel und heiligen Bäume, die gerade auch als bevorzugte Versammlungsorte der Dämonen galten, zerstört werden mußten[231]. Ebenso verstand sich jetzt das Fällen von Donar-Eichen und überhaupt die Zerstörung der Heiligtümer, von denen jede Missionars-Vita berichtet. Demonstrativ sollte die Überlegenheit des Christengottes bewiesen und die Heidengötter als machtlose Unholde abqualifiziert werden. Die Mission wurde dadurch ‘konfrontativ’: Sie „hatte kein Interesse am Dialog zwischen Religion und Kultur. Ziele waren die Befreiung der Heiden von der Teufelsherrschaft und Beseitigung ihres Kultwesens“[232]. Die Predigt wurde zur „Predigt ohne Worte“, zur demonstrativen „Tatmission“[233]. Der scharfe Antagonismus von Gottes- und Teufelsreich, wie er im frühmittelalterlichen Christentum vorherrschte, wirkte verstärkend für Gewaltmission. Weil der Teufel und seine Dämonen die Verursacher von eigentlich allem Unheil waren, so von Mißernten, Niederlagen, Pest, Seuchen, Not und Tod, war ihr Wirkungskreis einzuschränken, ja gewaltsam zu brechen. Schon um der irdischen Fürsorge willen mußte man darum zur Taufe drängen, bildete diese doch erst das Tor zu einem wirklich heilen Leben. Aber auch hier hatten sich christlicherseits Anpassungen vollzogen. Schon seit der Spätantike verlangte das Taufritual nicht mehr allein eine Zusage an Gott, sondern zuvor eine Absage an den Teufel. Das bedeutete einen Herrschaftswechsel: Zunächst und normalerweise unterstand der Mensch dem Teufel, und erst die Taufe befreite ihn davon; eine sozusagen neutrale Mittelposition gab es nicht[234].

Stets stellte sich die Frage, was denn alles im Bereich des Religiösen läge oder auch nicht, was wirklich göttlich oder teuflisch sei. Denn einfache Gesellschaften ziehen den Kreis des Religiösen so weit, daß es zwar immer auch Säkulares gibt, aber sich letztlich doch alles religiös vernetzt. In mehr 'aufgeklärten' Gesellschaften, wie etwa in der antiken Stadtkultur, bestanden hingegen ganze Lebensfelder, so etwa das Recht, die Medizin, die Berufsfertigkeiten und dergleichen, die sich nicht mehr religiös, sondern 'rational oder auch 'technisch' verstanden. Sie waren religiös neutral, und so konnten bei Religionswechsel ganze Bereiche, sofern nur die neue Religion Säkulares und Rationales anerkannte, weiterhin fortbestehen. Anders nun im frühen Mittelalter, wo alles wieder religiös war: Einsaat und Ernte, Geburt und Heranwachsen, Heiraten und Kinderzeugen, Arbeiten und Feiern, Essen und Trinken, Leben und Tod – alles verlangte nach religiöser Neudeutung. Da obendrein die Religion das grundlegende und von allen zu befolgende Lebensritual darstellte, mußte für diese Neudeutung eine allgemeine Plausibilität und das Mittun aller erreicht werden. Ein gutes Beispiel für den hier empfundenen Zusammenstoß bieten die Antworten Papst Nikolaus' I. (†867) auf Anfragen der soeben bekehrten Bulgaren. Gefragt wird, ob der König allein speisen müsse, welche Tiere und Vögel zu essen erlaubt sei, ob man im Krieg statt eines Pferdeschweifs das Kreuz mitführen müsse, wie unachtsame Wachposten an der Grenze zu bestrafen seien, welche Mitgift den Ehefrauen zustünde oder ob Frauen Hosen anziehen dürften[235]. Alle diese Punkte verstanden die Bulgaren religiös und trugen sie darum an den obersten Priester der neuen Religion heran. Der Papst freilich winkte fast überdrüssig ab: „In euren Fragen und Gesuchen fordert ihr ständig Gesetze für die weltlichen Angelegenheiten"[236].

6. *Befleckung*

Die englische Kultur- und Religions-Anthropologin Mary Douglas hat mit ihrem Buch ›Reinheit und Gefährdung‹ eine überraschende Sichtschneise geschlagen: die rituelle Unreinheit, oder um alle irreleitenden Assoziationen fernzuhalten, die Pollutio[237]. Diese Vorstellung beinhaltet: Kult darf nur von Menschen ausgeübt werden, die 'unbefleckt' sind. Befleckend aber wirkten die Berührung einer Leiche oder eines Grabes, ebenso der Verzehr bestimmter Speisen oder das Aussprechen von Tabus, vor allem aber die Sexualstoffe wie Mannessame und Menstruationsblut, selbst noch die Zeugung und die Geburt. Der Ethnologe Klaus E. Müller spricht dieser Vorstellung weltweite Bedeutung zu: „Neben dem Tod gelten als gefürchtetste 'Ausdünstungsquellen' gemeinhin *Krankheiten* oder sonstige Versehrungszustände sowie die *monatliche Regel* der Frauen. Letztere wird, praktisch weltweit, wegen der *Ausscheidung vermeintlich 'unreinen' Blutes* ... also ebenfalls als eine Art 'Krankheit' begriffen ... Menstruierende scheiden, wie man auch in Europa noch lange Zeit überzeugt war, 'eine große Menge unsichtbarer Dünste' aus, die man eben für hoch *toxisch* hält"[238].

Überaus drastisch ist das Alte Testament[239]. Neben den Verboten bestimmter Speisen und des Blutgenusses waren es gerade wieder die Sexualstoffe. Das Buch Leviticus erklärt: Bei Ausfluß, ob nun beim Mann der Samen oder bei der Frau das Menstruationsblut, „besteht Unreinheit". Selbst auch der eheliche Verkehr verunreinigt: „Ein Mann, der mit einer Frau während ihrer Regel schläft und ihre Scham entblößt, hat ihre Blutquelle aufgedeckt, und sie hat ihre Blutquelle entblößt; daher sollen beide aus ihrem Volk ausgemerzt werden" (Lev 20,18). Die Frauen traf es insofern verschärft, als sie sieben Tage lang befleckt blieben. Zur Reinigung waren Waschungen vonnöten, dazu noch die Darbringung eines Sühn- und Brandopfers[240]. Zuletzt aber folgte eine Spiritualisierung: „Wer darf hinaufziehn zum Berg des Herrn? ... Der reine Hände hat und ein lauteres Herz" (Ps 24,3f). Diese heute ganz befremdlich anmutende Ineinssetzung von körperlich-geschlechtlicher Verunreinigung mit kultischer Befleckung, die sogar vor Gott entsühnt werden muß, findet sich ebenso in der Antike. Auch Griechenland – was überraschen mag – kannte diese Befleckung, das Miasma: „Zu 'hagneía' [Reinheit] gehört, außer dem Vermeiden von Geschlechtsverkehr und Kontakt mit einer Wöchnerin oder einem Trauerhaus, auch das Einhalten von Speiseverboten, mehrtägiges Fasten, Gebrauch bestimmter, ungewöhnlicher Speisen"[241]. Seit dem fünften Jahrhundert begann hier eine Spiritualisierung: „Daß reine Hände nicht genügen; das Herz muß ebenso rein sein"[242].

Die Christen mußten, vom Ansatz ihres ethischen Religionsverständnisses her, die naturgegebenen Sexualvorgänge und Sexualstoffe als 'natürlich' und damit als wertneutral ansehen. So hatte es Jesus selbst gedeutet: „Begreift ihr nicht, daß alles, was durch den Mund (in den Menschen) hineinkommt, in den Magen gelangt und dann wieder ausgeschieden wird? Was aber aus dem Mund herauskommt, das kommt aus dem Herzen und das macht den Menschen unrein" (Mt 15,17f). Somit ist alle kultisch-rituelle Begründung zölibatärer Enthaltsamkeit „nicht genuin christlich"[243]. Tatsächlich vermochte sich die Alte Kirche lange Zeit vom Phänomen der kultischen Unreinheit freizuhalten[244]. Aber dann kehrte die Pollutio in ihrer ganzen urreligiösen Mächtigkeit zurück[245]. Nehmen wir als Beispiel nur die Speiseverbote, wofür angelsächsische Bußbücher detaillierte Einzelgebote anführen, zu interpretieren wohl als Reflex entsprechender paganer Vorstellungen. Demnach waren, wegen des absoluten Blut-Tabus, Hühner, die von Kadaverblut gepickt hatten, zu töten und ihre Eier wegzuwerfen; ebenso mußten Bienen, die jemanden zu Tode gestochen hatten, vernichtet werden, wobei aber ihr Honig konsumierbar blieb[246].

Die Reinheitsforderung erfuhr ihre Zuspitzung in dem Postulat der 'reinen Hände', das, wie in vielen Religionen, so auch in der Antike aufscheint: „Die Forderung, nur mit reinen Händen der Gottheit zu nahen, gehört zu den Reinheitsgeboten der antiken Religionen"[247]. Immer waren vor Gebet und Opfer die Hände zu waschen – also eine rituelle Reinigung durchzuführen und darum überhaupt die Bezeichnung 'kultische Reinheit'[248]. Insbesondere oblag diese Reinheit den Altardienern, verstanden gerade auch als Enthaltsamkeit in Sexualität[249]. Die zunehmende Ethisierung wandelte dann die Rede von den reinen Händen zur Metapher[250], derzufolge nicht äußerliches Waschen genügte, sondern statt der Hände nun das Herz zu reinigen war. Dem Neuen Testament zufolge setzte Jesus sich über die im Judentum üblichen Waschungen hinweg (Lk 11,38–41), denn „aus dem Herzen kommen böse Gedanken, Mord, Ehebruch, Unzucht, Diebstahl, falsche Zeugenaussagen und Verleumdungen. Das ist es, was den Menschen unrein macht; aber mit ungewaschenen Händen essen macht ihn nicht unrein" (Mt 15,19f). In der altkirchlichen Paränese verstanden sich die 'reinen Hände' als Metapher für sittliches Handeln. In der Spätantike und ganz entschieden dann im Frühmittelalter wandelten sich die 'reinen Hände' von neuem zum Inbegriff kultisch-priesterlicher Reinheit, und deswegen war eine 'reine' Priesterschaft heranzubilden. Die „Enthaltsamkeitsverpflichtung war allgemeine Lehre und Praxis der frühmittelalterlichen Kirche; auch nicht eine widersprechende Stimme wurde laut"[251]. Wir bewegen uns hier offenbar in einem religionshistorischen Urstromtal.

7. Mission als religionsgeschichtlicher Zusammenstoß

Das Ergebnis von all dem ist evident: Im Frühmittelalter stieß das Christentum auf Kulturen, die es kaum als mit sich vereinbar erfuhr. Mit seinem 'geistigen' Gottesdienst und seiner internalisierten Ethik präsentierte es sich als Hochreligion und erforderte die dafür nötigen religiös-kulturellen Vorbedingungen: Gewissenhaftigkeit und Literaturfähigkeit, Selbstreflexion und asketische Disziplin. Wie aber sollte nun die Mission vorgehen? Entweder mußte sich das Christentum in den 'einfachen' Kulturen seine Vorbedingungen selber aufbauen, oder es hatte eine Minderung seiner Wesensart hinzunehmen. Im Frühmittelalter ist beides geschehen: Aufbau von Schriftkultur mit revolutionären Folgen für die ganze weitere Geschichte, zugleich aber auch Verlust oder zumindest Trübung der eigenen hochreligiösen Eigentümlichkeiten, so daß sich das Christentum in vielem 'vereinfachte'. Angesichts des weithin zusammengebrochenen Zivilisationsapparats war die eigene theologische Reflexionshöhe nicht länger durchzuhalten. Das bot andererseits die Chance einer sozusagen mittleren Begegnungsebene, was der Mission die Annäherung erleichterte. Die Auswirkungen sind zahlreich: Die Taufe galt in den Adelsfamilien weniger als Aufnahme in die Kirche, sondern als Segen für die Lebens- und Dynastiesicherung; zusätzlich knüpfte die Patenschaft, bei der 'geistliche Eltern' sich für das Wohl des Kindes einzusetzen versprachen, ein 'Band der Liebe', was gleichfalls für politische Bindungen genutzt wurde[252]. Weiter, die Kommunion diente im Gottesurteil als Rechtsentscheid[253] (vgl. 1 Kor 11,29: bei Unwürdigkeit „ißt man sich das Gericht"); der Kirchenaltar wurde Asylstätte[254]; die Heiligen endlich, die in ihren Körpern und Reliquien wie persönlich anwesend gedacht wurden, agierten als belohnende und bestrafende Mächte[255]. Das alles nur als Beispiele für die vielen Synkretismen, wie sie im Mittelalter aufkamen.

Dennoch, das Ergebnis ist mehr als bemerkenswert, daß nämlich in der Missionierung die spezifisch mittelalterliche Kultur als europaweites Phänomen grundgelegt worden ist, wie es Hans-Dietrich Kahl formuliert hat, daß sich hier „die Fundamentierung und Konstituierung von 'Abendland' als ... historischer Wesenheit ... ereignete"[256].

IV. Die Christianisierung

1. Die Franken

Das bekannteste Beispiel gentiler 'Bekehrung' bietet der Franke Chlodwig (†511). Daß und wie er sich 498 taufen ließ, zeigt das

Fränkischer Reiterkrieger
Die in Xanten aufgefundene Fibel zeigt jenen Typ von Krieger, der den Franken ihre militärische Überlegenheit garantierte, den behelmten und später auch gepanzerten Reiter. Liudgers Großvater Wursing wie auch sein Vater Thiadgrim dürften solche Reiterkrieger gewesen sein, die auf fränkischer Seite kämpften.

Neue, das von jetzt an Typische[257]. Für Chlodwig fiel die Entscheidung, als er sich von Jesus Christus, dem Gott seiner bereits getauften Gemahlin Chrodechilde, zum Schlachtensieg verholfen sah. Wenn der eigene Gott – so allgemein gemäß 'einfachem' Religionsverständnis – ohne ersichtliche Hilfe bleibt, ist es rechtens, zu anderen als stärker erachteten Göttern überzugehen[258]. Und so tat es auch Chlodwig. Der Bericht Gregors von Tours (†594) folgt ganz dem typischen Muster: Der in einer Allemannenschlacht bedrängte König habe ausgerufen, daß er die eigenen Götter als ohnmächtig erfahre, aber dem von Chrodechilde bezeugten Christengott zu folgen bereit sei, sofern der ihn nur der Macht seiner Feinde entreiße. Nach tatsächlich erfochtenem Sieg ließ sich Chlodwig taufen[259]. Die den Germanen vertraute Vorstellung eines in Gefahr herbeieilenden Sieghelfers[260] ist hier auf den Christengott übertragen, obwohl doch eine solche Vorstellung der Bergpredigt mit ihrem Gewaltverzicht frontal entgegenstand. Aber hier ging es um die 'Nützlichkeit der Religion', die in einer Krieger-Gesellschaft zuerst und vor allem Sieghilfe bedeutete. Abschließend heißt es noch: Dreitausend der Krieger seien dem König zum Taufbecken gefolgt[261]. Weiter stellte sich die Frage nach Abstammung und Adel. Dem getauften König ist klargemacht worden, daß er nun auf seinen heidnischen Stammbaum zu verzichten habe, daß ihm von dem alten Herkommen seines Geschlechtes (*consuetudo generis*) wie ebenso von der alten (Götter-)Abkunft nur der Titel verbleibe[262]. Die Taufe – so wurde der König eigens belehrt – bewirke ein neues Geschlecht, eine 'Ansippung' an Christus, womit man in eine andere Kult- und Abstammungsgemeinschaft eintrete, dabei seinen alten 'Götterstammbaum' verliere und als ein 'neuer Mensch' gleichsam Christus 'angesippt' sei[263].

Mag Chlodwig mit seiner Taufe kaum ein entschiedener Christ geworden sein, so trat er doch sofort als Priesterkönig auf. Die Bischöfe seines Reiches, das zuletzt bis nach Südgallien reichte, berief er 511 zum Konzil nach Orléans und erhielt von ihnen einen 'priesterlichen Geist' (*sacerdotalis mens*) zugesprochen, wie später sich Merowinger-Könige direkt auch als 'König und Priester' (*rex et sacerdos*) betitelten[264]. Dieser Anspruch sollte die Kirchenstruktur tiefgreifend verändern: Der König trat nun als Herr der Kirche auf und beanspruchte sowohl Synodenberufung wie Bischofsernennung. Diese zwei Rechte waren von besonderer Valenz und Geschichte. Die Bischöfe hatten sich immer als Gemeinschaft (*communio*) verstanden und sich deswegen regelmäßig beim Kollegen der Provinz-Metropole, dem 'Metropoliten', versammelt; dieser organisierte die Synoden oder Konzilien (was damals bedeutungsgleich war), registrierte deren Beschlüsse, kontrollierte die örtlichen Bischofswahlen und erteilte dem jeweils Gewählten unter Beiziehung von zwei Mitbischöfen (Komprovinzialen) die Weihe. So lagerten sich um das Amt des Metropoliten zwei wichtige innerkirchliche Funktionen: die Synodenberufung und die Bischofserhebung. Eben diese beiden Rechtskomplexe nahmen von nun an die Könige wahr, weswegen von einer 'Königskirche' zu sprechen ist: Könige beriefen die Bischöfe zusammen und versammelte sie zu 'Nationalkonzilien', wie sie auch die Bischofskandidaten bestimmten und ihre Weihe anordneten. Solche Eingriffe widersprachen allem Kirchenrecht, setzten sich dennoch durch, weil es zu selbstverständlich war, daß ein König immer das religiöse Heil mit verantwortete. Indes vermochte kein König eine Weihefunktion auszuüben, wofür dann ein Oberbischof bestellt wurde, der als 'Hofbischof' seines Amtes waltete. So fing mit Chlodwig eine Entwicklung an, die im Investiturstreit zwar eine Brechung, aber doch nicht ihr Ende erfahren sollte und zuvor im Kirchenregiment Karls des Großen einen Höhepunkt erreichte[265]. Hierbei ist gerade auch wieder von Liudger zu sprechen: Von Karl ist er sowohl zum Missionar wie zum Bischof bestellt worden.

Chlodwig war bei seiner Taufe auch zur Ausbreitung des Christentums ermahnt worden. Doch schon die innergallische Christianisierung kam kaum voran, überhaupt nicht die äußere. Das wieder heidnisch gewordene Nordgallien – das heutige Belgien, die südlichen Niederlande und der Niederrhein – war zurückzugewinnen. Aber auch Kerngallien, dessen christliche Anfänge nun schon 300 Jahre zurücklagen, wandelte sich, denn der geschädigte oder gar zusammengebrochene Zivilisationsapparat entzog die hochkulturellen Voraussetzungen: Die Hochschulen mit ihrer philosophischen und literarischen Ausbildung verschwanden, selbst die Kenntnis von Schrift und die Produktion von Büchern erlahmten, sogar die Lesefähigkeit. Bischof Gregor von Tours, der Verfasser der wichtigen ›Frankengeschichte‹, gibt ein mit Einfachreligion versetztes Christentum zu erkennen: die Wundermacht der Heiligen und ihrer Reliquien, die Gottesurteile und Strafwunder, Krankenheilungen und Totenerweckungen, Lichterscheinungen und Visionen; aber mit keiner Zeile erscheint reflektierte Theologie[266]. Zudem beschränkte sich Gregors Blick auf den engeren Lebenskreis, auf Volk und Geschehen in seiner 'Heimat' Gallien, richtete sich kaum mehr auf die größere Christenheit, auch nicht auf Rom[267]. Mit Recht ist hier eine ethnozentrische Verkapselung zu unterstellen, da zu der ideellen und organisatorischen Ausrichtung auf den König noch die kirchliche Begrenzung auf den eigenen fränkischen Bereich kam. Insofern ist nochmals von einer Königskirche zu sprechen, einer zusätzlich gentil-religiös eingeschränkten.

Schon dieses frühe Kapitel provinzialrömisch-fränkischer Christianisierung zeigt die ganze Virulenz der nun anstehenden Konfrontationen und absehbaren Vermischungen: Christus als Sieghelfer, das Verbleiben bei der Stammes-Sage mit Abkunft vom halbgöttlichen Spitzenahn, die kollektive Bekehrung, dic *rex et sacerdos*-Idee, überhaupt die ethnozentrische Abschließung. Die Umstrukturierung zu einer Königskirche zeigt an, was insgemein für Herrschaft galt: die Königsnähe. Nicht, dass der König absolutistisch hätte regieren können, doch bildete er die Mitte eines herrschaftstragenden Personengeflechts, des 'Personenverbandsstaates': Potente Adelige traten in seine Gefolgschaft, verlangten dafür Mitherrschaft wie auch Entlohnung. Diese persönlichen Beziehungen gewannen, trotz der im Merowinger-Reich zunächst noch weiterwirkenden spätantiken Administrationsstrukturen, herrschaftstragende Bedeutung. Dementsprechend mußte die Rangstellung des Adels wie seines Ehrbewußtseins ansteigen und damit auch die Bedeutung natürlicher und künstlicher Verwandtschaften. Nicht mehr galten zuerst Rechtsstrukturen als vielmehr Rituale, Zeremonien und Gesten, vor allem aber die Verwandtschaft. Daß Liudgers Verwandte und Nachfahren Generation um Generation als Bischöfe und Äbte im Dienst der Karolinger standen, resultiert aus der 'Familienbindung' zum Herrscherhaus.

2. Die Iren und ihre tribale Kirche

Irland war außerhalb des Römischen Reiches geblieben und im Laufe des 5. Jahrhunderts christianisiert worden[268]. In der Folgezeit entwickelten sich Sonderbräuche, die nach Nordengland und nach Gallien ausstrahlten und dank der irischen und angelsächsischen Mission abendlandweite Geltung erhielten. Antrieb zum Verlassen der Insel war das asketische Ideal der Heimatlosigkeit: um Christi willen die Heimat zu verlassen und in einem fremden Land zu leben. Befolgen wollte man den Gottesruf an Abraham, aus dem eigenen Heimatlande fortzuziehen (Gen 12,1–3), wie auch das neutestamentliche Gebot, Vater und Mutter, Verwandte und Besitz zu verlassen (Mt 19,29)[269].

Zuerst ist die in Irland neu konzipierte Kirchenbuße vorzustellen, wie sie für die ganze westliche Christenheit maßgeblich wurde. Die Alte Kirche war von dem Enthusiasmus getragen gewesen, daß ein Getaufter kein schweres Vergehen mehr begehe. Indes mußte bald konzediert werden, daß solche Vergehen eben doch vorkamen und dafür wenigstens einmal noch eine Vergebung zu gewähren sei. Auf diese Weise entstand das Bußinstitut: Bekenntnis der 'Kapitalsünden' wie Gotteslästerung, Mord und Ehebruch vor dem Bischof, daraufhin Ausschluß aus der Kommuniongemeinschaft, nach erwiesener Umkehr dann die Wiederversöhnung mit der Kirche. Dieses Bußsystem veralltäglichten die Iren: Wer immer und wie immer gesündigt habe, solle, auch bei nur tagtäglichen Kleinverstößen, eine Beichte ablegen und eine Buße entgegennehmen, um nach deren Ableistung wieder entsühnt zu sein. Die Zumessung der Buße geschah nach 'Tarif', indem jedes Vergehen eine entsprechende Bußleistung zubemessen erhielt, meist in Form von Tagen, Monaten oder Jahren des Fastens. Für diese tarifierten Fastenzeiten entstanden die Bußbücher, die jeweils den zu befolgenden 'Tarif' vorschrieben, normalerweise als Fastenzeiten, aber bei Begüterten auch Almosen für Arme, Befreiung von Sklaven und noch Schenkungen von Land für Kirchen und Klöster. Indes ist diese Tarifierung, gemessen an altkirchlichen Maßstäben, befremdlich. Denn gemäß den Prinzipien einer 'Gesinnungsethik', wie sie christlich geboten war, sollte es um die Umkehr des Herzens gehen. Das Neue Testament hatte da keinen Zweifel gelassen: Wenn du im Herzen begehrst, hast du die Tat begangen; wenn du im Herzen bereust, ist dir vergeben. Buße erforderte darum Herzensumkehr, und diese konnte sogar auf der Stelle vollzogen werden, so daß fest bemessene Fastenzeiten von Tagen oder Jahren gar nicht angemessen waren. Die Bußbücher zielten denn auch nicht grundsätzlich auf die falsche Einstellung, aus der heraus eine Sünde begangen war, sondern beurteilten oft genug die äußere Tat, so daß das vorliegende Geschehen, nicht aber die innerliche Absicht die Bußerteilung bestimmte. Zum Beispiel: Wer durch Zufall die Tötung eines Menschen begangen hat, das heißt: ohne es zu wollen (*casu, id est non volens*), muß sieben Jahre lang büßen, davon drei bei Wasser und Brot; wer in die Tötung eingewilligt hat, erhält dieselbe Buße; wer aber wollte und nicht konnte (*voluerit et non potuit*), soll drei Jahre büßen.[270] Die gewollte, wenn auch erfolglose Intention wäre neutestamentlich wie die voll willentliche Vollführung zu bewerten gewesen; hier jedoch erhält das Wollen nur die halbe Buße. Wie diese Beichtpraxis zeigt, mußte die Fähigkeit zur Erfassung der inneren Intention erst noch geweckt werden, und wir können diesen Weckungsprozeß durch das ganze Mittelalter weiter verfolgen[271].

Daß nun auch eine ungewollt geschehene Tat und nicht zuerst die falsche Gesinnung zu büßen war, ermöglichte ein Weiteres: die stellvertretende Buße. Man hat sich hierbei das religionsgeschichtliche Modell des 'kosmischen Gleichgewichts' vorzustellen, demzufolge jede Untat als Unwucht störte und dafür wieder der Ausgleich herzustellen war; wer das dann bewirkte, konnte unerheblich sein. So empfahlen die Bußbücher jedem, der selber die Bußzeiten nicht ableisten konnte, sich einen 'Gerechten' zu suchen, dessen Gebet viel vermöge (vgl. Jak 5,16). Über solche Gebetsmächtigkeit aber verfügte vor allem der Mönch, er sogar im Überschuß, und darum konnte er stellvertretend für den Büßer Sühnewerke leisten. Doch gebührte ihm dafür ein Beitrag zum Lebensunterhalt, wozu auch Landschenkungen seitens Begüterter an das Kloster gehören konnten. Auf diese Weise entstand etwas völlig Neuartiges: das Stiftungswesen mit dem Austausch von materieller Schenkung gegen geistliche Sündenbuße. Für das Mittelalter entstand hier das wirksamste System von „Gabe und Gegengabe"[272]. Und wiederum gelangen wir direkt zu Liudger, zu seiner Klosterstiftung in Werden, die in dieser Vorstellungwelt begründet war.

Das Zweite, was von der irischen Kirche Beachtung verdient, ist ihre Organisationsbasis. Sie entsprach in kleinster Einheit jeweils dem Bereich eines Clans, der '*túatha*' von meist nur zehn Kilometern Ausdehnung und mit einem Kleinkönig an der Spitze. Oberhalb der Kleinreiche bestanden Zusammenschlüsse mit einem Oberkönig, dem 'König der Könige'. Diesem Aufbau paßte sich auch die Kirchenverfassung an: jeder Clan mit eigenem Bischof und der Oberkönig mit einem Metropoliten als dem 'Bischof der Bischöfe'. So sah die vielberedete irische 'Tribalkirche' aus[273]. Entscheidender noch war die Klosterstruktur, die sich in diese Clan-Struktur einbettete. In den tribalen Einheiten bildeten Klöster die Mittelpunkte und übten die Seelsorge aus; eine wirkliche Pfarrorganisation ist nicht nachweisbar. Dabei hatte die Leitung dieser Klöster ein Abt inne, der in aller Regel aus der Familie des Gründers stammte und somit wie ein Erbe weiterregierte. Bischöfe, die für die Weihehandlungen unabdinglich waren, lebten mit im Kloster und – besonders auffällig – unterstanden dem Abt[274]. Dieses Klostersystem wiederholte sich auf höherer Ebene: der Oberkönig mit einem Oberkloster und erneut auch mit einem dem Abt untergebenen Oberbischof. Das war die Klosterparochie, deren Hauptkloster sogar Filiationen an weit entfernten Orten haben konnte[275].

Das System der irischen Kloster-Paruchia hat sich auch in England etabliert. Wir finden es in dem irisch bevölkerten Kloster Iona (vor der Westküste Schottlands)[276], ebenso in dem angelsächsischen Kloster Lindisfarne (vor der nordenglischen Ostküste)[277]: „Alle Insassen, eingeschlossen Bischof, Priester und Inhaber niederer Weihen, ... waren Mönche unter der Obödienz des Abtes“[278]. Daneben bestanden in England noch zahlreiche 'Ministers', die von ähnlicher Art waren und die Seelsorge bzw. die Christianisierung leisteten: Niederlassungen religiöser Gemeinschaften von Priestern, Mönchen und Nonnen, die jeweils unterschiedliche Lebensformen und Regeln befolgten und zugleich im Volk wirkten[279]. Wie auf England hat die irische Kirchenverfassung auch auf Gallien eingewirkt, daß Klöster jeweils ihren eigenen Bischof hatten, der hier aber nicht dem Abt unterstellt war, sondern selbst als Abt fungierte: als Klosterbischof, innerhalb des regulären Bistums sozusagen als Kleinbischof in seiner Klosterdiözese[280].

Für altkirchlich-päpstliches Kirchenrecht war das „eine ungewöhnliche Ordnung“, wie es bald im 'römischen' England auch kritisiert wurde[281]. Eine Neustrukturierung hat hier Erzbischof Theodor von Canterbury (†690) begonnen. Bischöfe sollten wieder die uneingeschränkten Amtsträger in ihren Bistümern sein, denen sich ebenso die Äbte und Klöster zu unterwerfen hatten. Auf dem Kontinent sollte dann Bonifatius dies Episkopalsystem neu durchsetzen. Auch für Liudger muß man sich das irische Kirchen-System samt den angelsächsischen Umwandlungen vor Augen halten, denn es bildete bei ihm den Hintergrund für das Kathedral-Kloster in Münster wie für die Abtei in Werden, wo die eigene Familie über Generationen die Leitung innehatte.

3. Die Angelsachsen und die römische Kirche

Von niemandem ist Liudger stärker beeindruckt gewesen als von den Angelsachsen, die er bewußt als seine Vorbilder betrachtete. Die zum römischen Britannien abgewanderten Angeln, Sachsen und Jüten waren im 7. Jahrhundert Christen geworden[282]. Die Initiative zu ihrer Missionierung hatte Papst Gregor der Große (†604) ergriffen und aus Rom Mönche entsandt. Sie konnten in Canterbury, dem Königshof von Kent, Fuß fassen und später auch nach York ausgreifen. So entstand im Laufe des 7. Jahrhunderts die 'englische Kirche' (*ecclesia anglicana*). Die Missionare blieben, weil vom Papst entsandt, mit ihrer römischen Mutterkirche verbunden und schufen so die erste 'Rom-verbundene' Landeskirche. Was Liudger in der eigenen friesischen Heimat und dann im Westfalen-Land erreichen wollte, das konnte er in England studieren, die 'römische' Christianisierung.

Im Blick auf die kontinentalen Kirchenverhältnisse und direkt auch auf Liudger sind eine Reihe von Besonderheiten festzuhalten. Fangen wir an mit den Kollektiv-Bekehrungen, über die mehrfach berichtet wird. Bei der Mission des nordenglischen Königreiches Nordhumbrien unter König Edwin (†632) sei einmal „eine große Menschenmenge [...] mittags von Bischof Paulinus in Gegenwart des Königs Edwin im Fluß Trent nahe der Stadt getauft worden"[283]. Ja mehr noch: „So groß soll damals die Glaubensleidenschaft und der Wunsch nach der Heilstaufe beim Stamm der Nordhumbrier gewesen sein, daß Paulinus, als er einmal mit dem König und der Königin zur Königshalle kam, die Yeavering heißt, dort 36 Tage ... sich der Aufgabe des Glaubensunterrichts und des Taufens widmete. Während all der Tage machte er von morgens bis abends nichts anders, als das aus allen Weilern und Orten dort zusammenströmende Volk in der Heilsbotschaft Christi zu unterrichten und die Unterrichteten im Fluß Glen, ... im Bad der Vergebung zu reinigen."[284]. In Friesland soll der Angelsachse Wilfried, als Bischof von York eigentlich auf einer Rom-Reise, während des Winters 678/79 das Glaubensbekenntnis verkündet haben und „alle Fürsten, nur wenige ausgenommen, und viele Tausende des Volkes im Namen des Herrn getauft haben"[285].

Weiter, Gregor der Große hatte in Erinnerung an die beiden römischen Provinzen von London und York zwei Erzbistümer zu errichten geboten[286]. Seit der Spätantike oblag, wie schon erörtert, den Bischöfen der Provinzmetropolen die Organisation sowohl der Provinzialkonzilien wie ebenso der Wahl und der Weihe der provinzialen Bischöfe. Dieses Metropoliten-Amt verstand sich kollegial, wollte keine Oberhoheit beanspruchen, und eben das sollte sich fortan ändern. Denn zum ersten wurde die Errichtung eines Metropolitanbezirks jetzt päpstliches Recht, zum zweiten schrieb Gregor zur Amtsausübung des Erzamtes das Pallium vor, ein über Brust und Rücken herunterfallendes Wollband; dieses mußte vom Papst in Rom geholt werden, und so schien der Pallium-Träger mit päpstlicher Sondermacht ausgestattet. Das Ergebnis war: „Römischer Ursprung, Pallium, Metropolitenamt, Erzbischoftitel sind hier zu einer sonst nicht anzutreffenden romverbundenen Einheit zusammengewachsen"[287]. Wir werden sehen, daß dieses Erzbischofsamt – wie es nun ausschließlich zu benennen ist – von den angelsächsischen Missionaren Willibrord und Bonifatius auf den Kontinent verbracht wurde und sowohl bei Friesen wie Sachsen die Kirchenorganisation mitbestimmen sollte[288].

Prägend wirkte Gregor mit den auf Anfragen seiner Missionare gegebenen ›Responsa Gregorii‹, den Antworten besonders auch zur Pollutio. Zentral bleibt das Neue Testament, daß wirkliche Befleckung nur aus dem Herzen aufsteige. Wenn folglich eine Frau ihre Blutung habe, so sei ihr der Zutritt weder zur Kirche noch zur Kommunion zu verwehren, denn ein Naturvorgang könne niemals Schuld bewirken; wenn weiter die Frau zum Dank für eine glückliche Geburt in die Kirche gehe, sei ihr das wiederum nicht zu verwehren; lobenswert sei allerdings, wenn sie sich selbst aus Ehrfurcht zurückhalte. So zeigt sich Gregor, bei aller Klarheit im Grundsätzlichen, doch auch befangen. Ob nach ehelichem Verkehr sofort Kommunion-Empfang erlaubt sei, wird sogar zögerlich beantwortet, freilich bei grundsätzlicher Anerkennung, daß der Ehevollzug, sofern rechtens und mit dem Willen zum Kind vollzogen, kein Hinderungsgrund sein könne. Sogar großzügig fällt das Urteil über den männlichen Samenerguß aus, für den jetzt fast alle geistlichen Autoritäten eine Buße forderten, selbst bei unfreiwilligem Geschehen, wohingegen Gregor eine Schuld nur bei bewußtem Handeln sah[289].

Aus den Pollutio-Vorstellungen wurden sofort auch organisatorische Konsequenzen gezogen. Gregor hatte seiner Antwort ein eigenes Kapitel 'Über die Bischöfe und wie sie mit ihren Klerikern leben sollen' beigegeben. Darin veränderte er die altübliche Vierteilung der Kircheneinkünfte auf Bischof, Klerus, Arme und Kirchenbau zugunsten des urkirchlichen und im Monastizismus immer hochgehaltenen Ideals, demzufolge keiner der Urgemeinde 'etwas von dem, was sie besaßen, sein eigen nannte, sondern alles ihnen gemeinsam war'[290]. Das heißt: Bischof und Klerus sollten gemeinschaftlich-klösterlich zusammenleben. So entstanden im angelsächsischen England 'Kathedralklöster', in denen Bischof und Klerus zusammenlebten, wie überhaupt Klöster, nämlich die schon erwähnten Minsters, die Seelsorge ausübten. Die angelsächsischen Missionare übertrugen dieses Klosterwesen auf den Kontinent. Für Bonifatius waren monastische Zentren das Primäre, boten jeweils den Anknüpfungspunkt für die Bistumsgründung, dazu mit Personalunion auch von Bischof und Abt[291].

Endlich ist noch ein Phänomen zu erwähnen, das man auf der Insel am wenigsten hätte erwarten wollen: der Taufpatronat bereits christlicher Könige über andere sich bekehrende (Klein-)Könige[292]. Die englische Forschung hat dieses Phänomen inzwischen gut aufgearbeitet[293]. Für die 'künstliche Verwandtschaft', welche Feindschaften zu beenden und für Generationen Freundschaft zu stiften vermochte, diente auch die Patenschaft. Politisch nutzte sie vor allem dem 'Bretwalda'-Amt, ein unter den sieben angelsächsischen Königreichen wechselndes Oberkommando (*imperium*)[294]. Im Christianisierungsprozeß übernahmen die jeweiligen Inhaber möglichst Taufpatenschaften über bekehrungsbereite Könige, um so ihre Rolle als Oberhaupt in der 'Familie der Könige' zu stärken[295]. Den bekanntesten Fall bietet Aethelbert von Kent (†616), der als erstgetaufter angelsächsischer König damals auch Bretwalda war und dabei König Raedwald von Ostanglien zur Taufe zu bewegen wußte[296]. Was diesen Fall besonders interessant macht, sind die überraschenden Neben- und Folgeerscheinungen: Aethelbert hat seine eigenen Söhne nicht taufen lassen[297] (wohl um bei Scheitern des Religionswechsels die dynastische Nachfolge zu retten), hat zudem seinen ostanglischen Patensohn nicht beim Christentum halten können, errichtete dieser doch zu Hause einen Tempel mit je einem Altar für Christus wie für die als Teufel bezeichneten Altgötter[298]. Weiter stand das Bretwalda-Amt in Parallele zu dem im Zuge der Angelsachsen-Mission neu interpretierten Erzbischofsamt. Dem Inhaber der Erzwürde oblag jeweils die Berufung der gesamtenglischen Synoden; sofern nun der Bretwalda den Erzbischof an seine Seite zu ziehen wußte, verstärkte sich auch seine Oberhoheit über Gesamtengland – wiederum ein Phänomen, das uns auch in der angelsächsischen Mission auf dem Kontinent begegnen wird. Willibrord und Bonifatius waren solche Erstbischöfe[299].

Höchste Bewunderung verdient, daß sich in kürzester Zeit intellektuelles Leben regte, und der hier erbrachte Beitrag hat als fundierend für das werdende Abendland zu gelten[300]. Angeregt von irischen Vorbildern, unterhielten die angelsächsischen Klöster Skriptorien und sollten gerade damit den Kontinent be-

Das nordhumbrische Kloster Jarrow
Nordengland war römische Provinz gewesen, und in dem Hauptort Eboracum (York) hatte es einen Bischof gegeben. Aber das alles war zerstört worden. Bei der im 7. Jahrhundert erfolgten Christianisierung vermochte dieses nun Nordhumbrien genannte Gebiet eine neue christliche Kultur aufzubauen. Der Mönch Beda, der in Jarrow und dem damit verbundenen Wearmouth lebte, eignete sich dank einer neu aufgebauten Bibliothek ein umfassendes Wissen an. Dieser Impuls übertrug sich auf die Bischofsstadt York, wo Alkuin lehrte und Liudger zeitweilig sein Schüler war.

einflussen. Herausragend steht der Mönch Beda (†735), der als Kind in die nordenglische Doppelabtei Wearmouth und Jarrow kam, als Autodidakt sich ein enzyklopädisches Wissen aneignete, fast alle Bücher der Bibel kommentierte, zuletzt noch eine ›Kirchengeschichte des englischen Volkes‹ schrieb[301]. Auch hat Beda sofort das christliche Missionskonzept als universal begriffen. Denn bei ihm „zeigt sich die Nation nicht als auserwähltes Volk, sondern als in die Welt der Nationen integrierte Nation. Die Ausdehnungsbewegung, an der sie teilhat, ist die der 'Kirche der Nationen', welche wächst im Maß der aufeinanderfolgenden Bekehrungen. Die Leitvorstellung ist die einer 'gens', die teilhat an der 'ecclesia gentium', letztlich der 'ecclesia Christi'. Das Bewußtsein von Volk schließt sozusagen Internationalität ein"[302]. Für den Bekehrungsvorgang forderte Beda die individuelle Zustimmung zur christlichen Wahrheit, weswegen er die Übersetzung des Vaterunsers und Glaubensbekenntnisses anregte[303]. In Bedas Heimat Nordhumbrien, wo die überlieferten

Schriftzeugnisse allesamt erst Folge der Christianisierung sind, kulminierte die geistig-theologische Entwickung der angelsächsischen Kirche. Das im antiken Kastell Eboracum fortbestehende York, das spätantiker Bischofssitz gewesen war, stieg sogar zu einer Wissensmetropole auf[304]. Eine erstaunliche Bibliothek konnte hier aufgebaut werden, und Alkuin wirkte darin als Lehrer[305]. Eben dorthin zog es Liudger.

4. Das iro-fränkische Klosterwesen in Gallien

Die irische Kirche wirkte, wie schon auf England, so auch auf den Kontinent ein. Als der Ire Columban (†615) nach Gallien kam, wurde er hier zum Begründer der 'irofränkischen Klosterbewegung'[306]. Die Zahl der Klöster stieg sprunghaft auf 500 an. Der inneren Formung diente eine von Columban selbst verfaßte Regel, aber stärker noch diejenige Benedikts von Nursia (†547), die hiermit überhaupt ihren Siegeszug begann; beide Regeln vermischten sich, weswegen von einem 'Mischregel-Zeitalter' gesprochen wird[307].

Die von Columban in Gallien ausgelöste Bewegung verharrte keineswegs monastisch introvertiert. Columban selbst missionierte zeitweilig bei den Allemannen am Bodensee[308]. Besonders interessiert die irofränkische Mission im wieder paganen Nordgallien. Hier bildete Eligius (†660), den wir als Bischof von Noyon, auch als königlichen Münzmeister wie noch als Kunstschmied für Reliquien-Schreine kennen[309], den „Mittelpunkt einer Gruppe nordfränkischer Missionare columbanischer Prägung"[310]. Ihm folgte der Aquitanier Amandus (†676/84), den die Moderne zum Apostel Belgiens erklärte. 'Überall' wollte er missionieren, frei von fränkischer Patronanz; mit Rom in Kontakt und zeitweilig Bischof von Maastricht, wirkte er hauptsächlich in Flandern, wo er mehrere Klöster (mit-)gründete: das pippinidische Nivelles, Sankt Peter und Sankt Bavo in Gent, vor allem Elno, das sein Grab aufnahm und daraufhin Saint Amand hieß[311]. Nach 690 konnte Willibrord an Amandus anknüpfen, dessen Namen er in seinen Kalender eintrug[312]. Bemerkenswerterweise hatten diese irofränkisch-nordgallischen Klöster zahlreiche Besitzorte in den Vorlanden der Friesen, die man als Vorposten auch der Missionierung auffassen möchte[313].

Die besondere Anziehungskraft, welche die Klöster auf Könige und Adel auszuüben begannen, lag in einem Neuen: in der Stiftungsfrömmigkeit, die vom irofränkischen Mönchtum exemplarisch ausgebildet wurde. Mehrere Entwicklungen und Motive vereinten sich hierin. Die ehemals 'laikale' Mönchsgemeinde hatte – wie bei Benedikt – nur wenige Priester und keine tägliche Meßfeier. Demgegenüber gehörte nun zum vollendeten Mönchsein die Weihe zum Kleriker, infolgedessen sich die ursprünglichen Laienkonvente in solche von Diakonen und Priestern umwandelten. Zudem garantierte die klösterliche Lebensweise genau jenen Typ von Priester, wie er jetzt erwünscht war: den 'reinen' Priester[314]. Diese Kleriker-Klöster ermöglichten ein dringendes Zeitdesiderat: die vielen Messen. Das Motiv war ein doppeltes. Geändert hatte sich das Eucharistie-Verständnis, indem aus dem ursprünglich gefeierten Dank – darum 'Eucharistie' – eine Segensbitte geworden war, wie es das von dem Schlußsegen (*Ite missa est*) abgeleitete Wort 'Messe' auch ausdrückt. Für diesen mittels Meßfeier bewirkten Segen wurde die Gabendarbringung verstärkt, weil nach aller Religionslogik jeder Segen eine zuvorige Darbringung erforderte. Die Bittsteller wandten sich ans Kloster, brachten Gaben dar und erbaten Meßfeiern in den von ihnen vorgebrachten Bitten[315]. Gegenüber dem ehemals oft nur einen Priester im Kloster konnten karolingische Großklöster Hunderte vorweisen und feierten so auch Hunderte von Messen, vorab jeden Tag zwei gemeinschaftliche Hochämter, dazu die zahlreichen Einzelmessen der Priestermönche[316]. Diese Einzelmessen verbanden sich mit dem irischen Bußsystem und seiner Stellvertretung. Infolgedessen vermochten die Klosterleute wie niemand sonst Sühneleistungen anzubieten, nicht nur in Form von Psalmengebet und Armen-Gaben, sondern nun auch mit Meßfeiern. Geboren war damit das Stiftungswesen: materielle Gaben und zumal Landschenkungen für Sühne im Jenseits.

Eine erste Ausformulierung mit der Meßfeier als Gegengabe finden wir in einer Oration des bald nach 700 entstandenen Bobbio-Missale[317]. Dieser Text ist in zahlreiche Sakramentare und Gebetsverbrüderungen eingegangen[318]. Zitiert sei hier die Fassung aus einem Sakramentar des 9. Jahrhunderts, wo Struktur und Intention besonders deutlich hervortreten:

> „Gedenke [Gott] des ganzen christlichen Volkes und [derjenigen], die sich meinen Gebeten empfohlen haben und die mir Sünder ihre Vergehen gebeichtet haben und denen ich Sünder Nachlaß von ihrem [Bußpensum] in Speise und Trank – nicht aus eigenem Vermessen, sondern nach deiner Barmherzigkeit – Nachlaß gewährt habe und deren Almosen ich entgegengenommen habe und die ihren Besitz als Opfergaben für ihre Seelen in den heiligen Kirchen dargebracht haben, sowohl für [die Seelen] der Lebenden wie der Toten, und die in diesem Buch aufgezeichnet sind, und all derjenigen, deren Namen du, Gott, kennst ...“[319].

Zugrunde liegt, wie man sofort erkennt, das neue, von den Iren eingeführte Bußsystem. Erwähnt ist zuerst die Beichte, dann die für den Beichtenden herabgeminderte Buße. Diese Herabminderung kann geschehen, weil der beichthörende Priester vom Beichtenden Almosen und Besitz entgegengenommen hat und dafür nun Messen zu feiern bereit ist[320]. Obendrein gilt die Sühnewirkung noch für die Toten, deren Namen ins Gedenkbuch eingeschrieben sind. In dieser Oration des Bobbio-Missale sehen wir jenes Austauschsystem grundgelegt, das für Jahrhunderte einen sogar wachsenden Erfolg hatte: Güterschenkungen für Sühneleistungen zugunsten der Lebenden wie der Toten. Speziell die Landschenkungen ließen die Klöster zu den allergrößten Landeignern aufsteigen, und die Äbte gewannen damit ökonomische wie politische Macht[321]. Bei jeder Übertragung wurde eine eigene Urkunde ausgestellt. Aus Sankt Gallen sind bis zum 10. Jahrhundert rund 800 solcher Pergament-Stücke erhalten, davon 600 für das Seelenheil (*pro remedio animae*)[322]. Das Bonifatius-Kloster Fulda überragte mit seinen langen Urkunden-Registern alle Klöster sonst[323]. Liudgers Werden blieb bescheidener, wies gleichwohl im 9. Jahrhundert einen ansehnlichen Besitz auf[324].

Mit diesen Überlegungen sind wir einen langen und gewundenen Weg gegangen und doch wieder direkt bei Liudger. Bei aller Missionsarbeit wollte er zusätzlich ein Kloster und errichtete ein solches in Werden. Dabei muß ihm das hier dargestellte Austausch-System im Sinn gestanden haben; dafür hatte er dann eine betende Klostergemeinschaft einzurichten, ebenso die ökonomischen und baulichen Voraussetzungen bereitzustellen. So tätigte Liudger denn auch Käufe und nahm Schenkungen entgegen, ja kannte sich noch mit den erforderlichen Urkunden aus. Erst dadurch erreichte Werden seine besonderen Leistungen, errichtete eine bedeutende Architektur, besaß eine reiche Bibliothek mit Skriptorium, dazu „Werke der Malerei, Bildhauerei und des Erzgusses“[325].

ZWEITER TEIL

Liudger und seine Mission

I. Die Karolinger

1. Das neue Imperium

Ursprünglich waren die Pippiniden, die späteren Karolinger, am merowingischen Königshof die 'Hausmeier' gewesen, die Oberknechte über das Hausgesinde, neben dem 'Seneschalk', dem 'Altknecht'. Je mehr aber die Merowinger zu Schattenkönigen degenerierten, desto mächtiger walteten ihre Oberknechte, bis dann Pippin der Jüngere 751 den Königsthron bestieg und Karl der Große 800 die Kaiserkrone erlangte. Der Aufstieg war dramatisch, das Ergebnis weltgeschichtlich: das Reich der Karolinger. Pippin der Mittlere hatte als Hausmeier das fränkische Kerngebiet zwischen Rhein und Seine

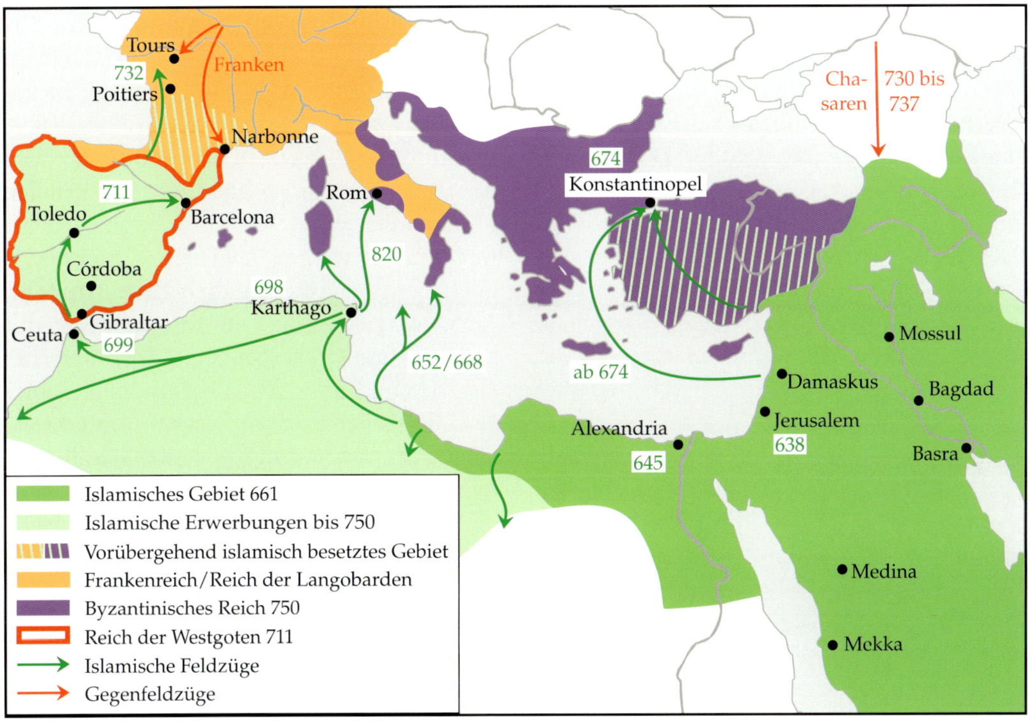

Ausbreitung des Islam
Die Eroberungszüge der islamischen Araber erfaßten in einer Schnelle ohnegleichen den mittelmeerischen Süden. Aber die Einnahme Konstantinopels mißlang, ebenso kam der Vorstoß nach Gallien zum Erliegen. Für die Folgezeit beherrschten das Frankenreich und Byzanz den mittelmeerischen Norden und Nordosten. Das alte Imperium Romanum, das sich um das Mittelmeer gelagert hatte, war fortan ost-westlich zweigeteilt.

wieder vereinigen können, sein Sohn Karl Martell, weiterhin Hausmeier, vermochte nach Südgallien und ins Ostrheinische auszugreifen. Zudem wehrte er einen tödlich heranrückenden Einbruch ab: den Siegeszug der muslimischen Araber, was nur wieder weltgeschichtlich zu nennen ist. Diese hatten zweimal schon Konstantinopel belagert, waren dort jedoch gescheitert. Umso bedrohlicher wurde es für den Westen. Die Sarazenen – wie sie hier genannt wurden – eroberten 711 binnen Jahresfrist das spanische Westgoten-Reich, stiegen über die Pyrenäen, bis Karl Martell ihnen 732 bei Tours und Poitiers entgegentrat. Verhindert wurde, allerdings wohl weniger durch diese Martell-Schlacht als vielmehr durch die Verteidigung Konstantinopels, daß die Araber das ganze Mittelmeer umschlossen und auf diese Weise das Imperium Romanum beerbt hätten. Die Weltgeschichte wäre ohne Europa geblieben.

Die Karolinger erwiesen sich überhaupt als Glücksfall. Schon biologisch waren sie ein Wunder, denn alle karolingischen Herrscher regierten für die Dauer eines damaligen Menschenlebens, im Schnitt um die 30 Jahre, was angesichts der geringen Lebenserwartung, zumal in der Folge von sechs Generationen, ganz außergewöhnlich war. Man vergleiche damit nur die Merowinger, von denen nach 650 nur einer älter als 30 Jahre geworden ist. Der Bonner Mediävist Eugen Ewig hat dafür die Daten zusammengestellt: Sofort mit der Volljährigkeit, mit 15 Jahren, heirateten die jungen Sprößlinge, hatten aber zuvor meist schon ein Kind gezeugt. Ihre Frauen waren eben erst geschlechtsreif geworden, etwa 12 bis 13 Jahre alt. Eine Kinderwelt war es: Kinder regierten, Kinder zeugten Kinder und erzogen Kinder; Kinder auch zogen ab 15 Jahren oder zuweilen schon mit 11 oder 13 in den Krieg[326]. Demgegenüber erreichten die Karolinger über mehrere Generationen hin Herrschaftszeiten eines Menschenalters – ein biologischer Glücksfall mit europäischen Folgen. Denn die längeren Herrschaftszeiten brachten mehr Kontinuität, hielten das Reich ob der selteneren Erbteilungen besser zusammen, ermöglichten nicht zuletzt den jeweiligen Nachfolge-Söhnen eine intensivere Ausbildung. So hat offenbar König Pippin eine Ausbildung in Saint Denis erhalten. Karl der Große verfügte über ein Niveau in Latein, daß er sich im Kreis seiner Aachener 'Akademie' nicht nur lateinische Gedichte anhörte, sondern sie auch zu goutieren wußte[327]. Überhaupt war Karl der erste nachantike Herrscher, der persönlich Kultur organisierte und sich für Bücher und Bildung interessierte[328]. Zurecht ist über die Karolinger gesagt worden: „Eine Familie formt Europa“[329].

Ein Glücksfall waren die Karolinger – was uns heute allerdings eher weniger gefallen mag – auch in der Kriegsführung. Zunächst war ihnen der Krieg 'natürlich', wie ethnologisch allen Stammesgesellschaften. Bei ihrem Aufstieg agierten sie wie Anführer von 'war bands', von Kriegerbanden. „Während der Herrschaft Karls des Großen und seiner Nachfolger gab es kaum ein Jahr ohne Krieg. Die Omnipräsenz von Krieg und Gewalt ist in dieser Zeit auch für mittelalterliche Verhältnisse sehr hoch“[330]. Doch stiegen die Karolinger über die pure Gewalt hinaus, begannen sie doch den Krieg in seinen schlimmsten Folgen zu mäßigen. Bei merowingischen Kriegszügen sind die Gefangenen noch mit den ausgebreiteten Armen an Stangen festgebunden und in die Sklaverei verkauft worden. Bei den Karolingern beginnt das aufzuhören. Zwar wurden adelige Sachsen in Geiselhaft genommen und ganze Bevölkerungsgruppen umgesiedelt, aber offenbar Gefangene nicht mehr versklavt; ja, in karolingischer Zeit verschwand überhaupt der Sklavenmarkt[331]. Vor

Die Aachener Pfalzkapelle

In der als feste Residenz genutzten Aachener Pfalz errichtete Karl der Große eine imperiale Kapelle. Erzbischof Hildebald von Köln, der Liudger zum Bischof weihte, war hier „der Erzbischof des heiligen Palastes", der Erstbischof für das ganze Reich. Karl selbst verstand sich als 'Priester und König' (rex et sacerdos), bestimmte als solcher die Kirchenverhältnisse. Liudger wurde von ihm zum Missionar wie auch zum Bischof bestellt.

allem auch stiegen die Karolinger über den 'natürlichen' Krieg insofern hinaus, als sie offenbar ein zentrales Problem erkannten, daß man einen Krieg zwar militärisch gewinnen konnte, aber damit noch kein Zusammenleben von verschiedenen Völkern erreicht hatte. Die entscheidende Theorie lieferte die sogenannte Einheitspartei am Hof. Wie Paulus gesagt habe: nicht Jude – nicht Grieche, nicht Barbar – nicht Heide, nicht Herr – nicht Sklave, so müsse für die eigene Zeit gelten: nicht Franke – nicht Alemanne, nicht Langobarde – nicht Aquitanier, nicht Baier – nicht Sachse[332]. Tatsächlich gelang es, „den Raum und seine Menschen zu einer Einheit christlichen Zusammenlebens zusammenzufügen"[333]. Ein übergentiles Bewußtsein bewirkte diesen Verbund, der dann für ein Jahrhundert das Großreich beieinanderhielt und bis heute als Fundament Europas nachwirkt.

Die Aachener Pfalz
Hier nahm Karl ständige Residenz, wodurch der Hof einen festen Standort und das Reich eine Zentrale erhielt. Sowohl die Reichsadministration wie die Bildungserneuerung profitierten davon. Hier konnte sich die „Hofakademie" versammeln; hier auch stand eine Bibliothek zur Verfügung.

Das Selbstverständnis Karls des Großen war zunächst das des Kriegers, aber doch auch mehr: Er folgte der altverwurzelten und gerade in Byzanz hochstilisierten Idee vom 'König und Priester'. Wie kein anderer Herrscher in der westlichen Geschichte beanspruchte Karl die ungeteilte Hoheit des Priesterkönigtums[334]. Alkuin, gewiß doch mit kirchlichen Traditionen vertraut, konzedierte Karl ein 'äußeres' wie noch ein 'inneres' Kirchenregiment: „Euer heiliger Wille und die von Gott verordnete Gewalt verteidige überall den katholischen und apostolischen Glauben; wie Ihr mit Waffen Euch bemüht, das christliche Reich tapfer zu erweitern, so auch die Wahrheit des apostolischen Glaubens sowohl zu verteidigen wie zu lehren und auszubreiten"[335]. Sein Priesterbewußtsein zeigte Karl in seinem bestimmenden Verhältnis zum Papsttum, in seiner eigenmächtigen Reform der fränkischen Liturgie, ebenso in der von ihm forcierten Mission der Sachsen und noch 799 bei dem Entscheid über die Sache des angefochtenen Papstes Leos III. in Paderborn[336]. Seine erlaßartigen Verlautbarungen, die 'Kapitularien', welche die national orientierte Geschichtsschreibung einmal als Beweis herrscherlich-souveräner Administration und als Nachweis germanischer Staatsfähigkeit interpretierte, erfahren inzwischen eine umgekehrte Deutung: Karl habe sich „weniger als Gesetzgeber denn als Prediger" verstanden, habe sogar sein Befehlswort „als mit dem Gotteswort identisch" betrachtet[337]. Für Äußeres wie Inneres der Kirche wußte er sich zuständig: für Bischöfe wie Äbte, für die Liturgie wie die Mission, für den Bibeltext und die Predigt. Hierfür publizierte Karl 789 die 82 Artikel der ›Admonitio generalis‹, die 'allgemeine Predigt'[338].

Die Folgen zeigen sich in der sogenannten Karolingischen Renaissance, die – in Wirklichkeit bescheidener – als 'Bildungserneuerung' anzusehen ist, aber als solche eine epochale Wirkung entfaltete[339]. Die Literalität kehrte in den repaganisierten Gebieten an Maas und Schelde zurück, wurde östlich und nördlich des Rheins überhaupt erst aufgebaut. Nehmen wir als Beispiel die bis zum Jahre 800 erhaltenen Bibel-Handschriften; davon stammen 108 aus Italien, 47 aus Frankreich, 35 aus Irland, 47 aus England und 67 aus Deutschland[340], letztere fast alle aus dem Rechtsrheinischen und aus dem späteren 8. Jahrhundert[341]. Enorme Kosten waren dafür aufzubringen. Die großen Bibeln, die während der ersten Hälfte des 9. Jahrhunderts in Tours, dem damals produktivsten Buchzentrum, geradezu serienmäßig hergestellt wurden, haben Blattgrößen von rund 50 x 35 cm und erforderten jeweils über 200 Tierhäute[342]. Die umfänglichsten karolingischen Bibliotheken besaßen 500 Bücher. Insgesamt sind uns aus dem 8. und 9. Jahrhundert an die 8.000 Handschriften bzw. Reste davon erhalten[343]. Schon einfach anhand der Bücher wird sichtbar, welchen 'Apparat' die Christianisierung erforderte, wie viele wirtschaftliche Ressourcen verfügbar sein mußten, was überhaupt an kulturellen Leistungen zu erstellen war.

Die Karolinger und ihre Politik – das ist der unmittelbare Zeitrahmen auch für Liudger. Seine Familie wie er selbst haben den dramatischen Aufstieg miterlebt, ja mit betrieben. Der auf die fränkische Seite übergewechselte Großvater Wursing muß direkt die Katastrophe nach dem Tode Pippins des Mittleren miterlebt haben, als von der Nordsee bis zu den Pyrenäen, von der Seine bis zum Rhein

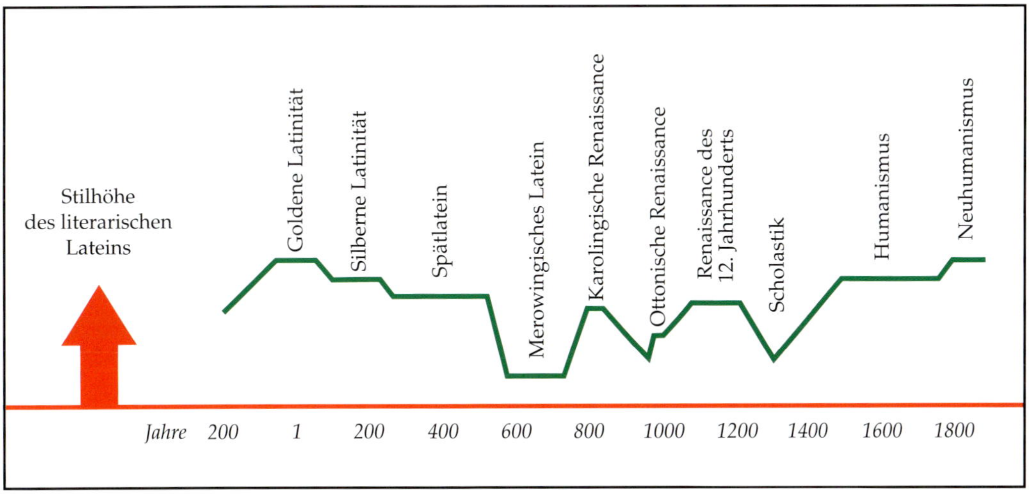

Bildungserneuerung Karls des Großen

Das Latein entwickelte sich in der Merowingerzeit in Richtung auf die späteren Nationalsprachen Italienisch, Spanisch und Französisch. Dadurch schränkte sich die Verständlichkeit regional ein. Unter Karl dem Großen wurde das Latein erneuert, wurde damit zur künstlichen Sprache, konnte aber „international" als Liturgie- und Wissenschaftssprache verwendet werden.

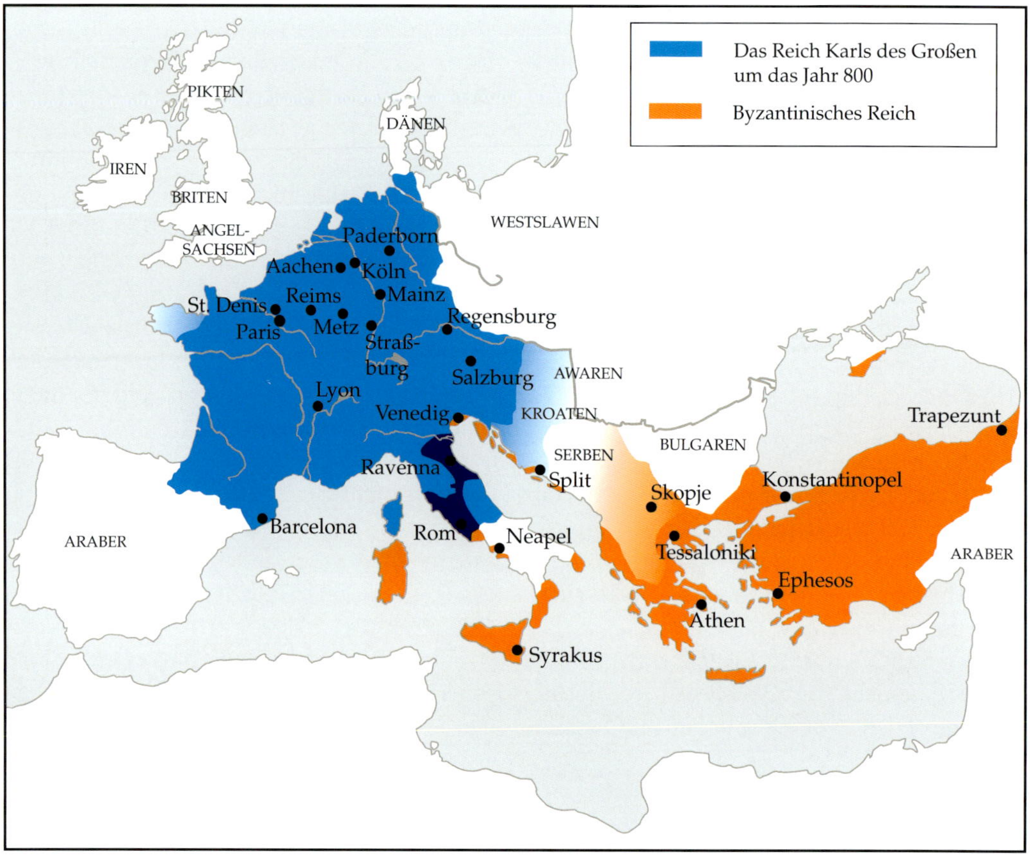

Das karolingische Westimperium und das byzantinische Ostimperium
In drei Generationen mit zuletzt Karl dem Großen vereinigten die Karolinger große Teile des ehemaligen Westimperiums und brachten es zu einer funktionierenden Einheit, die bis heute nachwirkt. Die Ausdehnung übertraf noch Byzanz. „Eine Familie schuf Europa" – so hat man sagen können.

der Aufstand losbrach, mit angestiftet von den Friesen. Karl Martell, eigentlich gar nicht zur Nachfolge vorbestimmt, griff zum Schwert, im Norden gegen die Friesen, im Westen gegen die Neustrier, im Osten gegen die Thüringer, im Südosten gegen die Alemannen und Baiern, noch gegen die Kleinkönige der Provence. In der Abfolge von drei Generationen schufen die Karolinger so etwas wie 'Frieden durch Großreichbildung': Karl Martell stoppte die Sarazenen, Pippin der Jüngere stellte die merowingische Reichsgröße wieder her, Karl der Große erreichte fast wieder das antike Westimperium[344]. An eben diesem Prozeß war, wenn auch nicht in vorderster Linie, Liudger mitbeteiligt.

2. Die angelsächsischen Missionare

Das Karolinger-Reich erhielt Zustrom gerade auch von außen. Für die Reichsentwicklung kamen entscheidende Leute zum Beispiel aus England. Denn bei den Angel-

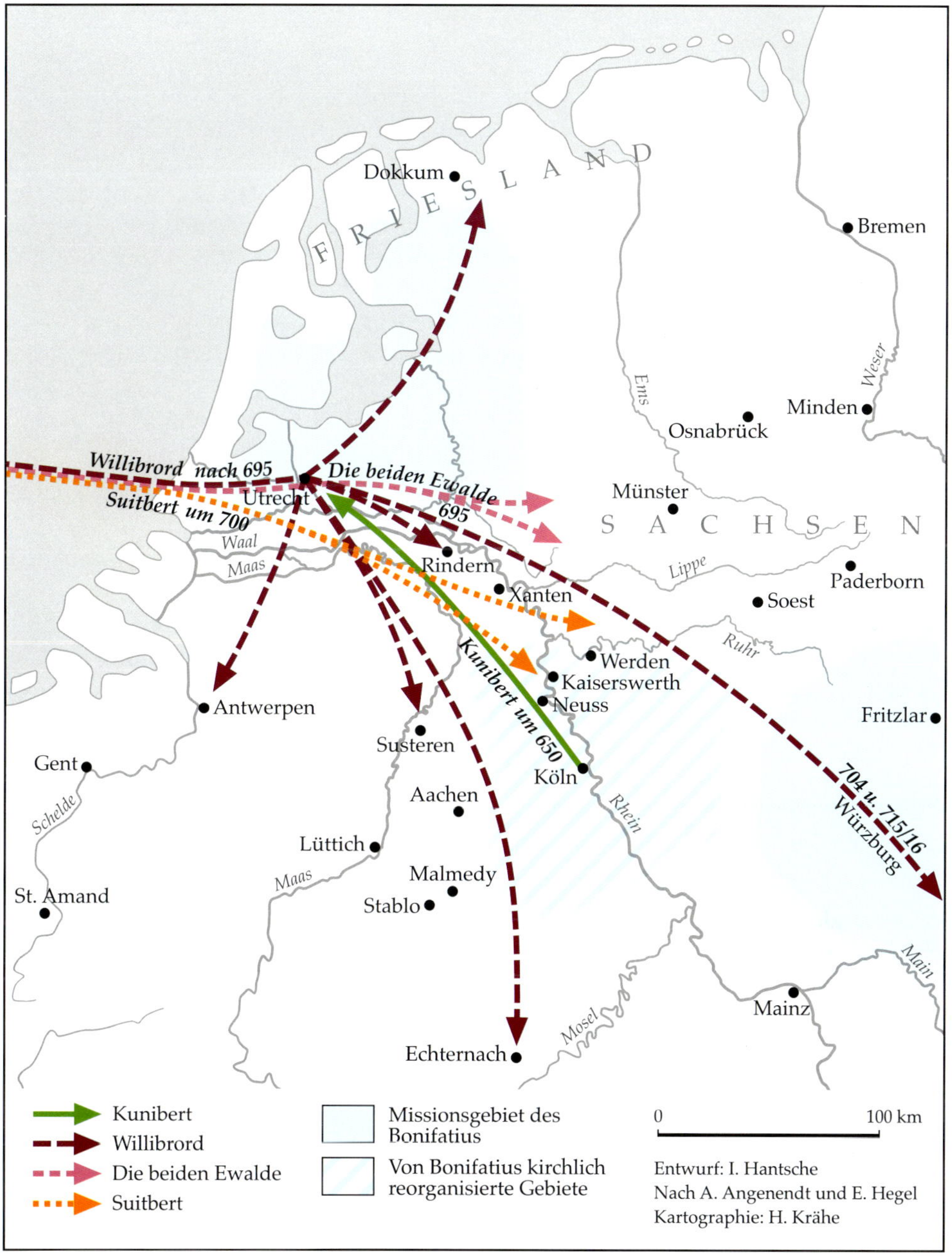

Willibrord und seine Gefährten

Die Angelsachsen drängte es nach ihrer eigenen Bekehrung zu ihren Altvorderen auf den Kontinent, zu den Friesen und Sachsen. Die erste Welle repräsentiert Willibrord, der 'Friesen-Apostel'. Mit ihm kamen Suitbert und die beiden Ewalde. Suitbert ging zu den Brukterern südlich der Lippe, von wo ihn die Sachsen vertrieben. Die Ewalde drangen nach Sachsen vor, wo sie sofort erschlagen wurden.

sachsen regte sich sofort nach der eigenen Bekehrung ein Aufbruchswille, motiviert aus der schon bei den Iren feststellbaren Idee der 'peregrinatio', des Lebens in der Fremde. Hauptsächlich zwei Ziele wurden angestrebt: Rom mit den Gräbern der Apostelfürsten und dann die eigenen Vorfahren auf dem Kontinent, die Altsachsen. In Scharen, so berichtet der angelsächsische Mönch Beda, seien sie zur Pilgerschaft aufgebrochen und zwar „Edle und Gemeine, Laien und Geistliche, Männer und Frauen“[345]. Nach Rom pilgerten selbst Könige, manche sogar, um sich noch taufen zu lassen und beim Heiligen Petrus beerdigt zu werden[346]. Eine Missionspredigt auf dem Kontinent hielt erstmals der Yorker Bischof Wilfried, als er den Winter 678/79 bei den Friesen verbrachte. Weitere Missionare folgten und blieben für ihr Leben in der Fremde, so als bekannteste der 'Friesen-Apostel' Willibrord (†739) und der 'Deutschen-Apostel' Bonifatius (†754). Als Instruktionsbuch diente dabei ›Die Kirchengeschichte des englischen Volks‹, in der der angelsächsische Mönch Beda die eigene Bekehrung beschrieben hatte[347]. Noch 781 ging der damals herausragendste Gelehrte, Alkuin von York, an den Hof Karls des Großen. Ohne die Angelsachsen, so wird man sagen dürfen, sind die fränkische Kirche und das karolingische Reich nicht zu denken.

Noch ein zweiter, viel weitreichender Aspekt läßt sich hervorheben: die Scheidung des alten Imperium Romanum in eine nördlich-europäische und eine südlich-islamische Zone, wobei die Schnittlinie ost-westlich durch das Mittelmeer verlief. Ein Angelsachse bietet dafür ein bemerkenswertes Zeugnis: der Mönch Willibald, zuletzt Bischof von Eichstätt (†787). Um 720 verließ er England und ging nach Rom, brach aber von dort erneut auf und pilgerte nach Jerusalem. Ein solches Unternehmen, das uns übrigens seine Schwester Hugeburc aufgezeichnet hat, zeigt nicht nur Wagemut, sondern macht indirekt auch höchst bemerkenswerte Aussagen über das Verhältnis zwischen Christentum und Islam. Bei all seinen Mühen und Drangsalen, die der Pilger Willibald erfuhr, spricht er mit keinem Wort von der Bekehrung der Muslime, geschweige daß er einen Versuch dazu unternommen hätte[348]. Wir stoßen hier auf einen selten ausgesprochenen Befund: Im nördlichen Europa breitete sich das Christentum im 8. Jahrhundert zügig weiter aus, und gerade angelsächsische Missionare wirkten daran mit; dank ihres Einsatzes wurde der Rhein überschritten und sowohl die Nordsee wie die Ostsee erreicht. Noch ausgreifender entfaltete sich der Islam, im Westen bis nach Spanien und im Osten bis Bagdad. Was aber beide Religionen, die sich so stürmisch ausbreiteten, nicht unternahmen, war eine Mission im jeweils anderen Bereich: Kein christlicher Missionar ging während des ganzen Frühmittelalters in die arabisch-islamische Welt; das tat erst Franz von Assisi (†1226). Ebensowenig kam ein islamischer Missionar in den Norden[349]. Eine neue und bis heute währende Scheidung begann sich abzuzeichnen. Liudger kann davon nicht unberührt geblieben sein. Mit besonderer Aufmerksamkeit erwähnt er Willibald wie dessen Bruder Wunibald[350], und so muß er von der Jerusalemer Pilgerfahrt und den Sarazenen gewußt haben.

3. Willibrord und die Friesen

Die Friesen, deren schon in der Antike bezeugter Name etymologisch nicht geklärt ist, siedelten entlang der Nordsee-Küste, von der Weser-Mündung bis zum Rhein-Delta. Im 8. Jahrhundert traten sie ethnisch, sprachlich und politisch geeint auf, auch mit einem König an der Spitze. Vorgerückt sind sie damals nach Süden bis Rhein und Waal und er-

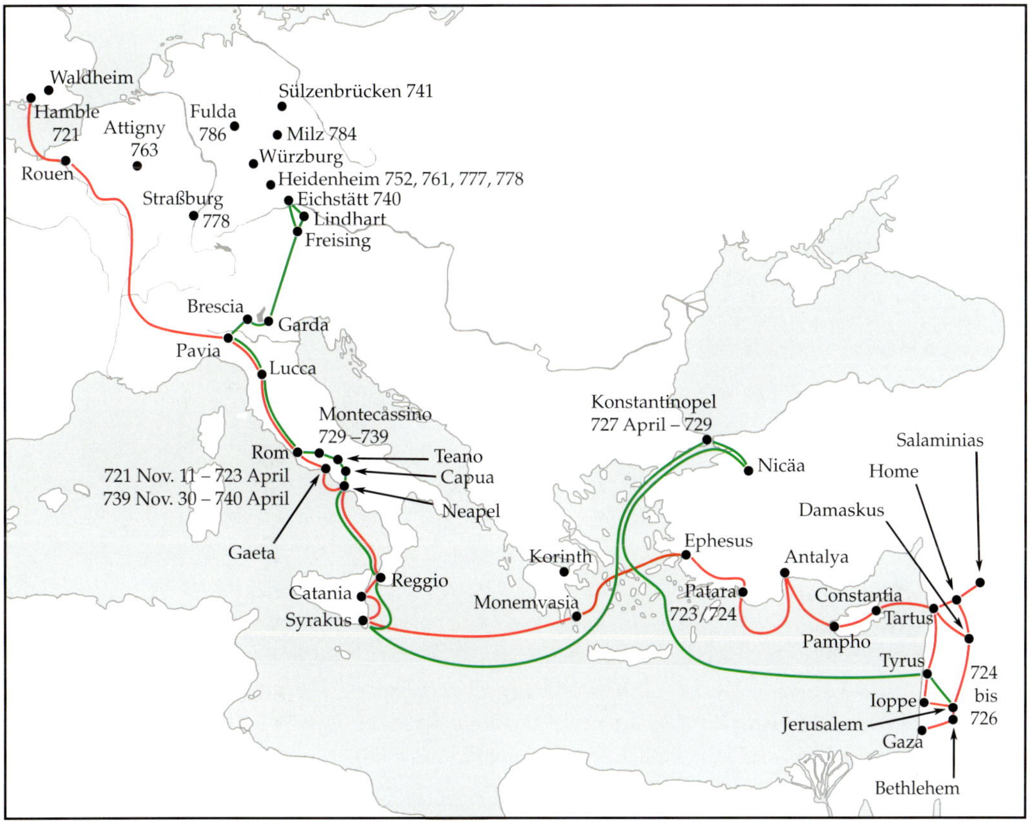

Pilgerfahrt des Willibald von Eichstätt

Gegen 680 setzte eine angelsächsische Pilgerbewegung ein, die hundert Jahre andauerte. Man suchte die römischen Apostelgräber auf und wollte die Altsachsen bekehren. Auffällig ist Willibald, der nach Rom und dann nach Jerusalem pilgerte (rote Linie), dort den Islam erlebte, aber keinerlei Missionsversuch unternahm. Überhaupt ging kein christlicher Missionar in muslimisches Gebiet, wie andererseits kein muslimischer Missionar in christliches Gebiet kam. Das Mittelmeer zertrennte fortan zwei Religionswelten.

richteten im antiken Kastell Trajectum, das sie Wiltaburg nannten, ihren Königssitz. Die Binnengliederung schied in Adel und Freie (hauptsächlich freie Bauern), in Liten (Halbfreie) und Sklaven[351]. Auffälligerweise betrieben die Friesen einen regen Fernhandel, der von England bis Skandinavien reichte[352].

Eine Missionierung hatte der Merowinger Dagobert (623–638) versucht, wie Bonifatius noch wußte: Damals habe die Kölner Kirche – zu denken ist an Bischof Kunibert (†663) – das Kastell Utrecht erhalten und dort eine Martinskirche errichtet, um die Friesen zu bekehren[353]. Daß die Mission nicht vorankam und die Kirche zerstört wurde, dürfte aus dem Vorrücken der Friesen und der Errichtung ihrer Utrechter Wiltaburg zu erklären sein. Angelsächsische Missionare erst setzten neu an und predigten jeweils mit sogar königlicher Zustimmung: im Winter 678/79 Bischof Wilfried von York „mit Erlaubnis des Königs Aldgisel“[354]; anschließend der Angelsachse Wig-

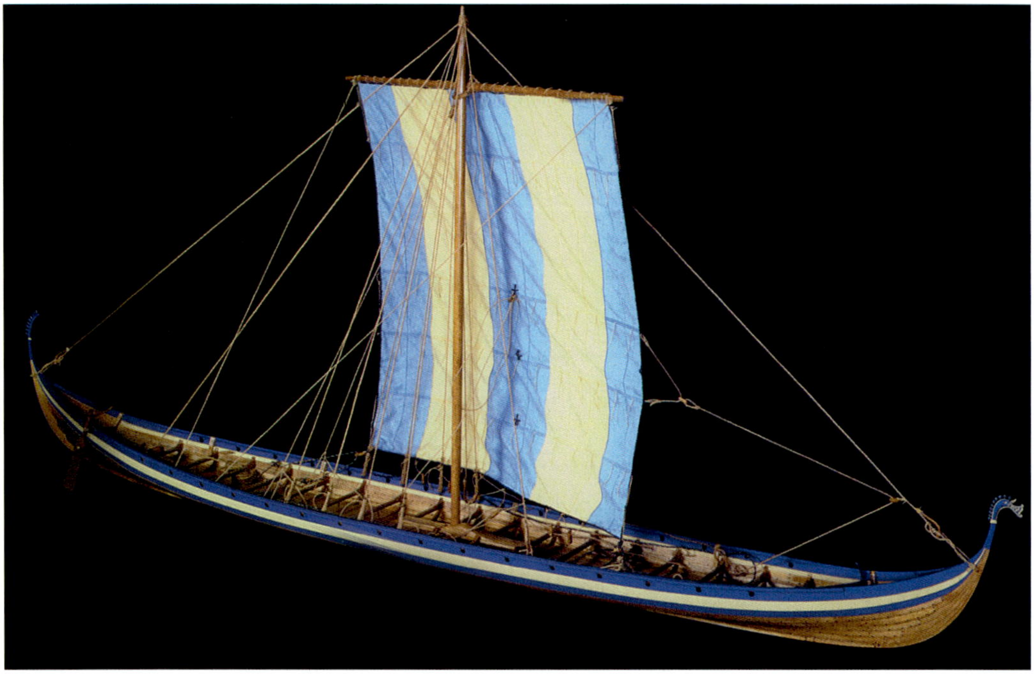

Frühmittelalterliches Schiff
Für den Verkehr in karolingischer Zeit war das Schiff eines der wichtigsten Transportmittel. Die Verbindung zwischen England und dem Kontinent war überhaupt nur per Schiff möglich. Auch der Rhein wurde benutzt, so für die Überführung des toten Bonifatius nach Mainz.

bert, „predigend zwei Jahre lang jenem Stamm und seinem König Radbod (†719) das Wort des Heils“[355]; noch 716 erlaubte Radbod dem Winfried-Bonifatius den Aufenthalt[356]. Die Friesenkönige erwiesen sich als mindestens ansprechbar. Den Übertritt zu vollziehen hat möglicherweise eine Opposition des Adels verhindert. Eben das legt das Schicksal von Liudgers Großvater Wursing nahe. Dieser optierte für das Christentum, mußte aber, wohl spätestens 695, Friesland verlassen; er ging zu den Franken und empfing die Taufe[357]. Pippin der Mittlere setzte dann militärisch an. Zeitgenössische Quellen wissen von Kriegen gegen den Heiden Radbod und einem Sieg bei dem Handelsplatz Dorestad[358]. Der 690 auf dem Kontinent angekommene Angelsachse Willibrord ging statt zu Radbord sofort zu Pippin und trat als Missionar in seine Dienste[359]. Das bedeutete Mission im Gefolge fränkischer Expansion. Zudem machte sich Willibrord nach Rom auf und holte von dort den Missionsauftrag wie noch die Erzbischofsweihe[360]. Genau einen Erzbischof – so ist kommentiert worden – habe Pippin gewollt[361]. Offenbar hat er sofort das in diesem Amt enthaltene kirchenpolitische Potential erkannt: Den eigentlich zum „Erzbischof der Friesen“ geweihten Willibrord setzte er als Oberbischof für seinen ganzen Herrschaftsbereich ein, ersichtlich daran, daß dieser auch außerhalb seines Utrechter Sprengels tätig wurde, so in Echternach, Würzburg und Thüringen[362]

Gegen 710 – oder schon früher – folgte eine Art fränkisch-friesisches Tauwetter. Wir hören von der Verheiratung der Radbod-

Tochter Theudsinde mit dem Pippin-Sohn Grimoald[363], was angesichts der zuvorigen Kämpfe überrascht und auch deswegen ungewöhnlich ist, weil es „die erste bekannte auswärtige Ehe eines Pippiniden" war[364]. Die Heirat läßt auf einen Ausgleich schließen, bei dem das Christentum nicht unerörtert geblieben sein kann. Zudem berichtet Altfrieds Liudger-Vita, Radbod habe Wursing zur Rückkehr zu bewegen versucht. Aber nicht dieser selbst ging zurück, sondern sein zweiter, im Frankenreich geborener Sohn Thiadgrim: „Radbod nahm ihn freundlich auf, ließ ihn ehrenvoll bei sich wohnen und gab ihm das Erbgut des Vaters zurück. Der Vater selbst blieb mit seinem älteren Sohn und den Töchtern bis zum Tode Radbods im Lande der Franken"[365]. Bei Pippin des Mittleren Tod (714) aber erhob sich Radbod, vernichtete das Missionswerk Willibrords, so daß er in der Bonifatius-Korrespondenz als „Feind der katholischen Kirche" gescholten wurde[366].

Mit dem fränkischen Sieg konsolidierte sich die Mission. Daß Willibrord sein Auskommen auch mit Karl Martell fand, zeigt dessen große Schenkung für Utrecht im Jahr 723, bei welcher Gelegenheit wir Näheres über den geistlichen Charakter des dortigen Klosters erfahren: „Ein Kloster, errichtet und gelegen innerhalb der Mauern des Kastells Trajectum, wo der apostolische Mann, der geistliche Herr und unser Vater in Christus, der Erzbischof Willibrord, in der heiligen Ordnung klösterlichen Lebenswandels als Haupt vorsteht"[367]. Es war ein in dem alten Castrum angesiedeltes, nach monastischer Ordnung verfaßtes „Kathedralkloster"[368]. In diesem Kloster wird dann Liudger zur Schule gehen.

Wursings Sohn Thiadgrim, der zu Radbod zurückgekehrt war, ist für uns von besonderer Wichtigkeit: Er ist Liudgers Vater. Nach Pippins Tod im Jahre 714 muß er, schärfer noch als sein Vater Wursing, Radbods antifränkische und antichristliche Wendung direkt miterlebt, ja zwischen den Fronten durchgestanden haben. Bei Karl Martells Vorrücken kehrte auch der Vater nach Friesland zurück: „Karl gab nun Wursing im Grenzgebiet der Friesen ein Lehen und schickte ihn in seine Heimat

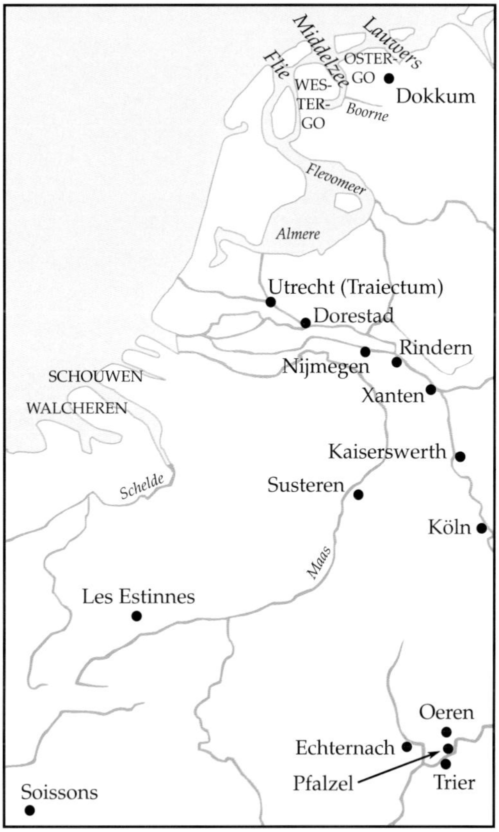

Die friesische Mission
Von Norden waren die Friesen bis Utrecht vorgedrungen, von Süden leistete Pippin der Mittlere Widerstand. Willibrord wurde Erzbischof der Friesen zu Utrecht, gründete mit Hilfe der Äbtissin Irmina von Oeren das Kloster Echternach und war noch Abt in Susteren. Auch Bonifatius finden wir anfangs in Utrecht wie auch in Pfalzel bei Trier, wo er den aus fränkischem Hochadel stammenden Gregor kennenlernte, der in Utrecht Liudgers Lehrer wurde.

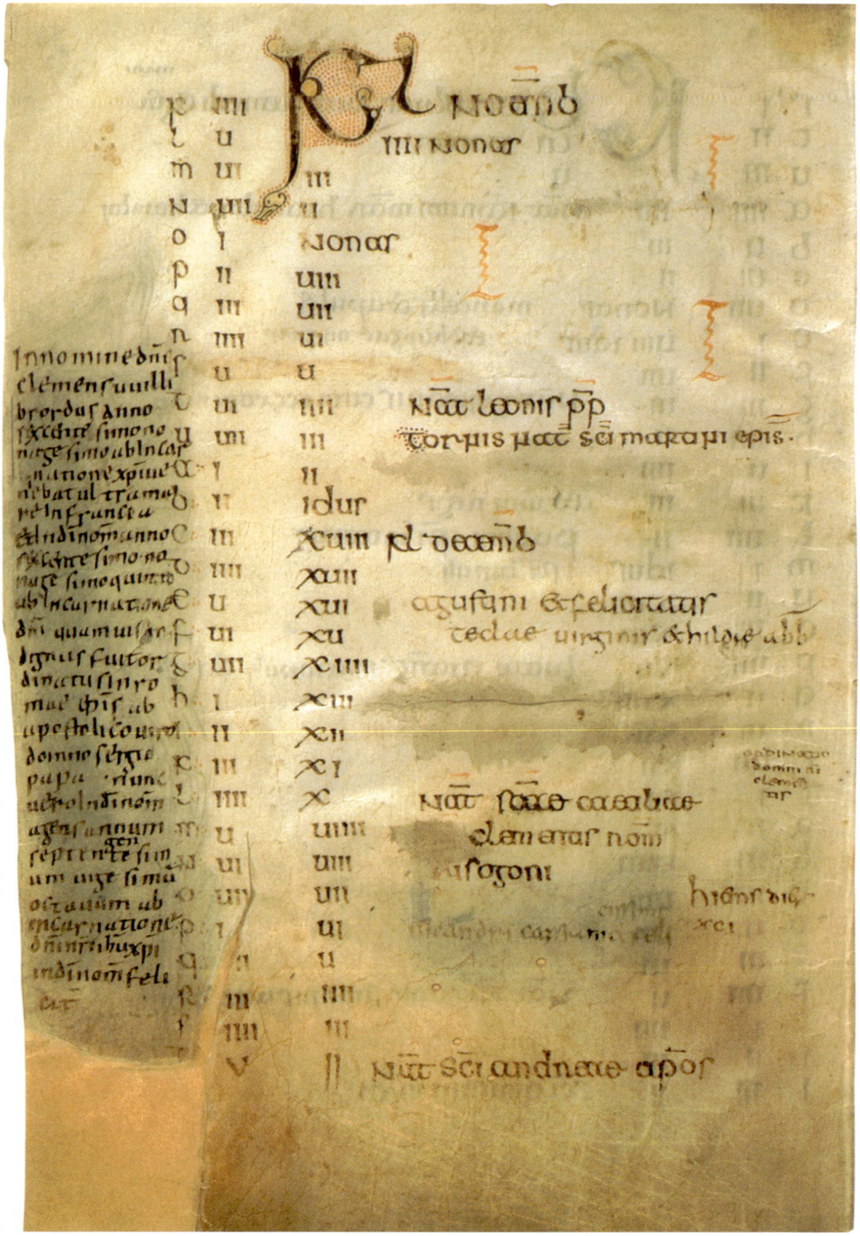

Kalender Willibrords

Für die Feier der Heiligenfeste wie auch zum Gedenken Verstorbener bedurfte es eines Kalenders, wie er von Willibrord erhalten ist. Verzeichnet sind darin Heilige wie auch Missionsgefährten, sogar einige der Schlachten Karl Martells, so die von Tours und Poitiers gegen die Sarazenen. Aufmerksamkeit hat immer der Randeintrag mit Willibrords Ankunft in Francia und seiner römischen Erzbischofsweihe gefunden, ein Eintrag, der lange als von ihm selbst geschrieben galt, heute aber als spätere Zufügung gedeutet wird.

zurück, um den Glauben zu befestigen. Bei seiner Ankunft erhielt er sein eigenes Erbe und wohnte in Suabsna bei Utrecht. Mit seinen Kindern und Verwandten stand er dem heiligen Willibrord bei, wo er nur konnte. Der heilige Willibrord liebte ihn sehr, weil er ein guter Mann war, von allen Leuten geschätzt und keusch"[369]. Wir sehen: Die Liudger-Familie hat die ganze Dramatik sowohl der friesisch-fränkischen Auseinandersetzungen wie auch der Mission miterlebt, allen voran Liudgers Vater Thiadgrim. Die Konsequenz, welche die Familie für die Zukunft daraus zog, blieb für Generationen unbeirrt, nämlich sich den Karolingern anzuschließen und das Missionswerk mitzutragen.

Wie sich auf friesischer Seite sowohl König wie Adelsfamilien beteiligten, so geschah es nicht anders bei den Franken. Pippin war auf einen ihn unterstützenden Adel angewiesen und erlebte offenbar Ähnliches wie Radbod. Das Gegenbeispiel zu Wursing bietet ein Everhard aus Elst (zwischen Nimwegen und Arnheim), der zu den Friesen übergegangen war, weswegen Karl Martell 726 seine Güter konfiszierte und an Utrecht übertrug[370]. Von denen, die fest zu Pippin standen, lassen sich drei Kreise ausmachen, die alle auch den Missionar Willibrord mit Landschenkungen unterstützten: die Erststifter für Echternach, nämlich Irmina von Oeren und die wohl als deren Tochter anzusehende Plektrud, die Gemahlin Pippins des Mittleren[371], am Niederrhein der Graf Ebroin mit Besitzungen bei und in Rindern (bei Kleve), sodann in Toxandrien (dem heutigen Brabant) eine Schenkergruppe um die „erlauchten Herren" Aengilbald und Aengilbert. Im Bereich der toxandrischen Gruppe lag auch das Kloster Susteren (südl. Venlo), das sich Pippin und Plektrud 714 zu Treue verpflichteten und wo ein Angehöriger der genannten Adelsgruppe als Mönch lebte, wie ebenso eine Frau aus diesem Kreis im pippinidischen Kloster Chelles Nonne war[372]. Bei dieser Gruppe dürften also christliche Beweggründe mitbestimmend gewesen sein. Das zeigt auch die Urkunde des niederrheinischen Grafen Ebroin von 721, der eine von ihm zu Millingen (bei Nimwegen) gegründete Kirche an die Willibrord schon gehörende Kirche zu Rindern (bei Kleve) übertrug, sogar mit der ausdrücklichen Bitte „um den Gewinn von Gebeten und Meßfeiern" (*pro orationum lucro vel missarum sollempniis*)[373].

Doch konnten auch innerhalb dieser Kreise Verwerfungen drohen, zumal nach Pippins Tod. Plektrud suchte dessen Regiment weiterzuführen, wogegen sich aber Karl Martell erhob. Für wen sollte sich nun der Adel, für wen Willibrord entscheiden? Letzterer hatte sich zuletzt noch am Sterbebett Pippins zur Treue für Plektrud und deren Enkel verpflichtet. Am Ende aber finden wir ihn bei Karl Martell, möglicherweise als Vorreiter sogar der ganzen auf ihn orientierten Adelsgruppe[374]. Wir sehen: So sehr die Missionsarbeit Glaubensverkündigung sein wollte, sie bewegte sich zugleich in den jähen Fährnissen der Politik.

In Friesland dauerten die Kämpfe noch lange an. So erfolgte auf die Erschlagung des Bonifatius eine „Strafexpedition"[375], die jener angelsächsische Priester Willibald berichtet, der, obzwar selber kein Zeitzeuge mehr, vor 769 die erste Bonifatius-Vita vollendete. Den ehrwürdigen Martyrer schildert er angesichts des erhobenen Schwertstreichs mit erbaulicher Rede, mit der Aufforderung zur Gewaltlosigkeit an die eigenen Begleiter. Aber nach so viel Erbaulichkeit zögert dieser Willibald nicht anzufügen, wie die Christen ein „gewaltiges Heer" mit „schnellen Kriegern der künftigen Rache" versammelten, um „ den entgegentretenden Heiden eine vernichtende Niederlage" beizubringen, welche dabei „das Leben samt Habe und Hausrat und Erben" verloren; ja „die Christen kehrten mit den erbeu-

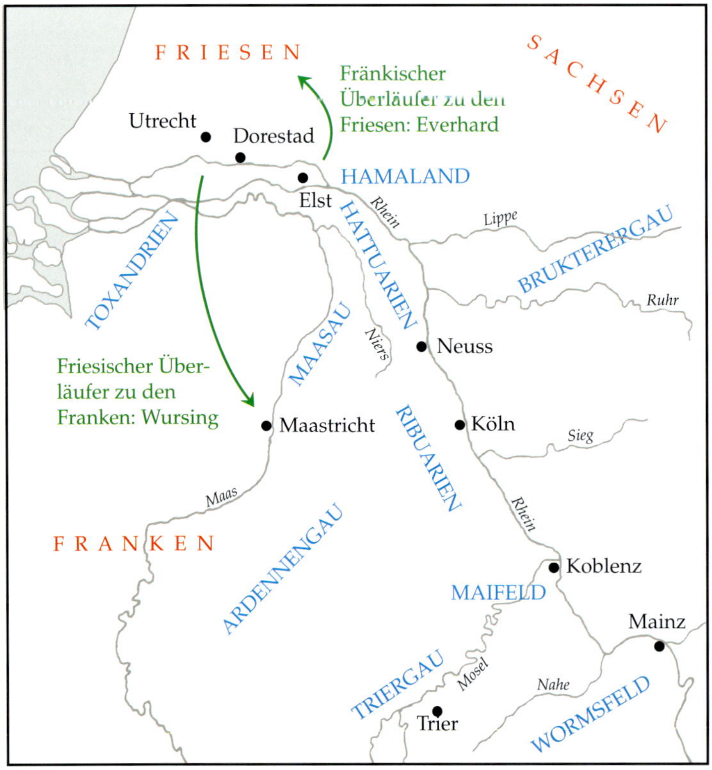

Franken, Friesen und Sachsen

Seitdem die Friesen gegen 650 den Rhein und die Sachsen um 700 die Lippe erreicht hatten, entstand Krieg mit den Franken. Das Hamaland und der Brukterer-Gau waren sächsische Eroberungen. Toxandrien, Hattuarien und Ripuarien bildeten den fränkischen Rückhalt.
Bemerkenswert sind die Überläufer. So ging Liudgers Großvater (Wursing) zu den Franken über und ein Everhard zu den Friesen. Von den Sachsen standen später nicht wenige auf fränkischer Seite.

teten Frauen, Kindern, Knechten und Mägden der Götzendiener heim“[376]. Selbst wenn man angesichts der emotionalen Befriedigung, die Willibald bei dieser Rache zu erkennen gibt, an Übertreibung denkt[377], wird eben doch ein Religionskrieg geschildert, und zwar von grausigster Art, mit Zerstörung und Versklavung. Die Feindschaft dauerte denn auch weiter an. Noch dreißig Jahre später, bei seinem letztem Aufstand 784, kämpfte Widukind, wie Altfried weiß, für den alten Glauben: „Er wandte die Friesen vom Gottesweg ab, verbrannte die Kirchen und vertrieb die Gottesdiener“[378]. Mitten in all diesen Auseinandersetzungen aber stand Liudger, als Missionar im vom Martyrerblut geheiligten Dokkum. Erst mit der Zeit wurde die Christianisierung unumkehrbar: Seit 800 zeigen sich im Grabbrauch „deutliche Einflüsse der Christianisierung im friesischen Küstengebiet ...; sie beschränken sich jedoch auf die Angehörigen der sozial gehobenen Gesellschaftsschicht“[379].

Für die Vorgehensweise in der Friesen-Mission haben wir eine Reihe bemerkenswerter Quellen, die bestens sowohl Religionsmentalität wie Religionswechsel veranschaulichen. Als erstes ist das Bußbuch ›Oxoniense II‹ zu nennen, das wohl im 8. Jahrhundert im fränkischen Nordosten entstanden ist. Es behandelt Probleme der Bekehrung und des Kontaktes mit Heiden, weist dabei friesische Eigentümlichkeiten auf und setzt überdies nur kurze Bußzeiten an. Man hat an ein Bußbuch Willibrords oder seiner Umgebung gedacht, womit dann auch Liudger betroffen wäre[380]. Zu büßen waren: die Herbeischaffung von Holz zur heidnischen Totenverbrennung, ebenso Trauergesten wie Haarabschneiden oder Gesichtsverletzungen; selbstverständlich Glaubensabfall, auch angesichts Gewaltandrohung oder Geldbestechung; der Verzehr von Fleisch solcher Tiere, die von menschlichen Leichen gefressen hatten oder durch menschlichen Sexualverkehr unrein geworden waren. Die höchste Buße erfolgte mit 50 Wochen bei Kindestötung und bei Meineid, schon weniger bei nicht wirklich zur Verteidigung begangener Kriegstötung; eine (gefangene) Frau sollte trotz Krieg ihr neugeborenes Kind annehmen und es auch später nicht verstoßen. Die Ehebestimmungen berücksichtigen heidnische Üblichkeiten, erlauben bei Ehebruch den Verstoß des Partners, gestehen eine neue Heiratsmöglichkeit nur dem Mann, nicht aber der Frau zu[381].

Weiter seien zwei Texte zitiert, die historisch gesehen ganz legendär klingen, aber die tatsächliche Konfrontation wiederum bestens veranschaulichen. Alkuin, der – wie bereits erwähnt – die ungetauften Altsachsen als Sündenbabel betrachtete, ließ Willibrord vor dem Friesenkönig Radbod verkündigen:

> „Es ist kein Gott, den du verehrst, sondern der Teufel, der dich, König, in schlimmstem Irrtum gefangen hält, damit er deine Seele den ewigen Flammen übergeben kann. Es gibt keinen Gott als nur den Einen, der Himmel und Erde, auch das Meer und alles, was es erfüllt, erschaffen hat. Wer ihn im wahren Glauben verehrt, wird das ewige Leben gewinnen, als sein Diener bezeuge ich dir heute, daß du von dem Wahn des alten Irrtums, dem deine Väter angehangen haben, endlich abläßest, an den einen allmächtigen Gott, unseren Herrn Jesus Christus, glaubst, dich im Quell des Lebens taufen läßt, jede Bosheit und Ungerechtigkeit abwirfst und als neuer Mensch in aller Reinheit, Gerechtigkeit und Heiligkeit lebst. Wenn du so handelst, wirst du mit den Heiligen bei Gott seine ewige Herrlichkeit besitzen. Und wenn du mich verachtest, der ich dir den Weg des Heiles weise, wisse für sicher, daß du die ewigen Strafen und höllischen Flammen mit dem Teufel, dem du gehorchst, wirst erleiden müssen“[382].

Wir vernehmen hier die ganze Radikalität, die die Taufe den Ahnen-verehrenden Stammesgesellschaften abverlangte: Die eigenen Vorfahren lebten im Irrtum, waren Gefangene des Teufels und darum zur Hölle verdammt; von ihnen hatte man sich gänzlich zu trennen und ein neues Geschlecht zu beginnen. Gerade auch die Liudger-Überlieferung zeigt diesen Bruch: Die vorchristlichen Vorfahren sind einfach gestrichen; sie sind, wie es von der heidnischen Urgroßmutter Liudgers heißt, zur unnennbaren Person (*non nominanda*)[383] geworden. Über Wursing hingegen verkündet die zweite Liudger-Vita stolz: „Er brachte seinem Vaterland den Glauben an Christus und nahm aus seiner Familie als erster das Christentum an“.[384] Wursing nun als christlicher Spitzenahn!

Dramatischer finden wir dasselbe Ahnenverständnis dargestellt in dem um 800 verfaßten, aber später überarbeiteten ›Leben des heiligen Wulfram‹, der Bischof von Sens und Mönch in Fontenelle/St. Wandrille war, zudem in der Friesen-Mission mitgewirkt haben soll[385] und wohl vor 700 verstorben ist[386]. Der bereits erwähnte Radbod habe – so heißt es hier – schon seinen Fuß im Taufbecken gehabt, dann aber wegen der Vorfahren wieder zurückgezogen:

> „Als der erwähnte Fürst Radbod zum Taufempfang ermuntert wurde, fragte er den Heiligen Wulfram, ihn unter Eid auf den Namen Gottes verpflichtend, wo die größere Zahl der Könige, Fürsten und Adeligen des Friesenvolkes sei. In jenem Himmelsaufenthalt, den er, Wulfram, ihm, wenn er glaube und sich taufen lasse, in Aussicht stelle, oder an jenem Ort, den er die

höllische Verdammung nenne. Darauf der Heilige Wulfram: Du sollst nicht im Irrtum bleiben, hoher Fürst! Für Gott ist die Zahl seiner Erwählten eindeutig. Deine Vorgänger, die Fürsten des Friesenvolkes, die ohne Taufsakrament verschieden sind, haben – das ist gewiß – ihr Verdammungsurteil erfahren; wer aber von jetzt an glaubt und sich taufen läßt, wird auf ewig in der Freude mit Christus sein. Als dies, so wird berichtet, der ungläubige Fürst vernahm, da zog er – er war schon zum Taufbecken geschritten – den Fuß vom Taufbecken wieder zurück und sagte, er könne nicht auf die Gemeinschaft mit seinen Vorgängern, den Friesenfürsten, verzichten und mit der geringen Zahl von Armen im Himmelreich weilen; der neuen Predigt könne er nicht zustimmen, sondern bleibe lieber bei dem, was er allezeit mit dem Friesenvolk eingehalten habe“[387].

Diese Geschichte ist alles andere als pittoresk, zeigt vielmehr die Unverrückbarkeit der Standeszugehörigkeit: Ausschließlich mit den eigenen adeligen Vorfahren ist ein jenseitiges Zusammenleben vorstellbar, mögen sie auch in der Hölle sein; hingegen für immer mit den Armen der Christengemeinde zusammenzuleben, mögen sie auch im höchsten Himmel sein, verbietet der eigene Stand.

Die Wulfram-Vita erzählt auch von praktischer Missionsarbeit, die freilich von anderer Art war, als wir zu denken gewohnt sind. Mehrere junge Friesen, die durch Loswurf zum Opfer bestimmt waren, vermochte Wulfram zu retten und in sein Kloster Fontenelle (am Unterlauf der Seine) zu holen. Angeführt wird zuerst der junge Ovo, der gerade geopfert werden sollte, getreu „dem ewigen Gesetz, das einstmals von den Vorgängern und dem ganzen friesischen Volk beschlossen worden war, nämlich jeweils den, den das Los bestimme, bei ihrem Fest unverzüglich den Göttern zu opfern“; aber auf Wulframs Gebet hin zersprangen die Fesseln, und der befreite Ovo gehörte ihm. Hier vernehmen wir jene Religionssprache, welche für beide Seiten gleicherweise verständlich und darum auch verbindlich war: Wenn Fesseln zersprangen, hatten die Überirdischen eingegriffen – hier nun der Christengott auf Bitten Wulframs. Wieder ist es das Motiv des stärkeren Gottes, jetzt aber nicht als Kriegsentscheid, sondern als Menschenrettung. Ovo entwickelte sich übrigens in Fontenelle zu einem gelehrten Buch-Kopisten und kundigen Urkunden-Schreiber[388]. Ebenso vermochte Wulfram zwei Jungen im Alter von sieben und vierzehn Jahren zu befreien, auf die gleichfalls das Los gefallen war und sie zum Opfer für das Meer bestimmt hatte; dessen Brandung aber gab beide frei, so daß sie wiederum Wulfram gehörten[389]. Auf Opferplätzen in Mooren sind solche gefesselten Kinder gefunden worden[390].

Am Ende kehren wir wieder zu Willibrord zurück. Ein Blick ist noch auf sein Kloster Echternach zu tun. Denn neben dem Missionar und Erzbischof, der Willibrord war, erscheint deutlicher noch der Klostergründer.

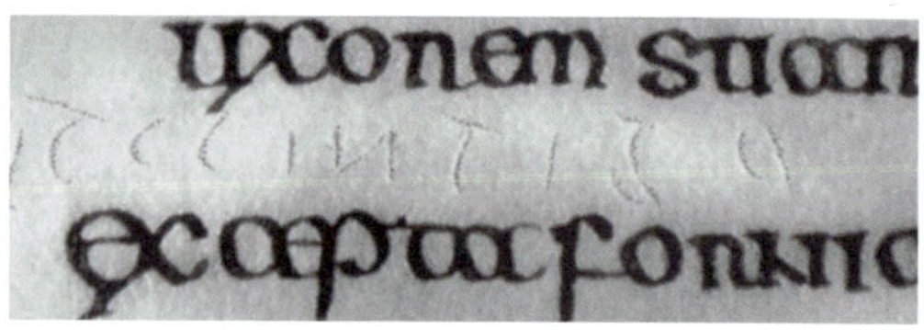

Volkssprachliche Glossen

Irische und angelsächsische Missionare richteten in ihren Klöstern Schreibschulen (Skriptorien) ein und leisteten damit einen wesentlichen Beitrag zur karolingischen Bildungserneuerung. Für sie war das Latein eine Fremdsprache. So schrieb man zwischen die Lateinzeilen volkssprachliche Übersetzungen (Glossen). Auf diese Weise sind aus dem Kloster Echternach die ältesten fränkischen Glossen überliefert. Diese müssen meist mühsam entziffert werden, weil sie oft ohne Tinte mit dem Griffel ins Pergament eingedrückt sind.

Rekonstruktion der Kanzel aus dem Willibrordischen Echternach
Zu jeder Kirche gehörte der Taufbrunnen, der Altar und ein Pult für Lesungen und Predigt. Schon in der Spätantike finden wir diese Pulte weiterentwickelt zum Ambo, einem festgefügten Predigtort. Auf dem hier abgebildeten Ambo könnte Willibrord gestanden haben. Die Flechtwerk-Muster entstammen germanischer Bildtradition.

Echternach hatte er zu seinem Hauptkloster gemacht und dem Schutz der Hausmeier-Familie unterstellt. Seine zahlreichen Güter-Schenkungen von den „freien Franken" in Toxanderien und am Niederrhein überwies er dorthin[391]. Hier lebten Angelsachsen, Iren und Franken zusammen, führten nach irofränkischer Art ihr Klosterleben, bauten obendrein ein bedeutendes Skriptorium auf, aus dem die ältesten fränkischen Sprachglossen überliefert sind[392]. Hier auch wünschte sich Willibrord sein Grab, daß „mein Leichnam dort ruhen soll"[393]. Den Utrechter Bischofssitz behandelte er demgegenüber wie nachgeordnet, obwohl er dort ebenfalls ein (Kathedral-)Kloster errichtet hatte. Überhaupt erscheint Willibrord eher wie das Haupt einer irischen Kloster-Paruchia, war er doch auch Abt in Susteren (südlich von Venlo) und noch Initiator von Klöstern am Main und in Thüringen[394]. Weiter scheint bei ihm die Praxis der irischen Kloster-Vererbung nachzuwirken, da Echternach, obwohl es karolingisches Hauskloster geworden war, weiter in die Hände von 'Erben' aus der Familie Willibrords überging, nachweisbar beim dritten Abt Beornrad (†797), der 'Willibrordianer' war und möglicherweise vor Liudger im Münsterland missioniert hat; auch der berühmte Alkuin (†804) entstammte der Willibrord-Familie[395]. All solches hat Liudger vor Augen gehabt und muß ihn – wie wir sehen werden – zu ähnlichem Handeln veranlaßt haben.

Dem an die Achtzig gekommenen Bonifatius, schon kurz vor seinem Märtyrertod stehend, setzte Willibrord mit wenigen Zeilen ein Denkmal:

„In der Zeit, da Sergius Bischof des apostolischen Stuhles war, kam zu den Schwellen der heiligen Apostel ein Priester von wunderbarer Enthaltsamkeit und Heiligkeit namens Willibrord aus sächsischem Stamm, der auch den Namen Clemens führte. Der erwähnte Papst hat ihn zum Bischof geweiht und ausgesandt, um an den Küsten des Westmeeres dem heidnischen Volk der Friesen zu predigen. Dieser hat in fünfzigjähriger Predigertätigkeit das genannte Volk der Friesen größtenteils zum Glauben Christi bekehrt, heidnische Tempel und Kultorte zerstört, Kirchen gebaut und einen Bischofssitz mit Kirche zu Ehren des heiligen Erlösers an einem Ort und festen Platz namens Utrecht gegründet. Und an diesem Bischofssitz und der von ihm erbauten Kirche des heiligen Erlösers hat er bis zu seinem hinfälligen Alter zu predigen fortgefahren. Auch hat er sich zur Versehung des Dienstes einen Chorbischof gegeben und ist nach Ablauf eines langen Lebens im Frieden zum Herrn eingegangen"[396].

Grab Willibrords in Echternach
Sobald an einem Grab Wunder geschahen, galt der dort Beerdigte als heilig und sein Leib wurde erhoben, das heißt: in einem neuen Sarkophag bestattet, der ebenerdig oder erhöht hinter dem Altar stand. Da die im Himmel weilende Seele des Heiligen mit ihrem Leib in Verbindung blieb, wurde das Grab zum heiligen Ort.

Dem jungen Liudger vermittelte die Missionierung Frieslands den prägenden Eindruck: die Bekehrung der eigenen Familie, die Utrechter Schule, die Nacheiferung der angelsächsischen Missionsväter, das Nebeneinander von Kloster und Bischofssitz in Utrecht. Das war seine Erfahrungswelt, aus der er lebte und deretwegen er sich zu eigener Missionstätigkeit verpflichtete: Liudger war Zeitzeuge und zugleich Glaubenszeuge.

4. Bonifatius und die fränkische Kirche

In hymnischem Lob besingt Liudger, wie sehr ihm Bonifatius die Prägefigur gewesen ist: Als „der Morgenstern im Frankenreich", als die „Sonne in ihrer vollen Kraft" erschien ihm der heilige Martyrer und Erzbischof. Ganz unmittelbar sah er ihn noch vor sich: „Ihn habe ich mit meinen Augen selbst gesehen als altersschwachen Greis im Silberhaar, voll der Tugend und Verdienste des Lebens"[397].

Das Missionswerk auf dem Kontinent begann Bonifatius[398], dieser Mann von „geistlichem Adel und Weisheit"[399], 716 in Friesland, endgültig dann 718/19, damals bereits 40 Jahre alt, also schon ein gutes Stück über die normale Lebenserwartung von 30 Jahren hinaus. In seinem Kloster war er der Latein-Lehrer gewesen, und seine Grammatik ist noch erhalten, genau auch mit den bis heute üblichen Lernbeispielen: *laudo, laudas, laudat*...(ich lobe, du lobst, er lobt)[400]. Den Aufbruch aus der Heimat verstand Bonifatius als Gottesruf: wie Abraham Heimat, Haus und Familie zu verlassen und in ein fernes Land zu ziehen. Als Angelsachse wußte er sich gleichen Blutes mit seinen Vorfahren, den immer noch heidnischen Sachsen auf dem Kontinent, und sie wollte er bekehren[401]. Dafür holte er sich 719 in Rom den Segen und den Auftrag des Papstes. Doch hat er selber das Land seiner Vorfahren nie betreten. Die historische Schlüsselstellung, die er gleichwohl gewann, erklärt sich aus einer anderen Tat, der Reform der fränkischen Kirche, aus deren Umwandlung in eine 'romverbundene Landeskirche'.

Bei seiner Aussendung in die germanische Mission verpflichtete sich Bonifatius vor Papst Gregor II. am 15. Mai 719 auf die römische Liturgie. Erstmals drängte ein Papst zu solcher Befolgung, bei Bonifatius am sichtbarsten in der Verpflichtung zur römischen Art der Firmspendung, die Gallien so nicht gekannt hatte[402]. Die jetzt sich vereinheitlichende Liturgie wirkte verbindend, schuf mit an dem Einheitsraum Europa, der zunächst nur ein geographischer, völkischer, sprachlicher und religiöser Flickenteppich war[403]. Die nun überall gleiche Liturgie wirkte bis in jedes Dorf, auch bis in jedes Menschenleben. „Mit der Liturgiesprache Latein kommt ein entscheidendes Moment der Vereinheitlichung in diesem Kulturraum ins Spiel, ebenso ein Moment der Differenzierung zwischen Klerus und Laien und damit ein sehr spezifisches Strukturmerkmal der westlichen Christenheit"[404]. Die alten konfessionellen Polemiken über den Römling Bonifatius sind längst einer anderen Einsicht gewichen, wie sie ganz unbefangen die derzeitige angelsächsische Forschung ausspricht: Erst im Papsttum habe, so schreibt Robert Bartlett in seinem Buch ›The Making of Europe‹, die lateinische Christenheit in Europa ihre Identität gewonnen, näherhin „durch eine strenge Einheitlichkeit in Ritus, Kirchenorganisation und Kirchenrecht"; hierfür sei das Papsttum als „eine unternehmungslustige, Initialzündungen gebende Institution aktiv geworden"[405]. Die heutige Mediävistik entdeckt von neuem die Wirkmacht der Ritualität, daß die frühdeutsche Geschichte nicht eigentlich als Verfassungsgeschichte, sondern als Ritualitätsgeschichte geschrieben werden müsse[406]. „Das Herrscherleben selbst wurde zum Ritual"[407].

Wie die römische Liturgie so verkündete Bonifatius ebenso die römische Kirchenverfassung. Dazu gehörten auf unterster Ebene die Pfarrgemeinden mit jeweils dem Seelsorge-Klerus, auch mit Kirchbau und darin Taufbrunnen wie Altar; dazu gehörten auf übergeordneter Ebene die genau zu umgrenzenden Diözesen mit umfassender Bischofshoheit, auch über die Klöster. So lautete des Bonifatius' Programm für die fränkisch-karolingische Kirche, das er 742/43 auf dem sogenannten Concilium Germanicum ausformulierte und das die Karolinger zur Durchsetzung guthießen[408]. In Gallien, wo solche Organisationsstrukturen seit der Spätantike bestanden hatten, waren sie verfallen; östlich des Rheins mußten sie neu aufgebaut werden. Das betraf auch die alte Metropolitan-Verfassung, deren Wiedererrichtung mit Pallien-Trägern der römischen Art jedoch scheiterte. Bonifatius blieb vorerst alleiniger Inhaber der Erzwürde und wirkte – darin Willibrord vergleichbar – als Oberbischof für das ganze Karolingerreich. Die Auswirkung der karolingisch-römischen Kirchenverfassung mit Bischofsstadt und Pfarreien, mit Kirchen in jedem Dorf ist bis zu unserem heutigen europäischen 'Ortsbild' erkennbar. Wo immer man sich in Europa bewege, so hat man sagen können, träfen wir auf ein identisches Weichbild: die Ansiedlung mit der Kirche und dem umgebenden Friedhof, der anschließende Markt, von dort ausgehend die Straßen und Häuser[409]. Wir empfinden es als unser gewohntes Ortsbild. Eben solche Identitätsschaffung hat östlich des Rheins mit Bonifatius begonnen.

Scharf ahndete Bonifatius das unkanonische Gebaren des Klerus. Zuerst schon kämpfte er gegen das Waffentragen. Den Mainzer Bischof Gewilib setzte er ob dessen Blutrache für den eigenen, von einem Sachsen erschlagenen Vater ab[410]. Heftiger noch agitierte er gegen die 'Unreinheit'. Mehrmals fragte er in Rom an, ob die von unenthaltsamen Priestern und Diakonen gespendeten Taufen gültig seien. Papst Zacharias mußte ihm zur Antwort geben: „Wir haben dir schon mehrmals geschrieben, daß kein Mörder, kein Ehebrecher, kein Unzüchtiger den heiligen Dienst versehen soll ... Betreffs derer aber, die von ihnen getauft worden sind, und betreffs der von ihnen geweihten Kirchen möge deine Brüderlichkeit nachforschen, ob er, solange er sein Priestertum verwaltete, im Namen der Dreieinigkeit die Kirchen geweiht und ebenso die Kleinen getauft hat. In diesem Falle soll Kirchenweihe und Kindertaufe gültig sein"[411]. Der Papst wiederholte die seit Augustinus geklärte Auffassung, daß jedes formgerecht vollzogene Sakrament seine Gültigkeit habe und die Wirkung unabhängig von der Lebensführung des Spenders sei. Das Concilium Germanicum von 742/43 verordnete die Degradierung unenthaltsamer Kleriker und noch deren Auspeitschung: „Jeder Diener Gottes und jede Magd Christi, die sich der Unzucht schuldig machen, [sollen] in Kerkerhaft bei Wasser und Brot Buße tun ...; und wenn es ein geweihter Priester ist, soll er zwei Jahre im Kerker sitzen und zuvor ... gegeißelt werden“[412]. So verwundert es nicht, daß wir Bonifatius als Beförderer von Kathedral-Klöstern sehen. Die von ihm gegründeten Bischofskirchen knüpften durchweg an bereits bestehende Klöster an[413], so in Büraburg, Erfurt und Würzburg[414], desgleichen an den bairischen Episkopal-Sitzen Freising, Regensburg und Salzburg[415], auch noch in Eichstätt[416].

Wie schon Willibrord gründete Bonifatius dann noch ‘sein’ Kloster, nämlich das 744 errichtete Fulda. Er stellte es Papst Zacharias (†752) folgenderweise vor:

> „Es ist ein Waldgebiet in einer Einöde von ungeheurer Weltverlassenheit inmitten der Völker unseres Missionsgebiets, in dem wir ein Kloster erbaut und Mönche angesiedelt haben, die nach der Regel des heiligen Vaters Benedikt leben, Männer von strenger Enthaltsamkeit ohne Fleisch und Wein, ohne Met und Knechte, zufrieden mit dem, was sie mit eigener Hand erarbeiten. Dieses genannte Gebiet habe ich von frommen und gottesfürchtigen Männern, vor allem von dem ehemaligen Frankenfürsten Karlmann durch redliche Bemühung erworben und zu Ehren des heiligen Erlösers geweiht. Hier habe ich mit Zustimmung Eurer Huld mir vorgenommen, für einige Zeit oder auch nur für ein paar Tage den vom Alter matt gewordenen Leib in der Stille sich erholen und nach meinem Tode ruhen zu lassen“[417].

Fulda war zunächst das Eigenkloster des Bonifatius, sein Ort der Ruhe und der künftigen Grablege. Anders aber als Willibrords Echternach ging es nicht in die Hände seiner eigenen oder überhaupt einer Familie über. Vielmehr wurde Fulda bald Königskloster mit freier Abtswahl[418].

Kennzeichnend sind auch die Kreise, in denen Bonifatius seine Mitarbeiter fand. Als Beispiel seien wegen ihres extremen Clan-Verhaltens die bereits erwähnten Angelsachsen Willibald (†787) und Wunibald (†761) mitsamt ihren Schwestern angeführt. Willibald war um 720 nach Rom gegangen und dann zu seiner vierjährigen Pilgerfahrt nach Jerusalem aufgebrochen; bei der Rückkehr verbrachte er einen längeren Aufenthalt in Konstantinopel und dann einige Jahre in Monte Cassino, ließ sich zuletzt 738 zusammen mit seinem Bruder Wunibald von Bonifatius anwerben und wurde Bischof in Eichstätt. Hier errichtete er eine Kirche, die das Salvator-Patrozinium erhielt, daneben ein Kloster mit nochmals einer Kirche[419]. Zugleich baute er eine ‘Personenverbandskirche’ auf, und dabei übernahm nach Wunibalds Tod die Schwester Walburga, weil ein männlicher Sproß aus der Familie fehlte, die Leitung in dessen Kloster Heidenheim.

Weiter enthält die Bonifatius-Korrespondenz nicht wenige Frauen-Briefe, wie ja auch Frauen auf die Pilgerschaft gingen und in die Mission kamen. Erstmals hören wir von einer angelsächsischen Rom-Pilgerin in einem vor 713 abgefaßten Empfehlungsschreiben der Äbtissin des nordhumbrischen Whitby an Adela von Pfalzel (bei Trier)[420]. Die Äbtissin eines uns nicht näher bekannten Doppelklosters, Eangyth, fragte Bonifatius, ob sie der Sündentilgung wegen nach Rom gehen solle, wie es so manche schon aus der eigenen Verwandtschaft täten[421]; Bonifatius aber warnte wegen der physischen und sittlichen Gefahren[422]. Gleichwohl haben einzelne Nonnen die Wallfahrt zum heiligen Petrus gewagt[423]. Bereitwilliger förderte Bonifatius die Mitarbeit von Frauen in der Mission, so seiner Verwandten Lioba, die er selbst zur Übersiedlung auf den Kontinent veranlaßte und in Tauberbischofsheim zur Äbtissin und „Lehrerin der

Martyrertod des Bonifatius

Der Achtzigjährige spendete 754 am Pfingstmittwoch in Dokkum die Firmung: Mit seiner erhobenen Hand steht er zur Salbung der Getauften bereit. Heiden überfielen die Versammlung, wobei Bonifatius sich mit einem Buch, nach späterer Deutung mit der Bibel, verteidigt haben soll. Der Tod war eine tiefe Erschütterung.

Neubekehrten“ bestellte, ja mit der er in einem gemeinsamen Grab beerdigt sein wollte[424].

Anzuhängen ist noch ein Detail, das auch für Liudger wichtig wurde: die Salvator-Verehrung. Die Päpste haben damals zur Abwehr der in Byzanz betriebenen Bilderzerstörung einen hierarchisch gestuften Kult propagiert: obenan der Salvator und nachfolgend Maria sowie die Apostelfürsten und noch weitere Heilige. Papst Gregor III. berief 731 eine Synode ein und etablierte diese Abfolge mit eigener Liturgie in Sankt Peter. Bonifatius scheint die Beschlüsse sofort erhalten zu haben[425] und befolgte sie auch: Sein Kloster Fulda ist dem Salvator samt weiterem Heiligen-Gefolge geweiht[426]. Für den immer neu aufgerührten Streit über Liudgers vorgebliche Patrozinienwahl beim ‘Paulus-Dom’ in Münster und der ‘Petersabtei’ in Werden ist daraus einige Klärung zu gewinnen, wie wir sehen werden.

Was Bonifatius, der seit 751 vom Königshof verdrängt war, letztgültig ins Allgemeinbewußtsein hob, war sein gewaltsamer Tod 754 in Dokkum: „Der Eindruck auf die Zeitgenossen war gewaltig“[427]. Die Vita berichtet, wie er als Streiter Christi auf jede Gegenwehr verzichtete, auch seine Begleiter zum Gewaltverzicht aufforderte: „Während Bonifatius mit solcher Lehre die Schüler antrieb, sich die Krone des Martyriums zu verdienen, stürzte der ganze wütende Haufen der Heiden mit Schwertern und voller Kriegsrüstung über sie her und machte die Leiber der Heiligen nieder in heilbringendem Morde“[428]. Späterer Überlieferung zufolge hat Bonifatius „das heilige Evangelien-Buch über seinem Haupt gehalten, um darunter den vernichtenden Schlag des Mörders zu empfangen; im Tode wollte er noch als Schutz haben, was er im Leben als Lesung geliebt hatte“[429]. Der Bericht ist von Pathos überzogen, das freilich insofern Vertrauen verdient, als die Quellen nie einen Missionar kämpfend zeigen, immer nur predigend[430].

Sein Grab erhielt Bonifatius, wie erbeten, in ‘seinem’ Kloster Fulda. Sofort meldete sich auch die angelsächsische Heimat. Erzbischof Cuthbert von Canterbury bekundete Schmerz und Stolz zugleich: „Daß das nach Britannien gekommene Volk der Angeln für würdig befunden wurde, einen so hervorragenden Erforscher der himmlischen Schriftenreihe und einen so vortrefflichen Streiter Christi“ hervorgebracht zu haben; eine gesamtenglische Synode beschloß, das Martyrium „alle Jahre durch ein Fest feierlich zu begehen“[431]. Bonifatius war damit heilig gesprochen.

5. Der Sachsenkrieg

Die Sachsenfrage schien historisch geklärt, und so konnte das ›Lexikon des Mittelalters‹ 1995 ein allseits abgerundetes Bild präsentieren: siedelnd zwischen Elbe, Saale, Unstrut, Harz, oberer Leine, Diemel, Ruhr und Ijssel, untergliedert in die Heergemeinschaften der Westfalen, Engern und Ostwestfalen, ein Stamm noch ohne König, mit allerdings jährlichen Versammlungen der ‘Satrapen’ (Gauvorsteher) und der je zwölf Gaudelegierten im zentralen Marklo – „ein Sonderfall frühmittelalterlich-gentiler Verfassung“[432]. Nicht einmal zehn Jahre später bietet das ›Reallexikon der Germanischen Altertumskunde‹ eine weitgehende Destruktion: Zweifel jetzt an der politischen Einheit des Landes; Uminterpretation der für die sächsische Verfassung so wichtigen, bei Beda bezeugten „satrapae“ nun zu selbständigen Teilherrschern; die sächsische Stammesversammlung nur ein nachträgliches, ein von der nunmehr ins 10. Jahrhundert versetzten Lebuin-Vita geschaffenes Konstrukt und der Ort Marklo offensichtlich erdichtet; selbst die drei Heerschaften von Westfalen, Engern und Ostfalen nun nicht länger als Teile des Stammes, sondern als eigene Herrschaften. Insgesamt „jedenfalls ist die Entwicklung nicht so verlaufen, daß ein ursprünglich sächsischer Stamm sich in drei oder mehr Teile gespalten hätte… Vielmehr ist der Sachsen-Name von den karolingischen Quellen als Sammelbezeichnung für die Bewohner des nordwestlichen Deutschlands gebraucht worden“[433].

Der Name ‘Sachsen’, den schon antike Quellen mitteilen, ist etymologisch abzuleiten von dem als Sax bezeichneten Kurzschwert, ist also ein Kampfesname[434]. Im Frühmittelalter sprechen spätmerowingische und karolingische Quellen durchgehend von ‘Sachsen’, so wie die nach England übergesiedelten Angelsachsen von ‘Altsachsen’ reden, was eine volkliche Geschlossenheit andeutet. Bei den Angelsachsen erscheinen zudem in königlichen Stammtafeln gemeinsame Spitzenahnen: „Fast alle angelsächsischen Stämme führen ihre Abstammung auf Wodan zurück“[435]. Solche Abstammung durfte auch bei den kontinentalen Sachsen als Einigungsfaktor gewirkt und ihrem Verbund eine sakrale Weihe verliehen haben: „Sie verknüpfte die Einzelstämme zu einer religiösen Gemeinschaft“[436]. Mag sein, „daß Westfalen, Ostfalen und Engern um 770, als sie das erste Mal in den Quellen auftauchen, noch keineswegs gefestigte und dauerhafte Gebilde politischer oder gentiler Art waren“[437]; gleichwohl müssen sie dabei gewesen sein, „größere Herrschaftsgebiete aufzubauen und benachbarte (Klein-)Könige zu unterwerfen“[438]. Als solche sich herausbildende Großgruppen wären dann die drei ‘Heerschaften’ der Westfalen, Engern und Ostfalen anzusehen, die sich, weil nur im Verbund gegenüber Karl dem Großen stark genug, damals zusammenschlossen. Bei siegreichem Ausgang wäre wohl Widukind der gemeinsame König geworden.

Der Sachsenkrieg Karls des Großen wird noch in allerjüngsten Darstellungen unterschiedlich, ja widersprüchlich bewertet. Die Verquickung von Krieg und Christianisierung drängt zu Stellungnahmen, ob nun mit Entsetzen oder Beschwichtigung. Die Differenzen dauern bis heute an. Der Kirchenhistoriker Knut Schäferdiek, seit langem schon maßgeblich mit Germanen- und Sachsen-Mission befaßt, sieht in seinem 1998 vorgelegten Sachsen-Artikel in der ›Theologischen Realenzyklopädie‹[439] für den Beginn überhaupt keine Christianisierungsabsichten und bewertet solche für einen Teilaspekt, nicht aber als Motiv der Unterwerfungspolitik; gleichwohl ist ausführlich die doch nur als Zeugnis für brutalen Religionskrieg aufzufassende ›Capitulatio de partibus Saxoniae‹ mit ihren zahlreichen Todesstrafen behandelt. Dagegen sieht Matthias Springer in seinem 2004 erschienenen Sachsen-Artikel des ›Reallexikons der Germanischen Altertumskunde‹ „das Religiöse schon im ersten Feldzug hervortreten, indem Karl die oder eine Irminsul zerstörte“; doch wird die ›Capitulatio‹ dafür nicht herangezogen[440]. Und so setzen sich die Unterschiede fort. Der ewigalte Streit über die Zahl des Blutbads von Verden bleibt unterschiedlich: Schäferdiek hält die in den Reichsannalen genannten 4.500 für „eine wahrscheinlich übertriebene Angabe“, Springer für „maßlos übertrieben“.

Die Sachsen hatten schon den Merowingern Tribut geleistet, zeitweise jährlich 500 Kühe und später auch Pferde; von einem „Nebenland“ des Frankenreichs hat man deshalb sprechen können[441]. Als Karl der Große 772, damals gerade zur fränkischen Gesamtherrschaft aufgestiegen und 25 Jahre alt, gegen die Sachsen zog[442], wollte er allen zuvorigen Konflikten ein Ende setzen, dabei endgültig die eigene Überlegenheit und offenbar auch die seines Christengottes demonstrieren. Gleich beim ersten Zug zerstörte er die Irminsul, ein Baumheiligtum des sächsischen Teilstammes

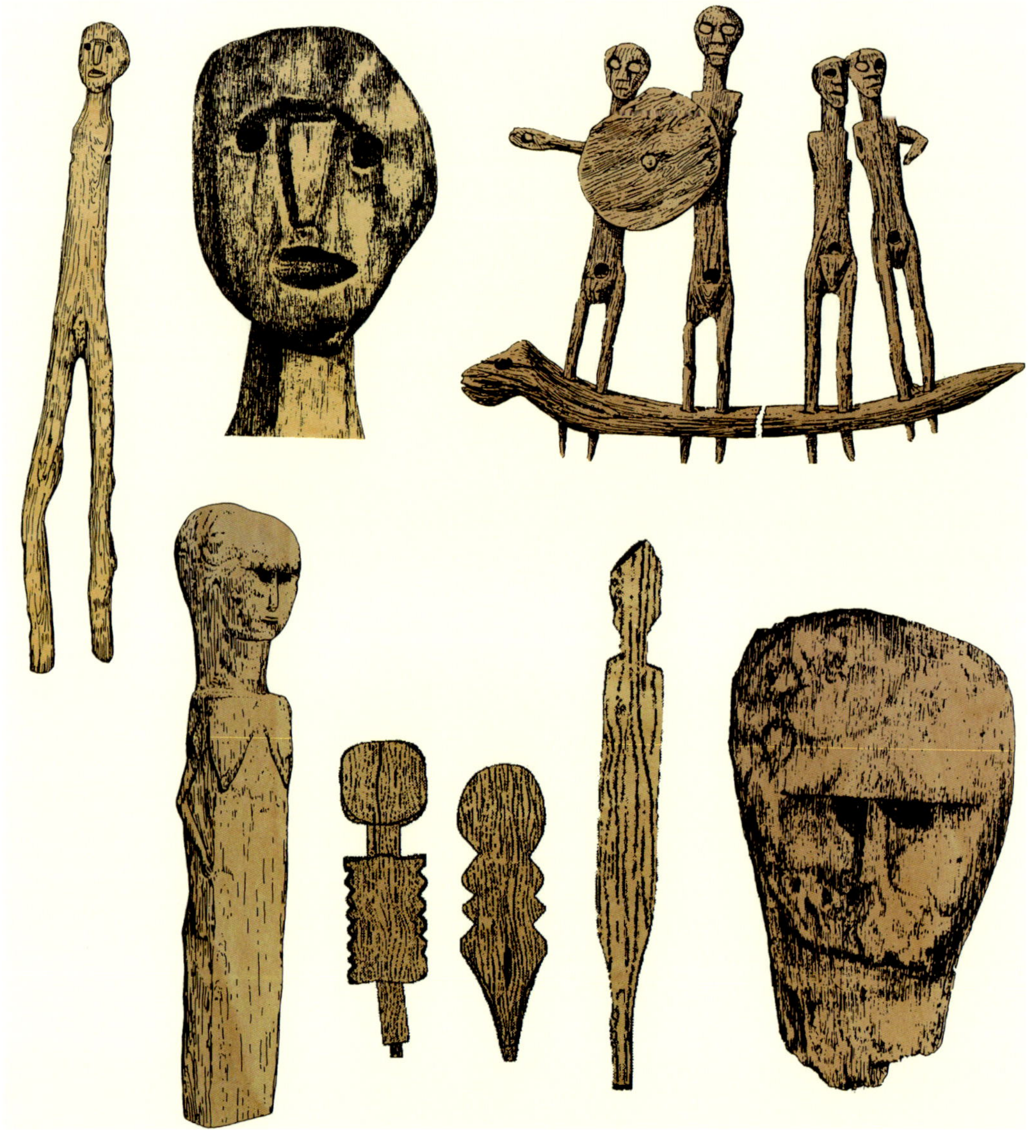

Nichtchristliche Götterbilder

Zu den ersten Aufgaben der Missionare gehörte die Beseitigung der heidnischen Götzenbilder. Sie wurden demonstrativ geschändet, um die Stärke der neuen Religion zu beweisen. Oft standen diese Bilder in Heiligtümern, wo auch Opferschätze aufbewahrt wurden. Liudger hat von Deventer aus ein solches Heiligtum zerstört und den reichen Opferschatz zu zwei Dritteln an Karl den Großen überwiesen. Dieser zerstörte bei seinem ersten Sachsen-Zug die Irminsul, eine „Baumsäule" auf der Eresburg.

Karlsburg Paderborn ▷

Karl berief 777 den gesamtfränkischen Reichstag nach Paderborn, wo er eine „Karlsburg" erbaut hatte. Inmitten standen eine Halle und eine Kirche, die früheste auf sächsischem Boden.

der Engern auf der Eresburg[443]. Das mußte Religionskrieg bedeuten[444]. Anschließend zog Karl in Richtung Porta Westfalica[445], wo man den angeblichen Thing-Ort Marklo hat finden wollen[446]. Gleich im nächsten Jahr 773 reagierten die Sachsen, als Karl auf einen päpstlichen Hilferuf hin gegen die Langobarden kämpfte[447], mit einem Vergeltungsschlag für den ihnen angetanen Sakralfrevel. Sie zogen gegen das älteste Bonifatius-Kloster Fritzlar, gegen die zeitweilig als Bischofssitz genutzte Büraburg[448] und gegen die Missionsstation Lebuins in Deventer[449]. Karl ließ sich nach siegreicher Rückkehr aus Italien 775 zu dem Entschluß hinreißen, die ungläubigen und vertragsbrüchigen Sachsen solange mit Krieg zu überziehen, bis sie entweder besiegt und der christlichen Religion unterworfen oder aber vernichtet seien[450]. Die nordhumbrischen Annalen bezeichneten Karl als im Blutrausch von Sinnen gekommen[451]. Tatsächlich vermelden die Quellen zum Sachsenzug des Jahres 775 Taufe und Tod[452]. Erstmals nennen hier die Reichsannalen die drei sächsischen 'Heerschaften' der Ostfalen, Engern und Westfalen[453], wobei der ostfälische Anführer Hessi seinen Unterwerfungseid für endgültig nahm, später als von Karl eingesetzter Graf amtierte und zuletzt im Kloster Fulda verstarb[454]. Karls Gegenzüge taten ihre Wirkung: Die Sachsen erschienen 776 zu Lippspringe „und übergaben unter Gestellung von Bürgen ihr Land ihnen [den Franken] zu Händen und versprachen Christen zu werden und stellten sich unter die Herrschaft des Königs Karl und der Franken“[455]. Seines Erfolges glaubte sich Karl so sicher, daß er für das folgende Jahr 777 die Reichsversammlung in die neuerbaute Pfalz Paderborn einberief, die stolz seinen Namen trug: Karlsburg[456]. Die Sachsen ließen sich in großer Zahl taufen, verpfändeten nochmals ihr Land und gelobten Treue[457]. Zugleich tagte in der neuen Pfalz eine Synode, die eine erste Aufteilung in Missionsbezirke beschloß[458].

Fatal wirkte sich für Karl aus, daß die Sachsen keinen König hatten, der für alle verbindlich gehandelt und gesprochen hätte. Wohl traten aus dem sächsischen Adel nicht wenige, welche die fränkische Überlegenheit anerkannten, auf seine Seite[459]. Allein der Westfale Widukind setzte den Kampf fort[460]. Gleich im nächsten Jahr 778, als Karl über die Pyrenäen gegen die Sarazenen zog, vollführte

er seinen Gegenschlag[461]. In den Augen der Franken galten die Sachsen nun vollends als Verräter und Apostaten, als vom Glauben Abgefallene, die gegen ihre Eide zum Heidentum zurückgekehrt waren und deshalb Krieg und Tod verdienten[462]. Es folgten für beide Seiten erbitterte und verlustreiche Schlachten, in deren Gefolge wir erstmals auch von Deportationen hören[463]. In den Jahren 780/82 glaubte dann Karl wieder soweit zu sein, endgültig „Sachsen ordnen" zu können[464]. Ein Reichstag zu Lippspringe/Paderborn führte die fränkische Grafschaftsverfassung ein und begann feste Missionsbezirke abzustecken. Wieder organisierte Widukind die Gegenwehr.

In die Zeit dieser blutigen Kämpfe, als sich beide Seiten zu höchster Erbitterung steigerten, fallen zwei berüchtigte Aktionen. Einmal das 'Blutbad von Verden', bei dem Karl von den Sachsen die Auslieferung abtrünniger Landsleute verlangte und sie im Jahre 782 hinrichten ließ:

> König Karl „gelangte an die Mündung der Aller in die Weser. Dort sammelten sich wieder alle Sachsen und unterwarfen sich der Gewalt des obengenannten Königs und lieferten alle die Übeltäter aus, die diesen Aufstand vor allem durchgeführt hatten, zur Bestrafung mit dem Tode, 4500, und dies ist auch so geschehen, ausgenommen den Widochind, der ins Gebiet der Nordmannen entfloh"[465].

Das Faktum ist nicht zu bezweifeln, wie überhaupt „die Strafaktion singulär [steht] in der langen Geschichte der Sachsenkriege"[466]. Die Zahl von 4.500 Hingerichteten wird bis heute diskutiert, gilt allgemein als „weit übertrieben"[467]. Hier nur die letzten Stimmen dazu, etwa Dieter Hägermann: Wenn Karls Charakterbild in seiner Zeit wie noch in späteren Epochen geschwankt habe, so gebe es gleichwohl keinen Anlaß, „ihn als blutbefleckten Massenmörder zu zeichnen. Dieses exemplarische Strafgericht, das sich seither mit dem Ort Verden verbindet, blieb eine Ausnahme und diente ausschließlich zur Abschreckung. Der Erfolg ließ auch insofern nicht auf sich warten, als Widukind, der sächsische Kontrahent schlechthin, sich 785 dem König unterwarf"[468]. Für den emeritierten Münsterschen Staatsarchivdirektor Wilhelm Kohl ist klar, daß die Zahl 4.500 offenkundig nicht die exakte Anzahl der Getöteten angebe, sondern eher einer Schätzung entspreche, bei der man aber eine runde Summe, wie etwa 4000 oder 5000, erwarten würde; nochmals sei die schriftliche Überlieferung zu überprüfen, denn schon „die Größe 400 bis 500 Enthaupteter bleibt angesichts der damaligen Bevölkerungszahlen noch hoch, ist aber sehr viel wahrscheinlicher als 4.500"[469]. Speziell für die Zahlenangaben ist noch ein Ergebnis hinzuzufügen, das sich bei frühmittelalterlichen Autoren wie Gregor von Tours und Regino von Prüm ergeben hat: Im allgemeinen könne mit Zuverlässigkeit gerechnet werden, freilich bei Ausnahme der untersuchten Heereszahlen: „Hier lassen die übertriebenen Angaben die Stellungnahme des Autors für eine der beiden Parteien meist deutlich erkennen"[470].

Zum zweiten diktierte Karl – möglicherweise ebenfalls 782 – die brutale ›Capitulatio de partibus Saxoniae‹ mit ihrer vielmaligen Todesandrohung, der Strafe für Verräter und Apostaten[471]. Die 34 Bestimmungen betreffen hauptsächlich Religionsdinge, bei Todesstrafe für folgende Delikte: Brandstiftung in Kirchen und Beraubung ihrer Güter, Tötung von Priestern und Diakonen, Glauben an Hexerei, Verbrennung von Leichen, Verweigerung der Taufe, Opferung von Menschen, Kannibalismus, Frauenraub, noch für Nichteinhaltung der Fastenzeit. Doch sollte nicht betroffen sein, wer in einer Kirche Asyl suchte oder bei einem Priester beichtete. Weiter erfolgte die Todesstrafe bei Treuebruch gegen den König

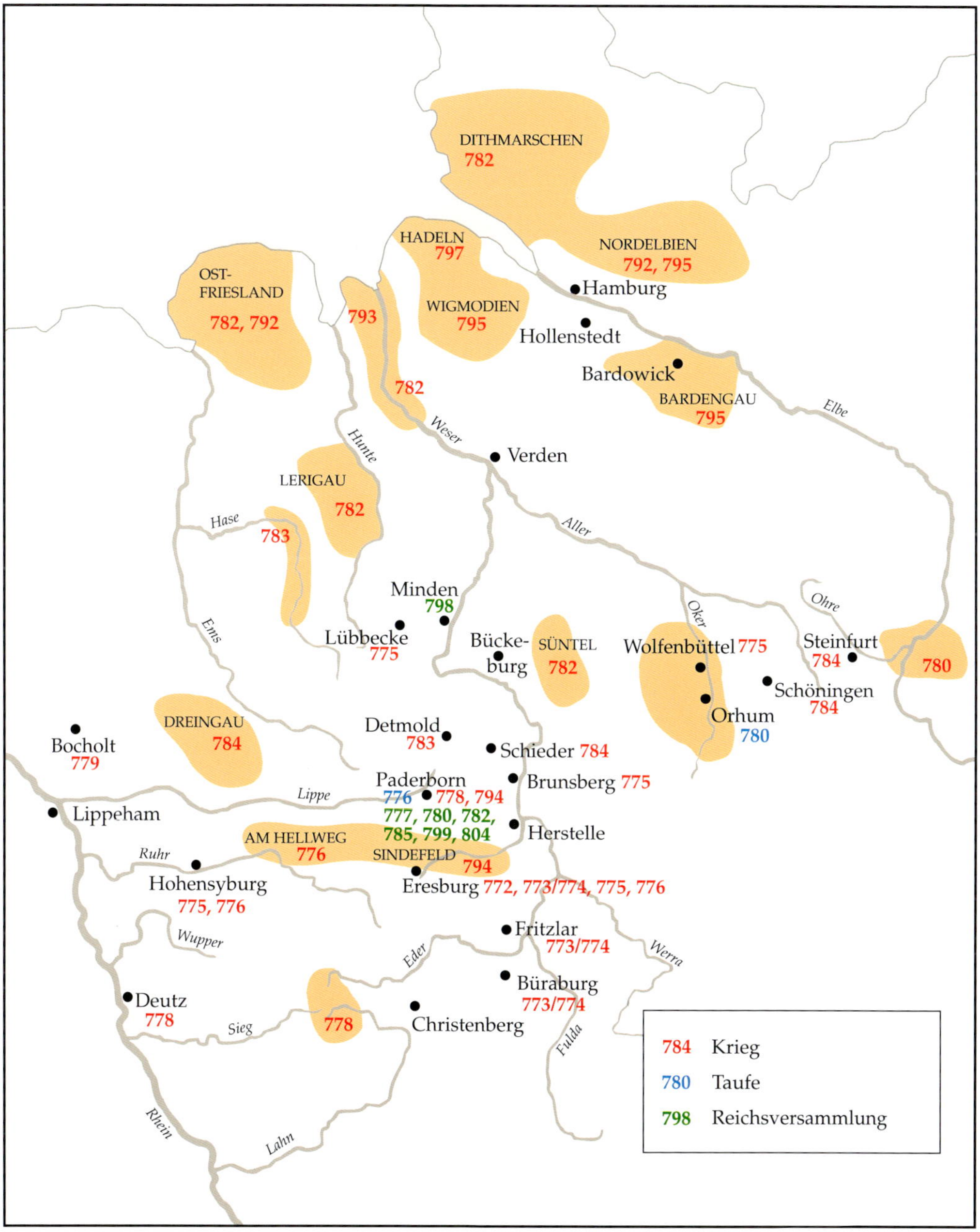

Der Sachsenkrieg Karls des Großen

Der von Karl dem Großen 772 unternommene Feldzug gegen die Sachsen wurde zu einem dreißigjährigen Krieg, der größte Anstrengungen verlangte und Karl in der Moderne den Beinamen „Sachsenschlächter" einbrachte. Möglicherweise hat er später Reue empfunden. Sein Berater Alkuin hielt Zwangstaufen für unnütz. Liudger, Alkuins Schüler, hat sich ausgeschwiegen.

und bei Konspiration mit Heiden. Zuletzt gebot die ›Capitulatio‹, für jede zu errichtende Kirche einen Hof mit zwei Hufen Land bereitzustellen, dazu einen Knecht und eine Magd auf je 120 Einwohner; obendrein war der Zehnt abzuliefern[472].

Karls eindeutiges Bestreben, „nämlich Abschaffung des Heidentums und Einführung des Christentums unter Todesstrafe“[473], hat sowohl in der konfessionellen wie auch liberalen Geschichtsschreibung Kritik, ja unverhohlenes Entsetzen ausgelöst. Die Capitulatio, so das katholische ›Handbuch der Kirchengeschichte‹ spreche „in der Tat den christlichen Grundsätzen Hohn“[474]. Mit ihr erreichten, so Rudolf Schieffer, die staatlichen Zwangsmittel „einen im Frühmittelalter einmaligen Höhepunkt“[475]. Ernst Schubert sieht hier „die Rechtsform eines Predigens mit eiserner Zunge“[476], wobei aber zu berücksichtigen sei, daß „die Drohung mit der Todesstrafe in archaischen Gesellschaften stets zum Gesetz des Siegers gehörte“[477]. Tatsächlich ist einzuberechnen, „daß die rigiden Drohungen des Gesetzes sich nur an Gewohnheiten des sächsischen Rechts anschlossen“[478], daß bei den Sachsen selbst, wie es die 803 einvernehmlich erlassene ›Lex Saxonum‹ zeigt, die Todesstrafe recht rasch erfolgte, sogar für Pferdediebstahl und Bienenraub[479]. Möglicherweise hat sich Karl später von seiner Blutaktion distanziert, wurde doch anschließend das Bild seines Vorfahren Arnulf von Metz (†641) zu einem Büßer umgestaltet, was dann als „büßendes Gedenken an die Hinrichtung vieler Sachsen“ gedeutet worden ist[480].

Die fränkischen Quellen bezeichneten Widukind einhellig als „Rebellen“, als „Urheber der vielen Übel“ und „Abtrünnigen“[481]. Gerade ihn hätte darum Karls Vernichtungsschwur und die in der ›Capitulatio‹ angedrohte Hinrichtung treffen müssen. Aber im Sommer 785 kam es zum Frieden. Karl traf sich im Bardengau mit seinem bisherigen Todfeind und dessen Verwandten (*gener*) Abbo, garantierte beiden Sicherheit für Leib und Leben und obendrein Straffreiheit[482]. Daraufhin begaben sich Widukind und Abbo zu der in den Ardennen gelegenen Königspfalz Attigny und erhielten die Taufe[483]. Gekämpft hatten die Sachsen wie auch Widukind für ihre Religion. Noch beim letzen großen Aufstand 783/84 hatten sie bei den Ostfriesen nicht nur – wie üblicherweise berichtet wird – die Missionare vertrieben oder gar getötet und die Kirchen niedergebrannt, sondern eigens den alten Kult und die Opfer wiederhergestellt[484]. Zuletzt aber muß Widukind – der frühmittelalterlichen Religionslogik entsprechend – eingesehen haben, „daß der Christengott den alten Göttern überlegen war“[485]. Der Religionskrieg war damit beendet.

Die Gesamtpolitik zielte forthin auf Ausgleich. Wohl folgten noch einzelne Aufstände, die jeweils sofort rigoros niedergeschlagen wurden. Der doch eher versöhnliche Alkuin vermeldet für 795 fast routinehaft: „Der König kam mit einem Heer nach Sachsen, um es zu verwüsten“[486]. Karls Biograph Einhard schreibt, nie habe Karl einen Widerstand bei den Sachsen ungestraft gelassen, „bis er schließlich, nachdem er alle, die ihm Widerstand geleistet hatten, besiegt und unterjocht hatte, zehntausend Mann und Weib und Kind von ihren Wohnsitzen auf beiden Ufern der Elbe wegholte und sie da und dort in Germanien und Gallien in vielen Abteilungen ansiedelte“[487]. Indes wollte wohl schon das 797 erlassene ›Capitulare Saxonicum‹[488] das Zwangsdiktat von 782 mildern, sicher die 802/803 einvernehmlich erlassene ›Lex Saxonum‹, die nichts mehr von den früheren Religionsstrafen enthält[489]. Die Sachsen sollten sich fortan als gleichberechtigtes Volk im Gesamtreich verstehen. Einhard drückt das ‘gentil’ aus: Der längste und schrecklichste Krieg sei dadurch zu Ende gegangen, daß die Sachsen mittels der Sakramente des christlichen Glaubens „mit den Franken sich zu einem Volke verbanden“[490]. Realistischer hat es der Fuldaer Abt Sturmi (†779) gesehen: Die Bekehrung sei teils durch Krieg, teils durch Zureden, teils durch Geschenke herbeigeführt worden[491]. Dieses teils-teils erforderte noch eine lange Phase der ‘Bewältigung’[492]. Auch in Werden, dem Kloster Liudgers, blieb die Gespaltenheit gegenüber Karls Zwangsmission bewußt. Die dritte, im letzten Drittel des 9. Jahrhunderts abgefaßte Vita, die nurmehr die zuvorigen Viten mit Einschüben ausweitet, führt als solchen Einschub die teils-teils-Formel an: Der siegreiche Kaiser Karl, von dem Liudger in Westsachsen zum Missionar bestellt worden sei, habe „teils durch Güterverleihungen und teils durch Verwüstung“ die Sachsen zum Glauben gezwungen[493]. Eine so deutliche Stellungnahme nach fast hundert Jahren spricht für sich, möglicherweise auch noch für Liudger.

Das Bursen-Reliquiar von Enger

Leib und Lebensutensilien herausragender Menschen galten in der vormodernen Welt als Kraftakkumulatoren. Die Reliquien als „Überreste“ der Heiligen gewannen seit der Spätantike auch im Christentum an Bedeutung. Das in Enger erhaltene Reliquiar hat Bursen-Form und zeigt, daß man die Reliquien – wie oft auch bezeugt – in einem Beutel bei sich trug. Ein solcher ist hier in feste Form umgesetzt und mit einem besonderen Bildprogramm versehen, mit zentralem Edelstein im Perlenkranz. Alter Tradition zufolge soll es ein Geschenk Karls des Großen an Widukind gewesen sein.

6. *Taufe Widukinds und Karls Patenschaft*

Die zuletzt auf Frieden und Ausgleich zielende Politik dürfte der Patenschaft zu verdanken sein, die Karl bei Widukind übernahm. Die zeitgenössische Nachricht lautet:

> „Widukind, der Urheber so vieler Übel und Anstifter der Untreue, kam mit seinen Gefährten zur Pfalz Attigny und wurde dort getauft; der König nahm ihn aus dem Taufbrunnen auf und ehrte ihn mit großen Geschenken“[494].

Wie wir schon wissen, bedeutete eine solche Patenschaft mehr als bloßes Zeremoniell. Sie stellte eine ‘geistliche Verwandtschaft’ her und verpflichtete zu ‘religiöser Liebe’[495]. Infolgedessen hatte der geistliche Vater seinen Täufling ‘zu ehren’, besaß zugleich das Recht und die Pflicht, Missionare zur geistlichen Betreuung und zur Christianisierung der Untertanen zu entsenden. Eben das realisierte Karl nun bei Widukind. Der langjährige Feind wurde sein Sohn, der fortan ihm untergeben war und doch auch Respekt beanspruchte: der ehemalige Rebell nun als achtbare Person. Die Betonung, daß Karl ihn „mit großen Geschenken ehrte“[496], macht wahrscheinlich, daß ein Klosteraufenthalt, etwa auf der Reichenau, nur vorübergehend war[497] und ein Grafenamt in Sachsen nicht unwahrscheinlich[498]. Von seiner Familie wissen wir, daß sie nicht von der Herrschaft ferngehalten wurde, wie Karl es zuvor beim langobardischen Königshaus oder bald darauf 787 beim bayerischen Herzogshaus tat, die beide für immer beseitigt wurden. Dagegen sind Widukinds Nachfahren später im Königsdienst und auf nicht wenigen sächsischen Bischofsstühlen anzutreffen[499].

Nach Widukinds Taufe ordneten Karl wie Papst Hadrian eine Dankesfeier an. Es war die erste abendlandweite Siegesfeier und war als solche überhaupt neu. Denn für die antikchristlichen Kaiser haben sich „besondere christianisierte Formen der Kriegserklärung und Kriegsbeendigung ... nicht gefunden“[500]. Schon 774 hatte Papst Hadrian I. den Krieg Karls mit Gebetshilfe unterstützt, sogar täglich mit dreihundert Kyrie-Rufen bei gebeugten Knien und mit erhobenen Händen während der großen und kleinen Horen des Stundengebets in allen römischen Monasterien und Diakonien: „für reichliche Siege“[501]. Karl selbst hatte seinen Bischöfen und Äbten gleichfalls Fürbitten auferlegt, sowohl für ihn, „den Herrn, wie für das Heer der Franken“; jeder Priester hatte dafür drei Messen zu feiern und jeder Mönch und jede Nonne drei Psalter zu beten[502]. Nach Widukinds Taufe gebot sich besonderer Dank. Der Papst bekundete ihn offiziell und verhieß Karl für sein als Opfergabe (*offere munus*) gedeutetes Bekehrungswerk himmlischen Lohn[503]. In Rom wurden drei Tage angesetzt: die Vigil Johannes des Täufers (23. Juni), der Tag der Heiligen Johannes und Paulus (26. Juni) sowie die Vigil von Peter und Paul (28. Juni); Karl sollte ebenso in seinem Herrschaftsbereich und selbst jenseits des Meeres, wo immer christliche Völker wohnten, „dreitägige Bittgesänge“ anordnen[504]. Bis Byzanz rühmte Hadrian den Sachsen-Sieg: Wenn im Osten der böse Irrtum der Bilder-Ablehnung beseitigt sei, dann „werdet Ihr unter des Apostels Petrus Geleit als triumphierender Sieger über alle barbarischen Völker herrschen, wie unser Sohn und geistlicher Mitvater Karl, König der Franken und Langobarden und Patricius der Römer, der, unseren Mahnungen folgend und unseren Willen in allen Dingen erfüllend, alle barbarischen Völker des hesperischen Westens sich zu Füßen geworfen hat, indem er ihre Macht bändigte und durch Unterwerfung mit seinem Reich vereinte“[505]. Auch Karl selbst tat sich gegenüber Byzanz als Hüter des wahren Glaubens hervor und bezeichnete sich in den ›Libri Carolini‹, seiner Gegenschrift gegen die Bilder-Verehrung, als treuen Gefolgsmann des heiligen Petrus, dank dessen Fürbitte er die Sachsen zur Annahme des Glaubens wie zur Gefolgschaft gegenüber dem Apostolischen Stuhl habe bewegen können[506]. Genau besehen war damit ein apostolischer Anspruch angemeldet: Wie in der Frühzeit jeder Apostel ein Volk bekehrt hatte, so Karl jetzt die Sachsen. Somit durfte er sich als ‘apostelgleich’ verstehen, wie es unter den Herrschern zuvor schon Konstantin getan hatte[507]. Wer aber Apostel war, der konnte sich die ‘Mitherrscherschaft mit Christus erhoffen; nicht allerdings eine Mitherrschaft schon hier auf Erden, wie sie die byzantinischen Herrscher von Amtswegen beanspruchten, sondern jene, die Jesus Christus den auf Erden Standhaftgebliebenen im Himmel verheißen hatte: „Dann werden wir mit ihm herrschen“ (2 Tim 2,12)[508]. Dieses Motiv wurde im 9. Jahrhundert zum „krönenden Abschluß“ von Karls ‘Sachsen-Bekehrung’, bei freilich kompensatorischer Funktion für die Gewaltmission[509].

Der Missionar Karl wurde auch noch zum Kirchenorganisator. Zu wenig ist beachtet worden, daß die Zuordnung der in Sachsen neu errichteten Bistümer an die beiden Erzstühle Köln und Mainz ein hochpolitischer Akt war, der nur wieder auf Karl zurückgeht. Denn laut kirchlicher Rechtstradition sollte

Das Leo-Mosaik im Lateran

Papst Leo III. wurde am 25. April 799 überfallen, konnte sich jedoch retten und machte sich auf zu Karl dem Großen nach Paderborn, um ihn um Hilfe anzurufen. Nach Rom zurückgekehrt, ließ er im Lateran ein Mosaik anbringen, das römisches wie karolingisches Selbstverständnis veranschaulicht: In der Mitte Jesus Christus, der die Apostel aussendet, links daneben wiederum Christus, der dem knienden Petrus das Pallium und dem ebenso knienden Konstantin die Reichsfahne (labarum) *übergibt. Rechts thront Petrus, der Papst Leo das Pallium und König Karl wiederum eine Fahne* (vexillum) *überreicht. Die Inschrift lautet: „Seliger Petrus, du schenkst Papst Leo das Leben und König Karl schenkst du den Sieg“. In den von Petrus für Karl verliehenen Sieg war zweifellos der Sachsen-Sieg einbeschlossen. Denn gerade diesen schrieb Karl dem Apostelfürsten zu. An Weihnachten 800 krönte Leo Karl zum Kaiser. Liudger war Zeitzeuge dieser Ereignisse.*

jede Provinz einen eigenen Erzbischof erhalten; im Frühmittelalter wurde daraus ein Erzbischof für je ein Volk, wie Willibrord für die Friesen. Gemäß dieser Logik wurde Bayern kurz vor 800 ein eigenes Erzbistum. Demgemäß hätte auch Sachsen ein Erzbistum werden müssen. Das aber muß Karl als zu gefährlich erschienen sein, wohl weil dadurch eine sächsische Sonderheit gefördert worden wäre. Das Ergebnis war, daß Utrecht seine Erzwürde, die es für die Friesen hatte, verlor und Sachsen eine solche gar nicht erst erhielt, vielmehr die neuen Bistümer an zwei fest in Karls Hand befindliche Erzsitze angebunden wurde, an Köln und Mainz[510]. Für Liudger hatte das zur Folge, daß er seine Weihe in Köln erhielt und sein Bistum dem Kölner Erzsitz unterstellt war.

II. Liudger als Missionar

1. Familie und Schule

Das Geburtsjahr Liudgers ist uns nicht überliefert. Wie bei so vielen Menschen des frühen Mittelalters kennen wir für ihn das genaue Todesdatum mit Jahr, Tag und Stunde, weil dieses als Geburtsstunde für den Himmel galt, nämlich den Morgen des 26. März 809; hingegen müssen wir das Geburtsjahr errechnen – ein Befund übrigens wie bei seinem Zeitgenossen Karl dem Großen mit dessen genauem Todesdatum am 28. Januar 814 und dem nur zu erschließenden Geburtsjahr 747/48. Den ersten Anhalt für Liudgers Lebensdaten bietet die Diakonsweihe, die in York bei Gelegenheit der Bischofsweihe des für Utrecht vorgesehenen Chorbischofs Alubert stattfand, wofür die nordhumbrischen Annalen bzw. die ›Annalen von York‹ das Jahr 767 angeben[511]. Da eine Diakons-Weihe das 25. Lebensjahr verlangte, ergäbe sich für Liudger das – tatsächlich allgemein für wahrscheinlich gehaltene – Geburtsjahr 742, wenn es nur nicht die Ausnahmen mit auch jüngeren Diakonen gäbe. Weiter, der Utrechter Abt Gregor, dem Liudger als Kind übergeben wurde, ist dort frühestens 748 bezeugt, wie andererseits Liudger noch den 754 gemarterten Bonifatius gesehen hat; so wäre auf einen Schuleintritt 'um 750' zu schließen; man käme damit, weil ein solcher Eintritt mit sieben Jahren zu geschehen pflegte, wiederum in die Nähe von 742. Weit exakter können wir indes vorwärts rechnen: Nach einem ersten einjährigen Aufenthalt in York im Jahre 767/68 ging Liudger nochmals für dreieinhalb Jahre dorthin, wohl von 769 bis Mitte 772[512]. Anzuschließen ist dann die Priesterweihe im Jahre 777/78, für welche das dreißigste Lebensjahr gefordert wurde. Rechnet man indes von hieraus wieder zurück, wäre Liudger, sofern er zum frühstmöglichen Termin geweiht wurde, erst gegen 747 geboren[513]. Folglich ist das Geburtsjahr nicht absolut sicher zu erschließen. Insgesamt aber erreichen wir mit den beiden Weihen von 767 und 777/78 zwei feste chronologischen Anhaltspunkte, wie sie zur Erörterung für Familie und Schule notwendig sind.

Liudgers Vater war der jüngere Wursing-Sohn Thiadgrim. Dieser hatte Liafburg geheiratet, die Tochter von Nothrad und Adelburg, von welch letzterer zwei Brüder, Willibracht und Thiadbracht, bei Willibrord erzogen und zu den ersten friesischen Klerikern geweiht worden waren. Die Nothrad-Familie hatte väterlicherseits noch eine christenfeindliche Großmutter, welche bei Liafburgs Geburt, aus Zorn darüber, daß es 'nur wieder ein Mädchen war', das Kind hatte ertränken wollen. Altfried läßt den für das friesische Recht, welches Kindestötung durch die Mutter erlaubte, illustrativen Bericht folgen, wie sich die soeben Geborene am Rand des Bottichs, in den sie untergetaucht werden sollte, anklammern konnte, bis eine Christen-Frau sie aufgriff und ihr die Lippen mit Honig bestrich, womit das Kind, weil es Nahrung zu sich genommen hatte, rechtsverbindlich gerettet war[514]. Für Altfried, der dies im einzelnen berichtet, waltete hier Gottes besondere Fürsorge für die Mutter der künftigen Bischöfe Liudger (†809) und des jüngeren Bruders Hildigrim (†827). Noch ein weiteres Mal sollte Liafburg diese Fürsorge erfahren, als sie, hochschwanger mit Liudger, hinfiel und fast eine Sturzgeburt gehabt hätte. Der wenige Tage später geborene Knabe aber war unverletzt: „Er wurde getauft und erhielt den Namen Liudger“[515]. Der Geburtsort könnte das von Altfried als Wursing-Besitz angegebene „Suabsna bei Utrecht“ gewesen sein, das zwar nicht eindeutig, doch meist mit Zwesen, einem inzwischen untergegangenen Ort westlich von Utrecht, verifiziert wird[516]. Zur Erziehung übergaben die Eltern den Jungen, der schon bald mit Baumrinden und Tinte 'Buch und Schreiben zu spielen' angefangen hatte, dem Leiter der Utrechter Kirche, dem Bonifatius-Schüler Gregor. Mitbestimmend war hierfür sicherlich die Erinnerung an Liafburgs zwei Onkel, die ersten friesischen Kleriker, aber wohl mehr noch, daß der kurz vor der Geburt so wunderbar errettete Liudger eigentlich Gott gehörte und folglich für dessen Dienst 'geopfert' werden mußte. So wurde Liudger als Kind dem Kloster übergeben, nicht anders als Willibrord, Bonifatius und viele andere.

Utrecht befand sich damals in einer prekären Situation. Der Erzsitz schien erloschen, forderte doch Bischof Hildegar von Köln (†753) wegen der im 7. Jahrhundert von seinem Sitz aus in Utrecht gegründeten Martinskirche die Oberhoheit. Bonifatius mußte Willibrords Neugründung verteidigen und führte dafür ins Feld, dieser Erzstuhl sei dank römischer Weihung und Sendung des Erstinhabers direkt dem Papst unterstellt: *sedes subiecta Romano pontifici* (dem Römischen Bischof unterstellter Sitz)[517]. Aber vorerst konnten nur Chorbischöfe bestellt werden, von denen der jüngere Eoban[518] mit Bonifatius in den Tod ging. Ihm folgte Gregor, ein Schüler des Bonifatius und nun interimistischer Verwalter der Utrechter Kirche. Er wurde Liudgers Lehrer. Wie die Schulzeit gewirkt hat, zeigt Liudger in seinen 792/93 abgefaßten Erinnerungen. Gregor stammte aus einer ranghohen Franken-Familie, wurde ein früher Gefolgsmann des Bonifatius, von diesem sogar ausersehen zur Nachfolge, was indes aus politisch-familiären Gründen scheiterte, weil Gregors Familie zum Anhang Karl Martells gehörte, aber mit diesem wegen eines nicht näher faßbaren Mordfalls in Konflikt geriet, ohne indes gänzlich verstoßen zu werden[519]. Für Gregor bedeutete das den Karriere-Knick; weder konnte er, der Erstschüler des Bonifatius, diesem in Mainz nachfolgen noch auch in Utrecht die Kathedra besteigen. Erst Gregors Neffe Alberich, der bei Karl dem Großen wieder in vollen Gunsten stand, erhielt 777/78 in Köln die Bischofsweihe für Utrecht[520]. Das ist Liudgers erster Erinnerungskreis. Es folgt die Person des Bonifatius. Noch der heutige Leser spürt, wie tief Liudger die Erzählungen Gregors über seine Jahre mit dem großen Angelsachsen verinnerlicht hat. So schon deren erste, auch heute gern nacherzählte Begegnung im Kloster Pfalzel bei Trier[521]. Dort war – wohl 721 – der damals fünfzehnjährige Gregor, von der Palastschule herkommend, bei der Äbtissin, seiner Tante Adula, eingekehrt und traf Bonifatius an, erhielt dabei die Tischlesung zugewiesen und sollte diese auch mit eigenen Worten erklären, was er aber nicht vermochte: „Da sagte der heilige Bonifatius: 'Mein Sohn, willst du, daß ich es dir erkläre?' 'Ja', antwortete Gregor“[522]. Die Szene führte zur Lebensfreundschaft. Auf der Stelle folgte Gregor dem Angelsachsen zur Missionsarbeit in das hessisch-sächsische Grenzgebiet, später – wohl 738 – auch nach

Rom und dort – wie wir noch hören werden – mit einem überwältigenden Eindruck.

Das Vorbild des Bonifatius und überhaupt der Angelsachsen dürfte Liudgers einzig dastehenden Entschluß inspiriert haben, nach England zu gehen[523]. Im nordhumbrischen York wirkte damals Alkuin[524], der bald „der führende Kopf unter den Hofgelehrten" Karls des Großen werden sollte, dort mit einem Wirkungskreis wie „an keinem anderen Ort der Welt"[525]. Den unmittelbaren Anlaß für Liudgers Aufbruch bot der Angelsachse Alubert, der sich in Utrecht zur Mission gemeldet hatte und den nun Gregor, der ja selbst nicht Bischof war, zum Hilfsbischof weihen lassen wollte, und zwar – wie der Ausersehene selbst wünschte – in York. Mit Alubert, der zum Bischof geweiht wurde, gingen dorthin der Diakon Sigibod, der Priester, und Liudger, der Diakon wurde[526]. Ein volles Jahr dauerte der Aufenthalt bei Alkuin, aber das genügte nicht. Für einen zweiten Aufenthalt mußte sich allerdings Liudger die Erlaubnis sowohl von Gregor wie von seiner Familie ertrotzen. Er konnte wieder hingehen, und nur notgedrungen, wegen drohender Blutrache an allen in York lebenden Friesen, kehrte er nach dreieinhalb Jahren zurück. Alkuin gab ihm vorsorglich den Diakon Putul mit, der nach Rom weiterreiste. Liudger brachte „eine Menge Bücher" mit nach Utrecht, zeigte sich auch „erleuchteter in klösterlicher Ausbildung" (*in monasticis eruditionibus inlustrior*)[527]. Liudger hat in York prägende Eindrücke aufgenommen. Wie in Utrecht erlebte er dort das gemeinschaftliche Zusammenleben im Kathedralkloster, dazu dann den Schulbetrieb. Fast hätte er am liebsten dort weitergemacht. Es blieben Freundschaften, vor allem mit Alkuin, aber auch mit dem Iren Joseph, der gleichfalls bei Alkuin gelernt hatte, dann mit seinem Lehrer an den Karlshof ging und dort zeitweilig 'diplomatisch' eingesetzt wurde[528].

2. Missionar in Friesland

Dem aus York heimgekehrten Liudger eröffnete sich indes keine klösterliche Ruhe. Unversehens sah sich der Diakon an die Missionsfront versetzt, an die Ijssel, dort in das von den Sachsen niedergebrannte Deventer. Altfried schildert die Situation samt ihrer Vorgeschichte: Der heilige und gelehrte Angelsachse Liafwin, der um 770 – so die allgemeine Annahme – auf der sächsischen Stammesversammlung in Marklo aufgetreten und um 780 – so wiederum die allgemeine Annahme – verstorben sein soll[529], hatte hier im friesisch-chamavisch-sächsischen Grenzgebiet auf Anweisung des Utrechter Gregor missioniert, zusammen mit dem Willibrord-Schüler Marchelm. Eine Matrone namens Avaerhilde habe sie unterstützt, und dadurch seien auf dem Westufer der Ijssel in Hiulpa (heute: Wilpe) ein Oratorium und auf dem Ostufer in Deventer eine Kirche entstanden. Das alles aber hätten die Sachsen vernichtet, dabei die Christen vertrieben und die Kirchen niedergebrannt. Sofort habe Lebuin die Kirche wieder aufgebaut, sei danach aber verstorben und in seiner Kirche beerdigt worden[530]. Doch das Grab sollte dem Verstorbenen keine Ruhe bieten. Erneut folgte eine sächsische Verwüstung, mit sogar dem Verlust des Lebuin-Grabes, das hatte geschändet werden sollen. Und in Utrecht verstarb der verehrte Gregor. Die Situation schien verzweifelt. Ihr stellte sich sofort der eben zur Nachfolge eingetroffene Gregor-Neffe Alberich und entsandte Liudger nach Deventer, um sowohl Lebuins Leichnam zu bergen wie auch die Kirche wieder aufzubauen. Liudger vollbrachte mit diesem Auftrag seine erste Missionstat, ja ging noch provokativ weiter: Er zerstörte verschiedene Götzenbilder, bemächtigte sich in einem Heidentempel eines so „großen Schatzes", daß davon zwei Drittel Karl der Große erhielt[531]. An-

Lebuin-Decke
Jede Heiligen-Reliquie wurde in kostbare Tücher eingewickelt. Bei dem in Deventer im Jahre 774 verstorbenen und von Liudger neu bestatteten Missionar Lebuin wurde ein nach koptischen Vorbildern wohl in England gewebtes Seidentuch gefunden, dessen Bild später als das des Heiligen verehrt wurde: der Gottes-Mann mit zum Gebet erhobenen Armen.

schließend wurde – so Altfried – Alberich 777/78 in Köln zum Bischof und Liudger zum Priester geweiht. Sein Yorker Freund, der Ire Joseph, gratulierte Liudger in Versen:

Bruder, in der Liebe Gottes mir so teuer wie keiner
Teurer sogar als Verwandte aus gleichem Geblüt,
Lieber Liudger, Christi Gnade schütze dich.
Lebe als Lichtsäule deines Friesenvolkes,
Du Priester, gepriesen am Westgestade der Welt,
Gelehrt, redekundig und tief an Geist.
Dein Amt zierst du mit Verdiensten und guten Sitten.
Wie ein Kind dienst du demütigen Herzens den Bejahrten,
Wie ein Bruder bist du allen, die gleich dir an Alter,
Und wie ein Vater schenkst du der Jugend Worte des Lebens.
Du wächst im Guten; gedenke auch meiner als Priester,
Und empfiehl in deinen Gebeten, so bitte ich, dem Höchsten
Den Dichter, der dich in bescheidenen Oden preist.
Vielleicht lohnst du ein solches Gedicht mit der Rute;
Das würde der Lohn dem geringen Dichter gebühren.
Lebe du allezeit glücklich![532]

Das alles ergibt eine gedrängte, aber in das Zeitgeschehen bestens eingepaßte Abfolge: Gleich bei ihrem ersten großen Racheschlag gegen Karl den Großen zerstörten die Sachsen im Jahre 773 auch Deventer. Lebuin verstarb beim Wiederaufbau, also noch „im November 773“[533]. Die Sachsen indes holten, als Karl 774 in Italien war, zum zweiten Schlag aus, und wohl danach, als Karl im Jahre 775 wieder Herr der Situation war, erfolgte die Entsendung Liudgers nach Deventer. Ebenfalls paßt Alberichs wie Liudgers Weihetermin 777/78 in diese Großsituation, nämlich zu Karls des Großen 777 in Paderborn abgehaltenem Reichstag, wo die Sachsen die Annahme des Christenglaubens beschworen und nun Missionare gebraucht wurden.

Liudger ging anschließend für sieben Jahre ins nördliche Friesland, direkt an den Martyriumsort seines verehrten Bonifatius. Für die dortige Kirche schrieb ihm Alkuin die Weihe-Verse des folgenden Hymnus:

Hier hat der ruhmvolle und hochverdiente
Vater Bonifatius
Mit seinen Gefährten Ströme des Blutes
vergossen,
Die sich erwarben die hehre Krone des
heiligen Martyriums.
Glückseliges Land, so reich am Blute
der Heiligen;
Von hier ging der siegreiche Streiter zum
himmlischen Lohne ein;
Diesem Land hinterließ er die letzte Spur.
Darum bitte ich kniefällig flehend den Leser:
Bedecke mit Küssen die Erde;
In Dir erwachse die Hoffnung, daß die
Tränen zum Himmel
Emporsteigen, von solchen Patronen geleitet.
Hier verbleibt ihr Blut, kostbarer als Gold;
Hier ruhen ihre Gebeine, benetzt von
himmlischem Tau.
Hier helfen Sankt Paul und Sankt Bonifatius,
Denen diese Kirche geweiht ist[534].

Bei aller Mühe in der Mission ließ aber Liudger nicht von seiner geliebten Schule. Ihretwegen kehrte er jedes Jahr für drei Monate nach Utrecht zurück; im Frühjahr unterrichtete Alberich selbst, im Sommer ein Priester namens Adalph, im Herbst Liudger und zuletzt noch ein Priester Alberich[535]. Hier in Utrecht hatte Liudger auch jenen Traum, der ihm sein weiteres Leben offenbarte: die Tätigkeit bei drei Völkern, bei den Friesen, den Westfalen und noch in Lothusa, dem später ihm übertragenen Kloster in Flandern[536].

Liudger-Kelch

Er galt lange als Hinterlassenschaft Liudgers, wurde sogar sein bestbekanntes Erinnerungsstück, dürfte aber erst im 10. Jahrhundert entstanden sein. Zur Zeit Liudgers kam die Forderung auf – so von Liudgers Lehrer Alkuin –, Kelch wie auch die Patene aus Gold anzufertigen.

Liudgers siebenjährige Tätigkeit in Friesland brach abrupt ab. Die Sachsen trugen bei Widukinds letztem Aufstand den Aufruhr bis zur Flie herüber, wobei alle Gottesdiener wieder vertrieben, die Kirchen verbrannt, sogar die alten Kulte mit ihren Opfern erneuert wurden. Liudger gab „notgedrungen“ auf: „Er verließ jene Landesteile, nicht ohne Anordnung für seine Schüler zu treffen“[537]. In knap-

Liudger in Friesland und im Münsterland

Liudger hat viele Jahre in Friesland gewirkt, dann seit 793 im Münsterland. Als er 805 Bischof von Münster wurde, blieb seinem Sprengel sein friesisches Wirkungsfeld zugeordnet. Zwischen den südlichen und nördlichen Teil schob sich das Bistum Osnabrück. Die Grenzen sind schon bei der Bischofserhebung festgelegt worden. In Meppen war Bischof Liudger, wie es bei Alfried heißt, nicht zuständig.

pen zwei Sätzen läßt Altfried dann ein Unternehmen folgen, das Liudger zum Lebensereignis geworden sein muß: „Liudger nahm zwei mit sich, seinen Bruder Hildigrim und Gerbert mit dem Beinamen Castus, und gelangte nach Rom, weiter noch zum Kloster des heiligen Benedikt im Beneventanischen, lebte dort in heiligem Wandel und lernte die Regel eben dieses heiligen Benedikt“[538]. Selber hat Liudger dieses Rom-Erlebnis in seinen wenig später verfaßten ‘Erinnerungen’ nachklingen lassen, wo er Bonifatius und Gregor bei ihrem Besuch 737/738 in Rom schildert, vor allem dort die Begegnung mit dem Papst und das gemeinsame Gebet mit dem Klerus in Sankt Peter: „Da sanken alle vor den Reliquien des Apostelfürsten Petrus nieder“[539]. Es folgt ein ganzes Kapitel tiefer Ergriffenheit: das feste Haus der auf dem Felsen Petri erbauten Kirche inmitten menschlicher Feindseligkeiten und teuflischer Versuchungen.

Nach zweieinhalb Jahren zurückgekehrt, wurde Liudger 787 von Karl zum „Lehrer“ über fünf friesische Gaue bestellt: Hugmerchi (nordwestl. von Groningen), Hunusga (nördl. von Groningen), Fiwilga (nordöstl. von Groningen), Emisga (zwischen Emden und Leer), Feditritga (nördl. von Emden), dazu noch über zwei Inseln, über Bant (möglicherweise das heutige Memmert oder aber eine Insel im Bereich der heutigen Zuider-See) wie über „Fosetesland“ (das nur bedingt mit dem heutigen Helgoland zu identifizieren ist)[540]. Hier inszenierte Liudger eine ähnliche Desakralisierung, wie es zuvor schon Willibrord getan haben soll: „Ein Kreuz in seiner Hand haltend, zerstörte er die Heiligtümer der Fosete … und baute an ihrer Statt eine Kirche Christi“; aus der Quelle, in der schon Willibrord getauft hatte, hob er einen Fürstensohn namens Landrich aus der Taufe, wurde also noch dessen Pate und bildete ihn daraufhin zum Priester und Missionar heran[541]. Am Ende sollte

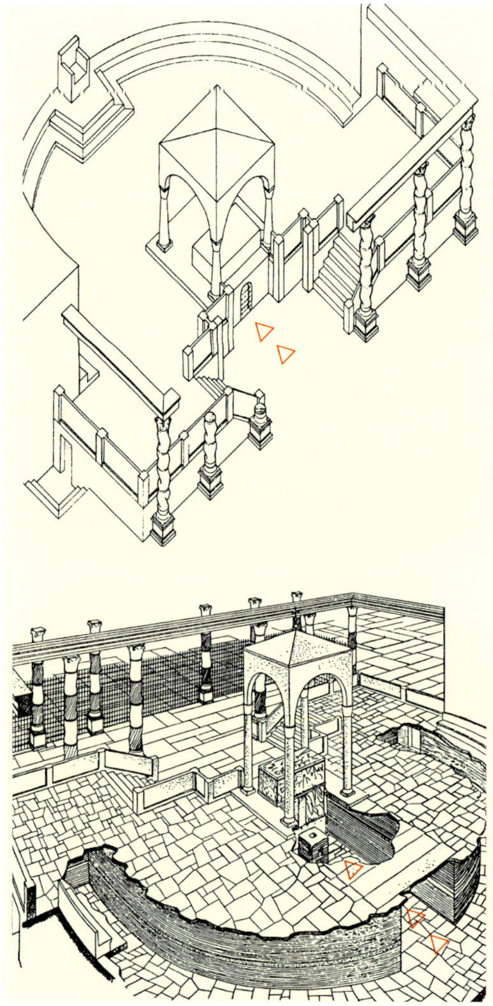

Das Petrus-Grab in Rom

Papst Gregor der Große ließ in St. Peter die Chorebene erhöhen und unter der erhöhten Ebene eine Ringstollen-Krypta anlegen. So konnte man das Petrus-Grab an zwei Stellen kontaktieren: einmal vom Kirchenschiff her an dem Fenster in der Wand vor dem erhöhten Chor, zum anderen durch den Kryptengang, der zu dem Altar direkt am Grab führte. Liudger hat mit Bestimmtheit an beiden Stellen gebetet. König Pippin hat für den Kryptenaltar eine Silber-Mensa gestiftet, und Karl der Große hat hier die „Pippinische Schenkung“ vollzogen, die der Anfang des „Kirchenstaats“ war.

Friesland 792/93 nochmals einen Aufstand erleben, wieder mit Vertreibung der Missionare und mit Niederbrennen der Kirchen.

Spätestens hier ist eines Mitstreiters zu gedenken, dessen Tätigkeit in engster örtlicher wie zeitlicher Parallele zu Liudger steht: Willehad, zuletzt Bischof von Bremen. Beide waren gleichen Alters, beide in York Schüler Alkuins, beide tätig in Dokkum und im Gau 'Humarcha' (nordwestl. von Groningen) wie noch im südlicher gelegenen Drente, wo Willehad und seine Mitarbeiter heidnische Heiligtümer zerstörten, dabei einer von ihnen getötet wurde und ein anderer nur dank einer Reliquien-Kapsel dem tödlichen Hieb entging[542]. Im Sommer 782, als Karl in Sachsen Grafschaften und Missionssprengel einrichtete, entsandte er Willehad nach Wigmodien (zwischen Weser und Elbe). Bei Widukinds letztem Aufstand aber entfloh auch Willehad, hatte dabei die Erschlagung mehrerer Mitarbeiter und des Grafen Emnig vom Leri-Gau mitansehen müssen. Genau wie Liudger ging Willehad nach Rom, anschließend für zwei Jahre nach Echternach, wo er unter anderem die Paulus-Briefe kopierte und seine Mitarbeiter wieder sammelte. Zuletzt gleichen sich Liudger wie Willehad noch darin, daß beide beim Neuanfang nach Widukinds Taufe wiederum in die vorderste Linie traten. Karl schickte Willehad erneut nach Wigmodien, wofür er 787 die Bischofsweihe mit Sitz in Bremen empfing. Kurz vor seinem Tod im Jahre 789 ging Willehad noch ein Brief von Alkuin zu[543], der aber ebenso an Liudger geschrieben haben muß. Dieser Willehad also, dem Liudger wohl schon in York, sicherlich in Friesland und gerade in Dokkum, vielleicht auch in Rom begegnet sein muß, findet keinerlei Erwähnung, obwohl etwa der ganze Bonifatius-Kreis namentlich erscheint, einschließlich des Brüderpaares Willibald und Wunibald im entfernten Eichstätt. Erst der baldige Tod Willehads (†789) beendete die Parallele. Liudger aber hatte nun noch entscheidende Etappen vor sich: die Mission in Westfalen, die Klostergründung in Werden, die Bischofstätigkeit in Münster.

3. Zur Mitte des Lebens

Bevor Liudger seine letzte, noch fünfzehn Jahre währende Wirkungsperiode antrat, stellte sich ihm eine Zwangspause. Beim Sachsenaufstand von 792/94, dem sogenannten Zehnt-Aufstand, wich er erneut aus und schrieb – überraschend genug – 'Erinnerungen'. Hier fassen wir, wo Liudger in eigener Person spricht, sein wahres Profil, so daß nicht eigentlich wir ein solches zeichnen müssen; er hat es selber getan. Liudger erreichte damals gerade die fünfzig, stand also im reifen Alter. Einen vergleichbaren Einblick ermöglichen uns nur ganz wenige Menschen des Frühmittelalters. Hervorkommt aus diesen 'Erinnerungen', was ihm eigentlich vorschwebte, welche Leitbilder er in sich trug, welche Art Theologie er studiert hatte, was und wie er predigte, wieviel überhaupt an geistlicher Kraft in ihm lebte.

Schon der erste Satz versteht sich grundsätzlich als Befolgung des Ersten Gebotes: „Den Herrn aus ganzem Herzen und den Nächsten wie sich selbst zu lieben“[544] (vgl. Mk 12,30f; Mt 22,37–39). Entsprechend gute Werke seien die Zurüstung für den Letzten Tag, für die ewige Verheißung. Günstigerweise sei der Blick auf „die Väter“ zu richten, auf deren – trotz der todbringenden Sünde der ersten Menschen – segensreiches Wirken wie ebenso auf deren vorbildliches Sterben: „Schaut auf das Ende ihres Lebens und ahmt ihren Glauben nach“ (Hebr 13,7)[545]. Hier wird nicht beliebig zitiert, sondern ganz von einer 'Theologie des Gottesmenschen' her gedacht, wie sie aller Hagiographie zugrundeliegt: der vorbildliche Tod, vorbereitet in guten Werken während des zuvorigen Lebens – das eben ist die 'Vita', die in der Lebensbeschreibung dargestellt wird[546].

Liudgers 'Erinnerungen' umfassen „wie eine Ellipse zwei Brennpunkte, Bonifatius und Gregor“[547]. Schon deren erste Begegnung in Pfalzel bei Trier kommentiert Liudger 'geistlich', münzt sogleich das Ganze um in eine Ermahnung[548], mit direkter Ansprache auch an den Leser: „Kluger und einsichtiger Leser erwäge das Gelesene...“[549] Zitiert werden die für die Peregrinatio klassischen Stellen des Abschieds von Eltern und Heimat: Gregor macht sich auf, „ohne die Eltern zu befragen“, auch „gegen den Widerstand“ der anwesenden Äbtissin; wie die Apostel verläßt er die Fischernetze; „Eltern und Heimat stellt er hintan“ (*contemptis parentibus et patria*), ja alle Annehmlichkeiten des Elternhauses gibt er preis und beschreitet „harte Wege“ (*vias duras*)[550]; einem „fremden (*peregrinus*) und armen Mann“ folgt er, ohne zu wissen wohin[551]; er gehorcht ihm, während er sich „den eigenen Eltern gegenüber taub stellt (*proprios parentes tamquam surdus*)“[552]. Um solche Ausdrucksweisen recht zu verstehen, muß man wissen, daß sie in formelhafter Verkürzung eine bestimmte Spiritualität wiedergeben. Das 'Eltern und Heimat-Verlassen' ist die Kurzformel für den Gottesruf an Abraham, das eigene Land und die Verwandtschaft zu verlassen (vgl. Gen 12,1); das 'die Eltern verachten' verweist auf das Matthäus-Wort, Häuser und Geschwister, Vater und Mutter zu verlassen (vgl. Mt 19,29)[553]. Weiter, was alles hier Gregor und Bonifatius zugeschrieben wird, hat auch Liudger selber so gedacht und erlebt: Abschied schon in den Kinderjahren aus dem Elternhaus nach Utrecht, zweimaliger Aufbruch nach York, sogar gegen den Widerstand der Familie.

Der Aufbruch mit Bonifatius führte Gregor nach Thüringen zu einem Volk in größter Armut, mit kaum dem Notwendigsten. Ihren Lebensunterhalt mußten sie, weil alles von aufrührerischen Heiden gebrandschatzt war, von weit herbeischaffen. Erneut folgt die zugehörige 'Theologie', nämlich die des apostolischen Lebens: daß Bonifatius und Gregor predigten und zugleich für ihren Unterhalt mit eigenen Händen arbeiteten, daß sie wie in der Urkirche (*secundam formam primitivae ecclesiae*) ein Herz und eine Seele (*cor unam et anima una*) waren. Hier fassen wir Liudgers zentrales Ideal, versetzt wieder mit eigenen Erfahrungen: sein Wirken im Grenzgebiet an der Ijssel, die Überfälle dort seitens der Sachsen samt ihren Zerstörungen, endlich die Flucht aus dem aufständischen Friesland. Gregor, „im Hause eines sehr reichen Vaters aufgewachsen“, habe sich selbst vergessen und sei dem Bonifatius als einem Armen Christi gefolgt: „Das bewirkte nicht die Liebe zu Gold und Silber, nicht das Verlangen nach Landbesitz und stolzer Ruhmsucht ..., sondern das bewirkte der höchste Meister, der eine und derselbe Geist Gottes“[554]. Dem Leser wird die 'Anwendung' geradezu aufgedrängt: Es könne nicht um Sicherheit und Glück im eigenen Leben zu tun sein, vielmehr seien – wie es in Anlehnung an Paulus heißt (vgl. 2 Kor 11,26–28) – Hunger, Blöße, Mühsal, eigene Arbeit, Verfolgung und Flucht zu gewärtigen. Für Liudgers geistliches Profil bedeutet das: Er wollte zuerst einmal der arme, „asketisch lebende Wandermissionar [sein], der wie der heilige Paulus und der heilige Bonifatius ... für die Bekehrung der ihm anvertrauten Völker tätig unterwegs ist“[555]. Mit der Benediktsregel und ihrer Ortsbeständigkeit (*stabilitas loci*) war dieses Ideal kaum vereinbar, und so verwundert es nicht, in seinen 'Erinnerungen' „keine einzige Erwähnung der 'Regula Benedicti', kein Zitat aus ihr und keine Anspielung“ zu finden[556].

Die Existenz des Wandermissionars hat Liudger offenbar zu dem besonderen Entschluß geführt, immer unter Fremden leben zu wollen. Zur Begründung zitiert er, der gemeinhin als paulinisch geprägt gilt[557], ein zentrales Petrus-Wort, das diesem in einer Vision zuteil wurde und dessen Wende zur Universalmission bewirkte: „Aus jedem Volk ist Gott genehm, wer ihn fürchtet und Gerechtigkeit übt" (Apg 10,35). Dieses Wort könnte Liudgers Wahlspruch gewesen sein, denn er predigte und lebte wirklich 'Internationalität'. Bereits die Utrechter Schule Gregors pries er als 'Ort vieler Völker'. Hier hat Liudger übergentilen Geist gelernt:

> „Seine Schüler stammten nicht aus einem Volk, sondern waren aus der Blüte aller benachbarten Völker vereint. Sie waren von solchem Vertrauen, solcher Freundlichkeit und geistlichen Freude beseelt, daß man sie in ihrer Einheit sonnenklar als Söhne des einen geistlichen Vaters und der Mutter aller, der Liebe, erkannte. Einige waren aus dem edlen Stamm der Franken, einige aus dem frommen Volk der Angeln, einige aus der neuen Pflanzung Gottes, die erst in unseren Tagen bei den Friesen und Sachsen angelegt wurde. Andere kamen von den Bayern und Schwaben, die dieselbe Religion hatten, oder von welchem Volk und Stamm sie Gott gerade gesandt hatte. Der Niedrigste von diesen bin ich, ein geringer und schwacher Schüler. All diesen, die von überall her wie in einem Schafstall versammelt waren, schenkte der gute Vater und Hirt Gregor mit der gleichen frommen Fürsorge sowohl die geistliche Speise der Lehre und des Wortes Gottes als auch die leibliche Nahrung"[558].

Noch weitere Punkte fallen auf, bedürfen indes wieder der besonderen Erklärung. Es ist einmal Liudgers Stellung zu Karls Missionskrieg. Sein Lehrer Alkuin hatte – wie wir noch sehen werden – die Zwangstaufe für nutzlos erklärt. Der Schüler aber hielt sich hier heraus, kritisierte nicht, lobte vielmehr den Frieden und verschwieg die Gewalt[559]. In Hessen und Thüringen hätten Bonifatius und Gregor erst missionieren können, so schreibt Liudger, „als durch Christi Gnade die christliche Macht siegte und den Kirchen Gottes der volle Friede geschenkt wurde"[560]. Über seine verehrten Vorbilder befindet er, daß „die Erwählten Gottes aber trotz so großer Stürme und kriegerischer Kämpfe ihre Herzen rein hielten"[561]. Bonifatius habe sich wie Jesus bereit gezeigt, sein Leben für seine Schafe hinzugeben (vgl. Joh 10,11); ganz anders dagegen jene Hirten, die mitten im Frieden nur auf den eigenen Vorteil bedacht seien und ihren Mund nicht auftäten gegen die Wölfe. Die Martell-Söhne brachten die ersehnte Wende zum besseren: „Die gottesfürchtigen Söhne Karlmann und Pippin [hatten] durch die Gnade Christi überall mehr Ruhe vor Kriegen"[562]. Und Karls des Großen Sachsen-Krieg? Er wird einfachhin beschwiegen. Später, 798, ist Liudger sogar auf einem Feldzug (*in hoste*) bei Karl dem Großen in Minden[563]. Zuletzt fügt Liudger noch eine besondere Note an, indem er einen großmütigen Racheverzicht Gregors darstellt. Zwei Junge Verwandte waren überfallen und ermordet worden; die Mörder wurden Gregor übergeben, „damit er sie zur Genugtuung und Milderung seines Schmerzes selbst hinrichte[564]. Aber Gregor verzichtete und verzieh. Mag die Szene hagiographisch überhöht sein, so zeigt sie doch das damalige Racherecht und auch Liudgers eigene Einstellung dazu. Angesichts des rundherum geltenden adeligen Ehrbewußtseins geschah hier einer der kleinen Siege christlicher Liebe und christlicher Humanität in einem Meer naiver Grausamkeit: „Barmherzigkeit und Mitleid offenbarten sich als ungewohnte, vom Christentum verkündete und mühselig einzuübende Verhaltensweisen"[565].

Kein Wort erübrigt Liudger darüber, daß er selbst zweimal die Flucht ergriffen hatte. Schließen kann man daraus auf seine Auffassung von Martyrium. Wenn er Bonifatius bei jeder Erwähnung den „künftigen Martyrer"[566] nennt, also stets dessen Bluttod bewunderte, so war er selber doch jedesmal ausgewichen, sobald es ihn hätte treffen können. Gesucht hat Liudger das Martyrium nicht, wie es zum Beispiel eine Generation später Ansgar (†865) tat: Er war deswegen in die Mission gegangen, weil er dort sein Blut zu vergießen hoffte, sah sich indes auf dem Sterbebett einem gewöhnlichen Tod ausgesetzt und mußte sich damit trösten lassen, daß doch auch die Mühsal der Missionsarbeit ein Martyrium sei[567].

In seinen 'Erinnerungen' vernehmen wir Liudger im 'Originalton', und wir können ihn daraufhin überraschend gut charakterisieren. Wenn er bei Alkuin 'studiert' hat – wie jede Darstellung von Liudgers Leben so gern hervorhebt –, waren seine Mitgift nicht primär Theologie und Philosophie, sondern jenes Leitbild, das in der Hagiographie begegnet: Das gute Sterben als Ausweis für das gute Leben zuvor, dazu dann das Peregrinatio-Ideal als das Leben in der Fremde, vor allem auch das Vorbild der Urkirche, als „alle ein Herz und eine Seele waren". Hier finden wir Liudgers Lebensüberzeugungen, die er eindringlich auch verkündete[568]. Der Gewaltmission hat er nicht das Wort geredet, sie aber offenbar auch nicht kritisiert. Mit seinem Rückblick, der so vieles von seiner Person offenbart, muß aber Liudger zusätzlich einen Ausblick verbunden haben, der ebenso kennzeichnend ist: Er ließ sich von Karl wieder in die Mission schicken, nun ins Münsterland. Obendrein faßte er den Entschluß einer Klostergründung. Hatte er schon bei Bonifatius die Schenkungen der „klügeren Franken" gerühmt[569], so nahm er selbst im März 793 für sein beabsichtigtes Kloster eine erste Landschenkung entgegen[570].

III. Liudger im Münsterland

1. Mission in Westfalen

Das vorchristliche Münsterland liegt in „archaischem Dunkel"[571], das auch die Archäologie nur punktweise aufzuhellen vermag. Am besten bekannt ist die große Siedlung bei Warendorf mit zahlreichen Wohn- und Nutzbauten. Hingegen war der Münstersche Domplatz – so der neueste Befund – offenbar unbesiedelt[572]. Wenn sich gegen Ende des 7. Jahrhunderts die Friedhöfe im Münsterland vermehrten, zeugt das von anwachsender Bevölkerung, bedingt wohl durch das Vordringen der Sachsen[573]. Diese überschritten um 700 die Lippe, was Krieg mit den Franken bedeutete[574]. Erstmals 775 werden in den fränkischen Reichsannalen die „Westfalen" erwähnt[575]. Eine besondere Situation bot sich im Westmünsterland. Denn hier waren die Chamaven zu Hause, eine germanische Volksgruppe, die in der Spätantike dem Frankenbund

Die germanische 'Mängelgesellschaft'
In Rosendahl-Osterwick kamen im Jahre 2000 Knochenfunde aus dem 2. bis 5. Jahrhundert zutage, welche die knappen Lebensressourcen anzeigen: der (wilde) Auerochse und zwei Hauskühe, die größere aus römischer und die kleinere aus einheimischer Aufzucht, die je zwischen drei und fünf Liter Milch gaben (heute: 30 Liter).

angehörte. Für das frühmittelalterliche Hamaland zwischen Elten und Deventer hat als sicher zu gelten, daß „um 700 das ganze Gebiet bis in die Nähe der Ijssel sächsisch war"[576].

Für die Binnengliederung Westfalens sind Gaue überliefert, als größter der „Dreingau" (*pagus Dragini*)[577], dessen Name sich vom altsächsischen Verb 'dragon' (tragen) ableitet und 'ertragreich' bedeutet[578]. Dieser umfaßte das Gebiet im Kreis der Orte Greven, Telgte, Warendorf, Oelde, Liesborn, Beckum, Ahlen, Werne, Selm, Nordkirchen, Ascheberg, Amelsbüren, Gievenbeck und Altenberge, also das heutige Kernmünsterland. Mehrmals finden wird diesen Raum auch als „Südergau" bezeichnet, gemeint einmal als Südteil der langen von Oldenburg bis zur Lippe reichenden westfälischen Heerschaft (wobei das Bistum Münster für den südlichen Teil und Osnabrück für den nördlichen zuständig wurde), dann aber auch als südlicher Missionsbezirk Liudgers in Absetzung vom friesischen[579].

Obwohl Pippin den Sachsen die Zulassung der christlichen Predigt abgehandelt haben soll, bleibt fraglich, ob Missionare vor 750 ins Kernmünsterland vorgedrungen sind. Katastrophisch scheiterten schon die beiden Ewalde, angelsächische Missionare aus dem Kreis Willibrords. Wegen ihrer Haarfarbe der 'Weiße' und 'Schwarze' geheißen, gingen sie um 700 zwischen Arnheim und Wesel über den Rhein, fragten im ersten Sachsen-Dorf nach dem Gau-Fürsten, dem „Satrapen", für den sie eine gute Botschaft hätten. Doch die Dorfbewohner, die die Fremden an ihrer Meßzelebration als Vertreter der Christen-Religion erkannten, argwöhnten Religionswechsel, daß die beiden nämlich den Satrapen veranlassen könnten, „die alte Religion gegen die neue zu tauschen"[580]. Ohne Verzug „töteten sie den weißen Ewald mit schnellem Schwertschlag, den Schwarzen aber durch lange Marter und Folter und in schrecklicher Weise durch Ausreißung der Glieder"; daß sie dann „die Ermordeten in den Rhein" warfen, könnte

Sächsischer Bauernhof

Die Germanen waren sowohl eine bäuerliche wie zugleich kriegerische Gesellschaft. Die in Warendorf ausgegrabene Siedlung zeigt einen Hof, wie ihn Adelige damals bewohnten: die Halle und die Wirtschaftsbauten. Auch Liudgers friesisches Elternhaus wird man sich so vorzustellen haben.

Angstreaktion vor Infizierung durch die gotteslästerlichen Fremden gewesen sein. Den Christen indes offenbarten Lichtzeichen, wo die heiligen Leichname zu finden waren. Der Hausmeier Pippin sorgte für die Überführung nach Köln, bezeichnenderweise in die Kirche Bischof Kuniberts, des Begründers der Friesen-Mission. Mehreres fällt auf. Zuerst schon die sofort in Gewalt umschlagende Angst der Dorfbewohner vor christlicher Mission, die sie als Bedrohung wahrnahmen und mit Totschlag abwehrten. Doch auch der Satrap reagierte, er freilich aus politischen Motiven und darum umgekehrt: Er nahm Rache an den Dorfbewohnern, offensichtlich um einer Strafaktion der Franken zuvorzukommen, zumal Pippin auch sofort Anteilnahme am Geschick der Erschlagenen zeigte.

Noch andere Angelsachsen sind zu nennen, die ebenso an den Grenzen Westfalens scheiterten, so Suitbert und seine Begleiter, sie südlich der Lippe. Die Willibrord-Gruppe hatte Suitbert zum Bischof ausersehen und ihn nach Canterbury geschickt, wo ihn Wilfried von York weihte. Doch ging Suitbert – aus welchen Gründen immer – zu den Brukteren, von denen er sich aber nach deren sächsischer Besiegung zurückziehen mußte. Wiederum nahmen sich Pippin und Plektrud seiner an und stifteten das Kloster Kaiserswerth[581].

Endlich ist noch Lebuin anzuführen. Dieser in Deventer missionierende Angelsachse soll auf dem zentralen Sachsen-Thing zu Marklo aufgetreten sein, nach allgemeiner Annahme um 770. Die Schilderung enstammt der ›Älteren Lebuin-Vita‹, die nach bisheriger Meinung um die Mitte des 9. Jahrhunderts in Werden geschrieben sein soll und einen so anschaulichen wie dramatischen Bericht gibt. Die Versammlung ist übrigens, zusammen mit den 'Satrapen' aus Bedas Bericht über die Ewalde, die wichtigste Quelle zur altsächsischen 'Verfassung', die sogar als 'älteste Repräsentativverfassung' gedeutet werden konnte. Lebuin indes wollte ganz der Missionar sein, der auch schon Anhänger im westfälischen 'Sudergo' hatte, die ihn zum Thing hin geleiteten, wo er als Priester mit dem Kreuz und Evangelium vor die Versammlung trat.

„Als sie sich gemeinsam versammelt hatten, flehten sie der Sitte nach zuerst zu den Göttern, baten um deren Schutz für ihr Vaterland und daß sie ihnen die Kraft geben möchten, bei dieser Zusammenkunft Entschlüsse zu fassen, die ihnen vorteilhaft und den Göttern genehm wären. Dann reihten sie sich zu einem großen Kreis, und die Reden begannen. Doch siehe, plötzlich stand der heilige Lebuin mitten unter ihnen, angetan mit dem Priesterkleid, das Kreuz – wie es heißt – und das Evangelium in den Händen, und rief mit erhobener Stimme: 'Hört, hört! Ich bin ein Bote des allmächtigen Gottes, sein Gebot überbringe ich euch Sachsen'. Alle verstummten überrascht von den Worten und dem ungewöhnlichen Äußeren des Mannes. Der Mann Gottes setzte seine Rede fort und sagte: 'Das ist die Botschaft Gottes, des Königs des Himmels und der Erde, und seines Sohnes Jesus Christus an euch: Wenn ihr die Seinen sein und das tun wollt, was er euch durch seine Diener aufträgt, wird er euch soviel Gutes erweisen, wie ihr es nie zuvor gehört habt'. Er fügte dann noch hinzu: 'So wie ihr, Sachsen, bis jetzt keinen König über euch gehabt habt, wird es auch in Zukunft keinen König geben, der euch beherrschen und sich unterwerfen kann. Wenn ihr aber nicht die Seinen werden wollt, hört seinen Spruch an euch: Im Nachbarland steht ein König bereit, in euer Land einzudringen, es zu plündern und zu verwüsten, in vielen Kriegen euch aufzureiben, in die Verbannung zu schleppen, zu enterben und zu töten und euer Erbteil zu geben, wem er will; ihm und seinen Nachkommen werdet ihr dann unterworfen sein'. Da hielten sie nicht länger still; es erhob sich ein Lärmen, und sie schrien: 'Hier, hier ist ja jener hergelaufene Betrüger, der mit seinen verrückten Phantasierereien durch unser Land zieht; schnell, packt und steinigt ihn!' Ungeachtet des Einspruchs jener, die größere Einsicht besaßen, liefen sie in den benachbarten Hain und spitzten die von dort mitgenommenen Pfähle zu, um ihn, wie es bei ihnen Sitte war, mit Pfählen zu töten. Zurückgekehrt bildeten sie einen Kreis um ihn, doch plötzlich war er verschwunden, wiewohl er mitten unter ihnen stand"[582].

In der Forschung, die noch bis vor kurzem zur Akzeptanz neigte, wird jetzt ein späteres Konstrukt des 9. oder gar 10. Jahrhunderts unterstellt[583]. Dennoch, der Verfasser gibt „retrospektiv eine historische Alternative zur gewaltsamen Christianisierung und Unterwerfung durch die Franken"[584], was anzeigt, wie lange noch der Sachsen-Krieg als Trauma nachgewirkt haben muß.

Und es war ja auch Gewalt gewesen. Auf eine 'Sperrfestung' stießen die Franken im Jahre 758 bei Sythen/Haltern, und 779 kam es beim grenznahen Bocholt zur Schlacht, ebenso 784 im Dreingau[585]. Daß bei den Massentaufen in Paderborn, die für 776 vermeldet sind, auch Westfalen ihr Haupt beugten, ist anzunehmen, aber nicht direkt bezeugt. Auswirkungen der zuerst 777 und endgültig 780/82 angeordneten Aufteilung in Gaue und Missionsbezirke lassen sich für das Münsterland nicht erkennen. Überhaupt scheinen Münster wie das Münsterland nicht sofort schon von der Mission erfaßt worden zu sein. Während in Paderborn gleich bei der ersten Missionsaufteilung im Jahre 777 Kirchen entstanden waren, aber bald wieder zerstört wurden, wissen wir „nicht einmal, ob ... 777 ... eine schlichte Tauf- und Pfarrkirche auf dem münsterschen Aahügel errichtet worden ist"[586].

Erst die nach der Mitte des 9. Jahrhunderts entstandene zweite Lebensbeschreibung Liudgers füllt die Lücke: „Damals, als Widukind besiegt oder bekehrt wurde, war ein frommer Abt namens Bernrad den Westsachsen vom König als Glaubenslehrer geschickt worden"[587]. In der Forschung hat man immer an jenen Beornrad gedacht, der aus der nordhumbrischen Willibrord-Sippe stammte, seit 775 Abt von Echternach war, auch zu Karls Hofakademie gehörte und 785/86 Erzbischof von Sens wurde[588]. Neuerdings ist diese Tätigkeit Beornrads noch weiter abzustützen versucht worden: durch einen Brief Alkuins von 789, der an einen ihm verwandten Abt und Bischof im Sachsenland gerichtet ist und unseren Beornrad meinen könnte; es ging um Predigterfolge und um Grüße an die Mitarbeiter, namentlich an Willehad, den auch mit Echternach verbundenen Bischof von Bremen[589]. Tatsächlich war Alkuin mit Beornrad und Willehad sowohl verwandt wie befreundet[590]; doch hier erwähnt er den Echternacher-Abt nicht. Weiter könnten Hinweise zwei Schenkungen geben, die Beornrad von Karl dem Großen am Niederrhein erhielt, einmal bei Kleve[591] und weiter an der Lippe, dort zu Gahlen und Spellen[592] – Besitzungen, „die als Etappenstationen taugen mochten"[593]. Ob Beornrad überhaupt selber im Münsterland gewirkt hat, bleibt fraglich, zumal wenn man noch unterstellt, der Abt habe den „Gesamtaufbau der kirchlichen Organisation" mit „Münster als ihrem Mittelpunkt" schon „um 780" grundgelegt[594]. Wohl eher dürfte wegen der bis 784 andauernden Kämpfe der zweiten Liudger-Vita zuzustimmen sein, daß Beornrad überhaupt erst nach Widukinds Taufe beginnen konnte[595]. Größere Klarheit bringt dann Altfried mit seiner Liudger-Vita: „Inzwischen waren dank der Fügung des gnädigen Gottes die Sachsen zum Herrn bekehrt worden, und der König Karl ernannte den Gottesmann Liudger zum Hirten in Westsachsen"[596]. Wann diese Ernennung erfolgte, muß wieder errechnet werden; die dritte Vita läßt Liudgers vorbischöfliche Tätigkeit in Münster „um die zwölf Jahre" dauern[597]. Daraus ergibt sich, vom Datum der Bischofsweihe 805 zurückgerechnet, das Jahr 793.

2. Der Christianisierungsprozeß

Liudger setzte, als er ins Münsterland kam, die eingeleitete Missionierung fort. Der im Südergau gelegene Ort Mimigernaford, der später zum Bischofssitz erhoben werden sollte, wurde sein Stützpunkt; hier, wo bereits eine Missionsstation bestand, habe er ein „ehrbares Kloster" (*honestum monasterium*) gegründet[598]. Was dann Altfried, der doch selber Münsterscher Bischof war, über die Missionstätigkeit folgen läßt, erscheint wie Routine: Für das Sachsenvolk habe sich Liudger abgemüht, ihnen die wahre Lehre verkündet, die Dornen der Götzenanbeterei ausgerissen, dafür an verschiedenen Orten die von ihm herangebildeten Priester eingesetzt. Mit keinem Wort geht Altfried näher auf Art und Verfahren der nach der Zwangstaufe anstehenden Christianisierung ein, deren Schwierigkeiten gerade bei Widukinds Westfalen nicht gering gewesen sein dürften.

In Karls des Großen ›Capitulatio‹ von 782 hieß es alternativlos: „Wer sich fortan vom Stamm der Sachsen ungetauft unter ihnen verbirgt, es verachtet zur Taufe zu kommen und Heide bleiben will, der soll des Todes sterben"[599]. So diktierte es Karls „eiserne Zunge"[600]. Aber war es eine christliche Taufe? Das neutestamentliche Wort „Wer glaubt und sich taufen läßt" (Mk 16,16) gebot die Abfolge von vorrangigem Glauben und nachfolgender Taufe. Die im Frühmittelalter mögliche Vorbereitung wie auch das zu fordernde Glaubenswissen konnten situationsbedingt nur minimal sein: Verlangt wurden das Glaubensbekenntnis und das Vaterunser. Wenigstens deren Kenntnis aber wollten die Missionare sicherstellen. Schon Bonifatius führte Klage, daß Taufspendungen erfolgten ohne vorherige Erfragung des Glaubensbekenntnisses[601]. In seiner angelsächsischen Heimat hatte der gelehrte Mönch Beda bereits die Übersetzung dieser Grundtexte angemahnt, obwohl doch inzwischen das Latein zur heiligen und damit zur ausschließlichen Liturgie-Sprache avanciert war[602]. Im Ganzen dürften freilich solcherart Verständnisbemühungen kaum Ergebnisse gezeitigt haben, denn „eine Revolution der ganzen germanischen Vorstellungswelt war erforderlich, damit das ›Vaterunser‹ ... überhaupt nur verstanden werden konnte"[603], hatten doch die Germanen keinerlei Vorstellung von einem Vater-Gott. Und wie erst mußte es um das Glaubensbekenntnis bestellt sein mit seiner teilweise philosophisch-dogmatischen Redeweise. Ein „sich zu den Höhen geistiger Abstraktion und subtiler Begrifflichkeit aufschwingendes Denken, differenzierende Betrachtungsweisen waren in dieser Laiengesellschaft kaum zu erwarten"[604]. Die Missionare hatten solche erst zu schaffen.

Die Massentaufen, wie sie im Sachsenland stattfanden, unterschritten die gebotenen Erfordernisse. Alkuin, auch zu Missionsfragen sich äußernd, kritisierte das Punkt für Punkt[605]. Die Sachsen hätten deshalb „so oft das Taufsakrament verloren, weil sie nie das Fundament des Glaubens im Herzen hatten"[606]; denn wie könne man „einen Menschen zwingen zu glauben, was er nicht glaubt"[607]. Ein Grund für die Widerspenstigkeit sei weiter der Zehnt: Wenn man das sanfte Joch Jesu Christi gepredigt hätte, nicht aber mit dem Geldbeutel und der Zehntforderung gekommen wäre, „vielleicht hätten die Sachsen das Taufsakrament nicht verabscheut“[608]. Die wahre Taufe hatte Alkuin zufolge frei und wissend zu geschehen:

„Denn unser Herr Jesus Christus … hat seinen Aposteln geboten: ‘Gehet, lehret alle Völker und taufet sie im Namen des Vaters und des Sohnes und des heiligen Geistes. Lehret sie alles halten, was ich euch geboten habe’. Zuerst ist der Glaube zu lehren, dann können die Sakramente der Taufe empfangen werden und zuletzt müssen die evangelischen Weisungen übermittelt werden. Wenn aber von diesen drei Stücken eines fehlt, vermag der Hörer nicht das Heil seiner Seele zu erlangen. Denn der Glaube ist, wie der heilige Apostel sagt, eine freiwillige Angelegenheit, nicht eine erzwungene. Zum Glauben kann der Mensch wohl gezogen, nicht aber gezwungen werden. Natürlich kann man zur Taufe zwingen, aber das ist kein Gewinn im Glauben […]. Ein Mensch im Erwachsenenalter muß für sich selbst antworten, was er glaubt und was er will, wenn er trügerisch den Glauben bekennt, wird er in Wahrheit nicht das Heil gewinnen“[609].

Das ‘für sich antworten’ bezieht sich evident auf die der Taufe seit alters vorausgehenden Fragen, die zum einen den Glauben und zum andern die Freiwilligkeit sicherstellen wollten. Tatsächlich sind uns solche Tauffragen in sächsischer Sprache überliefert, ein für die Missionsweise wie die germanisch-sächsische Religion hochbedeutsames Zeugnis: zuerst die Absage an die alten Götter und dann die Zusage an den dreifaltigen Christen-Gott. Lange Zeit galt das altsächsische Taufgelöbnis als gegen Ende des 8. Jahrhunderts formuliert und übersetzt, wurde sogar als ‘utrechtisch’ und damit auch als liudgeridisch angesehen. Jüngst konnte indes nachgewiesen werden, daß es 743 vorlag und der wahre Urheber Bonifatius gewesen ist.[610]

„Entsagst du dem Teufel?
Die Antwort soll sein: Ich entsage dem Teufel und allem Teufelsgeld.
Antwort: Und ich entsage allem Teufelsgeld und allem Teufelswerk.
Antwort: Und ich entsage allem Teufelswerk (und -wort, Donar und Wodan und Saxnot und all den Unholden, die ihre Genossen sind).
Glaubst du an Gott den allmächtigen Vater?
Ich glaube an Gott den allmächtigen Vater.
Glaubst du an Christ Gottes Sohn?
Ich glaube an Christ Gottes Sohn.
Glaubst du an den Heiligen Geist?
Ich glaube an den Heiligen Geist“[611].

Ausführlicher noch ist das Altwestfälische Taufbekenntnis, das als Abschrift des 10. Jahrhunderts wohl aus Kloster Werden erhalten ist:

Entsagst du den Unholden ?
Ich entsage.
Entsagst du den Unholden [an] Werken und Willen?
Ich entsage.
Entsagst du allem Heidentum?
Ich entsage.
Entsagst du allen heidnischen Opfern und Anmaßungen, die heidnische Leute zu bezahlen und zu opfern hatten?
Ich entsage.
Glaubst du an Gott den allmächtigen Vater?
Ich glaube.
Glaubst du an den heiligen Sohn Gottes, daß er geboren und gemartert wäre?
Ich glaube.
Glaubst du an den heiligen Geist und an die heilige Versammlung und an die Gemeinde der Heiligen, die Auferstehung des Fleisches, daß du in dem Fleisch, in dem du jetzt bist, am Jüngsten Tag auferstehen sollst und glaubst du an ein Leben nach [dem] Tode?
Ich glaube[612].

Die Taufbekenntnisse zeigen, daß die Missionare sie auf ihre Missionssituation zupaßten. Statt der altkirchlichen theologischen Aussagen sind es hier Erweiterungen in der Absage an die alten Götter und Opfer. Doch stellt sich im Nachhinein die Frage, wieweit die Täuflinge wirklich zu antworten vermochten, ob es mehr war als nur eine widerwillig und zur Erhaltung von Leib und Leben abgenötigte Formel. Die Pflicht indes, die wichtigsten Glaubenstexte in der eigenen Sprache auswendig zu können, betrachtete die 'Karolingische Renaissance' als ihr zentrales Postulat. Hierfür sind all jene althochdeutschen Texte entstanden, die heute in der Literaturgeschichte als 'katechetisches Material' aufgeführt werden[613]. Bei der 'Nacharbeit' der Sachsenmission sind überhaupt die größten Leistungen entstanden: das altsächsische Jesus-Epos 'Heliand', verfaßt von einem „wohlbekannten Dichter", der das Evangelium in germanischer Sprache bieten wollte[614]. Obendrein hat diese Erziehungsarbeit dazu geführt, so etwas wie 'Volksunterricht' anzufangen oder gar 'Volksschulen' einzurichten.

Im Ganzen müssen aber die Schwierigkeiten übergroß gewesen sein. Nicht nur waren völlig neuartige Religionsphänomene zu rezipieren, sondern auch der Überstieg zu einer anderen Religions- und Kulturstufe zu vollziehen. Das bewirkte Veränderungen des gesamten Lebens, des individuellen wie des gemeinschaftlichen: der Sonntag mit Arbeitsverbot und Meßbesuch, die Taufe der Kinder in den neuen Kirchen und die Beerdigung der Verstorbenen bei denselben, die erzwungene Errichtung eines Pfarrhofes und der nur mit Erbitterung abgelieferte Zehnt, letztlich die Verwandlung der althergebrachten und tiefstens verwurzelten Lebensbräuche. Die noch im 9. Jahrhundert, sogar von einem Christen angestimmte Klage in der ›Übertragung der [Gebeine der] heiligen Pusinna nach Herford‹ ist nur zu gut zu verstehen: Im edlen und starken, von Natur aus so klugen Sachsenvolk habe es von altersher als sakrilegisch gegolten, einen Irrtum in den Riten der Vorfahren zu unterstellen, was aber mit der christlichen Mission geschehen sei, mit der Verordnung neuer Bräuche und dem Verbot der alten; wer auf Abschaffung bestehe, bezichtige die Altvorderen des Irrtums, reklamiere aber für sich die Wahrheit[615]. Eben das nun beanspruchte die neue Religion. Wie weit man allerdings damit schon gleich in der ersten Generation oder überhaupt im Frühmittelalter vorankam, muß dahingestellt bleiben. In Altfrieds Wunderberichten erscheint noch eine Frau, die schon oft zum Liudger-Grab nach Werden gekommen war, bis ihr bewußt wurde, „daß sie noch nicht in der heiligen Taufe gereinigt war und deren Wahrheitsoffenbarung noch nicht erfahren hatte, und so empfing sie die Gnade der heiligen Taufe"[616]. Zu Meppen soll Liudger sonntags eine allgemeine Volksversammlung angetroffen und die Leute gerügt haben, daß sie nicht „zur Kirche gingen und die Messe hörten"[617].

3. Schenkungen und Reliquien

Mochte auch die christliche Buchreligion Schwierigkeiten bereiten, so dürfte ein anderes doch sofort Erfolg gezeigt haben: der effektive Kult. Erst die im Leben des einzelnen erfahrbare Hilfe wirkte überzeugend. Dafür sind an erster Stelle – für uns gewiß überraschend – die Reliquien anzuführen. Heilige spielten „für die religiöse und politische Integration Sachsens in das Frankenreich eine zentrale Rolle"[618]. Die Brücke bildete das Grab, das als Ahnengrab schon immer eine Kraftquelle gewesen war. Aber bei den alten „Grabhügeln der Heiden" die Toten weiterhin zu beerdigen, hatte Karl der Große verboten und statt dessen die Beerdigung bei den Kirchen befohlen[619]. Da inzwischen jede Kirche ein Heiligen-Grab in ihrer Mitte hatte, nämlich die Reliquien in oder am Altar, ergab sich hier eine gemeinsame Religionssprache, und zwar für den Adel wie für das Volk. Zumal „die sächsische Adelsgesellschaft konstituierte sich in karolingischer Zeit als Hagiokratie“[620]. Das heißt: Sie führte Reliquien heran und schuf dadurch für ihre Familien neue Mittelpunkte wie auch neue Graborte. Ausgerechnet die Widukind-Familie war wohl schon an der für 839 vermeldeten Übertragung der heiligen Felicitas nach Vreden beteiligt[621], ganz aktiv 850 an der Übertragung des römischen Alexander nach Wildeshausen[622].

Einzelinformationen haben wir aus Werden. Dorthin verbrachte Liudger zwar keinen römischen Reliquien-Leib, verfügte aber über Reliquien des Salvators, der Gottesmutter und der Apostelfürsten. Sie pflegte er mit sich zu führen und nahm im Namen dieser Reliquien-Patrone Schenkungen entgegen, bis die Reliquien dann in der Klosterkirche zu Werden endgültig deponiert wurden[623]. Wie sehr sich gerade auch das einfache Volk angesprochen wußte, zeigen die Wunder-Berichte. Hier sehen wir, wie die Neubekehrten sich verhielten, was sie suchten, worauf sie reagierten, wieviel sie opferten. Anlaß sind fast immer körperliche Gebrechen, vor allem Blindheit und Verkrüppelung. Schon der Aufbruch überrascht. Manchmal genügt es, daß die Angehörigen den Blinden oder Gelähmten in Richtung Werden auf den Weg stellen, und es erfolgt bereits die Heilung[624]. Andere werden von ihren Angehörigen mühselig hingebracht[625], so aus Friesland ein Blinder von seinem Vater[626]. Ziel ist das Grab, vor dem sich alle, die Erkrankten wie die mitgekommenen Angehörigen, niederwerfen[627]. Eine besondere Vergünstigung ist es, wenn die Mönche ein

Kreuzförmig gestalteter Anhänger der Zeit um 800 aus Balhorn (bei Paderborn) Dargestellt ist der Gekreuzigte mit zum Gebet erhobenen Armen, nebenstehend Maria und Johannes. Solche Anhänger waren christliche Heilszeichen, die heidnische Amulette ersetzten.

Verweilen auch über Nacht im Kircheninneren gestatten[628]. Günstig sind ebenso heilige Tage und liturgische Feierlichkeiten. Der Junge Heldwin erhält, als er die Nacht vor dem Liudger-Fest – das hierbei erstmals bezeugt ist – im Vorraum der Basilika verbringt, seine Gehfähigkeit wieder[629], oder eine erblindete Frau ihr Augenlicht bei der Evangelien-Lesung in der Messe[630]. Sowohl zur Bitte wie zum Dank werden Gaben geopfert[631]. Obwohl es gerade nur zwei Dutzend Wunder sind, die Altfried mitteilt, finden wir darin den ganzen Religi-

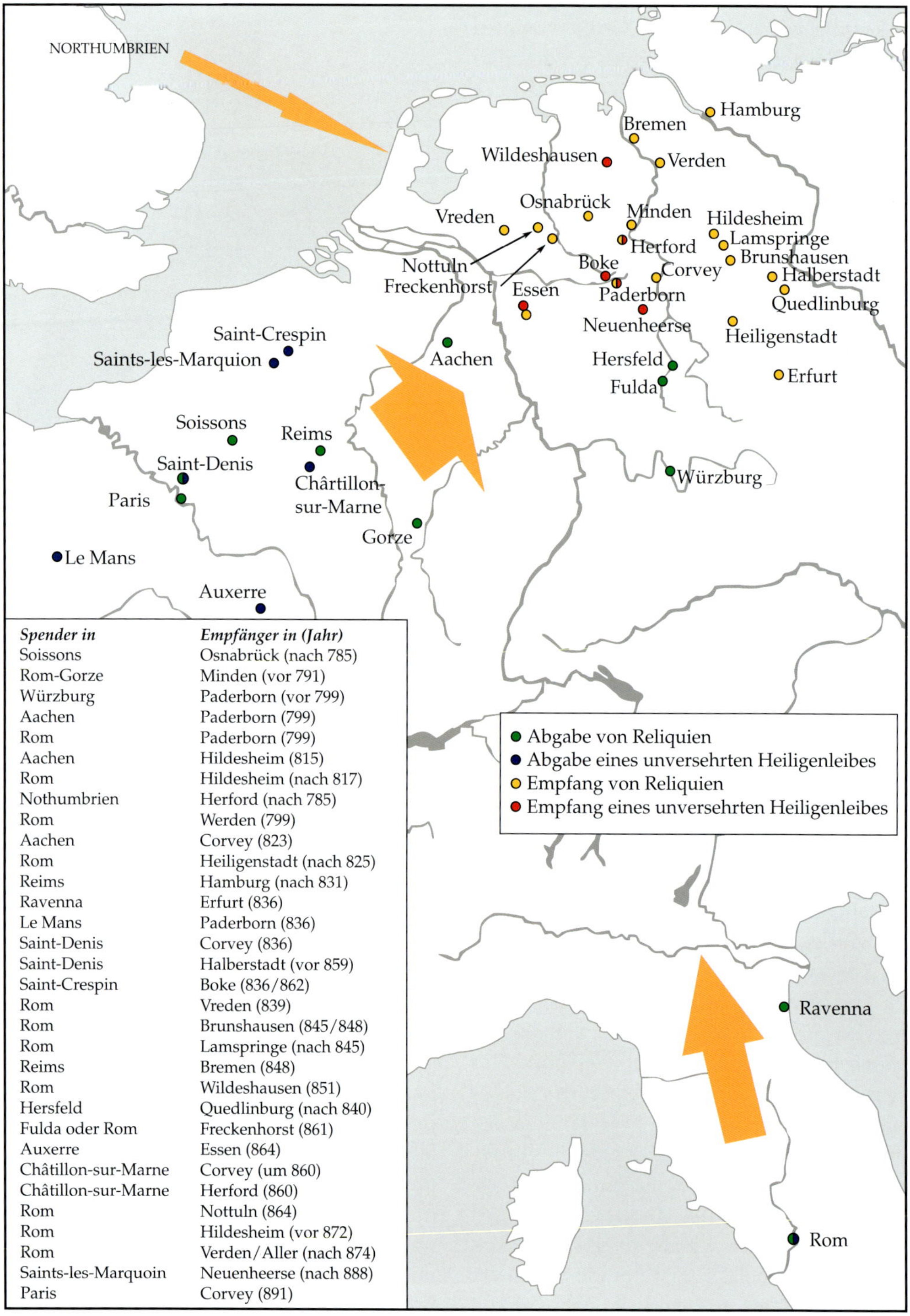

Spender in	***Empfänger in (Jahr)***
Soissons	Osnabrück (nach 785)
Rom-Gorze	Minden (vor 791)
Würzburg	Paderborn (vor 799)
Aachen	Paderborn (799)
Rom	Paderborn (799)
Aachen	Hildesheim (815)
Rom	Hildesheim (nach 817)
Nothumbrien	Herford (nach 785)
Rom	Werden (799)
Aachen	Corvey (823)
Rom	Heiligenstadt (nach 825)
Reims	Hamburg (nach 831)
Ravenna	Erfurt (836)
Le Mans	Paderborn (836)
Saint-Denis	Corvey (836)
Saint-Denis	Halberstadt (vor 859)
Saint-Crespin	Boke (836/862)
Rom	Vreden (839)
Rom	Brunshausen (845/848)
Rom	Lamspringe (nach 845)
Reims	Bremen (848)
Rom	Wildeshausen (851)
Hersfeld	Quedlinburg (nach 840)
Fulda oder Rom	Freckenhorst (861)
Auxerre	Essen (864)
Châtillon-sur-Marne	Corvey (um 860)
Châtillon-sur-Marne	Herford (860)
Rom	Nottuln (864)
Rom	Hildesheim (vor 872)
Rom	Verden/Aller (nach 874)
Saints-les-Marquoin	Neuenheerse (nach 888)
Paris	Corvey (891)

onskosmos vorgezeichnet, wie er sich nun für Jahrhunderte um Grab und Reliquien entfalten sollte. Für die Bekehrungszeit zeigt sich hier eine der zwischen alter und neuer Religion direkt begehbaren Brücken. Das Grab, schon zuvor als Kraftquelle erfahren, ist erneut Ort der Heilung und Heiligung[632].

Weiter sind die Güter-Übertragungen anzuführen. Schon Liudgers Urkunden betreffen Schenkungen, und zwar „für die Errettung der Seele" (*pro remedio animae*), wie es gleich schon die allererste vermeldet und kaum eine weitere ausläßt[633]. Eine Schenkung zu Wichmond im niederländischen Gelderland aus dem Jahre 799 kennt bereits die Stiftung eines jährlich an Weihnachten zu entrichtenden Solidus für die Kirchenbeleuchtung[634], jahrs darauf erhält Liudger für die Kirche ein Grundstück[635], wie bald noch ein weiteres[636]. Ebenso folgen Schenkungen im Münsterland, so 798 in Schermbeck[637], in Lüdinghausen[638], in Hüsten (bei Arnsberg)[639], möglicherweise auch in Selm[640]. Wenn Liudger in seinen Erinnerungen die Gier nach Land- und Geldbesitz kritisiert hatte, wird klar, was Schenkungen und Landbesitz damals bedeuteten, nämlich die Lebensgrundlage, wobei nun die Großen bereit waren, solche 'um ihres des Seelenheils willen' zu machen.

Den Hintergrund bilden Sühnevorstellungen, speziell das erwähnte irische Bußsystem mit der stellvertretenden Bußableistung durch Klosterleute, die dafür ein Entgelt zu ihrem Lebensunterhalt forderten. Die dritte Liudger-Vita bietet hierfür eine erhellende Passage: Liudger habe die Reichen zum Loskauf ihrer Sünden mittels Almosen ermahnt; zu den Armen sei er ganz gebefreudig gewesen und habe sie in ihrer Nackheit bekleidet; was vom (Schenkungs-)Vermögen nicht an Arme gegangen sei, das habe er für Kloster und Kirchbau bestimmt[641]. So bleibt kein Zweifel: die Besitzabgabe gerade auch der Großen wurde zum frühen Erfolg der Mission.

◁ *Reliquien-Translationen nach Sachsen*
Reliquien bildeten eine Brücke zwischen alter und neuer Religion. Die alten Fürstengräber, als Kraftzentren empfunden, wurden nun abgelöst durch die Heiligen-Reliquien. Aus Rom, aus Gallien und noch aus England wurden solche herbeigeholt und in Kloster- und Bischofskirchen deponiert. Die Dorfkirchen erhielten meist „Berührungsreliquien", etwa Tuchstücke, die auf einem Heiligengrab gelegen hatten.

IV. Liudger als Klostergründer

1. Liudgers 'dritter Weg'

Lange war man sich sicher, nach welcher Art das Kloster in Münster und die Abtei in Werden einzuschätzen seien. Das erste galt als Kathedralstift mit Kanonikern und das zweite als Kloster mit Benediktinern. Denn hatte nicht Altfried Münster als ein „ehrbares Kloster unter kanonischer Regel" bezeichnet und hatte er nicht Liudger in Benedikts eigener Stiftung auf dem Monte Cassino „die Benediktsregel lernen" und dabei den Entschluß fassen lassen, „auf Eigengut ein Kloster zu bauen"?[642] Die Scheidung in Kanoniker und Mönche paßte zudem bestens in die karolingische Klosterpolitik, daß nämlich schon Karl der Große darauf drängte, wirklich klösterliches Leben 'benediktinisch' und alles sonstige Zusammenleben von Klerikern 'kanonisch' zu gestalten[643]. Die unter Ludwig dem Frommen in Aachen 816/19 erlassene 'anianische Klostergesetzgebung' – benannt nach dem Reformmönch Benedikt von Aniane (†821) – erhob eben diese Scheidung reichsweit zum Gesetz[644]. Die Liudger-Forschung sah sich hierdurch sowohl für Münster wie Werden bestä-

Das Kathedralkloster Eichstätt
Die angelsächsischen Missionare brachten für die Bischofssitze eine besondere Organisationsform mit: das Kathedralkloster. Neben der Bischofskirche stand für den monastisch zusammenlebenden Klerus ein Kloster, das eine eigene Kirche hatte. In Münster war es ähnlich: die unter dem Dom zu vermutende Bischofskirche und eine weitere Kirche mit Kloster nebenan.

tigt: einerseits Kanoniker und andererseits Mönche.

Der anianischen Reform war ein doppeltes Bestreben vorausgegangen: einmal den Klerus, damit er reine Hände habe, zu monastisieren, und umgekehrt, die Klosterleute, weil gerade sie als 'rein' galten, zu klerikalisieren[645]. Demgegenüber waren anfangs die monastischen Gemeinschaften asketische Laiengruppen gewesen, die beim regulären Ortsklerus die Sakramente empfingen und auch an den Gemeindegottesdiensten teilnahmen. Vom 7. bis zum 9. Jahrhundert aber wandelte sich das Verhältnis, daß nämlich Mönche, sobald sie das entsprechende Alter erreichten, Weihen erhielten. Am Beispiel der Abtei Saint Germain-des-Prés (in Paris) hat sich zeigen lassen, daß zur Mitte des 8. Jahrhunderts die Hälfte der Mönche geweiht war und hundert Jahre später sogar drei Viertel[646]. In Fulda, das im 9. Jahrhundert gegen 600 Mönche hatte, lebten 200 Priestermönche[647]. Wie aber die Klöster sich klerikalisierten, so sollten die Kleriker sich monastisieren. Seit der Spätantike schon suchte man Kleriker zu einem gemeinschaftlichen Leben zusammenzuführen, oft genug in Gemeinschaft mit dem Bischof an der Kathedrale. Bei Caesarius von Arles (†542) sehen wir ein solches Gemeinschaftsleben bereits klosterartig organisiert: Den zugehörigen Klerikern oblag die Kathedral-Liturgie samt monastischem Stundengebet, wobei für alle an der Eucharistie-Feier Beteiligten 'reine Hände' verlangt wurden. Der Bischof garantierte den Lebensunterhalt und führte dafür ein besonderes Verzeichnis (*canon*), woraus die Bezeichnung 'Kanoniker' hervorging[648]. Das 'kanonische' Ideal verstärkte sich weiter in England, zumal in den dortigen Kathedralklöstern, und verbreitete sich in dieser Form auch auf dem Kontinent. Gerade in der Sachsen-Mission wirkte sich dieses kanonische Zusammenleben aus, denn – so Rudolf Schieffer in seinen maßgeblichen Untersuchungen – die Ansiedlung eines gemeinschaftlich verfaßten Klerus war „unter den besonderen Umständen der sächsischen Mission als Organisationsform eines kirchlichen Mittelpunktes ohne Alternative"; Struktur und Lebensweise wurden „bestimmt vom prägenden Impuls herausragender Äbte und Vorsteher", aber auch „von den Wünschen der laikalen Gründer"[649].

Liudger, dem immer seine Ausbildungstätten Utrecht und York vor Augen gestanden haben müssen, hatte dort sowohl Mönche wie 'Kanoniker' beieinander erlebt, wie es König Pippin 753 für das Utrechter Martinskloster bestätigt: „Mönche und Kanoniker, die dort die Heiden zum Christentum bekehren"[650]. Für York dürfte überhaupt ein rein kanonikales Zusammenleben zu unterstellen sein[651]. Und so hielt es auch Liudger selbst lebenslang bei; er nannte sich Abt[652] und war doch kein Mönch. Laut Altfried „hatte er in Utrecht das weltliche Gewand abgelegt", trug aber „kein Mönchsgewand, weil er das Versprechen der Mönche auf Regelbeobachtung nicht gemacht hatte"[653]. Hier wird in genauer Klostersprache gesprochen, und so kann kein Zweifel sein: Bei Liudger steht „nicht das Mönchtum im Mittelpunkt des Interesses"[654], und darum findet sich bei ihm auch „keine einzige Erwähnung der 'Regula Benedicti'"[655]. Angesichts der damals anstehenden Diskussion über Mönche und Kanoniker entschied sich Liudger für keinen der beiden Wege. Er befolgte einen dritten Weg, so wie sein Lehrer Alkuin, dem allerdings Karl der Große deswegen Vorhaltungen machte: „Manchmal nennt ihr euch Mönche, ein andermal Kanoniker und dann wieder, daß ihr keines von beiden seid"[656]. Genau dieses „keines von beiden" hielt aber der Gescholtene für richtig und suchte zu definieren, „was dem Kanoniker, was dem Mönch, was der dritten Stufe zukomme, die zwischen beiden variiere, dabei über der Stufe der Kanoniker und unter der Stufe der Mönche stehe"[657]. Alkuin stand nicht allein, wußte sich zum Beispiel eins mit Erzbischof Arn von Salzburg (†821), der lange noch sein flandrisches Herkunftskloster Saint Amand leitete, ohne aber eine monastische Profeß abgelegt zu haben[658]. In den Großklöstern wie Saint Martin zu Tours oder Saint Denis bei Paris stand es ähnlich; auch hier praktizierte man so etwas wie einen dritten Weg[659]. Zu dieser Tradition des dritten Weges bekannte sich auch Liudger. Seine Mitarbeiter, soweit sie uns bekannt sind, erscheinen „mit klerikalen Weihegraden oder als schlichte *clerici*, nie jedoch als Mönche"[660]. Eine Werdener Urkunde von 801 zeigt Abt Liudger im Kreise seiner Kleriker: mit dem Priester Gerusalem, den Klerikern Hardger, Wulger, Guntbert, Bocco, Gerfried und zuletzt Wambert als Schreiber[661].

2. Die Missionszellen

Klösterlich lebende Kleriker wirkten gerade auch in der Mission. An seinen Missionsorten habe Liudger, wie Altfried an ihm rühmt, Kleriker-Gemeinschaften gegründet: Sein Wirken bezeuge sich in den von ihm erbauten Kirchen wie in den „Gemeinschaften der Gottesdiener, die er an mehreren Orten vereinte"[662]. Für Deventer ist es – wie Altfried aus der Rückschau formuliert – ein „Kanoniker-Kloster" (*coenobium canonicorum*)[663] und für Mimigernaford „ein Kloster unter kanonischer Regel" (*monasterium sub regula canonica*)[664]. Die Willehad-Vita setzt eine solche Gemeinschaft auch in Dokkum voraus, spricht sie doch von Unterricht für Adelskinder[665].

Ein höchst bemerkenswertes Beispiel liefert Liudgers Mitarbeiter Gerbert-Castus mit seiner Missionszelle in Visbek[666]. Nur wenige, freilich gewichtige Nachrichten informieren darüber. Es ist einmal Altfrieds Mitteilung, Li-

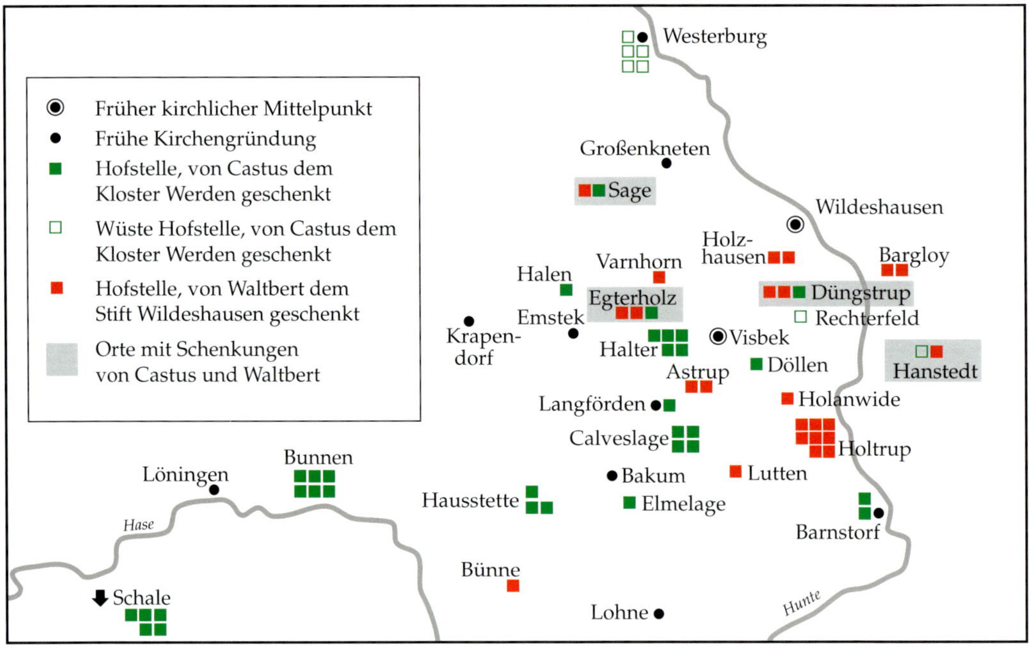

Die Missionszelle Visbek
Der Liudger persönlich nahestehende Gerbert-Castus war im Leri- und Hase-Gau begütert und fungierte als Abt des Missionsklosters Visbek. Seinen reichen Besitz verschenkte er an Visbek wie an Werden. Da dieser Besitz mehrmals in Gemengelage mit widukindischem lag, ist auf eine Verwandtschaft mit den Widukinden zu schließen. Das ergibt einen erregenden Befund: ein Verwandter Widukinds als Missionar.

udger habe zwei Gefährten mit nach Rom genommen, seinen jüngeren Bruder Hildigrim und einen Gerbert mit Beinamen Castus[667]. Ein Diakon Castus erscheint weiter als Zeuge in einer der frühen Werdener Urkunden[668]. Sodann gewährt ein (freilich nicht in allem gesichertes) Diplom Ludwigs des Frommen[669] im Jahre 819 dem „ehrwürdigen Mann Castus, Abt der Kirche, die Fiscbechi genannt wird", den besonderen Schutz der Immunität[670]. Es folgt ein unbestrittenes Diplom Ludwigs des Deutschen vom 25. März 855, welches das Kloster Visbeck an Corvey überweist[671]. Zuletzt noch weisen aus Werden erhaltene Güter-Register aus, daß Gerbert-Castus einen Teil seines Grundbesitzes dorthin geschenkt hat, wie übrigens auch einen Teil an Visbek. Dabei zeigt sich, daß dieser Besitz teilweise in Gemengelage mit widukindischem gelegen hat[672], was einen aufregenden Befund ergibt: Gerbert muß, da er über Grundbesitz in Sachsen verfügte, von einheimischer und vornehmer Geburt gewesen sein, muß zudem, wegen der Gemengelage seines Besitzes mit dem widukindischen, sogar dieser Familie angehört haben. Wie allerdings Gerbert zu seiner Familie gestanden hat und wann er in die Nähe Liudgers gekommen ist, bleibt unbekannt. Wohl aber muß er – wie die gemeinsame Rom-Reise zeigt – zu dessen engsten Mitarbeitern gezählt und den Klerikernamen Castus angenommen haben. In Visbek fungierte er als „Abt", als Leiter wohl eines Monasteriums von der Art, wie es auch in Deventer, Dokkum und Münster bestand. Die Mitteilung des Diploms von 819, daß dieses Monasterium Visbek „ihm unterstellte Kirchen im Leri-Gau“ hatte, ist freilich nicht ohne Verdacht[673]. Dennoch, Visbek dürfte der Vorort eines Missionsbezirks gewesen sein, der möglicherweise sogar ‘bistumsfähig’ war. Tatsächlich aber wurde bei der nach 800 erfolgten Bistumserrichtung dieser Bezirk eingemeindet, allerdings nicht nach Münster, sondern nach Osnabrück, wobei Visbek selbst später an Corvey kam.

Die Person des Gerbert-Castus – so das Ergebnis – illustriert auf ihre Weise noch einmal die Sachsen-Mission: ein Verwandter Widukinds als engster Mitarbeiter eines der ersten Missionare, dazu als Abt eines Missionsklosters.

3. Münster

Auszugehen ist davon, „daß an allen vier Bischofssitzen Westfalens … ein monasterium als Bezeichnung eines ortsansässigen Klerikerverbandes in Erscheinung tritt“, daß aus der Mehrzahl solcher Monasteria „einige mit der Zeit durch die Inthronisierung eines Bischofs in ihrer Mitte zu Domstiften aufstiegen“[674]. So geschah es auch beim „ehrbaren Kloster“ Mimigernaford. Die Mitglieder rekrutierten sich aus Liudgers Klerus. Für sie aber schon eine Kanoniker-Regel anzunehmen, etwa die des Chrodegang von Metz (†766), ist anachronistisch; denn diese Regel blieb auf Metz beschränkt wie auch die spätere Aachener Kanoniker-Regel östlich des Rheins offenbar nicht zur Wirkung kam[675].

Ungeklärt und bis heute viel diskutiert ist die Ortssituation in Münster. In den Liudger-Quellen ist der Name Mimigernaford bezeugt, der als die ‘Furt der Leute des Adeligen Mimigern’ zu deuten ist[676]. Doch stehen weitere Quellen kaum mehr zur Verfügung. So richtet sich die Hoffnung verstärkt auf die Archäologie. Die Nachkriegsgrabungen schienen nahezulegen, Mimigernaford auf dem heutigen Domplatz zu lokalisieren. Wie aber eine neuerliche Überprüfung ergeben hat, war zur Missionszeit der Kiesrücken östlich der Aa unbesiedelt. Die Frage ist nun, wo das bezeugte Mimigernaford gelegen hat; vermutet wird es jetzt auf der gegenüberliegenden Seite, also westlich der Aa. Das Missionskloster rechts der Aa ist offenkundig an unbesiedelter Stelle angelegt worden. Ein christlicher Erstfund ist die auf dem Domplatz hervorgekommene Kreuzfibel, die heidnische Amulette wie die in Warendorf gefundenen Thorshämmer ersetzen sollte[677].

Brisanter noch ist die Frage nach den Baulichkeiten, nach Kirchen und Klosteranlage. Dafür haben Ausgrabungen auf dem Domherren-Friedhof 1987/89 wichtige Befunde erbracht. Hier, an der Stelle des im Hochmittelalter abgebrochenen ‘Alten Doms’, kam eine Kirche zutage, die nach 800 datiert wird, aber nicht die erste gewesen sein kann. Den Hinweis auf eine frühere Kirche liefert ein südlich und westlich von dieser Grabung gelegener Christen-Friedhof, der auf den heutigen Dom ausgerichtet war; folglich ist unter diesem eine frühere und wohl die erste Kirche zu suchen. Dem Ausgräber Manfred Schneider zufolge lauten die Ergebnisse wie folgt:

> „Die ältesten mittelalterlichen Befunde … auf dem Domhügel gehören zu einem ausgedehnten Friedhof des ausgehenden 8. und beginnenden 9. Jahrhunderts. Bestattungen überwiegend in Baumsärgen wurden sowohl nördlich des späteren Doms, als auch südlich und im nördlichen Westquerhaus festgestellt. Es handelte sich um Bestattungen von Männern, Frauen und Kindern, also der Bevölkerung einer Siedlung. Die Ausrichtung der Gräber

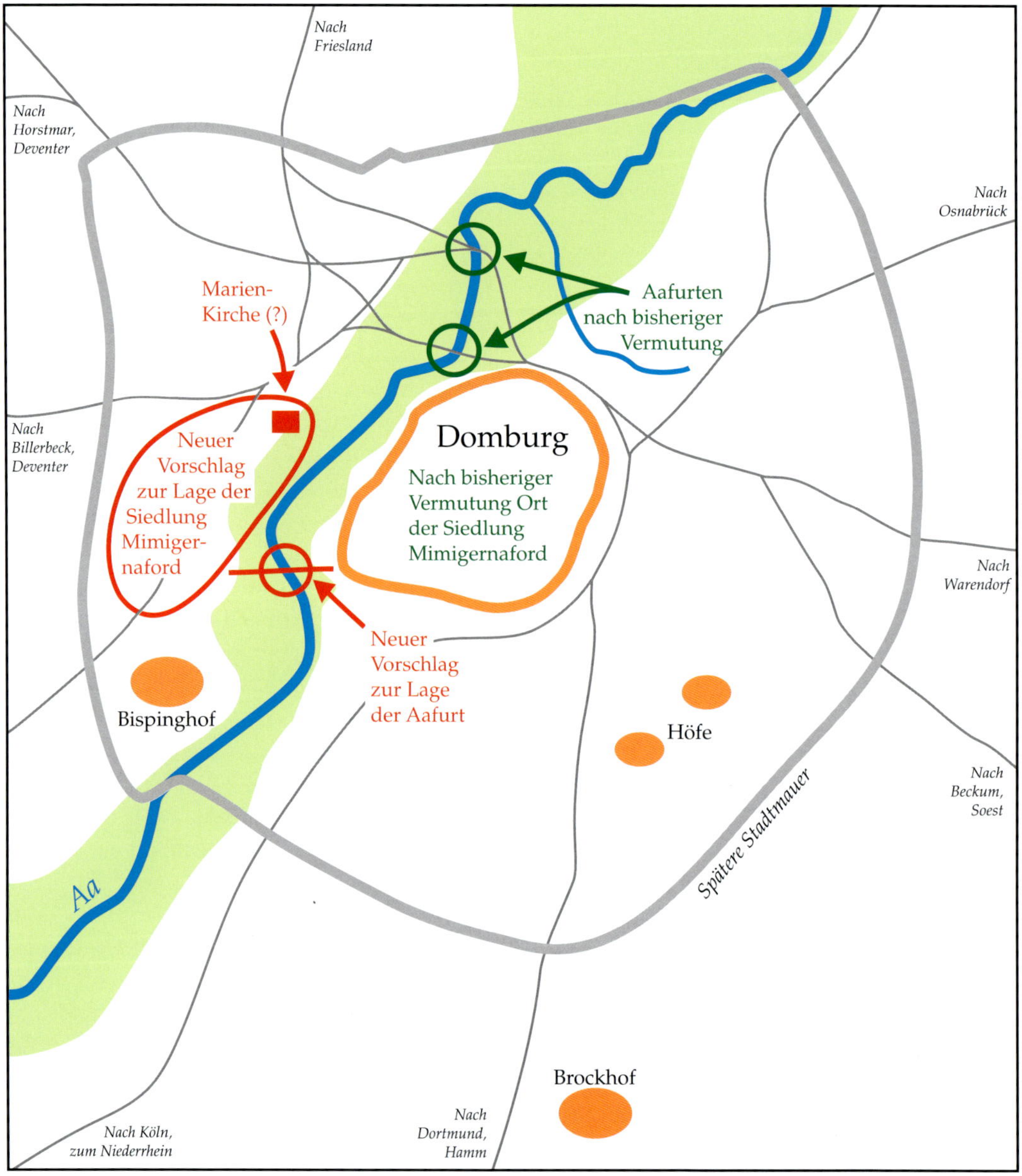

Das karolingische Münster

Die Ausgrabungen der Nachkriegszeit schienen eine Lokalisierung des in Schriftquellen bezeugten Mimigernaford auf dem heutigen Domplatz nahezulegen. Eine neuerliche Aufarbeitung erweist aber das Fundmaterial als jünger und läßt auf Unbesiedeltheit schließen. Mimigernaford wird jetzt links der Aa vermutet. Dabei richtet sich der Blick neu auf die Überwasserkirche, ob hier vielleicht die schon für Liudgers Zeit bezeugte Marienkirche gestanden hat.

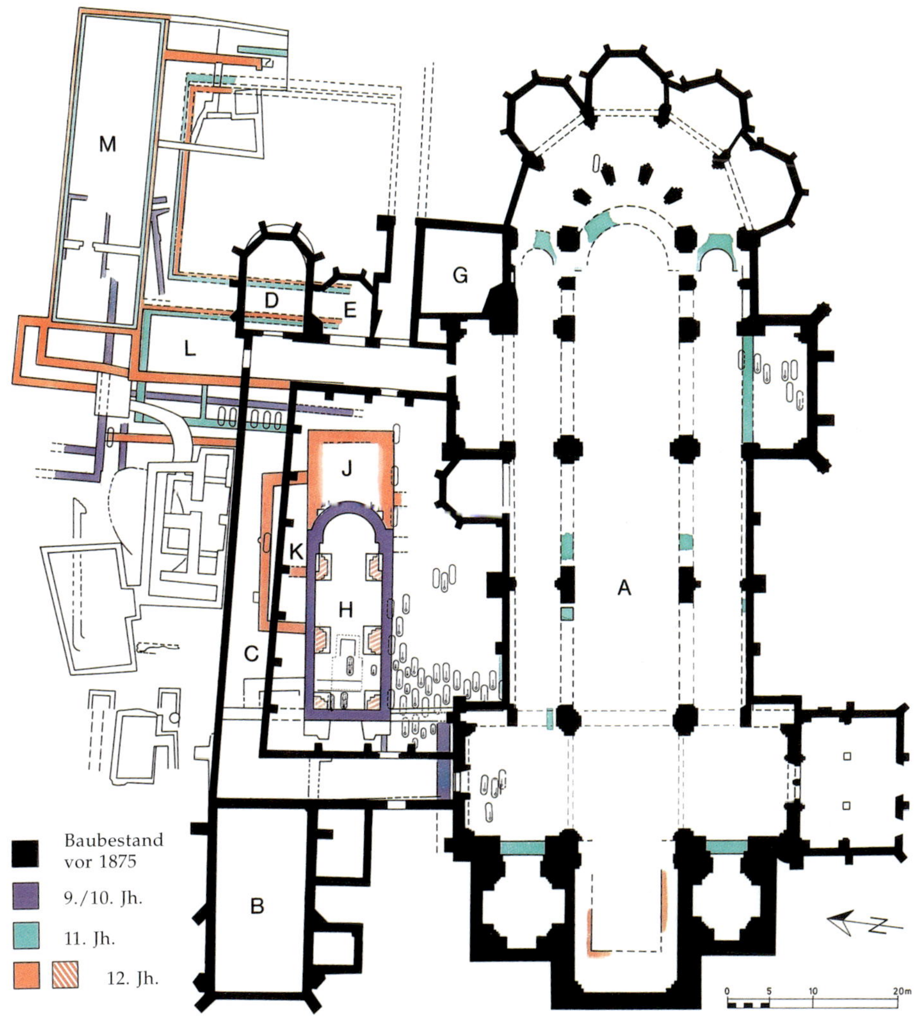

A Dom im heutigen Bestand, mit Vorgängerbau (Weihe 1090)
B ‚Alter Dom', Neubau nach 1377
C Kreuzgang, nach 1377
D Marienkapelle, mit Fundamenten eines Vorgängerbaus
E Annenkapelle
G Kapitelsaal
H ‚Alter Dom' vor 1377. – Karolingischer Apsidensaal mit romanischer Einwölbung
J Chorerweiterung
K Nordannex
L Westflügel des jüngeren Claustrums, überlagert wohl Ostflügel eines karolingischen Kreuzgangs
M Nordflügel des jüngeren Claustrums mit Refektorium, überlagert karolingische Bauteile (Nordflügel eines älteren Claustrums?)

Liudgers „ehrbares Kloster" zu Münster
Die erste Kirche der Missionsstation ist unter dem heutigen Dom zu lokalisieren. Die zwischen 1987/89 ausgegrabene nördlich gelegene Kirche (H, J) wird auf 800 datiert und überschneidet bereits christliche Gräber. Wie das Kathedral-Kloster ausgesehen hat, bleibt unbekannt.

nach Osten und ihre weitgehende Beigabenlosigkeit lassen einen christlichen Friedhof erkennen. Funde aus den Gräbern datieren die älteste Belegung in die Zeit um 800 und damit in die überlieferte Zeit der Mission und Klostergründung in Mimigernaford. Zu diesem Friedhof muss ein Kirchengebäude gehört haben, das als Pfarr- und Missionszentrum der bestatteten Bevölkerung erwartet werden kann. Bisher wurde dieses frühe Kirchengebäude noch nicht erfasst... Ausschließen für den Standort der ersten Kirche lassen sich bisher alle nördlich des Doms gelegenen Flächen, die durch Grabungen und Bauuntersuchungen gut erschlossen sind. Die erste Kirche Mimigernafords darf daher mit hoher Wahrscheinlichkeit im Mittelschiffsbereich des heutigen Doms erwartet werden“[678].

Neben diesen gesichert erscheinenden Ergebnissen bleiben Spekulationen, die sich an zwei Anhaltspunkten festmachen. Es ist einmal Altfrieds Mitteilung, der tote Liudger sei von Billerbeck nach Münster verbracht worden und dort „in der Kirche der heiligen Maria“ bis zur endgültigen Klärung des Begräbnisortes verblieben[679]. Da weiter das Diplom Ludwigs des Frommen von 819 vom „Bistum des heiligen Paulus“ (*parochia Pauli*) spreche, wird auf drei Kirchen geschlossen: die unter dem Alten Dom ergrabene, die unter dem heutigen Dom erschließbare Missionskirche und noch die von Altfried bezeugte Marienkirche, welche nun aber, wie schon Mimigernaford, links der Aa gesucht wird[680].

Sofern hier mit Patrozinien argumentiert wird, bleibt indes Vorsicht geboten. Denn allzu selbstverständlich hat man immer angenommen, daß nicht nur jede Kirche ein ganz bestimmtes Patrozinium gehabt habe, sondern bei Nennung eines anderen Heiligen ein Patrozinienwechsel geschehen sei. In Wirklichkeit nahm es sich grundsätzlicher wie auch fließender aus. In Rom hatten die Päpste im 8. Jahrhundert – wie schon erwähnt – eine bestimmte Kult-Politik zur Abwehr des Ikonoklasmus begonnen: Verehrung des Salvators, der Gottesmutter, der Apostelfürsten wie noch beliebiger weiterer Heiliger. Bonifatius hat dieses Programm übernommen und in Fulda angewandt. Weiter kam im 8. und 9. Jahrhundert hinzu, daß die Altäre in den Kirchen sowohl vermehrt wie oft auch einzeln geweiht wurden

Heidnische und christliche Heilszeichen
Donar, der im Norden Thor hieß, galt als ‘Hämmerer’ und seine Verehrer trugen daher Thorshämmer als Amulette. Solche sind in Warendorf aus dem frühen 8. Jahrhundert gefunden worden. Dagegen setzten die Missionare als neues Heilszeichen zum Beispiel das Kreuz, so die im Münsterschen Dombereich zutage gekommene Kreuzfibel, eine der frühesten christlichen Funde aus der Zeit Liudgers.

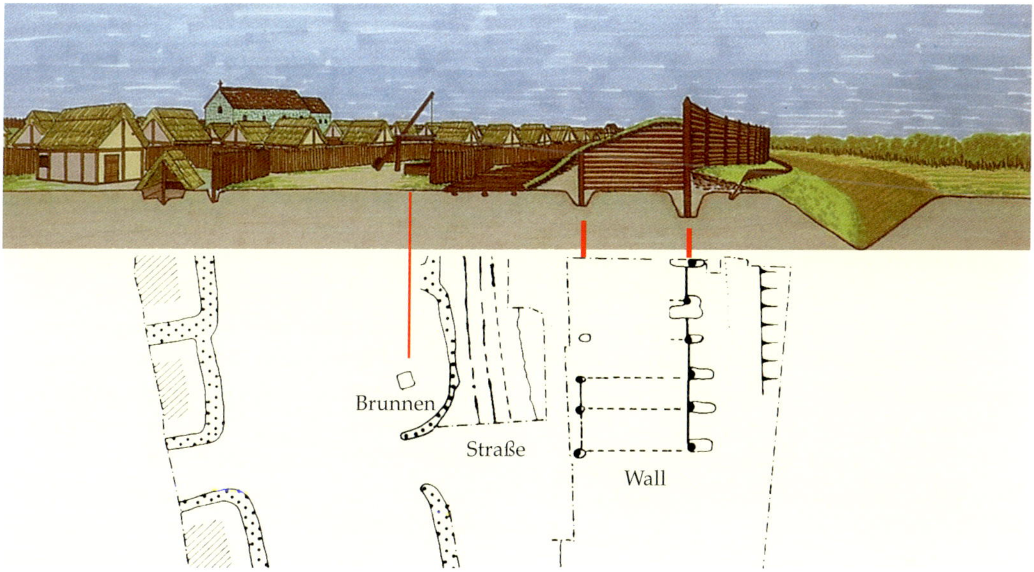

Mimigernaford und die Anfänge Münsters
Die nach 1945 möglichen Ausgrabungen vermittelten ein erstes Bild von Mimigernaford, einer für die Zeit Liudgers bezeugten Siedlung, aus der Münster hervorging. Die Rekonstruktion zeigt den Bischofssitz mit Kathedral-Kirche, Kloster, Wohnhäusern und Umwallung. Dieses Bild dürfte freilich nach neuerlicher Überprüfung der Grabungsbefunde erst für das spätere 9. Jahrhundert zutreffen.

und dabei Reliquien erhielten. Der Hauptaltar bekam die des Salvators, die Nebenaltäre die der nachgeordneten Heiligen, aber ebenso wieder solche des Salvators, nämlich – wie es damals bei Altarweihen aufkam – konsekrierte Hostien. Zudem konnten einzelne Altäre im Chorumgang, in Neben- und Oberräumen stehen, wobei diese Räume samt ihren Altären 'Teilweihen' erhielten und dabei 'Oratorien' genannt werden konnten[681]. Die Argumentation mit Patrozinien hat diesen größeren Kontext zu berücksichtigen. Wie schon Bonifatius nach den römischen Patrozinien verfuhr, so auch sein Bewunderer Liudger, der in Werden den Salvator obenan stellte.[682] Wenn aber diese Abfolge als verbindlich galt, stellt sich die Rückfrage, wie es dann mit dem Paulus-Patrozinium sowohl in Dokkum wie angeblich auch in Münster war. Karl Hauck hat die Altfried-Passage, Liudger habe „dem Herrn" (*Domino*) das ehrbare Kloster zu Münster errichtet, auf den Salvator beziehen wollen[683], was gut möglich ist, aber eben doch mit dessen Nichterwähnung zurechtkommen muß. Die weitere Stütze für das Paulus-Patrozinium in Münster, die Immunitätsurkunde von 819 für Visbek mit der „parochia sancti Pauli", ist in diesem Punkte nicht ohne Verdacht. So könnte auch in Münster ein Salvator-Patrozinium gegolten haben, wäre aber von einem inkonsequenten Sprachgebrauch überdeckt worden. Denn oft wurden Kirchen, die offiziell dem Salvator als Patron geweiht waren, in Wirklichkeit verkürzt nur nach dem wichtigsten Reliquien-Heiligen benannt. Das beste Beispiel bietet das Salvator-Kloster Fulda, das nämlich zugleich als dasjenige des Bonifatius bezeichnet werden konnte[684]. Dieser doppelte Sprachgebrauch könnte auch für Münster zutreffen, zumal wenn Liudger hier Paulus-Reliquien deponiert hätte. Die älteste nachliudgerische Urkunde, die des Bischofs Wolfhelm von 889, erwähnt solche, stellt sie doch eine Schenkung „an die Reliquien des heiligen Paulus zu Mimigernaford" in Aussicht, vollzieht die Schenkung aber „an das Kloster des heiligen Liudger"[685]. Hätten wir nur diese Wolfhelm-Aussage, würde man überhaupt kein Salvator-Patrozinium vermuten, auch nicht für Werden. Letztendlich reichen die versplitterten Quellen nicht aus, um zur vollen Klarheit zu kommen. Man sollte darum von dem Argumentieren mit Patrozinien und ihrem oft so behende unterstellten Wechsel Abstand nehmen, zumal die ältere Patrozinienurkunde inzwischen mancher Absurdität überführt ist[686].

4. Abtei Werden

Für die Gründung haben wir keine präzise Chronologie: Es „fehlt der Termin"[687]. Die erste Schenkung für das beabsichtigte Kloster datiert auf 793[688]. Bis aber Liudger Werden als den rechten Ort herausgefunden hatte, dauerte es Jahre. Gedacht hatte er zunächst an Wichmond (südlich Zytphen), wo 796/99 bereits eine Salvator-Kirche entstand[689], weiter auch an den Ort 'Zum Kreuz' an der Erft, wohl das heutige Grevenbroich-Kapellen[690]. Im Februar 796 folgte die erste Schenkung an der Ruhr und damit die Konzentration auf Werden[691]. Rechts- und kultgeschichtlich bemerkenswert ist der Übertragungsvorgang: Liudger ließ die Schenkungen an Reliquien des Salvators, der Gottesmutter und der Apostelfürsten vornehmen und übernahm sie dann als deren irdischer Sachwalter zu eigenen Händen[692]. Die Reliquien muß Liudger in einem Kasten bei sich getragen haben, und möglicherweise ist dieser sogar erhalten geblieben: der sogenannte 'Tragaltar des heiligen Liudger', ein vorkarolingischer Eichenholzkasten mit ikonographisch bedeutsamen beinernen Schmuck[693].

Die zweite Vita schildert eingehender noch Liudgers drei Versuche zu Wichmond, an der Erft und an der Ruhr. Für Werden malt sie eine Gründungslegende aus, genau mit jenen religionsgeschichtlich allgemeinen Motiven und Farben, wie sie schon in der Antike bei Städten und im Mittelalter bei Klöstern wieder benutzt wurden. Im Mittelpunkt steht die irgendwie göttliche, jedenfalls erleuchtete Gründergestalt; vom Himmel kommen überirdische Zeichen und Verheißungen für Ort und Zeit; es folgt die mit Wundern unterstützte Gründung, dann nach dem Tod des Gründers dessen feierliche Grablegung, fortan das jährliche Gedenken mit Ehrung des Grabes und gemeinschaftlicher Versammlungen am Todestag[694]. So ge-

Der „Ort des Baumes" zu Werden
Klostergründungen wurden legendär ausgestaltet: Liudger soll in Werden nachts unter einem Baum gebetet haben, woraufhin ein Unwetter den Klosterplatz vom Gestrüpp frei räumte und sogar den Grundriß anzeigte. Der Baum Liudgers blieb in Erinnerung und wurde später in die Kircherweiterung miteinbezogen.

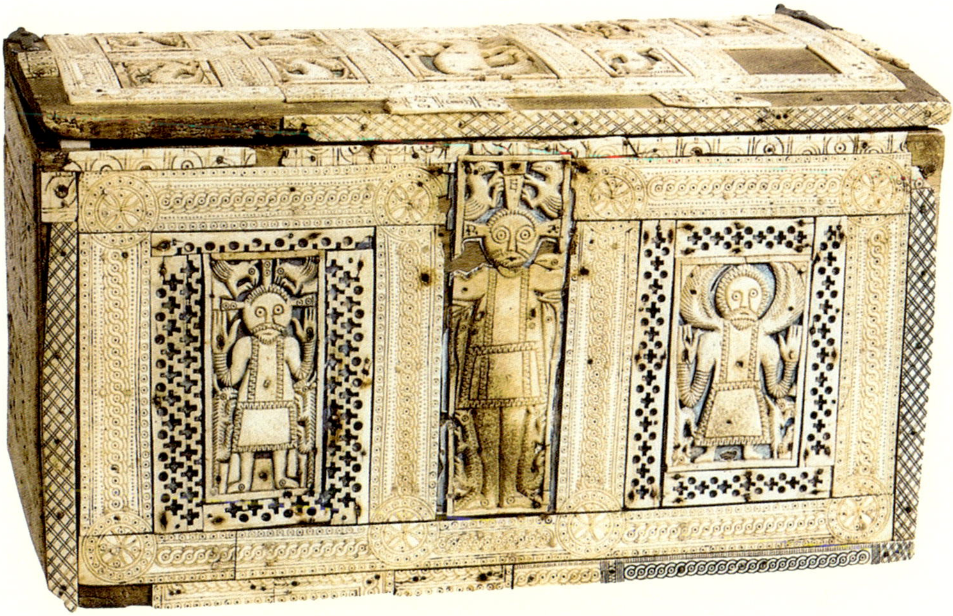

Sogenannter Tragaltar Liudgers aus Werden

Der vierzig Zentimeter breite, mit Beinplatten verzierte Kasten wird in die zweite Hälfte des 8. Jahrhunderts datiert. Der hölzerne Kasten ist, wohl nach einer Zerstörung im 30jährigen Krieg, ersetzt und dabei die Zierplatten in veränderter Ordnung angebracht worden. Die Bilder und Ziermuster zeigen ganz verschiedenartige Einflüsse. Der Kasten dürfte Reliquien gedient haben, wie sie für Liudger bezeugt sind. Das jetzt vorne zu sehende Kreuz, das um die Arme beschnitten ist, war ursprünglich auf dem Deckel angebracht. Das könnte auf eine Kreuz-Reliquie hinweisen, möglicherweise auch auf einen Stein vom Heiligen Grab, so daß der Kasten als Tragaltar gedient haben könnte.

schah es allgemein wie überall, und so schildert es auch Liudgers zweite Vita: Auf dem in Werden ausersehenen Platz standen finstere Bäume mit dichtem Gestrüpp, und nicht einmal eine Lichtung tat sich auf. Als Liudger dort eines Nachts unter einem Baum betete, brach ein Unwetter herein, das in Wirklichkeit das Heilszeichen war: „Als Liudger und seine Gefährten im Morgenlicht aufstanden, sahen sie, wie der Wald hier und dort entwurzelt war, und der Platz für die Klostergründung weit genug ausreichte“, sogar noch mit Kennzeichnung „des Grundrisses des nun zu gründenden Klosters“. Den Baum, wo Liudger nächtlich gebetet hatte, bestimmte er selbst zu seinem Grabesort, zum ‘Ort seiner Auferstehung’[695]: „Hier, wo ich nun sitze, werde ich den Platz meines Grabdenkmals finden“. So geschah es dann auch; als der Baum für den Kirchbau gefällt werden mußte, behielt ein eingegrabener Stein die Stelle in Erinnerung, und „dieser Stein wurde eben dort, als man später für den heiligen Gottesmann die Krypta aushob, gefunden“[696].

Die Gründung geschah – wie immer wieder betont wird – auf Liudgers eigenem Besitz, als sein Eigenkloster. Dieser Charakter trennte Werden grundsätzlich von Münster, dessen Kathedral-Errichtung – wie bei allen Bistumsgründungen des 8. Jahrhunderts[697] – auf Fiskalgrund geschehen sein muß. Dieser Unter-

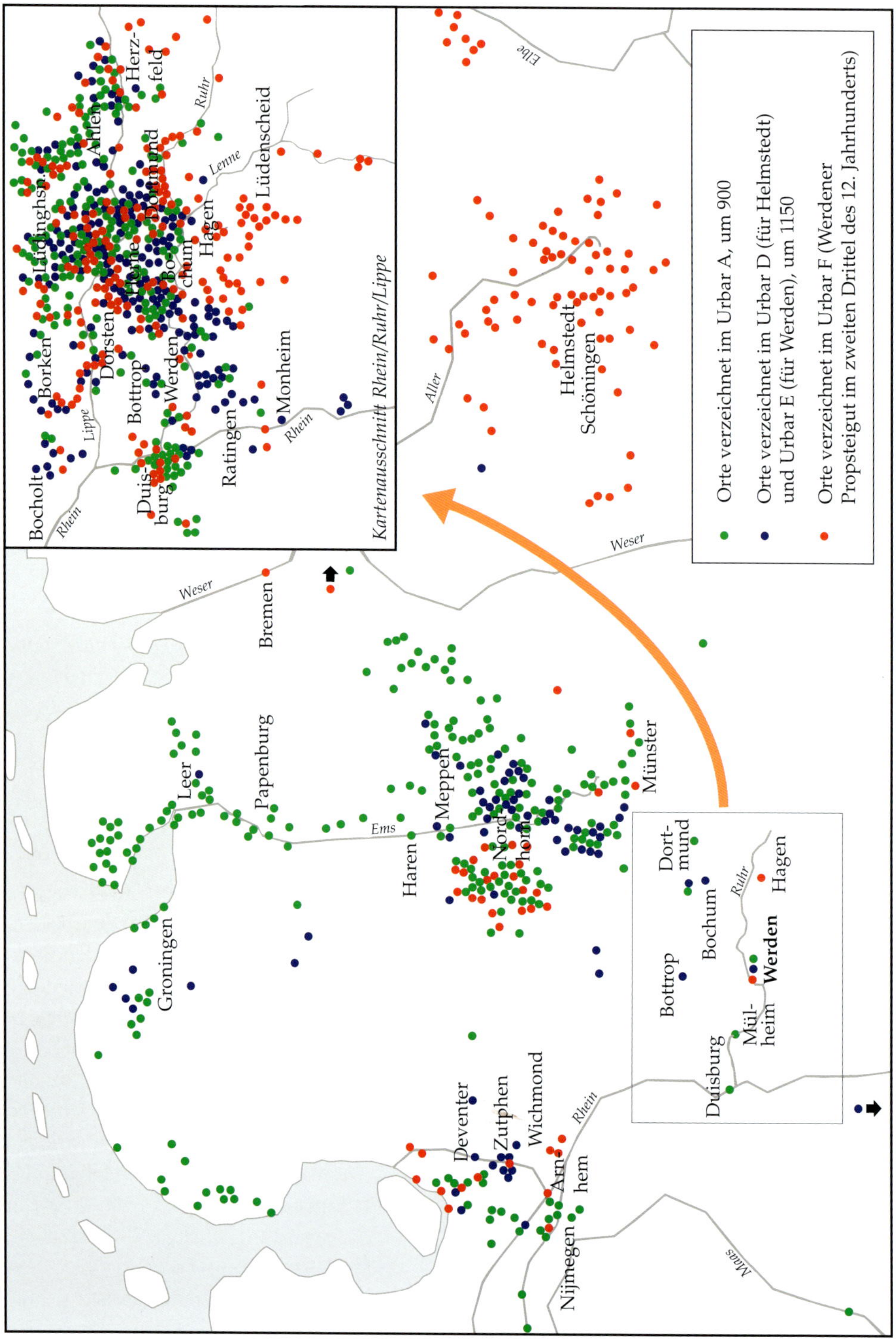

Orte verzeichnet im Urbar A, um 900
Orte verzeichnet im Urbar D (für Helmstedt) und Urbar E (für Werden), um 1150
Orte verzeichnet im Urbar F (Werdener Propsteigut im zweiten Drittel des 12. Jahrhunderts)
Kartenausschnitt Rhein/Ruhr/Lippe
Bocholt
Borken
Lüdinghsn.
Ahlen
Herz-feld
Dorsten
Bottrop
Duis-burg
Werden
Dortmund
Bo-chum
Hagen
Lüdenscheid
Ratingen
Monheim
Rhein
Lippe
Ruhr
Lenne
Elbe
Aller
Weser
Helmstedt
Schöningen
Bremen
Papenburg
Leer
Groningen
Ems
Haren
Meppen
Nord-horn
Münster
Dort-mund
Bochum
Bottrop
Werden
Hagen
Mül-heim
Duisburg
Deventer
Zutphen
Wichmond
Arn-hem
Nijmegen
Maas

schied in der rechtlichen Natur betraf wesentlich auch die innere Ausrichtung: Liudger wollte ein 'privates' Kloster für sich und die Seinen und suchte es „möglichst von der Bindung an einen Bischofssitz freizuhalten“[698]. Er stellte sich damit in eine seit längerem angebahnte Entwicklung, deren drei wesentliche Momente wir bereits kennengelernt haben: eine klerikale Mönchsgemeinschaft, die stellvertretende Sühne-Leistung und das Aufkommen von Stiftungen. Durch diese drei Momente war ein neuer Klostertyp entstanden, der seinem Selbstverständnis nach das Übermaß der Sünden in der Welt durch geistliche Sühne im Gleichgewicht hielt und dafür Besitzschenkungen zum Lebensunterhalt entgegennahm, also – wie die Forschung es nennt – ein Memorialkloster. Ein solches hat auch Liudger ins Werk gesetzt. Den tatsächlichen Unterschied zwischen den Missionszellen und dem Memorialkloster Werden wird man folglich zunächst nicht in einer klerikal-mönchischen Aufteilung zu suchen haben. Der Unterschied lag vielmehr in der Zielsetzung: einerseits die Missionare für die Bekehrung und andererseits die Beter für die Memoria. Liudger wollte 'sein Kloster' als 'Ort der Ruhe', nicht anders als Willibrord mit Echternach und Bonifatius mit Fulda. Für Liudger sollte Werden sein persönlicher wie seiner Familien-Angehörigen Grabesort werden, bei zugleich immerwährender Gebetsunterstützung. Die

◁ *Die Grundherrschaft Werden*
Sofort mit der Christianisierung ließen sich Adelige bewegen, für Gründung und Unterhalt von Kirchen und Klöstern Landbesitz zu schenken. Auf diese Weise kam auch Werden in den Besitz von Grundherrschaften. Diese hatten dem Kloster Abgaben und Dienstleistungen zu erbringen. Erst dadurch wurden die Klöster zu ihren großen kulturellen und religiösen Leistungen befähigt.

zweite Vita beschreibt genau diesen Grundansatz: „Die Priester mahnte er, Meßfeiern abzuhalten; den frommen Männern und Frauen trug er Gebete und Fastenzeiten auf. Die Bedürftigen und Elenden lud er zum Liebesmahl ein; von den Armen forderte er Gebete“[699]. Daß hier auch Frauen zu Gebeten und Fastenzeiten aufgefordert werden, läßt an Heriburg denken, die Altfried als Schwester Liudgers und zusätzlich als Nonne erwähnt[700]. Lange hat sie als Äbtissin von Nottuln gegolten; doch dürfte dort „eine Errichtung der ältesten Klosteranlage kaum vor der zweiten Hälfte des 11. Jahrhunderts in Frage kommen“[701].

Erst auf Dauer, zumal unter Einwirkung der anianischen Gesetzgebung, mußte die unterschiedliche Zielrichtung zwischen Missionsstation und Memorialkloster zur Statusscheidung führen: in Münster, Deventer und sonstwo allein nur Kanoniker und in Werden allein nur Mönche. Dabei nahm Werden das regelgerechte Benediktinertum an. Die Wunderberichte, die den Liudger-Viten angehängt sind, machen bereits eindeutige Angaben über Mönche und Klosterbauten wie auch über das innere und äußere Leben. So erwähnt Altfried einen Diakon und Mönch Hildirad, der als Schullehrer im Kloster wirkte und dessen Vater ebenfalls Mönch geworden war[702]. Im Jahre 837 erscheint ein Mönch als Urkundenschreiber[703]. Weiter hören wir von der Liturgie und dem Stundengebt[704]. Das Wachsen der Klosterbauten ist direkt mitzuverfolgen: die im Bau befindliche Krypta[705], die Säulenhalle (*porticus*) vor der Basilika und deren Eingangstor[706], die Infirmerie als das Haus für die Kranken[707], endlich noch Glokken[708] und figurale Buntfenster[709]. Beim Tode Altfrieds, so ist daraus zu entnehmen, stand in Werden ein voll ausgebautes Mönchskloster.

Zuletzt ist auch hier die schon für Münster diskutierte Patrozinien-Frage anzugehen. Für Werden soll es ein 'Patrozinienwechsel' und

Karl der Große

Seitdem Karl der Große 800 zum Kaiser gekrönt war, sind verstärkte Anstrengungen zur Christianisierung zu beobachten. Karl verstand sich als Herr auch der Kirche, hatte die Missionare nach Sachsen entsandt und ist 805 auch der Initiator von Liudgers Bischofsweihe gewesen. Sein neues Verständnis als Kaiser erscheint auf seinen Münzen. Die Vorderseite zeigt Karls Profilbild, allerdings nicht mit der Kaiserkrone, sondern mit dem Lorbeerkranz. Die Umschrift lautet KAROLUS IMP(ERATOR) AUG (USTUS). Die Rückseite zeigt ein Kirchengebäude mit der Umschrift XPICTIANA RELIGIO.

eine 'Patrozinienscheidung' gewesen sein: „Das ranghöhere Apostelpatrozinium Petrus für Werden sowie das Pauluspatrozinium für Münster"[710]. Und das, obwohl die Abfolge von Salvator, Gottesmutter Maria und Apostelfürsten Petrus sich in Werden fürs ganze 9. Jahrhundert durchhält; von 820 an vermelden die dort ausgestellten Urkunden nahezu regelmäßig den Salvator als Patron für Kirche bzw. Kloster[711]. Nicht anders als Bonifatius in Fulda, hat Liudger in Werden die römische Patrozinien-Folge eingehalten. Das wohl gegen Ende des 9. Jahrhunderts abgefaßte ›Privileg‹, das die Benediktinisierung Werdens auf Liudger zurückprojiziert, nennt „Reliquien unseres Heilandes und der heiligen Mutter Gottes, außerdem der zwölf Apostel"[712], benennt also immer noch die römische Patrozinien-Abfolge.

Dank vielfältiger Bestiftung verfügte Werden „über eine außergewöhnlich umfangreiche Grundherrschaft"[713]. Die Hauptzonen bildeten im frühen 10. Jahrhundert die nähere und weitere Umgebung, dazu Westfalen, das Hamaland und Friesland. Insgesamt waren es in ottonischer Zeit 800 Höfe, die jeweils von einer Familien bewirtschaftet wurden und 25 Haupthöfen unterstellt waren. Liudger selbst hat mit dem Aufbau begonnen. Schon für die jeweils auszustellenden Schenkungs-, Tausch- oder Kaufurkunden bedurfte es juristischer Versiertheit. Hinzu kam ein Übermaß an Organisation: wann und wie welcher Hof was zu liefern hatte, auch wann, wie und wo Dienstleute bereitstehen mußten. Die klösterlichen Grundherrschaften überzogen ganze Regionen mit einem neuen Administrationsnetz. Die Werdener Güter- und Abgabe-Register sind mit 46.000 Einzelwörtern zudem noch sprachgeschichtlich erstrangig[714].

Im Nachhinein mag man, gemessen an den Geboten des Neuen Testaments, den immensen Landbesitz der Klöster, und so auch Werdens, für hypertroph, ja für Verrat an der neutestamentlichen Armutsforderung ansehen wollen. Denn eigentlich hatten sich doch die Klosterleute – und mit ihnen Liudger – auf das Vorbild der armen Jerusalemer Urgemeinde verpflichtet, in welcher „keiner etwas sein Eigentum nannte", vielmehr alle „alles gemeinsam hatten" (Apg 4,32). Nun sollte auch in den bestifteten Klöstern jeder einzelne Mönch arm leben, doch das Kloster selbst verfügte über ausgedehnten Besitz, was dann später nach der Jahrtausendwende heftigst kritisiert werden sollte. Vorerst aber gewann der landbesitzende Klostertyp eine überragende Bedeutung, vermochte doch nur er jene stupenden Leistungen zu erbringen, die in Buchkultur, Theologie und Missionsarbeit, ja noch in Kirchbau und Kunst entstanden. Denn Städte, die wie in der Antike solches vermocht hätten, bestanden nicht mehr. Die Klöster traten an ihre Stelle, ermöglichten dank ihrer Ökonomie einen hochkomplexen Kleinkosmos mit Güterakkumulation, Arbeitsteiligkeit und geistiger Spezialisierung. Das befähigte sie zu ihren literarischen, theologischen und künstlerischen Leistungen.

V. Liudger als Bischof

1. Bischofsamt und Bistum

Gegen die Bischofsweihe habe sich Liudger gesträubt, so weiß Altfried, der damit aber nur wiedergibt, was von einem wahrhaftigen Gottesmann erwartet wurde, nämlich Demut; ein wahrer Geistlicher hatte das Bischofsamt zu fliehen. Offenbar hat Liudger eine Weihe für Trier tatsächlich abgelehnt[715]. Erzbischof Hildebald (†818) von Köln soll ihn endgültig überredet haben. Von ihm auch empfing Liudger in Köln seine Bischofsweihe, wo er früher bereits zum Priester geweiht worden war. Das Datum muß wieder erschlossen werden: der 30. März 805[716]. Schon im April erscheint der neue Bischof als Unterfertiger einer Urkunde[717]. Der Konsekrator Hildebald ist in mehrfacher Hinsicht bemerkenswert; er amtierte nicht nur als Kölner Erzbischof, sondern zusätzlich als erster der Geistlichkeit des Reiches, der Aufgabe und Rang „des Erzbischofs des heiligen Palastes" (*sacri palatii archiepiscopus*) einnahm und damit Karls des Großen Oberbischof für das ganze Reich war[718]. Folglich zeigt Liudgers Kölner Weihe nicht nur die Zugehörigkeit Münsters zur rheinischen Kirchenprovinz an, sondern obendrein auch Karls Kirchenregiment: Nicht nur hat er Liudger zum Missionar bestellt, sondern letztlich auch über dessen Bischofsweihe entschieden.

Altfried umreißt kurz auch das Territorium: zuerst das Münsterland, dazu noch die fünf friesischen Kleingaue, so daß Liudger und seine Nachfolger ein Doppelgebiet innehatten, sowohl in Westfalen wie in Friesland. Obendrein übertrug der Kaiser an Liudger das Peterskloster zu „Lothusa", das heutige Leuze im Hennegau, 17 Kilometer südlich von Ronse/Renaix. Die Übertragung sollte wohl die materiell-finanzielle Basis der Mission stärken, wobei aber über ein dortiges Wirken des Beschenkten so gut wie nichts bekannt ist[719].

Was Altfried dann über die Bischofstätigkeit Liudgers mitzuteilen weiß, ist angesichts dessen, was tatsächlich zu bewältigen war, eigentlich nichtssagend. Mit der Etablierung des Bischofssitzes in Münster stand zunächst einmal die Umschreibung der Diözese an. Daß es dabei um ganze Bezirke wie auch um einzelne Orte ging, zeigt das Diplom Ludwigs des

Rekonstruktion der merowingischen Kölner Kathedrale und des spätantiken Taufbrunnens Köln war für Liudger die nächstgelegene größere antike Stadt. Hier empfing er seine Priesterweihe, wahrscheinlich in dem hier zu sehenden Dom. Der Konsekrator seiner Bischofsweihe, Hildebald, baute seinen Bischofssitz neu aus, stattete ihn mit einer Bibliothek aus und begann mit einem Neubau der Kathedrale. Der spätantike Taufbrunnen ist mit seinem Brunnenfundament erhalten geblieben. Der heute vor dem Ostchor des Domes zu besichtigende Befund darf als Geburtsort des Christentums im Rheinland gelten. Von Köln aus wurde um 650 die erste Kirche in Utrecht errichtet.

Frommen, das die Kirche von Emsbüren nachträglich an Münster verwies[720]. So gab es genaue Abgrenzungen, infolgedessen zum Beispiel Liudger bei einem Aufenthalt in Meppen sagen mußte, der Ort gehöre nicht zu seinem Sprengel[721]. Münster hatte also seine festen Diözesangrenzen. Weiter stellt sich die Frage, wie diese neue Diözese zur Einheit fand. Das ferne Friesland lag weit vom Bischofssitz entfernt, blieb immer eine Exklave. Die Missionsstation Mimigernaford hatte zunächst den Drein-Gau missioniert, der aber nur das heutige Kernmünsterland umfaßte. Aus späteren Quellen können wir erschließen, daß Rheine, Vreden und Borken wohl ebenfalls eigene Missionsstationen waren. So stellte sich mit Liudgers Bischofserhebung sofort die Aufgabe der Integration. Er hatte die einzelnen Kirchorte aufzubauen, dort die Kleriker zu bestellen und die Gemeinde zu visitieren. Aber über all das erfahren wir nichts, weder von Altfried noch aus sonstigen Quellen.

2. Die Pfarreien und die Seelsorge

Altfried, weiterhin unser einziger Informant, stellt das Wirken Liudgers eher 'wunderbar' dar. Hatte dieser selbst in den 'Erinnerungen' an Gregor und Bonifatius von Wundern nicht berichtet, so hören wir nun zuerst von solchen und nur wie nebenbei von Pastoralaktivitäten. Die erste Geschichte betrifft den friesischen Barden Bernlef, den Sänger „der Taten und Kämpfe der alten Könige, der aber bald die Psalmen erlernte und sie nun vortrug". Doch plötzlich befiel ihn Blindheit, bis ihn Liudger nach drei Jahren zu heilen vermochte, indem er ihn beichten und büßen ließ, daraufhin das Kreuzzeichen auf die Augen drückte und dadurch das Sehvermögen wieder herstellte; beide gingen in die nächstgelegene Kirche und dankten[722]. Nun muß allerdings diese Heilung schon vor 793, jedenfalls vor Liudgers zweiter Flucht geschehen sein; denn der wieder sehend gewordene Bernlef vollführte während des damaligen Aufstandes den höchst bemerkenswerten Auftrag Liudgers, „die kleinen Kinder zu taufen, einfach mit Eintauchung in gesegnetes Wasser und bei Anrufung der Trinität“[723]. Später kam dann Liudger selber und spendete die Firmung, die aber als Bischofshandlung, wenn die Angaben für zuverlässig genommen werden dürfen, nur erst nach 805 geschehen sein kann. Weiter erwähnt Altfried eine Wundergeschichte in Billerbeck, wo eine Frau in einer von Liudger als illegitim gescholtenen Ehe

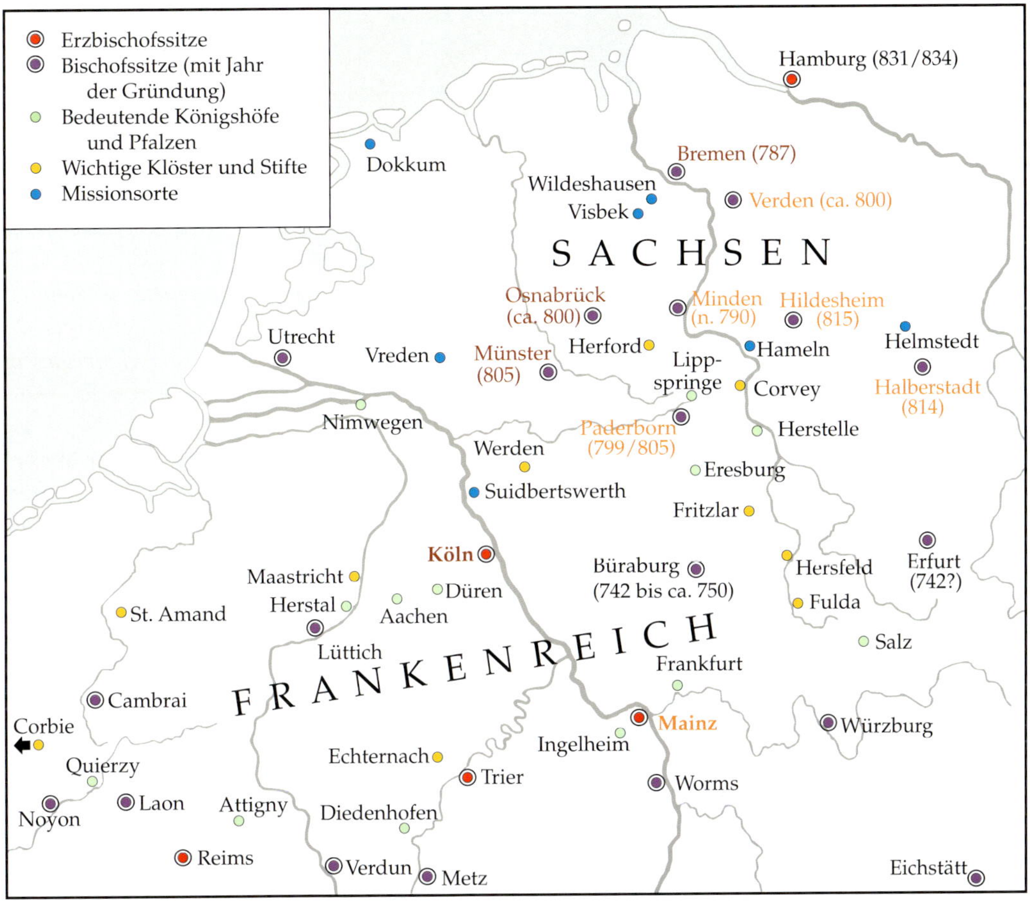

Kirchliche Organisation in Sachsen

Acht Bistümer entstanden in Sachsen. Die Sitze Münster, Osnabrück und Bremen wurden dem Erzsitz Köln unterstellt (violett), Paderborn, Minden, Hildesheim, Verden und Halberstadt dem Erzsitz Mainz (rot). Als erstes und für lange Zeit einziges Männerkloster entstand Corvey, als erstes Frauenkloster Herford. Unter Ludwig dem Frommen folgte das Erzbistum Hamburg, wo Ansgar (†865) tätig wurde.

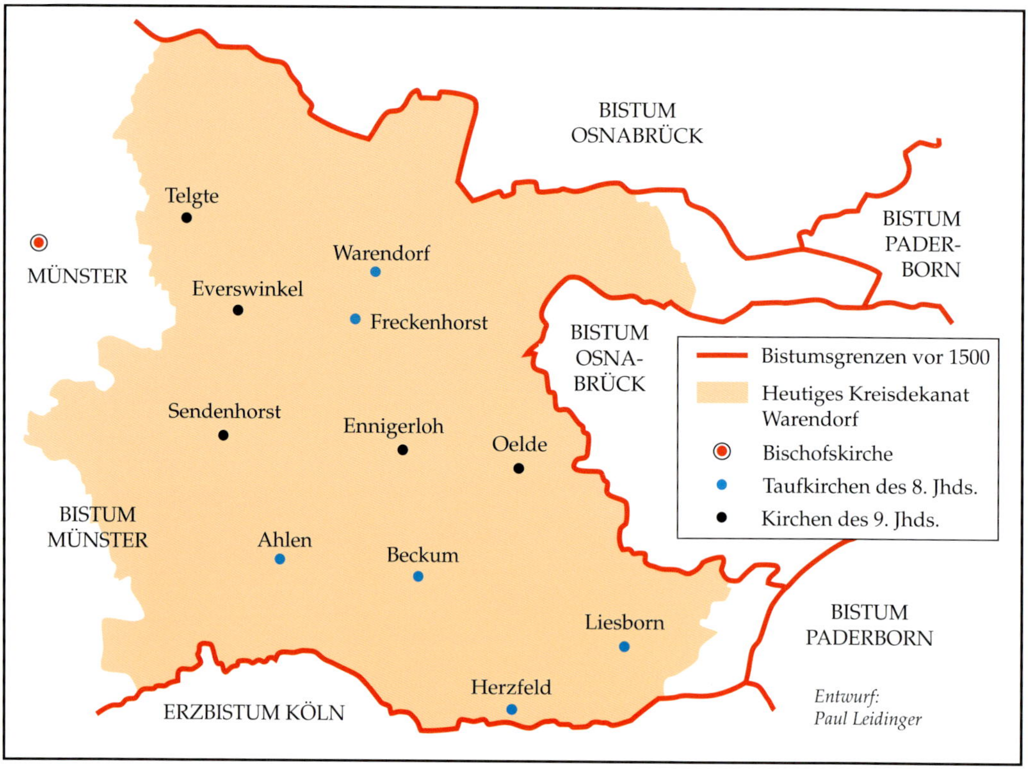

Die ersten Kirchen

Die Quellen machen für Liudger nur wenige Angaben: Billerbeck, Coesfeld, Ahlen und Emsbüren. Für das östliche Münsterland können nach derzeitigen Wissensstand noch hinzugezählt werden Warendorf, Freckenhorst, Beckum, Herzfeld und Liesborn. Für das westliche Münsterland fehlt eine vergleichbare Karte. Insgesamt wird mit etwa zwanzig Kirchen für das 9. Jahrhundert zu rechnen sein.

lebte und ihn nun mit einem Honig-Geschenk für sich einnehmen wollte, wobei jedoch das Gefäß in der Kirche am Altar zersprang; wie nebenbei ist damit auch von Ehe, Kirche und Altar berichtet[724]. Zuletzt folgt noch ein Fisch-Wunder in Leer. Die zweite Vita erzählt zwar ausführlicher, aber wiederum mehr mit Wunderbarkeit als mit Informationsgehalt. Erwähnt wird zusätzlich Ahlen, wohin Bischof Liudger „bei der Rundreise durch seine Pfarreien" kam und wieder einen Blinden heilte[725]. Gemäß diesen Nachrichten sind für das Münsterland als „liudgerianische Urpfarreien" Billerbeck, Coesfeld, Ahlen und Emsbüren anzusehen[726]. Doch sie können nicht die einzigen gewesen sein. Für das östliche Münsterland wird man Kirchen schon für das 8. Jahrhundert in Warendorf, Freckenhorst, Beckum, Herzfeld und Liesborn anzunehmen haben, für das 9. Jahrhundert in Telgte, Everswinkel, Sendenhorst, Ennigerloh und Oelde[727]. Für das Westmünsterland dürfte man eine ähnliche Anzahl zu erwarten haben. Insgesamt wäre dann mit an die zwanzig Kirchen im 9. Jahrhundert zu rechnen.

Direkt für Liudgers Pastoralkonzept ergeben sich aus Altfrieds Berichten gerade nur zwei Momente: die Firmung und die Pfarr-

Visitation, was immerhin anzeigt, daß Liudger das Reformprogramm des Bonifatius befolgte. Indes gehörte zu diesem Programm weitaus mehr, so Synoden, Klerusbildung und Kirchweihen. Eine um 800 zu datierende Handschrift der Kirchenrechtssammlung ›Quesnelliana‹, die um 500 in Italien entstanden ist und Nachwirkung bis ins Frühmittelalter hatte, könnte möglicherweise in Münster geschrieben und für anstehende Pastoralprobleme benützt worden sein[728].

Versuchen wir demgegenüber zu realisieren, was alles an Aufbau angestanden haben muß. Die neue Religion, die es zu etablieren galt, erforderte zuerst schon einen aufwendigen Kult-Apparat, wie obendrein auch besonderes Personal. Seit der Spätantike gab es die Kirche ('kyriaké'), das 'Haus des Herrn', wo allein nur die Liturgie gefeiert werden sollte. Wo überall sich das Christentum ausbreitete, mußten darum Kirchen errichtet werden, jeweils mit Altar und Taufbrunnen. Dort hatten sich nun die Menschen einzufinden. Auf diese Weise schufen die Kirchengründungen Zentralorte, die das Siedlungsbild und das Wegenetz mitbestimmten. Obendrein bedurfte es der Anwesenheit von Klerikern für die regelmäßig zu feiernde Messe, für die in Notfällen sofort zu spendende Taufe wie für den Sterbebeistand und die Beerdigung[729]. Zunächst hatten Kleriker-Kommunitäten für größere Bezirke bestanden; doch mit der Verdichtung des Kirchennetzes war es dann zumeist nur noch ein Geistlicher: der Pfarrer. Dieser Pfarrklerus mußte unterhalten werden. In seiner ›Capitulatio‹ hatte Karl der Große befohlen, für jede Kirche zwei Mansen (Land in Bauernhofgröße) bereitzustellen, dazu je 120 Ein-

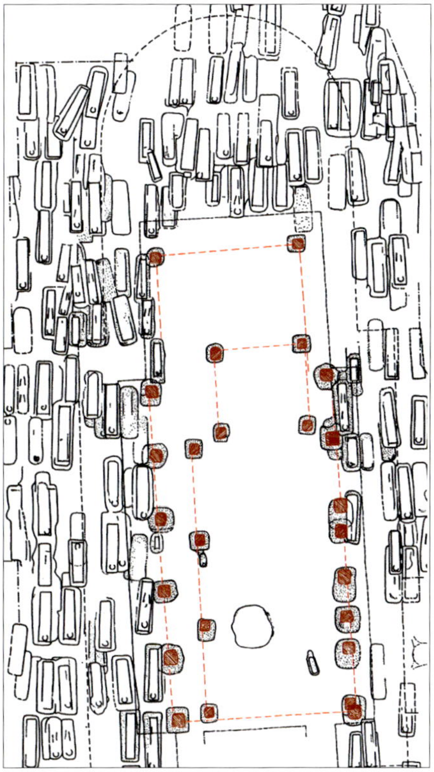

Dorfkirche von Tostedt bei Hamburg
Liudger hat Kirchen errichtet, die literarisch wie archäologisch bezeugt sind. Doch gibt es dafür bislang kein Rekonstruktionsbild . Die hier gezeigte Tostedter Kirche gibt eine Vorstellung von Aussehen und Größe: errichtet in Holzbauweise und umgeben von Gräbern.

wohner einen Knecht und eine Magd[730]. So verfügte der Pfarrer über einen Pfarrhof samt Dienstleuten, weiter noch über den üblichen Teil der Altargaben[731].

Den wichtigsten wie häufigsten Kultakt bildete die Messe. Sie erforderte einen kostspieligen Aufwand, so die teuren Liturgie-Bücher aus Pergament, dazu Kelche und Patenen aus Gold. Die Messe wurde regelmäßig an Sonn- und Festtagen, oft sogar täglich gefeiert, und dafür waren Opfergaben mitzubringen. Ebenso gehörte die Messe zu allen wichtigen Anlässen, ob nun Hochzeit und Tod, Geburt und Krankheit, Krieg und Frieden. Dafür hatte sich die Pfarrgemeinde, deren Zugehörigkeit genau festgelegt war, zu versammeln, und keiner durfte fehlen. So kamen die Menschen des Pfarrbezirks regelmäßig zusammen und formierten sich zur Gemeinde. Nur wer getauft und kommunionfähig war, gehörte voll dazu. Schwere Vergehen schlossen von der Gemeinschaft 'des Heiligen' und 'der Heiligen' aus. Das heißt: Wer sich öffentlich vergangen hatte, war von der Kommunion wie von der Gemeinde ausgeschlossen; er war gesellschaftlich zu meiden und erhielt, sofern er nicht Buße tat, nicht einmal ein Grab auf dem kirchlichen Friedhof. Weil die Kirchenliturgie religiöser Höhepunkt war und zugleich immer eine allgemeine Anwesenheit erforderte, konnte sich mit ihr vielerlei sonst verbinden: Markt und Handel, Termine und Absprachen, Feste und Feiern. Selbst noch die Wege konzentrierten sich auf die Kirchorte.

So änderte sich mit der Christianisierung nicht allein das religiöse Leben, sondern die gesamte Sozial- und Lebensstruktur. Die Kirche mit der pflichtmäßig zu besuchenden Liturgie formte den Ort wie die Bewohner zur Pfarrgemeinde um. Ob und wie das alles sofort schon durchgeführt wurde, bleibt unerwähnt. Aber Liudger hatte bereits als Abt der Münsterschen Missionsstation wie erst recht als Bischof für alles die letzte Sorge zu tragen. Obendrein erforderte der Aufbau des Klosters zu Werden ein gehöriges Maß an Organisation und Personalpolitik. Die Zeit allerdings, die Liudger noch vergönnt war, blieb bemessen, nur vier Jahre bis zu seinem Tod 809. Ihm folgte in Münster wie in Werden sein Neffe Gerfried, der das Begonnene fortsetzte.

3. Die Bücher und die Bildung

Schon der kleine Liudger soll mit Baumrinde und Tinte schreiben gespielt haben, wie es eine Miniatur aus der zweiten Vita auch darstellt[732]. In Utrecht lernte der Klosterschüler mit Büchern umzugehen und aus York brachte der Alkuin-Schüler „eine Menge“ davon mit[733]. Als der verehrte Gregor auf dem Sterbebett lag, verschenkte er Bücher an seine Schüler, an Liudger Augustinus' ›Enchiridion‹, ein Handbuch über Glaube, Hoffnung und Liebe, hauptsächlich eine Erklärung des Glaubensbekenntnisses und des Vaterunsers[734]. Daß Liudger Bücher kopiert hat, darf als sicher gelten, doch ist ein lange ihm zugeschriebener Kodex mit Paulus-Briefen wohl kein Autograph von ihm[735]. Mit seinen 'Erinnerungen an den Lehrer Gregor' wurde Liudger auch zum Autor. In Münster wird schon die Missionsstation und erst recht die Kathedrale eine Bibliothek gehabt haben. Der erstmals 793 und zuletzt 820 als Urkundenschreiber faßbare Priester Werinhard[736] könnte „zum Personal des Liudger-Skriptoriums“ gehört haben[737]. Ein Kodex mit Homilien Gregors des Großen ist von „Diakon Hildigrimus“ geschrieben worden, wohl von Liudgers jüngerem Bruder[738]. Ein Skriptorium benötigte Münster zumal für den hohen Bedarf an Liturgie-Büchern. Jede Kirche erforderte ein halbes Dutzend: für Taufe und Mes-

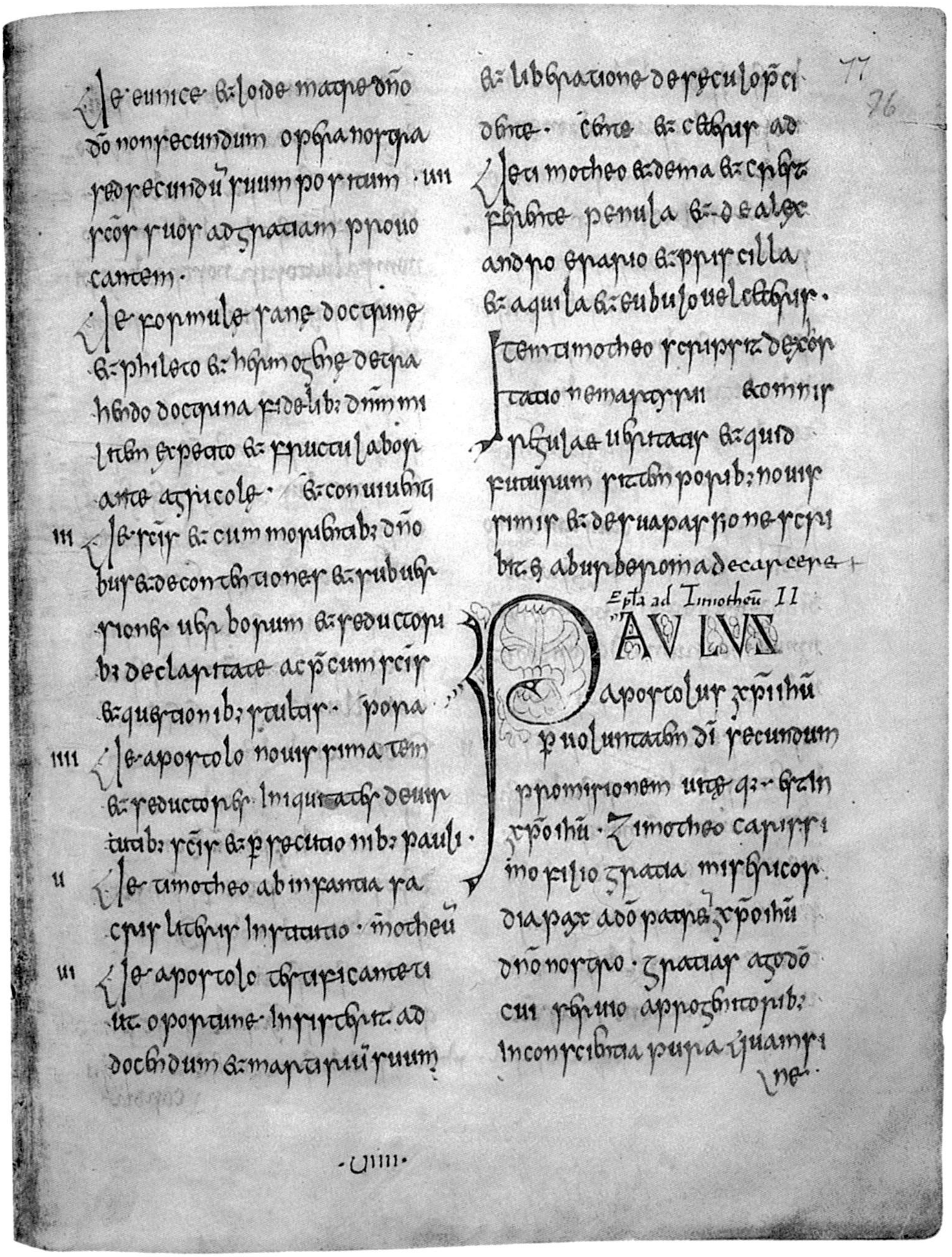

Sog. Liudger-Autograph der Paulus-Briefe aus der Zeit bald nach 800

Die bei Liudger bezeugte Verehrung des Apostels Paulus sah man lange durch den Glücksfall bestätigt, noch einen vom Verehrer selbst geschriebenen Kodex mit Paulus-Briefen zu haben. Doch dürfte der Eintrag, der Liudger als Schreiber ausweist, auf nachträglicher Rasur stehen.

se das Sakramentar, für die Lesungen das Lektionar, für die Predigt das Homiliar, für die Bußerteilung das Bußbuch, für das Stundengebet den Psalter und für die diversen Segnungen und Exorzismen das Benediktionale. Diese Bücher mußten jeweils vor Ort sein. Weiter, der Bischof war der erste Lehrer seiner Diözese, hatte nun besonders für die Instruktion des Klerus zu sorgen. Dafür entstanden in karolingischer Zeit Kurztraktate über Taufe und Meßfeier, die oft auf Diözesan-Synoden verlesen und gewiß auch verbreitet wurden[739]. Zumal mit dem Aufstieg zum Diözesansitz muß in Münster eine vermehrte Schrift- und Buchproduktion angelaufen sein. Aber so gut wie nichts ist davon erhalten geblieben.

Ganz anders sieht es in Werden aus. Hier haben wir wenigstens umrißhafte Kenntnisse, die eine erste Vorstellung von Art und Interessensrichtung zu erkennen geben. Ob allerdings der berühmte ›Codex Argenteus‹, eine um 500 in Silberbuchstaben erstellte Abschrift der von Wulfila im 4. Jahrhundert angefertigten gotischen Bibelübersetzung als Prachtstück liudgeridischer Bücherakquisition bezeichnet werden darf, bleibt fraglich. Dieser Kodex, der im 30jährigen Krieg nach Schweden verbracht wurde, dürfte zunächst zur Hofbibliothek Karls des Großen gehört haben[740] und ist dann „auf irgendeine Weise in das Kloster Werden gelangt“[741]. Zum dortigen Normal-Bestand gehörten Gregors des Großen Pastoralregel sowie dessen Auslegung des Buches Hiob, Isisdors von Sevilla ›Etymologiae‹ (das Universallexikon des Frühmittelalters), des Orosius’ (†410) ›Geschichte gegen die Heiden‹, Bedas ›Kirchengeschichte‹ und Homilien von ihm. Daß Liudger selber einen um 800 entstandenen Paulus-Codex geschrieben haben soll, gilt heute – wie gesagt – als fraglich[742]. Desgleichen ist unsicher, ob Werden als Schriftheimat einer der überkommenen Heliand-Handschriften angesehen werden kann. Doch ist neuerdings von der Sprachanalyse her als Entstehungsgebiet dieser altsächischen Evangeliums-Dichtung auch die niederländisch-niederdeutsche Übergangszone an der Issel ins Spiel gebracht worden, und damit wäre der Autor „am ehesten in Münster oder Werden“ zu suchen[743]. Im Ganzen sind von der Liudger-Bibliothek nur Zufallsreste erhalten geblieben. Immerhin wird sichtbar, was ein Interessierter wie Liudger aufzubauen vermochte.

VI. Liudgers Tod und Nachleben

1. Sterben und Bestattung

Der ‘gute Tod’ sei Ausweis eines guten Lebens – so hatte es Liudger seinem Lehrer Gregor nachgesagt. Entsprechend stellte es Altfried für Liudger selbst dar. Die Lebensbilanz, die er von ihm auflistet, führt noch einmal an: die Schülerschaft bei Gregor, die Vorbilder Bonifatius und Alkuin, der gern empfangene und erteilte Unterricht, überhaupt das Bücherstudium, vor allem die von Paulus empfohlene Mäßigkeit. Ausführlicher folgen dann die asketischen Verdienste: Wenn Liudger auch keine Mönchskutte getragen habe, so doch das rauhe Bußgewand direkt auf der Haut; Fleisch zu essen habe er nicht verachtet, ohne aber je von Speis und Trank übersättigt gewesen zu sein; Arme und Reiche habe er eingeladen und ihre Herzen zugleich mit den süßen Lehren des ewigen Lebens genährt. So war Liudger „der Vater der Bedürftigen“ und „der Verächter seiner selbst“, suchte wie der Apostel Paulus „allen alles zu sein“ (1Kor 9,19–23). Die Normannen aufzusuchen, habe König Karl ihm verboten[744], doch deren kommende Schreckenstaten habe er seiner Schwester Heriburg vorherverkündet[745]. Es waren insgesamt die bewährten Muster des hagiographischen Schemas, die Altfried hier auf Liudger anwandte. Die zweite Vita wiederholt dies alles, läßt aber punktweise noch anderes erkennen, zum Beispiel den unverkennbaren Adelsmann: Eitelkeit in der Kleidung habe Liudger nicht gemocht, „aber er ging angezogen in sehr guter und seiner Person passender Kleidung“[746]; die Einladung von Armen und Reichen an seinen Tisch geschah, wie für Ahlen berichtet wird, in der Weise, daß Liudger auf mehrmaliges Geschrei eines blinden Armen zunächst seinen Diakon hinausschickte, bis er dann Zulaß gewährte[747].

Unmittelbar vor seinem Tod begann ihn Krankheit niederzudrücken. Aber Liudger blieb bei seinen heiligen Lesungen und dem Psalmengesang, ließ in der Betrachtung des Höheren nicht nach, feierte auch möglichst jeden Tag die Messe. Noch am Sonntag vor der Nacht, in der er aus dieser Welt scheiden sollte, verabschiedete er sich von den ihm anvertrauten Schafen, predigte öffentlich in zwei seiner Kirchen, zuerst morgens früh in Coesfeld bei einer von einem seiner Priester gesungenen Messe, nochmals gegen 9 Uhr in Billerbeck, wobei er selber, von der Liebe noch einmal gestärkt, auch die Messe feierte, seine letzte. In der darauffolgenden Nacht, genau am Morgen des 26. März 809, „gab Liudger, von den Schülern umstanden, seine geliebte Seele dem Herrn zurück“. Daß es ein guter Tod war, bestätigte der Himmel. Denn der herbeieilende Priester-Neffe Gerfried sah kurz vor Eintreffen am Sterbebett „ein großes Licht wie Feuer in die Höhe steigen“; es war genau der Todesmoment gewesen: „Der eifrige Hüter und Liebhaber des wahren Lichtes wanderte zum Herrn“[748].

Wie schon bei Bonifatius folgte ein Streit um das Grab: Konnte der Bischof statt bei seiner Kathedra in seinem Eigenkloster zu Werden beerdigt werden? Das Volk stellte sich widerwillig, und so erfolgte zuerst eine Überführung nach Minnigernaford in die dortige Marienkirche, wo der Leichnam unbeerdigt verblieb und doch keine Verwesung zeigte. Der Neffe Hildigrim, Bischof von Châlons-sur-Marne, mußte bei Karl dem Großen vorsprechen, daß der Tote, wie von ihm selbst gewünscht, zu Werden beerdigt werden konnte[749]. Üblicherweise erhielt ein Abt sein Grab in der Porticus, in der Vorhalle der Kirche. Aber Liudger hatte sein Grab aus Bescheidenheit außerhalb anzulegen geboten. Und so geschah es auch. Er ruhte östlich der Kirche, bis sein Grab später in die Krypta einbezogen wurde.

2. Die Liudgeriden

Altfried feiert in der Liudger-Vita seine eigene Familie als ‘das neue Geschlecht’, „als Wegbereiter der Christianisierung in insgesamt fünf Generationen“[750]. Außer Liudger stellte dieses Geschlecht noch einen zweiten Bischof, den jüngeren Hildigrim. Bei Liudgers Rom-Reise war dieser mitgepilgert[751], und eine Urkunde von 796 erwähnt ihn als Diakon[752]. Seit 802 muß Hildigrim Bischof von Chalons-sur-Marne gewesen sein, ist also noch vor seinem älteren Bruder zur Kathedra aufgestiegen[753]. Bald treffen wir ihn zusätzlich als Bischof von Halberstadt[754] und als Gründer des 50 km nördlich gelegenen Klosters Helmstedt[755]. Mit alldem erweckt Hildigrim den Eindruck eines geistlichen Zwillingsbruders. So verwundert es nicht, daß er nach dem Tod Liusdgers als dessen Anwalt auftrat und sofort schon bei Karl dem Großen die Beerdingung in Werden durchsetzte: „Am 32. Tage seines Versterbens, das ist am 26. April, wurde er, wunderbar duftend, am genannten Ort [Werden] beigesetzt“[756]. Aber noch ein zweiter Liudgeride trat auf, der Priester-Neffe Ger-

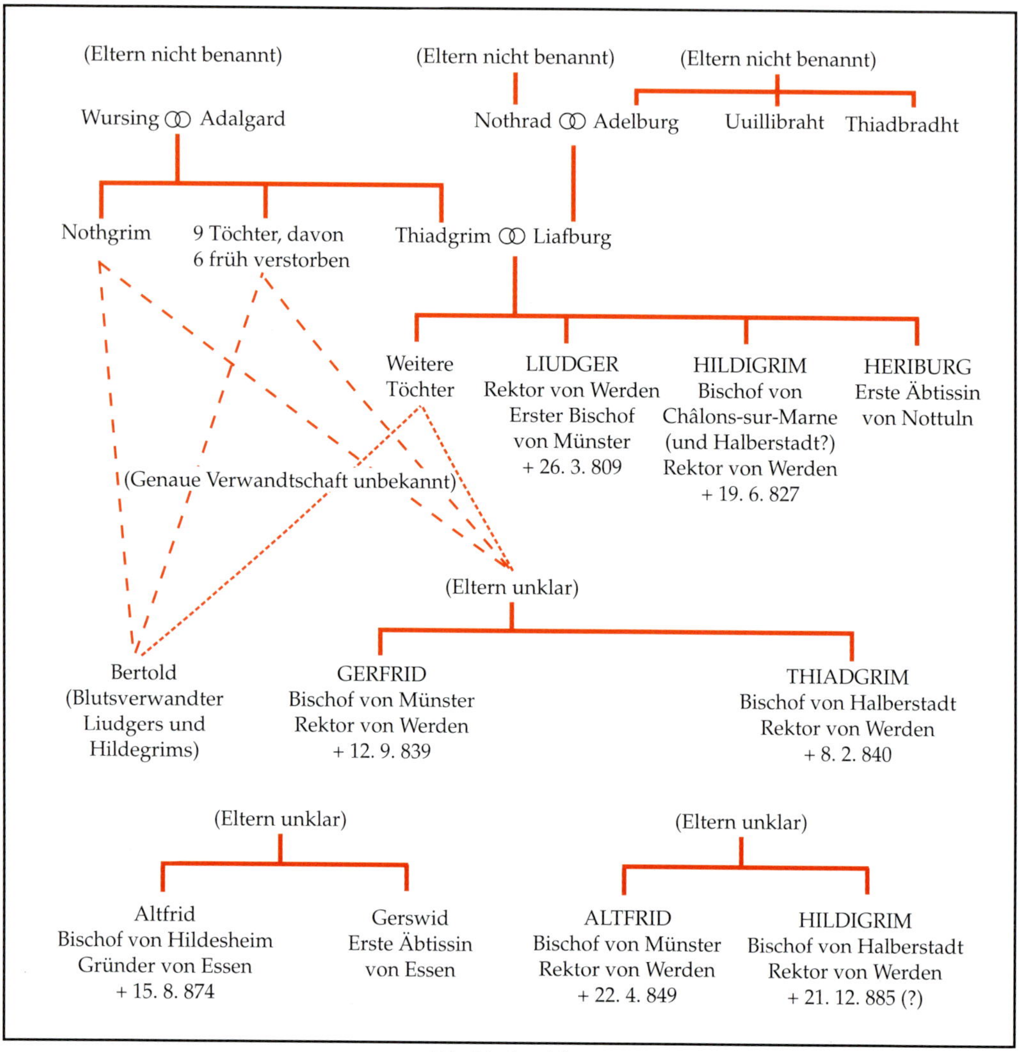

Die Liudgeriden

Der frühmittelalterliche Adel war abstammungsbewußt und führte sich auf halbgöttlische Spitzenahnen zurück. Mit der Christianisierung mußte diese Verbindung aufgegeben werden. An den Liudgeriden ist exemplarisch zu sehen, wie ihr erster Christ Wursing, der Großvater Liudgers, zum Begründer eines neuen, nun christlichen Adels wurde. Die nichtchristlichen Vorfahren sind „unnennbar" geworden.

fried. Er hatte auf dem Weg zum sterbenden Liudger dessen Licht-Seele auffahren sehen. Er wurde Liudgers Nachfolger in Münster[757]. Möglicherweise hat er an der großen Aachener Versammlung teilgenommen, die 816/17 die anianische Kloster-Gesetzgebung verabschiedete[758]. Mit Bestimmtheit war er bei den für 829 angesetzten Reform-Konzilien auf demjenigen zu Mainz[759].

Sowohl Hildigrim wie Gerfried übernahmen nach Liudgers Tod die Leitung in Werden. In Urkunden zwischen 820 und 845 werden beide als „Rektoren“ (*rectores*) und häufiger noch als „Wächter“ (*custodes*) des Klosters bezeichnet; das heißt, sie waren die Rechtsträger der Liudger-Stiftung. Der zweiten Liudger-Vita zufolge förderten sie das Kloster weiter und erhielten zum Schluß dort auch ihr Grab: „Bei diesen seinen Gebeinen ließen der ehrwürdige Bischof Hildigrim, des heiligen Liudger leiblicher Bruder, sowie Liudgers Neffe und Nachfolger Gerfried sich in frommer Zuflucht begraben; und sie statteten zusätzlich zum Erbgut, das der selige Liudger in hinreichender Größe an jene Reliquien übertragen hatte, den Ort Werden mit ihrem eigenen Erbe aus“[760].

Mit dem Jahr 848 treffen wir dann Altfried als Rektor an. Zu seiner Zeit wurde das Liudger-Grab geöffnet, der Leichnam erhoben und neu beigesetzt, und zwar, wie eigens mitgeteilt wird, in der noch nicht fertiggestellten Krypta[761], wobei damals die „Stelle des Baumes“, unter dem Liudger gebetet hatte, in den Bau einbezogen wurde[762]. Wohl zu dieser Erhebung schrieb Altfried die Vita Liudgers und fügte ihr die Wunder an. Mit der Erhebung und den ausgwiesenen Wundern war Liudger heilig gesprochen. Wir hören von seinem Festtag[763], und 847 erscheint er auch als Mitpatron: „Kirche des heiligen Salvators und des heiligen Liudger“[764]. Der Gründer stand nun als Patron im Mittelpunkt seiner Stiftung – das war die Vollendung des Liudgeriden-Klosters.

Doch setzte bald ein Streit zwischen den weltlichen und geistlichen Erben ein. Die Mönche wußten sich dem zu entziehen, erlangten zuletzt den Status eines Reichsklosters. Das Priestergeschlecht der Liudgeriden erwies sich „auf die Dauer nicht als lebensfähig“[765]. Was der Stifter Liugder einmal mit großem Aufwand begonnen hatte, scheiterte an den von ihm auch selbst vertretenen Ideen, an der Familien- und Clanfeindlichkeit des Christentums.

VII. Rückblick und Ausblick

1. Der vergessene Liudger

Das heutige historische Werturteil über Liudger zeichnet ihn mit nicht wenigen Superlativen aus: ‘Einzigartig’ sei er gewesen schon wegen seines Bildungsaufbruchs zu Alkuin; die Glaubensverkündigung bei fremden Völkern habe er ‘in seiner Person geradezu verinnerlicht’ und das ‘Postulat der Internationalität’ befolgt; gegenüber Karls Zwangsmission biete Liudger ein ‘missionarisches Konkurrenzmodell’; dem damaligen Reichsepiskopat sei er zum ‘Zeitkritiker’ geworden; über seinen Lehrer Gregor mitsamt Bonifatius habe er ‘keine Hagiographie’ geschrieben, vielmehr eine substantielle ‘Predigt’.

In Anbetracht seiner Hochadligkeit, der er zugehörte, hat Liudger scharfe Schnitte vollzogen. Statt des standesgemäßen Herrenlebens war es nun die apostolische Einfachheit mit Gemeinbesitz und eigener Hände Arbeit. Dem Entschluß zum lebenslangen Missionseinsatz, den er unter dem Eindruck des Bonifatius gefaßt hat, blieb er bis zur letzten Meßfeier und Predigt treu. Er floh vor dem drohenden Martyrium, was ihm aber nicht als Kleinmut oder gar Resignation ausgelegt werden darf, kehrte er doch jedes Mal wieder in die Mission zurück. Als erstaunlich wird man seine Bücherliebe bezeichnen müssen. Geboren in einer illiteralen, ‘sagenhaften’ Gesellschaft, stieg er in eine neue Religions- und Gedankenwelt ein, die ihn verwandelte und fortan ganz ausfüllte, so sehr, daß er sogar selbst zur Feder griff. Das neue Christentum verstand er als seinen Lebensinhalt. Dafür ging er in die Fremde, wollte immer draußen leben und missionieren. Andererseits blieb er ein Mitglied seiner Familie. Diese wußte sich den Karolingern verpflichtet, wie umgekehrt die Karolinger die Liudgeriden in die Rolle eines Priestergeschlechts hoben. Am stärksten brach das eigene Familienbewußtsein in der Stiftung des Hausklosters Werden durch.

Liudger ist für uns kein Anonymer, der nur legendenhaft faßbar wäre. Er erscheint als Akteur in seiner Zeit, tritt mit eigenem Gesicht hervor. Seine Person hat Kontur, die gerade durch neue historische Herangehensweisen noch deutlich an Farbe und Detail gewinnt: Liudger als Adelsmann und Neubekehrter, als Geistlicher und Missionar, als karolingischer Bildungsreformer und Bischof. Kein anderer Erstbischof in Sachsen zeigt soviel Profil. Ohne Leute seiner Art hätte sich das Karolinger-Reich nicht entfalten können.

Von diesem Liudger ist in der historischen Erinnerung wenig geblieben. Auch die drei Lebensbeschreibungen, so wertvoll sie sind, müssen erst interpretiert werden. Sein Heiligen-Emblem, die Gans, wirkt nur irreführend: Liudger habe wunderbarerweise Wildgänse, die die Saaten abweideten, vertrieben. Damit hat sich die bäuerliche Welt den karolingischen Missions- und Bildungsbischof auf ihren Boden geholt, eigentlich aber zur Unkenntlichkeit verniedlicht. Liudgers Grab in Werden zog Pilger an; doch den Besuch gerade auch von Adeligen zu seinem Festtag suchte der Konvent zu begrenzen, weil die Aufnahme und Verköstigung zu aufwendig wurde[766]. Seine Altar- und Kirchenpatrozinien beschränkten sich auf den regionalen Umkreis[767]. Liudgers wahre Rolle, die er in der Missionsarbeit und der Bildungspolitik zur Zeit Karls des Großen eingenommen hat, ist der Erinnerung entschwunden.

Daß überhaupt genug Material erhalten blieb, um heute noch Liudgers historische Größe zu umreißen, ist Werden zu verdanken, dem von ihm gestifteten Kloster seiner Memoria. Hier sind die drei Viten Liudgers entstanden, die aber in Wahrheit nur eine sind, nämlich die des Altfried, wozu die beiden nachfolgenden nur weitere Einschübe liefern. Aber selbst Altfrieds Erstvita gibt uns keineswegs die zu erwartende Vollinformation, teilt über den Missionar und Bischof kaum mehr als Routine mit. Dennoch ist sie die historische Erstquelle, die Liudger vor der reinen Legende bewahrte. Informationen bieten weiter die für Werden abgefaßten Urkunden, das dort von Liudger begründete Skriptorium und die Bibliothek. Wenn auch der ›Heliand‹ nicht, wie eine Zeit lang angenommen, hier entstanden ist, so werden doch für die Mission wichtige Texte hier lokalisiert: das altwestfälische Taufgelöbnis und die Werdener Beichte[768]. Letztendlich ist neben der Frage nach dem Fortwirken der Person Liudgers mehr nach der Fortwirkung der von ihm mitbetriebenen Christianisierung zu fragen.

2. Das fortwirkende Werk

Was die frühmittelalterliche Mission intendierte, bedeutete einen derartigen Religions- und Kulturbruch, daß die Bewältigung den weiteren mittelalterlichen Geschichtsverlauf ausmacht: die Durchsetzung der christlichen Religion, welche mit ihrem vergeistigten Gottesbild und der grundsätzlichen Forderung nach Innerlichkeit sowohl Mensch wie Welt umwandelte. Bei Einzelpersonen konnte dieser Sprung innerhalb der eigenen Lebensspanne geschehen, im Gesamtverhalten aber nur innerhalb längerer Umwandlungsprozesse. Liudger ist zweifellos eine solche Einzelperson gewesen, die gleichsam ruckartig aus der illiteraten Stammeskultur in die Bücherkultur hinüberwechselte. Diesen Wechsel hat er bewußt und bejahend vollzogen, und deswegen konnte er Lehrer und Missionar für andere werden. Er hatte die alte Welt noch in sich, aber nicht mehr als die seinige. In eine neue Welt ist er eingetreten, die nun zur Zukunft wurde. Insofern bietet er ein historisches Exempel.

In der religionsgeschichtlichen Langzeitperspektive war es der 'Durchbruch zum inneren Menschen'. Vor diesem Durchbruch erscheinen die Götter als menschengestaltig, als anthropomorph: Wie Menschen herrschen und hassen sie, essen auch und trinken, lieben und kämpfen. Von den Menschen unterscheiden sie sich durch ihre Unsterblichkeit. Der vergeistigende Durchbruch führt demgegenüber zur Transzendenz, daß die Götter bzw. der Gott alles Menschlich-Weltliche übersteigen. Die Götter sind nun rein 'geistig', werden damit – wie es die Religionsgeschichte ausdrückt – 'bedürfnislos': Götter/Gott bedürfen nicht des Blutes von Tier- und Menschenopfern, gar nicht mehr der materiellen Gaben von Menschen. Weil das Göttliche von so überlegenem Geist ist, gibt es überhaupt nur einen Gott. Was diesem einen Gott allein noch gefällt, ist das lautere Denken und das reine Herz, und eben das fordert er nun auch vom Menschen[769]. Es waren dies Forderungen schon der Antike: Der griechischen Philosophie zufolge suchte aller Gottesgeist die Verbindung mit des Menschen denkendem Nus[770], im israelitischen Prophetismus mit dem liebenden Herzen[771]. Dieser Überstieg stand nun auch für das Mittelalter an. Fortan sollte der Mensch in der Beziehung zu Gott allein Herz und Geist wirken lassen. „Der Eine und Einzige Gott findet im Akt seiner Weltzuwendung keinen anderen Partner als das Volk seiner Gläubigen und das menschliche Herz“[772]. In der Religionspraxis zählte jetzt allein noch, was geistig bzw. herzlich vom Menschen vor Gott vollzogen war. Diese neue Göttlichkeit mußte auch die Menschen verwandeln, mußte notwendig im menschlichen Innern eine neue Dimension für Geist und Herz wecken. Eben dieser Prozeß begann für Mitteleuropa mit der Missionierung.

Die Folgen betrafen letztlich die ganze Lebenswelt. Denn der innere Mensch verwandelte den äußeren. Das heißt: es änderten sich obendrein die Sozialstrukturen. Schon daß im Christentum die Schwachen und Armen als Gottes besondere Freunde gelten sollten, wirkte umstürzend. Die jedem frühmittelalterlichen Missionar und auch Liudger nachgerühmte Almosenvergabe war nur ein erstes äußeres Anzeichen. In Wirklichkeit sollten „die Niedrigen erhoben werden“ (vgl. Lk 1,52).

Die obligate Armen-Fürsorge veränderte sofort schon die Toten-Gaben: statt der Gaben für das Grab nun die Gaben für die Armen. Viele Germanen-Gruppen praktizierten seit der Spätantike die Sitte, ihren Toten den persönlichen Besitz mit ins Grab zu geben und der konnte sehr umfangreich sein; man denke nur an das Schiffsgrab des ostanglischen Königs Raedwald (†616/627) in Sutton Hoo[773], an das Fürstengrab unter dem Kölner Dom[774] oder auch an den 'Herrn von Morken'[775]. Sie alle hatten ihren wertvollen Besitz bei sich im Grab. Keine Investition hätte unproduktiver sein können, kommentiert George Duby, und dennoch sei sie die einzige gewesen, die diese unendlich arme Gesellschaft in großem Umfang betrieben habe. Erst die Christianisierung ließ die Gräber leer werden, und „darin ist möglicherweise der unmittelbarste und wichtigste Beitrag des Christentums zur ökonomischen Entwicklung zu sehen“[776]. Genau zur Zeit der angelsachsen Mission begann die Sitte der Grabbeigaben im Norden Galliens und am Rhein aufzuhören[777]. Ja, die inzwischen christianisierte Bevölkerung begann die alten Gräber auszurauben[778].

Wie wir gesehen haben, wurden allerdings die Totengaben nicht gänzlich abgeschafft, wandelten sich vielmehr zu einer Stiftung für das Seelenheil. Diese Stiftungen gingen aber nicht mehr ins Grab, sondern wurden sozial fruchtbar, dienten den Lebenden, sowohl dem

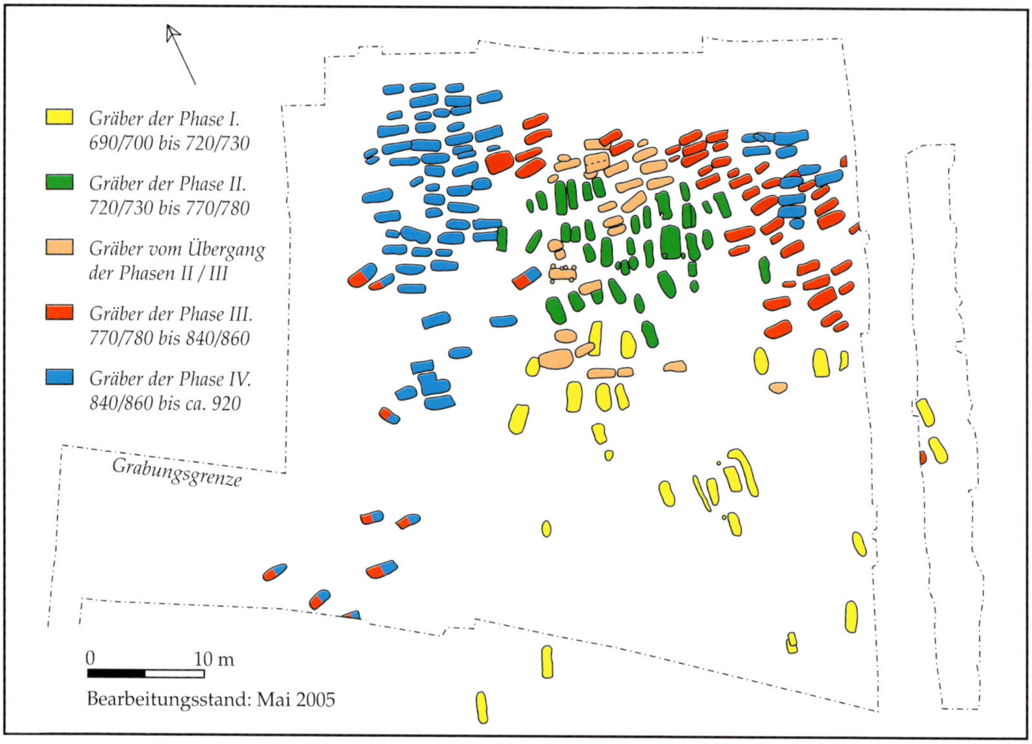

Christianisierung der Friedhöfe

Wie sich das Christentum im Volk durchsetzen konnte, zeigen die Friedhöfe, hier als Beispiel der Paschenberg bei Haltern-Flaesheim. Das älteste Grab ist das eines Kriegers aus dem ausgehenden 7. Jahrhundert. Daß sich die Gräber nach 780 gegen Osten ausrichteten, dürfte die Christianisierung anzeigen: dem aus dem Osten wiederkehrenden Christus entgegen. Karls des Großen Anordnung, nicht mehr bei den Grabhügeln der Heiden, sondern bei den Kirchen zu beerdigen, hat sich nicht sofort durchgesetzt. Wohl hörten die Grabgaben auf; ja, die älteren heidnischen Gräber wurden nun sogar ausgeraubt.

Kultus- wie Kultur-Aufbau, obendrein der Armensorge: „Die Christianisierung Europas schaffte nicht den Totenkult des Hortens an sich ab, sie veränderte nur radikal seinen Charakter. Was vorher endgültig verloren war, wurde nun zeitgebunden und somit fruchtbar“[779].

Tiefgreifende Veränderungen vollzogen sich sodann im Bereich von Ehe und Familie, von Frau und Kind. Verändert wurde sofort schon die Stellung der Frau. In den Wunderberichten sind die Geheilten zumeist Frauen[780]. Offenbar haben diese im Christentum sofort neue Chancen erfahren. Den Missionar Lebuin unterstützte in Deventer zuerst die Matrone Avaerhilde[781]. Weiter, die gallische Kirche hat vom späten 6. bis ins 8. Jahrhundert das Problem der Ehescheidung nicht anzusprechen gewagt. „Die Konzilien ignorierten Scheidung und Konkubinat und beschränkten sich auf das Verbot ‘inzestuöser’ Heiraten“[782]. Bonifatius war der erste – soweit wir sehen –, der die Unauflöslichkeit der Ehe wieder anmahnte[783]. Das betraf selbst auch die Karolinger. Pippins des Mittleren Frau, die resolute Plektrud, hat Nebenfrauen hinnehmen müssen und die Nachfolge des irgendwie 'neben-geborenen' Karl Martell nicht verhindern können[784]. König Pippin allerdings soll auf Betreiben Papst Stephans II. seine Absicht, sich von seiner Frau Bertrada zu trennen, wieder aufgegeben haben[785]. Die Diskussion verlief nicht nach einheitlichen Maßstäben. Jenes angelsächsische Bußbuch, das auf Erzbischof Theodor von Canterbury zurückgeführt wird und möglicherweise gerade bei den angelsächsischen Missionaren auf dem Kontinent in Gebrauch war, konzediert der Frau jenes Recht, das die Männer immer schon beansprucht hatten, nämlich bei einem Ehebruch ihres Partners neu heiraten zu dürfen[786]. Später, in den fünfziger Jahren des 8. Jahrhunderts, formulierte eine unter Erzbischof Chrodegang abgehaltene Synode den Grundsatz: *una lex est de viris et de feminis* – gleiches Recht für Mann und Frau[787]. Kein Zweifel, für die Frauen muß das Christentum vorteilhafte Aspekte geboten haben, und ihre Gleichheit wurde stetig wiederholt[788]. Mit der Frauenfrage haben auch die Missionare zu tun gehabt, ganz sicher mit dem Schutz neugeborener Kinder, stammt doch das wohl bekannteste Beispiel aus dem friesischen Missionsfeld, nämlich Liafburg, die Mutter der späteren Bischöfe Liudger und Hildigrim[789].

Zudem kommt in dieser Zeit ein neuer Familientyp auf, den Michael Mitterauer „gattenzentrierte Ehe" nennt. Der Typ 'Stammesfamilie' väterlicher Abstammung sei verschwunden zugunsten eines Typs nun, der sowohl für die Frau wie auch für die Verwandtschaft der Frau offen gewesen sei. „Es handelt sich also nicht um ein unilineares, sondern um ein bilaterales Verwandtschaftssystem. Gattenzentrierte Haushaltsorganisation und bilaterales Verwandtschaftssystem entsprechen einander. Wo die Gattenbeziehung zentral ist, dort kommt für die Kinder den Abstammungslinien beider Eltern Bedeutung zu"[790]. Letztlich wirkte sich hier der christliche Konsensgedanke aus: „Der von der Westkirche im Hochmittelalter entwickelten Konzeption der Eheschließung als Sakrament liegt die Vorstellung zugrunde, dass es die beiden Partner einander spenden. Dieser Konsensgedanke ist ein wesentliches Grundprinzip der 'gattenzentrierten Familie', in der nicht Abstammungsbindungen, sondern die Paarbeziehung im Mittelpunkt steht. Auf dem christlichen Konsensprinzip beruht – in langfristiger Entwicklung gesehen – das Ideal der Liebesehe, ebenso aber auch seine Kehrseite, die besondere Anfälligkeit dieser auf persönlicher Zuneigung und freier Entscheidung beruhenden Beziehungsform"[791].

Als weiterer Punkt sei die Sklaverei erwähnt. Hartmut Hoffmann hat den Kirchenleuten einen besonderen Anteil an dem Verschwinden der Sklaverei während der karolingischen Zeit zugesprochen und stellt dafür fest, „daß die Kirche im frühen Mittelalter in mehrfacher Hinsicht bemüht war, das Los der Sklaven zu verbessern. Sie hat sie vor willkürlicher Tötung und Mißhandlung geschützt; sie hat die Sklavenehe anerkannt; sie hat den Verkauf von christlichen Sklaven ins (heidnische) Ausland verboten; und sie hat die Leistungen der Sklaven in ihren Grundherrschaften fixiert und dadurch der willkürlichen Ausbeutung Schranken gesetzt. Angesichts der neuen Stellung scheint es nun nicht mehr angemessen, den servus oder das mancipium des 9. Jahrhunderts als 'Sklaven' zu bezeichnen"[792]. In diesem Umwandlungsprozeß müssen die Missionare wiederum eine aktive Rolle gespielt haben. So konnte etwa Bonifatius über die Mönche des soeben gegründeten Klosters Fulda schreiben, daß sie ohne Sklaven lebten und sich mit dem Ertrag eigener Arbeit begnügten[793]. Willibrords Kloster Echternach gibt uns einen ersten Einblick in die mit Hörigen betriebene Gutswirtschaft[794]. Sehen wir schon allgemein einen „tiefgreifenden Wandel der Agrarwirtschaft im Laufe des 7. Jahrhunderts vom Gutsbetrieb zu bipartiten Systemen“[795], wobei das alte Latifundium in einen zentralen Herrenhof und in nachgeordnete Unterhöfe aufgeteilt wurde, so bieten gerade die Willibrord-Urkunden eine nähere Einsicht: die „zweigeteilte Grundherrschaft“ mit Herrenhof und den nun behausten Sklaven (*servi casati*). Zumeist zeigt sich auf den Willibrord übertragenen Gütern, daß die Zahl der Mansen – der Hofstätten – genau mit der Anzahl der behausten Sklaven, die jeweils ihre eigene Familie hatten, übereinstimmten[796]. Weiter wird des öfteren auch von direkter Freilassung gesprochen[797]. Zudem hat Willibrord laut Alkuin junge Dänen, offenbar Sklaven, mitgenommen, um sie zu Missionaren für ihr Heimatland zu erziehen[798]. Wenn Klosterleute erwachsene Sklaven kauften, galt als Regel, so jedenfalls die Vita des Eligius (†660), daß diesen drei Möglichkeiten angeboten wurden: entweder in die Heimat zurückzukehren oder aber bei dem freikaufenden Abt zu verbleiben, offenbar als dessen Dienstleute, oder gar, wenn die Freigekauften sich dazu entschließen konnten, Mönche zu werden[799]. Als später das nordgallische Corbie in Sachsen das erste Kloster errichtete, waren unter den Mönchen auch zum Klosterleben konvertierte sächsische Gefangene, die in Corbie als Geiseln gewesen waren[800].

Die Liudger-Überlieferung bringt für diese Thematik wenigstens andeutende Beispiele. Aus dem „Nordgau“, dem friesischen Bistumsteil, wird ein erblindeter Irmengar erwähnt, „der dem heiligen Liudger früher in der Jugend gedient hatte“, aber nun einen neuen „Herrn“ hat, der zusammen mit seiner Frau den inzwischen Erblindeten zum Liudger-Grab nach Werden geleitet, wo sich Bischof und Abt Gerfried seiner annimmt[801]. Wie indes dieser Irmengar aus dem Dienst bei Liudger in den des neuen Herrn hinübergekommen ist, wird nicht mitgeteilt. Bei einem an Besessenheit leidenden Kolonen des Grafen Cobbo wendet sich dessen Mutter an ihre Herrin, die Frau des Cobbo, und erhält den Rat, sich zum Liudger-Grab zu begeben – was auf paternale Verhältnisse schließen lässt[802].

Was bei Werden über Grundherrschaft, Kolonen und Hörige aufscheint, gewinnt seine Bedeutung erst in einer größeren Perspektive, wie sie jüngst Michael Mitterauer aufgezeigt und in mehreren Punkten erläutert hat. Es ist erstens die Überwindung der alten Sklaverei zugunsten einer personalen Beziehung zum Herrn: Die neue Villikationsverfassung habe aus Sklaven ‘behauste Sklaven’ mit eigener Bauernwirtschaft gemacht, bei zugleich starker personaler Beziehung zu ihren Herren. „Die grundherrliche ‘familia’ des Frühmittelalters schließt vielfältige Gruppen von Unfreien, Leibeigenen, Hörigen, Schollengebundenen zu einem neuen Personalverband zusammen. Für eine sachenrechtliche Konzeption des Sklaven wie in der Antike ist hier kein Platz mehr. Die fundamentale Unterscheidung zwischen Freien und Sklaven verschwimmt bei diesen neuen Formen personaler Abhängigkeit. In der europäischen Landwirtschaft spielt Sklavenarbeit seither keine Rolle mehr. Sie kommt erst in der Plantagenwirtschaft des Frühkolonialismus auf“[803].

Zu nennen ist zuletzt noch die europäische Dimension. Nach dem Abschied von der Nationalgeschichte, dem Abschied auch von einem deutschen Christentum, tritt heute Europa, sogar die Globalität in den Vordergrund: das Zusammenleben der Vielen. Bei aller modisch gewordenen Etikettierung früherer Menschen und Ereignisse als bereits ‘europäisch’, verdient Liudger eine eigene Würdigung: Sein Utrecht ist ihm zur Schule der Internationalität geworden. Allgemein lieferte die Idee der

'Kirchen aus verschiedenen Völkern' die Theorie für das Karlsreich. Dies zu organisieren erforderte für die Kirchenleute eine Anbindung an das Kirchenzentrum, an das päpstliche Rom. Lassen wir hier alle konfessionellen Wertungen beiseite, wie sie besonders im 19. Jahrhundert das Missionsbild so oft verzerrt haben: Bonifatius wie Liudger als Römlinge, die ein deutsches Christentum verhindert, ja verdorben hätten. Heute wird demgegenüber die einheitsstiftende Wirkung gesehen. Aus der Homogenität des europäischen Sozial- und Kulturraums müsse auf starke Kräfte der Integration bzw. der Penetration geschlossen werden, schreibt Michael Mitterauer; denn die Westkirche habe sich als hochorganisierte Religionsgemeinschaft erwiesen, herbeigeführt durch das „religionsgeschichtlich einmalige Phänomen des Papsttums"[804].

Von der Langzeitentwicklung her rückschauend erfährt Liudgers Missionstätigkeit ihre europäische Bedeutung. Jacques Le Goff sieht Europa auf zwei Grundlagen basieren: „Die eine besteht aus der Gemeinschaft des Christentums ..., die andere aus der den vielförmigen unterschiedlichen Königreichen, gegründet auf ... ethischen und multikulturellen Traditionen ..."[805]. Für Hans-Dietrich Kahl hat im alten Europa „die Missionsgeschichte eine derart grundlegende Allgemeinbedeutung wie niemals davor oder danach, ... weil die Missionierung es ist, in deren Verlauf sich die Fundamentierung und Konstituierung vom 'Abendland' als ... historische Wesenheit ... ereignet"[806]. Das neuzeitliche Europa sei – so der Berliner Historiker Heinz Schilling, „in seinem Kern das Ergebnis geistiger und kultureller Prozesse, die über nahezu zwei Jahrtausende hin ihr Zentrum überwiegend in der Religion besaßen. Tonangebend war das Christentum"[807].

Als vor knapp hundert Jahren der Gerlever Benediktiner Fidelis Böser eine Festgabe zum elfhundertsten Todesjahr des Heiligen Liudger herausbrachte, feierte er die seit Jahrhunderten weiterhin „frommgläubige Gesinnung des hier ansässigen Volksschlags", konnte stolz auch auf die soeben geschehene Gründung des eignen Klosters verweisen, näherhin auf die Zähigkeit der bäuerlichen Stifter, „mit der sie an der Tadition der Altvorderen sich halten, die biedere Einfachheit ihres Charakters, der nur zwei Dinge hier im abgeschlossenen Westfalenhofe gelernt: Beten und Arbeiten – das alles sagt uns, daß wir hier echte Nachkommen der alten Sachsen vor uns haben, die einst mit derselben Hingabe dem 'Heliand' sich weihten, mit der sie vorher den Göttern ihrer rauschenden Wälder angehangen". Aber auch denen im Industriegebiet mit seinen sausenden Rädern und fallenden Hämmern habe Liudger heute etwas zu sagen: „Er würde seine Schritte lenken zu den reichen Fabrikanten und Zechenbesitzern, wie zu dem letzten Arbeiter"[808].

Das verflossene Jahrhundert hat uns neue Erfahrungen und Perspektiven sowohl eröffnet wie auch abgezwungen. Zumal die sozusagen natürliche Symbiose von Westfalentum und Christentum hat sich aufgelöst. Eine neue Mobilität ist Weltwirklichkeit geworden, die einstmalige Peregrinatio nun sozusagen als Habitus weltweit. Das betrifft ebenso die Religion. Wir messen heute Liudger eher an dem Faktor der Veränderung, an dem Aufbruch aus seiner 'natürlichen' Umwelt. Die Schritte, die er dafür in seinem Leben tat, gingen in eine weite Zukunft. Und wie er selbst wußte, hatte er sich damit auf verheißungsvolle wie aber auch „harte Wege" begeben.

ANHANG

Die Miniaturen der „Vita secunda sancti Liudgeri"

Die im Folgenden abgebildeten Miniaturen entstammen einer in Werden um 1100 entstandenen Handschrift mit der zweiten Liudger-Vita[809]. Die Handschrift ist ein liturgischer Libellus, aus dem an den Liudger-Festtagen Lesungen im Stundengebet vorgetragen wurden. Tatsächlich sind starke Benutzungsspuren festzustellen, die teilweise Farben und Konturen unkenntlich machen. Das Format der Handschrift mit 32 cm Höhe und 13 cm Breite erklärt sich vom Einband her, der ein um 400 angefertigtes elfenbeinernes Diptychon war. Mit der Säkularisation kam die Handschrift aus Werden nach Münster in die Paulinische Bibliothek. Von dort erwarb sie mit anderen Handschriften 1823 die Königliche Bibliothek in Berlin für 1200 Taler. Heute gehört sie zum Preußischen Kulturbesitz in der dortigen Staatsbibliothek.

Die Bilder folgen dem hagiographischen Typ der Vita: die glückliche, ja wunderbare Geburt, die wichtigen Lebensstationen, die vollbrachten Wundertaten, das selige Sterben, zuletzt die Wunder am Grab. Dieses Schema liegt jeder Heiligen-Vita zugrunde, und dem folgen auch die Miniaturen. Das Ergebnis wird gleichsam vorweggenommen im ersten Bild, dem „Patronatsbild", das Maria mit Jesuskind hoch über der Abtei Werden zeigt, dazu Liudger und Benedikt als Vermittler von der Erde zum Himmel. Für die wunderbaren Umstände bei Geburt und Kindheit stehen die Rettung der Mutter Liafburg und der bücherspielende Junge Liudger. Im Übergang zu den Lebenstaten folgt der Eintritt Liudgers in die Utrechter Klosterschule. Die Mission erscheint in der Neubestattung Lebuins zu Deventer, in Karls des Großen Übertragung des Klosters Lothusa an Liudger, in der Teufelsvertreibung auf Fosetesland (Helgoland). Die Bischofsweihe bildet dann den Abschluß. Es folgen die von Liudger in seiner Lebenszeit vollbrachten Wunder: die Heilung des erblindeten Bernlef und des Blinden in Ahlen, die Wiedererweckung des gesteinigten Buddo, der wunderbare Fischfang zu Leer, die Errettung des Gehenkten zu Meppen. Im Übergang zur letzten Station, dem Sterben, steht die Gründung Werdens, das Liudger zum Ort seiner Auferstehung bestimmte. Eindrucksvoll ist die Aufnahme der Liudger-Seele in den Himmel. Die Aufbahrung in Münster beweist mit der Unverwestheit und dem (wundertätigen) Blut die Heiligkeit, die Überführung nach Werden erfüllt Liudgers letzten Lebenswunsch. Die Wunder am Grab tun dort die gottbestätigte Heiligkeit kund, und darum pilgern Bittsteller herbei.

Patronatsbild der Abtei Werden

Das Bild ist zweigeteilt: auf Erden das Kloster und im Himmel die Patrone. Der Blick fällt von oben auf die Abtei Werden, so daß Haupt- und Hintergebäude, zuletzt noch die bezinnte Klostermauer erscheinen. Die Mönche halten Schriftbänder, die aber schriftlos sind und allgemein das Mönchsleben charakterisieren dürften. Ein roter Querbalken mit der Aufschrift VVERTHINA, S(ANCTUS) LI(UDGERUS) und S(ANCTUS) B(ENEDICTUS) bildet den Übergang zum Himmel. Dort thront die Gottesmutter mit dem Jesuskind. Die zu seiten stehenden Liudger und Benedikt nehmen die Mittlerstellung ein. Als Ort des Gebetes hat das Kloster seine Anwälte im Himmel, die – sofern nur das Mönchsleben lauter ist – das Kloster zum Gnadenort machen.

Die Rettung der kleinen Liafburg

Liafburg, die spätere Mutter Liudgers, sollte nach ihrer Geburt, weil wieder ein Mädchen, getötet werden. In einem überdachten Hof drücken zwei Knechte, wie es ihnen die heidnische Großmutter geboten hatte, die kleine Liafburg in einen Bottich, um sie zu ertränken. Eine christliche Nachbarin sieht das voller Entsetzen und wischt sich Tränen aus den Augen. Im unteren Bild erscheint nochmals die Nachbarin. Sie trägt jetzt auf ihrem Arm Liafburg, der sie inzwischen Honig gegeben und damit das Lebensrecht verschafft hat. Die Knechte, die mit Knüppeln herankommen, werden abgewiesen. Das (leere) Schriftband soll wohl die Abwehr legitimieren.

Das Kind Liudger spielt mit Büchern

Die Mutter Liafburg thront als Adelsfrau wie eine Stammutter vor ihrem wohlgefügten Haus mit hinter ihr stehenden Gefährtinnen. Der kleine Liudger spielt mit Büchern, die um ihn herumliegen; eins davon reicht er seiner Mutter hin, die ihm die Hand entgegenstreckt und ein anderes offenbar schon entgegengenommen hat, das sie in ihrer Linken hält. Von oben erscheint die Hand Gottes, segnet Liudgers Spiel und deutet damit auf dessen Zukunft als Bibelgelehrter. Künstlerisch ist gut getroffen der Spielgestus, obwohl die Viten betonen, Liudger habe sich um Kinder-Spiele gerade nicht gekümmert. Für sein Leben sollte er die Bücher lieben.

Liudgers Aufnahme in das Kloster in Utrecht
Der Vater Thiatgrim, begleitet noch von Verwandten oder Gefolgsleuten, übergibt den Jungen Liudger an Abt Gregor, der einen Stab hält und – wie auch seine zwei Begleiter – an der Tonsur als Kleriker erkenntlich ist. Die Übergabe geschieht in der Abtei, offenbar im Pfortenraum, aber nicht, wie eigentlich vorgeschrieben, in der Kirche am Altar. Abt Gregor streckt zum Empfang die rechte Hand aus. Der Vater umfaßt Liudger, der seine Hand Gregor entgegenstreckt. Doch schaut der Junge zum Abschied noch einmal zu seinem Vater auf, der ihn dann dem Abt übergibt. Liudger tritt in eine andere Welt ein, aus dem Adelshaus in die geistliche Schule. Wie er sind viele andere in jungen Jahren für das Klosterleben bestimmt worden.

Liudger bereitet Lebuin eine „ehrenvolle Grabstätte“ zu Deventer
Der in Tuch gewickelte Leichnam Lebuins wird im Kirchenraum neu bestattet. Der Diakon Liudger vollzieht den regulären Ritus: Er hält ein Kreuz und spricht die Gebete, wofür ihm ein Kleriker das Buch entgegenhält und ein zweiter mit Weihwasser bereitsteht. Zwei andere Kleriker betten den Leichnam, und das Christenvolk drängt herzu. Die Bergung des Lebuin-Leichnams war Liudgers erste Missionstat in dem von den Sachsen verwüsteten Deventer. Liudger selbst wollte sich später bescheidenerweise außerhalb der Kirche bestattet sehen.

Karl der Große verleiht Liudger das brabantische Kloster Lothusa/Leuze
In einem mit Türmen, Kuppeln und Zinnen bewehrten Palast – zu denken ist an Aachen – übergibt der erhöht thronende Kaiser an Liudger und seine Gefährten die Urkunde, symbolisiert durch ein Schriftband mit der Aufschrift: SIT TUA LOTHUSA. Rechts stehen kaiserliche Gefolgsleute mit ihren Schilden und einem Speer. Das Kloster sollte mit seinem Einkommen die Missionsarbeit unterstützen.

Liudger auf Fosetesland (Helgoland?) ▷
Zu Schiff nähert sich Liudger der Insel, die ein Dämonen-Ort ist. Der Heilige erhebt sich – so die Vita – mit dem Psalmwort: „Gott steht auf und seine Feinde zerstieben" (Ps 68,2). Er hält in seiner Linken ein (verblichenes) Stabkreuz. Dieses den Dämonen entgegengehaltene Kreuz steht genau in der Bildmitte. Hier verläuft die Scheidelinie zwischen Gott und Teufel. Gegenüber stehen sich der überirdische Sonnenglanz, aus dem die Gotteshand hervorkommt, und der Teufel, dessen dunkler Nebel sein böses Tun anzeigt. Mit Kreuz und Segensgestus kann Liudger es wagen, durch das Tor hineinzufahren. Mission ist hier gedeutet als Geisterkampf, und so hat es auch Liudger verstanden.

Die Weihe Liudgers zum Bischof

Am 30. März 805 wurde Liudger in Köln zum Bischof geweiht. Das Bild zeigt ihn in der Mitte mit erhobenen Händen, überhöht noch von einem Architekturbogen. Zwei in rote Kaseln gehüllte Bischöfe vollziehen den Ritus. Der rechts am Altar stehende Konsekrator gießt aus einem Horn das Salböl aus; es ist Hildebald von Köln, der zugleich „Erzbischof des heiligen Palastes" zu Aachen war. Liudger soll sich gegen die Weihe gesträubt haben. Tatsächlich war sein jüngerer Bruder Hildigrim bereits 802 Bischof von Chalons-sur-Marne und später auch von Halberstadt.

Liudger heilt den blinden Bernlef

Der Erblindete war ein friesischer Sänger heidnischer Lieder und kriegerischer Heldentaten gewesen, dann Christ geworden und zuletzt erblindet. Bei einer Begegnung mit Liudger erfaßte er – so die Vita – die Zügel von dessen Pferd, und der Heilige nahm sich seiner an, auferlegte ihm Buße und vermochte ihm das Augenlicht wiederzugeben. Liudgers Segensgestus entspricht der Gotteshand, die aus den Wolken hervorkommt. Der Heilige wirkt als Instrument Gottes. Anders als der Vitenbericht aussagt, hält Liudger die Zügel des Pferdes hinter Bernlef, als ob es diesem gehörte. Im übrigen zeigt die Darstellung, wie Liudger unterwegs ist, dabei weltlich bunte Kleidung trägt und mehrere Berittene bei sich hat, die – weil keine Tonsur zu erkennen ist – offenbar Laien sind.

Liudger heilt einen Blinden in Ahlen
Die bischöfliche Pflicht der Pfarrvisitation erfüllend, kommt Liudger nach Ahlen. Dieses ist als türmereiche Stadt und mit einem palastartigen Pfarrhaus dargestellt. Liudger sitzt mitten an der Festtafel, hervorgehoben noch mit seinem großen Heiligenschein; nebenan bedienen ein Diakon und ein Diener. Unten aber liegt der Blinde, der sich durch nicht zu beruhigendes Geschrei Zutritt verschafft hat, nun dank Liudgers erhobener Segenshand seine Heilung erfährt und die Augen schon geöffnet hat. Barmherzigkeit in Form von Almosen wie aber auch von Wunderheilungen bestätigen den wahren Gottesmann samt seinem neuen Glauben.

Steinigung des Pferdediebes Buddo in Hessen

Der Dieb ist zwischen zwei Baumstämmen ausgespannt und an Händen und Füßen festgebunden. Gefolgsleute Herzog Widukinds steinigen den schon ganz von Blut Überströmten. In den Wolken erscheint Christus, erkenntlich am Kreuznimbus, und nimmt die menschengestaltige Seele des Sterbenden zu sich. Liudger, der den Hingerichteten später wieder zum Leben erwecken wird, ist hier nicht mit dargestellt. Religionslogisch wirft die Szene Probleme auf, denn Liudger – so wird unterstellt – habe die Seele bei der Wiederbelebung des Gesteinigten aus der Himmelshand zurückgeholt. Die Fürsorge für Gefangene und besonders für Verurteilte ist im Frühmittelalter Pflicht eines jeden wahren Heiligen.

Das Fischwunder zu Leer

Wie schon das Ereignis selbst phantastisch ist, so auch die Darstellung: ein Fisch, genau ein Stör, stürzt aus einer dichten Wolke in einen Fluß, wo ihn Fischer fangen und dann Liudger präsentieren. Ob des Himmelssturzes waren die Fischer höchst verwundert, und der Miniaturist stellt es entsprechend verwunderlich dar. Liudger scheint in der Rechten ein Buch zu halten und verweist mit der Linken bedeutungsvoll nach oben. Fischwunder werden vielen Heiligen zugeschrieben.

Der Gehenkte von Meppen

Liudger wird an einem Sonntag Zeuge einer Hinrichtung, einer Hängung am Galgen. Die Bauern, die eine allgemeine Versammlung abgehalten hatten, verhöhnen erregt gestikulierend den Gehenkten. Derweil kommt ein in Gestalt und Glanz mächtiger Engel und stützt dem Hängenden die Füße, so daß er am Leben bleibt. Liudger ist nicht dargestellt; er soll, wie die Vita berichtet, die Bauern ermahnt haben, nicht das Hören der Sonntagsmesse zu versäumen. Das Wunder des am Galgen Überlebens oder auch des Reißens des Galgenstricks ist religionsgeschichtlich über das Christentum hinaus anzutreffen.

Liudger und der Gehenkte in Aschendorf
Weil der Heilige und der Gehenkte ein in der Religionswelt weithin behandeltes Thema sind, muß es nicht verwundern, daß das Wunder hier zwei Bilder erhält. Am Abend, als Liudger in Aschendorf Station macht und zu Tische sitzt, kommt der Gehenkte von Meppen. Er ist von dem Engel, der ihn am Galgen abgestützt hatte, begleitet. Nun wirft er sich dem Heiligen zu Füßen und berichtet von seiner Rettung: Eine himmlische Gestalt, die er zuvor als Begleitperson Liudgers gesehen hatte, habe ihm die Füße gehalten und nun hierher geführt. Liudger wird damit als „engelgleich" dargestellt, als Heiliger, der Umgang mit Engeln hat. Zu den im Frühmittelalter obligaten Wundern gehört die Befreiung von Gefangenen, ob nun aus dem Gefängnis oder vom Galgen, und dabei wirkten oft Engel mit.

Gründung des Klosters Werden

Berichtet wird von der Gründung Werdens, die in der Zweiten Vita legendär ausgestaltet ist. Das Hauptbild zeigt Liudger neben jenem Baum, unter dem er gebetet hatte und wo er dann nach einem Unwetter den Klosterplatz vorgezeichnet fand. Wie ein Heiliger sitzt er auf einem Thron, sein Antlitz ist vom Lichtglanz seines großen Nimbus umstrahlt, den die Gotteshand berührt: Liudgers Klostergründung ist Ergebnis göttlicher Erleuchtung. Laien gibt er die nötigen Anweisungen für den Klosterbau. Das obere Bild zeigt die begonnene Arbeit.

Die Seele Liudgers wird zum Himmel emporgetragen

Der Tod des Heiligen ist Kulminationspunkt jeder Vita. Hier offenbart sich, daß sein Leben wirklich heilig war. Der Leichnam Liudgers ist bereits eingehüllt und wird allseits betrauert. Die Seele steigt als Feuerkugel empor, denn sie ist das göttliche Lebenslicht und strebt zu ihrem Ursprung zurück. Hier ist sie zusätzlich als Personkern und darum als Menschengestalt mit noch der Tonsur dargestellt. Gleichwohl vermag die Seele nicht aus eigener Kraft aufzusteigen, sondern wird von Engeln emporgetragen. Im Himmel empfängt sie Jesus Christus oder aber, weil der Kreuznimbus fehlt, der Erzengel Michael. Die sich emporwölbende Erde entspricht dem sich herabwölbenden Himmel, die sich indes nicht berühren. Die Distanz zwischen beiden ist der letzte Weg, zu dem Engel das Geleit geben.

Liudger wird in Münster aufgebahrt

Bis geklärt war, ob Liudger, wie von ihm gewünscht, in Werden beerdigt werden konnte, verblieb sein Leichnam an seinem Bischofssitz in Münster, dort in der Marienkirche. Die Bahre ist abgestellt und der Leichnam mit einem Purpurtuch überdeckt. Wunderbarerweise verweste der Leichnam nicht. Nur aus der Nase lief, wie von Liudger vorhergesagt, noch Blut, das hier, wohl von einem Mönch, in einer Schüssel aufgefangen wird. Mönche und Weltleute umstehen den Toten und trauern. Einer hält das (Prozessions-)Kreuz; der andere trägt den Bischofs- bzw. Abtsstab und könnte der Nachfolger Gerfried sein.

Die Überführung Liudgers nach Werden

Zwei Mönche tragen den heiligen Leib, der hier nur verkürzt wie im Querformat zu sehen ist. Der Werdener Konvent tritt dem toten Stifter entgegen, vornean der Abt, dann die Mönche und vor ihnen die Klosterschüler, von denen einer das Stabkreuz trägt. Der Abt begrüßt den ankommenden Toten liturgisch mit Weihrauch, der züngelnd aus dem Kohlenfaß aufsteigt. Mit der Bestattung in Werden erreichte Liudger sein Lebensziel, den 'Ort seiner Auferstehung'. Bescheidenerweise hatte der Heilige sein Grab außerhalb der Kirche gewünscht. Doch wurde dasselbe später in die Kirche einbezogen. Um sein Grab versammelten sich die Liudgeriden, nahmen als 'heiliges Priestergeschlecht' die Obhut wahr und ließen sich hier ebenfalls beerdigen.

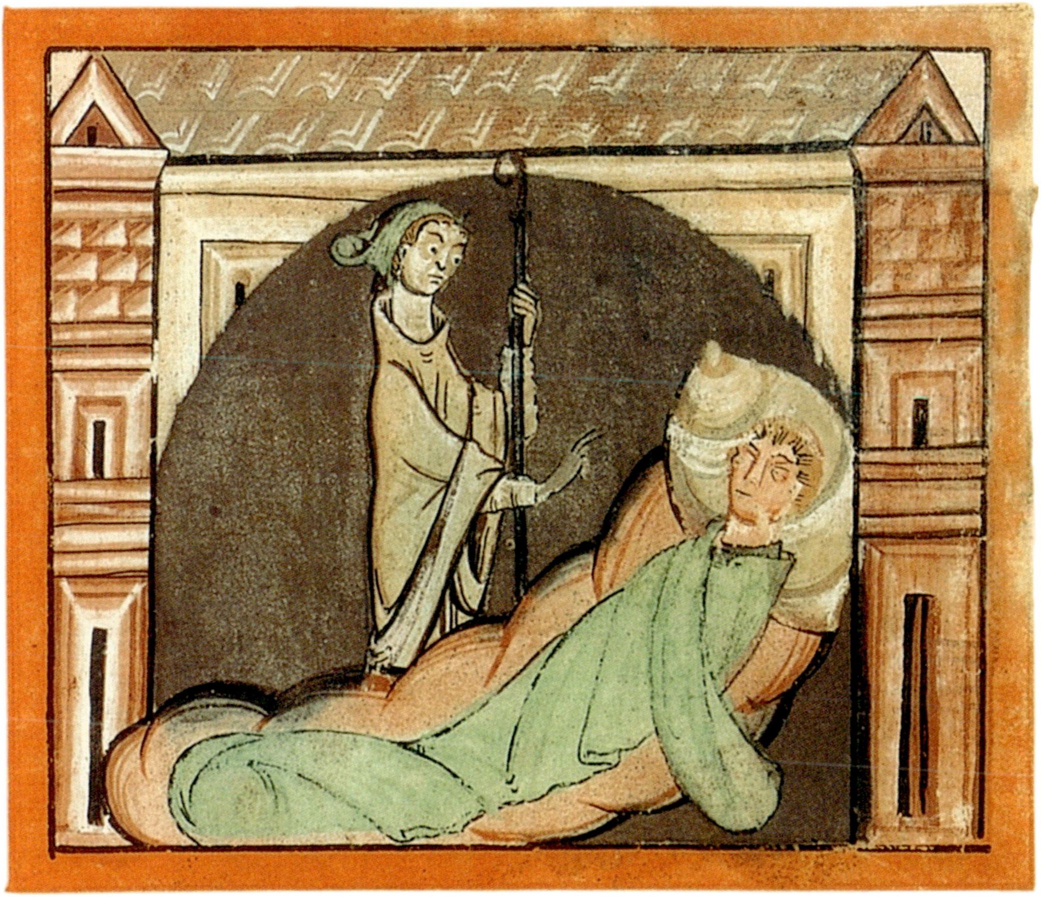

Liudger erscheint seinem Schüler, dem kranken Mönch Hildirad

Ein Heiliger ist nicht tot, ist vielmehr in die bessere Welt hinübergegangen und vermag von dort her wieder auf Erden zu erscheinen. So kommt Liudger im Traum zum kranken Mönch Hildirad. Dieser ist in üppige Kissen gebettet und liegt mit geschlossenen Augen da. Der aus dem Jenseits herzutretende Liudger erscheint vergeistigt, mit einer seltsamen Kopfbedeckung und dem Bischofs- bzw. Abtsstab. Mit der Rechten erteilt er dem Kranken eine Weisung für die Heilung. Träume galten als Botschaften des Jenseits, waren zuverlässig, zumal wenn sie von Heiligen oder Engeln stammten, konnten aber auch Trugspiel des Teufels sein. Liudger, so will das Bild zeigen, ist seinem Konvent jederzeit und in aller Not verbunden. Hildirad war noch sein Schüler gewesen.

Heilung des Mädchens Modsuit

Im Grab ist der Heilige gegenwärtig. Seine im Himmel weilende Seele bleibt mit dem Leib verbunden, so daß das Grab zum heiligen Ort wird. Selbstverständlich gilt das auch für das Werdener Liudger-Grab, das darum von Bittestellern aufgesucht wird. Das Bild zeigt die erblindete Modsuit, die ihre Eltern hergeführt haben und nun mit ihr die Nacht am Liudger-Grab in der Krypta verbringen. Die Erblindete selbst hat sich vor dem Altar niedergeworfen und die Eltern unterstützen sie flehentlich. Der eigentliche Adressat ist Liudger, der hier ruht. Zu sehen sind sein Altar mit Kreuz und Kelch samt Patene, dahinter das Grabgewölbe mit dem Sarkophag und obenauf der Schrein. Liudgers Gebeine waren zur Zeit des Malers bereits 'zur Ehre der Altäre erhoben'. Das heißt: Die Gebeine waren nicht mehr im Sarg, sondern ruhten in einem Schrein hinter dem Altar mit einer Lampe noch darüber. Gleichwohl blieb der alte Sarkophag verehrungswürdig. Jeder wahre Heilige hat den Schwachen und Kranken, darunter besonders den Frauen, beizustehen. In Wirklichkeit aber ist es die Hand Gottes, die auf Liudgers Fürbitte hilfreich eingreift.

Der Mönch Adelward wird Zeuge einer Teufelsvertreibung

Der als Küster tätige Mönch Adelward geht abends durch die Kirche, um das Ewige Licht zu überprüfen, das rechts als Leuchter zu sehen ist. Doch plötzlich gewahrt er den Teufel. In seinem Schrecken ruft er Liudger an. Der Maler läßt Michael auftreten, der mit Schild und Speer zur Vertreibung schreitet, während Adelward verschreckt hingekniet ist, mit seinen Händen den Altar und den Schrein Liudgers umfaßt. So gesichert wendet er sich um und verfolgt die Vertreibung mit. Ein wahres Kloster hat so viel geistliche Potenz, daß sich hier kein Teufel halten kann und darum sichere Zuflucht geboten ist. Das übergroße Format des Engels mit seinen Waffen betont die Realistik. In anderen Wunderberichten muß der Teufel nicht selten mit realen Waffen und Schlägen, von den Mönchen dann mit dem Kreuz, vertrieben werden.

Die Feuer-Vision

Ein Werdener Mönch betet eines Nachts in der Krypta, die sich währenddessen mit wunderbarem Lilienduft füllt, der immer ein Zeichen von Gottespräsenz ist. Zugleich bildet sich eine Feuerkugel, die gleichfalls Gott vergegenwärtigt. Der Mönch ist wie festgebannt und erhebt betend die Arme. Derweil steigt die Kugel empor und löst sich auf. Das Bild zeigt den Mönch in der Krypta, dazu die Flammen, aber nicht die Feuerkugel. Gegenüber steht der erhöhte Liudger-Schrein mit einer Krone darüber, die wohl als Leuchterkrone zu deuten ist: Der Heilige hat die Krone des Lebens empfangen und leuchtet nun den Menschen. Letztlich aber macht sich beim Heiligen Gott selbst gegenwärtig; er ist es, der sich ob der Verdienste des hier Verehrten vergegenwärtigt und die Wunder wirkt.

Heilungsbitte einer Gichtbrüchigen

Der flehentlich aufblickende Vater schiebt seine gichtbrüchige Tochter in einem Bettkasten auf Kufen in die Kirche. Die beiden bewegen sich auf den überwölbten Altar zu. Dieser ist feierlich mit Tüchern bedeckt und dürfte der Hauptaltar sein, auf dem ein Kelch steht. Die Szene zeigt ein Detail von dem Elend, das sich täglich zu den Heiligen-Gräbern hinbewegte. Medizinhistorisch gesehen dürften damals nur wenige Menschen frei von gesundheitlichen Beeinträchtigungen haben leben können. Vom Heiligen erhoffte man nun Linderung und Heilung. Lange hat die moderne Forschung die Wunderberichte als Märchenerzählungen und Mönchsbetrug zur Steigerung eigener Einkünfte angesehen. Heute wird hier ein Kapitel der Sozialgeschichte gerade auch des einfachen Volkes entdeckt.

Anmerkungen

1 WALTER POHL, Franken und Sachsen: Die Bedeutung ethnischer Prozesse im 7. und 8. Jh., in: CHRISTOPH STIEGEMANN / MATTHIAS WEMHOFF (Hgg.), 799 – Kunst und Kultur der Karolingerzeit. Karl der Große und Papst Leo III. in Paderborn, Katalog der Ausstellung Paderborn 1999, Mainz 1999, Bd 3, S. 233–236, S. 234.

2 LUDGER MEIER, Die Odyssee eines Historienbildes, in: Verein alter Dionysianer von Rheine 46 (2004), S. 8–20.

3 LUDGER MEIER, Die Odyssee eines Historienbildes, in: Verein alter Dionysianer von Rheine 46 (2004), S. 8–20.

4 KARL SCHMID, Die ›Liudgeriden‹. Erscheinung und Problematik einer Adelsfamilie, in: KARL SCHMID, Gebetsgedenken und adliges Selbstverständnis im Mittelalter. Ausgewählte Beiträge. Festgabe zu seinem sechzigsten Geburtstag, Sigmaringen 1983, S. 305–335, S. 319f.

5 EDUARD HEGEL, Geschichte der Katholisch-Theologischen Fakultät Münster. 1773–1964, Bd. 1 (Münsterische Beiträge zur Theologie 30,1), Münster 1966, S. 374.

6 HEINRICH TIEFENBACH, Zur frühen Werdener Sprachgeschichte. Die Namengraphien der Vita Liudgeri, in: ELVIRA GLASER / MICHAEL SCHLAEFER (Hgg.), Grammatica ianua artium. FS Rolf Bergmann, Heidelberg 1997, S. 169–183.

7 Altfried, Vita Liudgeri I prol.; ed. WILHELM DIEKAMP, Die vitae sancti Liudgeri (GQBM 4), Münster 1881, S. 4: *Exempla etiam et actus sancti Liudgeri ideo plene comprehendere nequeo, quia non ea visu, sed auditu didici*; Übersetzung: BASILIUS SENGER, Das Leben des heiligen Liudger von Altfrid (Kleine Westfälische Reihe V/6*), Bielefeld-Bethel 1959, S. 3.

8 RUDOLF SCHIEFFER, Altfrid von Münster, in: Die deutsche Literatur des Mittelalters. Verfasserlexikon 1 (1978), Sp. 295f.; LUTZ E. VON PADBERG, Die Liudger-Viten in der angelsächsischen Tradition der Missionsarbeit im geistlichen Familienverband, in: ECKHARD FREISE (Hg.), Die Vita Sancti Liudgeri. Text, Übersetzung und Kommentar, Forschungsbeiträge, Graz/Bielefeld 1999, S. 113–126; WALTER BERSCHIN, Biographie und Epochenstil im lateinischen Mittelalter, Bd. 3: Karolingische Biographie 750–920 n. Chr. (Quellen und Untersuchungen zur lateinischen Philologie des Mittelalters 10), Stuttgart 1991, S. 41–56.

9 HEINZ LÖWE, Liudger als Zeitkritiker, in: Historisches Jahrbuch 74 (1955), S. 79–91.

10 ALOIS SCHRÖER, Das geistliche Bild Liudgers, in: DERS., Die Kirche in Münster im Wandel der Zeit. Ausgewählte Abhandlungen, Aufsätze und Vorträge zur Kirchengeschichte und religiösen Volkskunde des Bistums und Fürstbistums Münster, Münster 1994, S. 3– 37, S. 8.

11 WALTER BERSCHIN, Biographie und Epochenstil im lateinischen Mittelalter, Bd. 3: Karolingische Biographie 750–920 n. Chr. (Quellen und Untersuchungen zur lateinischen Philologie des Mittelalters 10), Stuttgart 1991, S. 47–49.

12 THEODOR SCHIEFFER, Wilhelm Levison, in: Rheinische Vierteljahrsblätter 40 (1976), S. 225–242.

13 WILHELM LEVISON, England and the continent in the eighth century, Oxford [4]1966, S. 1, S. 62.

14 HORST FUHRMANN u.a., Theodor Schieffer 1910–1992, ohne Ort u. Jahr.

15 THEODOR SCHIEFFER, Winfrid-Bonifatius und die christliche Grundlegung Europas, Freiburg 1954.

16 EUGEN EWIG, Die Merowinger und das Frankenreich, Stuttgart u.a. [3]1997; EUGEN EWIG, Spätantikes und fränkisches Gallien. Gesammelte Schriften (1952–1973), Bd. 1–2, hg. von HARTMUT ATSMA, München 1976 und 1979.

17 KURT BÖHNER u.a. (Hgg.), Das erste Jahrtausend. Kultur und Kunst im werdenden Abendland an Rhein und Ruhr, 2 Textbde. und ein Tafelbd., Düsseldorf 1962/64.

18 WOLFGANG BRAUNFELS (Hg.), Karl der Große. Lebenswerk und Nachleben, 5 Bde., Düsseldorf 1965–1968.

19 HANS-DIETRICH KAHL, Die ersten Jahrhunderte des missionsgeschichtlichen Mittelalters. Bausteine für eine Phänomenologie bis ca. 1050, in: KNUT SCHÄFERDIEK (Hg.), Kirchengeschichte als Missionsgeschichte, Bd. 2,1: Die Kirche des frühen Mittelalters, München 1978, S. 11–76.

20 KNUT SCHÄFERDIEK, Columbans Wirken im Frankenreich (591–612), in: DERS., Schwellenzeit. Beiträge zur Geschichte des Christentums in Spätantike und Frühmittelalter (Arbeiten zur Kirchengeschichte 64) hg. von WINRICH A. LÖHR / HANNS CHRISTOF BRENNECKE, Berlin/New York 1996, S. 349–379; KNUT SCHÄFERDIEK, Art. Germanenmission, in: RAC 10 (1978), Sp. 492–548;

Knut Schäferdiek, Art. Germanen, Germania, Germanische Altertumskunde (§ 46. Christianisierung), in: RGA 11 (1998), S. 388–395.

21 Karl Hauck, Apostolischer Geist im genus sacerdotale der Liudgeriden. Die „Kanonisation" Liudgers und Altfrids gleichzeitige Bischofsgrablege in Essen-Werden, Essen 1986.

22 Karl Schmid, Die ›Liudgeriden‹. Erscheinung und Problematik einer Adelsfamilie, in: Ders., Gebetsgedenken und adliges Selbstverständnis im Mittelalter. Ausgewählte Beiträge. Festgabe zu seinem sechzigsten Geburtstag, Sigmaringen 1983, S. 305–335.

23 Lutz E. von Padberg, Heilige und Familie. Studien zur Bedeutung familiengebundener Aspekte in den Viten des Verwandten- und Schülerkreises um Willibrord, Bonifatius und Liudger (QMRKG 83), Mainz [2]1997; Lutz E. von Padberg, Die Inszenierung religiöser Konfrontationen. Theorie und Praxis der Missionspredigt im frühen Mittelalter (Monographien zur Geschichte des Mittelalters, Bd. 51), Stuttgart 2003; Lutz E. von Padberg, Mission und Christianisierung. Formen und Folgen bei Angelsachsen und Franken, Stuttgart 1995;

24 Arnold Angenendt, Kaiserherrschaft und Königstaufe. Kaiser, Könige und Päpste als geistliche Patrone in der abendländischen Missionsgeschichte (Arbeiten zur Frühmittelalterforschung 15), Berlin/New York 1984; Arnold Angenendt, Bonifatius und das Sacramentum initiationis. Zugleich ein Beitrag zur Geschichte der Firmung, in: RQ 72 (1977), S. 133–183; Arnold Angenendt, Mission – christlich und frühmittelalterlich, in: Eckhard Freise (Hg.), Die Vita Sancti Liudgeri. Text, Übersetzung und Kommentar, Forschungsbeiträge, Graz/Bielefeld 1999, S. 127–149; Arnold Angenendt, Ex occidente lux. Europas west-östliches Religionsgefälle, in: Joachim Ehlers (Hg.), Deutschland und der Westen Europas im Mittelalter (Vorträge und Forschungen 56), Stuttgart 2002, S. 7–51; Arnold Angenendt, Wie das Christentum nach Westfalen kam, in: Auf Dein Wort hin. 1200 Jahre Christentum in Stadtlohn, hrsg. v. der Katholischen Kirchengemeinde St. Otger Stadtlohn, Stadtlohn 2000, S. 12–38; Arnold Angenendt, Die Christianisierung Nordwesteuropas, in : Christoph Stiegemann / Matthias Wemhoff (Hgg.), 799 – Kunst und Kultur der Karolingerzeit. Karl der Große und Papst Leo III. in Paderborn, Katalog der Ausstellung Paderborn 1999, Mainz 1999, Bd. 2, S. 421–433.

25 Martin Carver (Hg.), The Cross goes North. Processes of Conversion in Northern Europe, AD 300–1300, York 2003.

26 Janet L. Nelson, Politics and ritual in early medieval Europe (History series 42), London u.a. 1986.

27 Rosamond McKitterick, The Carolingians and the written word, Cambridge u.a. 1989; Rosamond McKitterick (Hg.), Carolingian culture. Emulation and innovation, Cambridge u.a. 1994.

28 Ian Wood, The Missionary life. Saints and the Evangelisation of Europe 400–1050, Essex 2001, S. 100–122.

29 Donald A. Bullough, Alcuin. Achievement and Reputation. Being Part of the Ford Lectures Delivered in Oxford in Hilary Term 1980 (Education and society in the Middle Ages and Renaissance 16), Leiden/Boston 2004.

30 Eckhard Freise, Das Frühmittelalter bis zum Vertrag von Verdun (843), in: Wilhelm Kohl (Hg.), Westfälische Geschichte in drei Textbänden und einem Bild- und Dokumentarband, Bd. 1: Von den Anfängen bis zum Ende des alten Reiches (Veröffentlichungen der Historischen Kommission für Westfalen im Provinzialinstitut für Westfälische Landes- und Volksforschung des Landschaftsverbandes Westfalen-Lippe 43), Düsseldorf 1983, S. 275–335; Eckhard Freise, Vom vorchristlichen Mimigernaford zum *honestum monasterium* Liudgers, in: Franz-Josef Jakobi (Hg.), Geschichte der Stadt Münster, Bd. 1, Münster 1993, S. 1–51; Eckhard Freise (Hg.), Die Vita Sancti Liudgeri. Vollständige Faksimile-Ausgabe der Handschrift Ms. theol. lat. fol. 323 der Staatsbibliothek zu Berlin – Preußischer Kulturbesitz, Text, Übersetzung und Kommentar, Forschungsbeiträge, Graz/Bielefeld 1999.

31 Wilhelm Winkelmann, Beiträge zur Frühgeschichte Westfalens. Gesammelte Aufsätze (Veröffentlichungen der Altertumskommission im Provinzialinstitut für Westfälische Landes- und Volksforschung Landschaftsverband Westfalen-Lippe 8), Münster [2]1990.

32 Gabriele Isenberg, Kulturwandel einer Region. Westfalen im 9. Jahrhundert, in: Christoph Stiegemann / Matthias Wemhoff (Hgg.), 799 – Kunst und Kultur der Karolingerzeit. Karl der Große und Papst Leo III. in Paderborn, Katalog der Ausstellung Paderborn 1999, Mainz 1999, Bd. 1, S. 314–323.

33 BASILIUS SENGER, Liudger. Leben und Werk, Münster 1990.

34 ALOIS SCHRÖER, Das geistliche Bild Liudgers, in: DERS., Die Kirche von Münster im Wandel der Zeit. Ausgewählte Abhandlungen, Aufsätze und Vorträge zur Kirchengeschichte und religiösen Volkskunde des Bistums und Fürstbistums Münster, Münster 1994, S. 3–37.

35 PIUS ENGELBERT, Liudger und das fränkische Mönchtum seiner Zeit, in: ECKHARD FREISE (Hg.), Die Vita sancti Liudgeri. Text, Übersetzung und Kommentar, Forschungsbeiträge, Graz/Bielefeld 1999, S. 151–166, S. 152.

36 PIUS ENGELBERT, Liudger und das fränkische Mönchtum seiner Zeit, in: ECKHARD FREISE (Hg.), Die Vita sancti Liudgeri. Text, Übersetzung und Kommentar, Forschungsbeiträge, Graz/Bielefeld 1999, S. 151–166, S. 166.

37 PIUS ENGELBERT, Liudger und das fränkische Mönchtum seiner Zeit, in: ECKHARD FREISE (Hg.), Die Vita sancti Liudgeri. Text, Übersetzung und Kommentar, Forschungsbeiträge, Graz/Bielefeld 1999, S. 151–166, S. 166.

38 PIUS ENGELBERT, Liudger und das fränkische Mönchtum seiner Zeit, in: ECKHARD FREISE (Hg.), Die Vita sancti Liudgeri. Text, Übersetzung und Kommentar, Forschungsbeiträge, Graz/Bielefeld 1999, S. 166.

39 NORBERT BROX, Zur christlichen Mission in der Spätantike, in: KARL KERTELGE (Hg.), Mission im Neuen Testament (Quaestiones disputatae 93), Freiburg/Basel/Wien 1982, S. 190–237, S. 191.

40 ADOLF VON HARNACK, Die Mission und Ausbreitung des Christentums in den ersten drei Jahrhunderten, Leipzig [4]1924, Nachdruck Wiesbaden o. J., S. 552.

41 ADOLF VON HARNACK, Die Mission und Ausbreitung des Christentums in den ersten drei Jahrhunderten, Leipzig [4]1924, Nachdruck Wiesbaden o. J., S. 115.

42 ADOLF VON HARNACK, Die Mission und Ausbreitung des Christentums in den ersten drei Jahrhunderten, Leipzig [4]1924, Nachdruck Wiesbaden o.J., S. 529–552.

43 Tertullian, Ad Nationes I 9; ed. J. G. PH. BORLEFFS (CChr.SL 1), Turnhout 1954, S. 9–76, S. 22[23].

44 Tertullian, De Corona XII 4; ed. A. KROYMANN (CChr.SL 2), Turnhout 1954, S. 1037-1065, S. 1059[30]; Übersetzung: HEINRICH KELLNER, Vom Kranze des Soldaten, hg. von GERHARD ESSER (Bibliothek der Kirchenväter, 2. Aufl., Reihe 1, Bd. 24), München 1915, S. 230–264, S. 256.

45 NORBERT BROX, Das Frühchristentum, Freiburg u.a. 2000, S. 339f.

46 NORBERT BROX, Das Frühchristentum, Freiburg u.a. 2000, S. 353.

47 Augustinus, Epistola 199, 48; ed. A. GOLDBACHER, S. Aureli Augustini Hipponiensis Episcopi Epistulae (CSEL 57), S. 287[3].

48 JOSEF RATZINGER, Volk und Haus Gottes in Augustins Lehre von der Kirche (Münchener Theologische Studien, 2. Systematische Reihe 7), München 1954, S. 127–135; vgl. auch JOSEF RATZINGER, Die christliche Brüderlichkeit, München 1960; ARNOLD ANGENENDT, Monachi peregrini. Studien zu Pirmin und den monastischen Vorstellungen des frühen Mittelalters (MMA 6), München 1972, S. 157f.

49 CHRISTOPH MARKSCHIES, Zwischen den Welten wandern. Strukturen des antiken Christentums, Frankfurt a. M. 1997, S. 13–37.

50 JAN ASSMANN, Zur Geschichte des Herzens im Alten Ägypten, in: DERS., Die Erfindung des inneren Menschen. Studien zur religiösen Anthropologie (Studien zum Verstehen fremder Religionen 6), Gütersloh 1993, S. 81–113, S. 82.

51 JACOB TAUBES, Zur Konjunktur des Polytheismus, in: KARL HEINZ BOHRER (Hg.), Mythos und Moderne. Begriff und Bild einer Rekonstruktion, Frankfurt a. M. 1983, S. 457–470, S. 460; JAN ASSMANN, Ma‘at. Gerechtigkeit und Unsterblichkeit im Alten Ägypten, München 1990, S. 149.

52 HEINRICH DÖRRIE, Überlegungen zum Wesen antiker Frömmigkeit, in: ERNST DASSMANN / KARL SUSO FRANK (Hgg.), Pietas. Festschrift für Bernhard Kötting (Jahrbuch für Antike und Christentum, Ergänzungsband 8), Münster 1980, S. 3–14, S. 12.

53 HEINRICH DÖRRIE, Überlegungen zum Wesen antiker Frömmigkeit, in: ERNST DASSMANN / KARL SUSO FRANK (Hgg.), Pietas. Festschrift für Bernhard Kötting (Jahrbuch für Antike und Christentum, Ergänzungsband 8), Münster 1980, S. 3–14, S. 11.

54 Tertullian, De virginibus velandis I,1; ed. E. DEKKERS (CChr.SL 2), Turnhout 1954, S. 1209[9].

55 HANS HÜBNER, Art. Paulus, Apostel (I. Neues Testament), in: TRE 26 (1996), S. 133–153, S. 133.

56 Augustinus, Über den Nutzen des Glaubens 35; ed. ANDREAS HOFFMANN, Augustinus, De utilitate credendi (Fontes Christiani 9), Freiburg u.a. 1992, S. 184f.

57 NORBERT BROX, Kirchengeschichte des Altertums, Düsseldorf 1983, S. 145.

[58] Jack Goody, Die Logik der Schrift und die Organisation von Gesellschaft, Frankfurt 1990, S. 77–88.

[59] Jochen Martin, Spätantike und Völkerwanderung (Oldenbourg Grundriß der Geschichte 4), München ⁴2001, S. 78.

[60] Max Weber, Wirtschaft und Gesellschaft, Grundriß der verstehenden Soziologie, hg. von Johannes Winckelmann, Tübingen ⁵1976, S. 288.

[61] Max Weber, Wirtschaft und Gesellschaft, Grundriß der verstehenden Soziologie, hg. von Johannes Winckelmann, Tübingen ⁵1976, S. 267.

[62] Max Weber, Wirtschaft und Gesellschaft. Grundriß der verstehenden Soziologie, hg. von Johannes Winckelmann, Tübingen ⁵1976, S. 324.

[63] Pierre Hadot, Philosophie als Lebensform. Geistige Übungen in der Antike, Berlin 1991, S. 15–47.

[64] Joachim Gnilka, Jesus von Nazareth, Botschaft und Geschichte (HThK.S 3), Freiburg i. Br. u.a. 1990, S. 166–250.

[65] H. Reiner, Art. Gewissen, in: Historisches Wörterbuch der Philosophie 3 (1974), Sp. 574–592, Sp. 579.

[66] Henry Chadwick, Betrachtungen über das Gewissen in der griechischen, jüdischen und christlichen Tradition (Rheinisch-Westfälische Akademie der Wissenschaften. Vorträge G 197), Opladen 1974, S. 17.

[67] Jochen Martin, Spätantike und Völkerwanderung (Oldenbourg Grundriß der Geschichte 4), München 1987, S. 78.

[68] Hinnerk Bruhns, Armut und Gesellschaft in Rom, in: Hans Mommsen / Winfried Schulze (Hgg.), Vom Elend der Handarbeit. Probleme historischer Unterschichtenforschung (Geschichte und Gesellschaft. Bochumer Historische Studien 24), Stuttgart 1981, S. 27–49, S. 34f.

[69] Moses I. Finley, Die antike Wirtschaft, München 1977, S. 34.

[70] Paul Veyne, Brot und Spiele. Gesellschaftliche Macht und politische Herrschaft in der Antike, Darmstadt 1990, S. 42.

[71] Albrecht Dihle, Art. Ethik, in: RAC 6 (1966), Sp. 646–796, Sp. 686.

[72] Otto Gerhard Oexle, Armut und Armenfürsorge um 1200. Ein Beitrag zum Verständnis der freiwilligen Armut bei Elisabeth von Thüringen, in: Philipps-Universität Marburg, Sankt Elisabeth. Fürstin, Dienerin, Heilige, Sigmaringen 1981, S. 78–100, S. 78.

[73] Bettina Eva Stumpp, Prostitution in der römischen Antike, Berlin 1998, S. 29, S. 33.

[74] Werner Weismann, Art. Gladiator, in: RAC 11 (1981), Sp. 23–45, Sp. 40.

[75] Arnold Angenendt, Geschichte der Religiosität im Mittelalter, Darmstadt 1997, S. 359–378.

[76] Arnold Angenendt, Der Taufritus im Frühen Mittelalter, in: Segni e riti nella Chiesa Altomedievale Occidentale (SSAM 33), Spoleto 1987, S. 278–321; Georg Kretschmar, Die Geschichte des Taufgottesdienstes in der alten Kirche, in: Leiturgia. Handbuch für den Evangelischen Gottesdienst 5 (1971), S. 1–348.

[77] Traditio Apostolica 15–20; ed. Georg Schöllgen / Wilhelm Geerlings, Didache. Traditio apostolica (Fontes Christiani 1), Freiburg i. Br. u.a. 1991, S. 244–257; Wilhelm Geerlings, Einleitung zur Traditio Apostolica, in: Georg Schöllgen / Wilhelm Geerlings, Didache. Traditio apostolica (Fontes Christiani 1), Freiburg i. Br. u.a. 1991, S. 180–191.

[78] Wolfram Kinzig / Christoph Markschies / Markus Vinzent, Tauffragen und Bekenntnis. Studien zur sogenannten „Traditio Apostolica" zu den „Interrogationes de fide" und zum „Römischen Glaubensbekenntnis" (Arbeiten zur Kirchengeschichte 74), Berlin/New York 1999.

[79] Traditio Apostolica 21; ed. Georg Schöllgen / Wilhelm Geerlings, Didache. Traditio apostolica (Fontes Christiani 1), Freiburg i. Br. u.a. 1991, S. 260–263.

[80] Joseph Ratzinger, Taufe und Formulierung des Glaubens, in: EThL 49 (1973), S. 76–86.

[81] Arnold Angenendt, Kaiserherrschaft und Königstaufe. Kaiser, Könige und Päpste als geistliche Patrone in der abendländischen Missionsgeschichte (Arbeiten zur Frühmittelalterforschung 15), Berlin/New York 1984, S. 91–164.

[82] Traditio Apostolica 15; ed. Georg Schöllgen / Wilhelm Geerlings, Didache. Traditio apostolica (Fontes Christiani 1), Freiburg i. Br. u.a. 1991, S. 244 f.

[83] Arnold Angenendt, Kaiserherrschaft und Königstaufe. Kaiser, Könige und Päpste als geistliche Patrone in der abendländischen Missionsgeschichte (Arbeiten zur Frühmittelalterforschung 15), Berlin/New York 1984, S. 91.

[84] Karl Berg, Die Werke des heiligen Caesarius von Arles als liturgiewissenschaftliche Quelle (Teildruck) (Diss. Pontificia Universitas Gregoriana, Rom), München 1946, S. 48–54.

85 JOSEPH H. LYNCH, Godparents and Kinship in Early Medieval Europe, Princeton/New Jersey 1986.

86 BERNHARD JUSSEN, Patenschaft und Adoption im frühen Mittelalter. Künstliche Verwandtschaft als soziale Praxis, Göttingen 1991.

87 WERNER DAHLHEIM, An der Wiege Europas. Städtische Freiheit im antiken Rom, Frankfurt a. M. 2000, S. 145.

88 WOLFGANG SPEYER, Art. Barbar I., in: RAC Erg. Bd. 1 (2001), Sp. 811–895, Sp. 833, Sp. 837.

89 ARNOLD ANGENENDT, Der eine Adam und die vielen Stammväter. Idee und Wirklichkeit der „Origo gentis" im Mittelalter, in: PETER WUNDERLI (Hg.), Herkunft und Ursprung. Historische und mythische Formen der Legitimation, Sigmaringen 1994, S. 27–52.

90 HEIKO STEUER, Art. Häuptling, Häuptlingtum, in: RGA 13 (1999), S. 291–311, S. 294.

91 GEORG PETER LANDMANN, Das Gedicht vom Kriege. Homers Ilias, Heidelberg 1992, S. 17f.

92 NORMAN M. NAIMARK, Flammender Haß. Ethnische Säuberung im 20. Jahrhundert, München 2004, S. 12, S. 14.

93 CHRISTIAN VOGEL, Vom Töten zum Mord. Das wirkliche Böse in der Evolutionsgeschichte, München/Wien 1989, S. 36, S. 54, S. 56.

94 WOLFGANG WIESER, Große Systemübergänge. Zur sozialen Evolution von Tieren und Menschen, in: Merkur 57,3 (2003), S. 207–218, S. 213.

95 WOLFGANG SPEYER, Art. Genealogie, in: RAC 9 (1976), Sp. 1145–1268, Sp. 1209.

96 Klemens von Rom, Der erste Brief an die Korinther, in: ANDREAS LINDEMANN / HENNING PAULSEN (Hgg.), Die Apostolischen Väter, griech.-dt., Tübingen 1992, S. 77–151, S. 81.

97 Schrift an Diognet 5,4f., in: KLAUS WENGST (Hg.), Didache (Apostellehre), Barnabasbrief, Zweiter Klemensbrief, Schrift an Diognet, griech.-dt. (Schriften des Urchristentums 2), Darmstadt 1984, S. 283–348, S. 319.

98 ERNST DASSMANN / GEORG SCHÖLLGEN, Art. Haus II (Hausgemeinschaft), in: RAC 13 (1986), Sp. 801–905, Sp. 877ff.

99 JACQUES DUPONT, Jésus et la famille dans les évangiles, in: Communautés et Liturgies 62 (1980), S. 477–491; ROY A. HARRIS-VILLE, Jesus and the Family, in: Interpretation 23 (1969), S. 425–438.

100 ERNST DASSMANN / GEORG SCHÖLLGEN, Art. Haus II (Hausgemeinschaft), in: RAC 13 (1986), Sp. 801–905, Sp. 878.

101 JEAN GAUDEMET, Art. Familie I (Familienrecht), in: RAC 7 (1969), Sp. 286–358, Sp. 343.

102 RICHARD REITZENSTEIN, Hellenistische Mysterienreligionen nach ihren Grundgedanken und Wirkungen, Leipzig [3]1927, Nachdruck Darmstadt 1980, S. 28f.

103 JAN ASSMANN, Die Mosaische Unterscheidung oder der Preis des Monotheismus, München/Wien 2003, S. 31–34.

104 ERNST BALTRUSCH, Die Juden und das Römische Reich. Geschichte einer konfliktreichen Beziehung, Darmstadt 2002, S. 117–119, S. 117f.

105 ERNST BALTRUSCH, Die Juden und das Römische Reich. Geschichte einer konfliktreichen Beziehung, Darmstadt 2002, S. 117–119, S. 119.

106 ALEXANDER DEMANDT, Die Kelten, München [2]1999, S. 46–48.

107 CARSTEN COLPE, Einführung in die Geschichte und neue Perspektiven, in: M. J. VERMASEREN (Hg.), Études préliminaires aux religions orientales dans l'empire Romain, Leiden 1981, S. 1–40, S. 4.

108 HEINRICH SCHLIER, Mächte und Gewalten im Neuen Testament (Quaestiones disputatae 3), Freiburg u.a. 1958, S. 11–36; CLEMENS ZINTZEN, Art. Geister (Dämonen), in: RAC 9 (1976), Sp. 640–668.

109 Origines, Contra Celsum V, 25; ed. MARCEL BORRET, Origène contre Celse 3 (Livres V et VI) (Sources chrétiennes 147), Paris 1969, S. 74ff.; Übersetzung: Des Origenes acht Bücher gegen Celsus 2: Buch V–VIII, übers. von PAUL KOETSCHAU (Bibliothek der Kirchenväter, 2. Aufl., Reihe 1,53), München 1927, S. 38f.

110 JOSEF RATZINGER, Die Einheit der Nationen. Eine Vision der Kirchenväter, Salzburg/München 1971, S. 41–68.

111 Isidor von Sevilla, Ethymologiarum sive originum VIII, 1,1; ed. WALLACE M. LINDSAY, Isidori Hispalensis Episcopi Etymologiarum sive originum. Libri XX, Oxford 1911, ohne Seitenangabe.

112 JOHN E. STAMBAUGH / DAVID L. BALCH, Das soziale Umfeld des Neuen Testaments (Das Neue Testament deutsch, Ergänzungsreihe 9), Göttingen 1992, S. 33–58.

113 ERIK PETERSON, Theologische Traktate, München 1951, S. 45–147.

114 HERMANN-JOSEF VOGT, Politische Erfahrung als Quelle des Gottesbildes bei Kaiser Konstantin d. Gr., in: HELMUT FELD (Hg.), Dogma und Politik. Zur politischen Hermeneutik theologischer Aus-

sagen. Mit Beiträgen von Helmut Feld u.a., Mainz 1973, S. 35–61.

115 Walter Ullmann, Gelasius I. (492–496). Das Papsttum an der Wende der Spätantike zum Mittelalter (Päpste und Papsttum 18), Stuttgart 1981, S. 85.

116 Otto Treitinger, Die oströmische Kaiser- und Reichsidee nach ihrer Gestaltung im höfischen Zeremoniell. Vom oströmischen Staats- und Reichsgedanken, Darmstadt [3]1969; Herbert Hungert, Reich der neuen Mitte. Der christliche Geist der byzantinischen Kultur, Graz u.a. 1965, S. 61–109; Gunther Gottlieb, Art. Kaiserpriester, in: RAC 19 (2001), Sp. 1104–1135.

117 Hans-Georg Beck, Vom Umgang mit Ketzern. Der Glaube der kleinen Leute und die Macht der Theologen, München 1993, S. 19.

118 Michael Richter, Irland im Mittelalter. Kultur und Geschichte, Stuttgart/Berlin u.a. 1983, S. 42–47; Dáibhí ó Cróinín, Early Medieval Ireland 400–1200, London/New York [2]1996, S. 14f.

119 Josef Vogt, Kulturwelt und Barbaren. Zum Menschheitsbild der spätantiken Gesellschaft, Mainz 1967, S. 40.

120 Hans-Georg Beck, Christliche Mission und politische Propaganda im byzantinischen Reich, in: SSAM 14, Spoleto 1967, S. 649–674, S. 654.

121 Arnold Angenendt, Kaiserherrschaft und Königstaufe. Kaiser, Könige und Päpste als geistliche Patrone in der abendländischen Missionsgeschichte (Arbeiten zur Frühmittelalterforschung 15), Berlin/New York 1984, S. 5–11.

122 Arnold Angenendt, Kaiserherrschaft und Königstaufe. Kaiser, Könige und Päpste als geistliche Patrone in der abendländischen Missionsgeschichte (Arbeiten zur Frühmittelalterforschung 15), Berlin/New York 1984, S. 247–259.

123 Arnold Angenendt, Kaiserherrschaft und Königstaufe. Kaiser, Könige und Päpste als geistliche Patrone in der abendländischen Missionsgeschichte (Arbeiten zur Frühmittelalterforschung 15), Berlin/New York 1984, S. 289–296.

124 Walter Pohl, Die Völkerwanderung. Eroberung und Integration, Stuttgart 2002; Arnold Angenendt, Das Frühmittelalter. Die abendländische Christenheit von 400–900, Stuttgart [3]2001, S. 147–232.

125 Michael Richter, Irland im Mittelalter. Kultur und Geschichte, Stuttgart/Berlin u.a. 1983; Arnold Angenendt, Das Frühmittelalter. Die abendländische Christenheit von 400–900, Stuttgart [3]2001, S. 147–232; Michael Richter, Art. Irland (§ 1. Historisches), in: RGA 15 (2000), S. 494–498; Ludwig Bieler, Art. Hibernia, in: RAC 15 (1991), Sp. 1–26.

126 Thomas Fischer, Die Römer in Deutschland, Stuttgart 1999.

127 Alexander Demandt, Die Spätantike. Römische Geschichte von Diocletian bis Justinian (284–565 n. Chr) (HKAW III,6), München 1989, S. 491.

128 Walter Pohl, Die Völkerwanderung. Eroberung und Integration, Stuttgart 2002, S. 215.

129 Wolfgang Speyer, Art. Gallia II (literaturgeschichtlich), in: RAC 8 (1972), Sp. 927–962, Sp. 928.

130 Marco Mostert, Het geschreven woord bij de Friezen in de zevende en achtste eeuw, in: P. Bange / A. G. Weiler (Hgg.), Willibrord, zijn wereld en zijn werk (Middeleeuwse Studies VI), Nijmegen 1990, S. 256–268.

131 Rosamond McKitterick, The Carolingians and the written word, Cambridge u.a. 1989, S. 166–178.

132 Klaus E. Müller, Das magische Universum der Identität. Elementarformen sozialen Verhaltens. Ein ethnologischer Grundriß, Frankfurt a. M./New York 1987, S. 95.

133 Klaus E. Müller, Das magische Universum der Identität. Elementarformen sozialen Verhaltens. Ein ethnologischer Grundriß, Frankfurt a. M./New York 1987, S. 95.

134 Klaus E. Müller, Das magische Universum der Identität. Elementarformen sozialen Verhaltens. Ein ethnologischer Grundriß, Frankfurt a. M./New York 1987, S. 140.

135 Klaus E. Müller, Das magische Universum der Identität. Elementarformen sozialen Verhaltens. Ein ethnologischer Grundriß, Frankfurt a. M./New York 1987, S. 90.

136 W. Pohl, Art. Gentilismus, in: RGA 11 (1998), S. 91–101.

137 Karl Hauck, Haus- und sippengebundene Literatur mittelalterlicher Adelsgeschlechter von Adelssatiren des 11. und 12. Jahrhunderts her erläutert, in: Walther Lammers (Hg.), Geschichtsdenken und Geschichtsbild im Mittelalter (Wege der Forschung 21), Darmstadt 1965, S. 165–199, S. 173; Karl Hauck, Lebensnormen und Kultmythen in germanischen Stammes- und Herrschergenealogien, in: Saeculum 6 (1955), S. 186–223; allgemein: Gerd Althoff, Verwandte, Freunde und Getreue. Zum politischen Stellenwert der

Gruppenbildung im frühen Mittelalter, Darmstadt 1990, S. 66–76.

138 H. H. Anton u.a., Art. Origo gentes, in: RGA 22 (2003), S. 174–210.

139 Hans Hattenhauer, Europäische Rechtsgeschichte, Heidelberg 1992, S. 31f.; Karl F. Werner, Art. Adel (A. Fränkisches Reich, Imperium, Frankreich), in: LMA 1 (1980), Sp. 118–128.

140 Georges Duby, Krieger und Bauern. Die Entwicklung der mittelalterlichen Wirtschaft und Gesellschaft bis um 1200 (suhrkamp taschenbuch wissenschaft 454), Frankfurt a. M. 1987, S. 65.

141 Herwig Wolfram, Das Reich und die Germanen zwischen Antike und Mittelalter (Das Reich und die Deutschen 1), Berlin 1990, S. 32.

142 Walter Pohl, Die Völkerwanderung. Eroberung und Integration, Stuttgart 2002, S. 221.

143 Heiko Steuer, Art. Schwert (§ 6. Völkerwanderungs- und Merowingerzeit), in: RGA 27 (2004), S. 568–593, bes. S. 589ff.; Heiko Steuer, Art. Schwertanhänger, in: RGA 27 (2004), S. 597–601.

144 Hermann Nehlsen, Sklavenrecht zwischen Antike und Mittelalter. Germanisches und römisches Recht in den germanischen Rechtsaufzeichnungen 1: Ostgoten, Westgoten, Franken, Langobarden (Göttinger Studien zur Rechtsgeschichte 7), Göttingen u.a. 1972; Hans Hattenhauer, Europäische Rechtsgeschichte, Heidelbhauer 1992, S. 32f.

145 Arnold Angenendt, Das Frühmittelalter. Die abendländische Christenheit von 400–900, Stuttgart [3]2001, S. 36–42.

146 Reinhard Wenskus, Die germanische Welt am Vorabend des Hunnensturms, in: Theodor Schieder (Hg.), Handbuch der Europäischen Geschichte 1: Europa im Wandel von der Antike zum Mittelalter, Stuttgart 1976, S. 94–107, S. 96.

147 Arnold Angenendt, Das Frühmittelalter. Die abendländische Christenheit von 400–900, Stuttgart [3]2001, S. 153–155.

148 Michael Mitterauer, Warum Europa? Mittelalterliche Grundlagen eines Sonderwegs, München 2003, S. 85.

149 B. Maier, Art. Germanen, Germania, Germanische Altertumskunde (IV. B. Religion), in: RGA 11 (1998), S. 379–388.

150 Karl Hauck, Von einer spätantiken Randkultur zum karolingischen Europa, in: FMSt 1 (1967), S. 3–93; Walter Pohl, Die Völkerwanderung. Eroberung und Integration, Stuttgart 2002, S. 213–223.

151 Karl Hauck, Von einer spätantiken Randkultur zum karolingischen Europa, in: FMSt 1 (1967), S. 3–93; Karl Hauck, Die runenkundigen Erfinder von den Bildchiffren der Goldbrakteaten. Zur Ikonologie der Goldbrakteaten LVII, in: FMSt 32 (1998), S. 28–56

152 Alfred Ebenbauer, Art. Germanische Religion, in: TRE 12 (1984), S. 510–521, S. 512.

153 Karl Hauck, Art. Brakteatenikonologie, in: RGA 3 (1978), S. 361–401, S. 381f.; Michael Müller-Wille, Opferkulte der Germanen und Slawen (Sonderheft der Zeitschrift 'Archäologie in Deutschland'), Stuttgart 1999, S. 64–73.

154 Torsten Capelle, Die Sachsen des frühen Mittelalters, Darmstadt1998, S. 20ff., Abb. 4.

155 Heinrich Tiefenbach, Art. Sachsen (§ 1. Sprachliches), in: RGA 26 (2004), S. 24–30, S. 28.

156 Alexander Demandt, Die Germanen im römischen Reich, in: Ders. (Hg.), Mit Fremden leben. Eine Kulturgeschichte von der Antike bis zur Gegenwart, München 1995, S. 68–80, S. 78.

157 Anders Hultgård, Art. Religion, in: RGA 24 (2003), S. 429–457.

158 Hans-Peter Hasenfratz, Die religiöse Welt der Germanen. Ritual, Magie, Kult, Mythus, Freiburg u.a. 1992, S. 111f.

159 Rudolf Simek, Religion und Mythologie der Germanen, Darmstadt 2003, S. 110f.

160 Hans-Peter Hasenfratz, Die religiöse Welt der Germanen. Ritual, Magie, Kult, Mythus, Freiburg u.a. 1992, S. 95.

161 Michael Müller-Wille, Opferkulte der Germanen und Slawen (Sonderheft der Zeitschrift 'Archäologie in Deutschland'), Stuttgart 1999, S. 63.

162 Hans-Peter Hasenfratz, Die religiöse Welt der Germanen. Ritual, Magie, Kult, Mythus, Freiburg u.a. 1992, S. 98.

163 Rudolf Simek, Religion und Mythologie der Germanen, Darmstadt 2003, S. 111f.

164 Heinrich Tiefenbach, Art. Saxnot, in: RGA 26 (2004), S. 546–549.

165 Rudolf Simek, Religion und Mythologie der Germanen, Darmstadt 2003, S. 46; Jørgen Ilkjær, Dänische Kriegsbeuteopfer, in: Lars Jørgensen, Sieg und Triumpf. Der Norden im Schatten des Römischen Reiches, Kopenhagen 2003, S. 44–65, S. 52–55.

166 Rudolf Simek, Religion und Mythologie der Germanen, Darmstadt 2003, S. 117–128, S. 117.

167 Rudolf Simek, Religion und Mythologie der Germanen, Darmstadt 2003, S. 123.

168 Georg Scheibelreiter, Die barbarische Gesell-

schaft. Mentalitätsgeschichte der europäischen Achsenzeit 5.–8. Jahrhundert, Darmstadt 1999, S. 21

169 Arnold Angenendt, Kaiserherrschaft und Königstaufe. Kaiser, Könige und Päpste als geistliche Patrone in der abendländischen Missionsgeschichte (Arbeiten zur Frühmittelalterforschung 15), Berlin/New York 1984, S. 60f.

170 Josef Fleckenstein, Grundlagen und Beginn der deutschen Geschichte (Deutsche Geschichte 1), Göttingen 1974, S. 18; Hans Hattenhauer, Europäische Rechtsgeschichte, Heidelberg 1992, S. 22–27.

171 Hans-Dietrich Kahl, Die ersten Jahrhunderte des missionsgeschichtlichen Mittelalters. Bausteine für eine Phänomenologie bis ca. 1050, in: Knut Schäferdieck (Hg.), Kirchengeschichte als Missionsgeschichte, Bd. 2,1: Die Kirche des frühen Mittelalters, München 1978, S. 31.

172 Knut Schäferdiek, Art. Germanenmission, in: RAC 10 (1978), Sp. 492–548, Sp. 497.

173 Hans-Dietrich Kahl, Die ersten Jahrhunderte des missionsgeschichtlichen Mittelalters. Bausteine für eine Phänomenologie bis ca. 1050, in: Knut Schäferdieck (Hg.), Kirchengeschichte als Missionsgeschichte, Bd. 2,1: Die Kirche des frühen Mittelalters, München 1978, S. 58.

174 Johannes Fried, Der Weg in die Geschichte. Die Ursprünge Deutschlands bis 1024 (Propyläen Taschenbuch), Berlin 1998, S. 107, S. 110.

175 Arnold Angendendt, The Conversion of the Anglo-Saxons considered against the background of the early medieval mission, in: Settimane di studio del Centro italiano di studi sull'alto medioevo 32, Spoleto 1986, S. 747–781, S. 747–754; Cordula Nolte, Conversio und Christianitas. Frauen in der Christianisierung vom 5. bis 8. Jahrhundert (Monographien zur Geschichte des Mittelalters 12), Stuttgart 1995, S. 34f., S. 54–58; Lutz E. von Padberg, Mission und Christianisierung. Formen und Folgen bei Angelsachsen und Franken im 7. und 8. Jahrhundert, Stuttgart 1995, S. 246–251.

176 Hans Hattenhauer, Europäische Rechtsgeschichte, Heidelberg 1992, S. 28–31.

177 Arnold Angenendt, Heilige und Reliquien. Die Geschichte ihres Kultes vom frühen Christentum bis zur Gegenwart, München [2]1997.

178 Martin Heinzelmann, Gregor von Tours (538–594) „Zehn Bücher Geschichte". Historiographie und Gesellschaftskonzept im 6. Jahrhundert, Darmstadt 1994, S. 10–26.

179 Rudolf Reinhardt, Art. Adel und Kirche, in: LThK 1 ([3]1993), Sp.146–150; Karl Bosl, Art. Adel und deutsche Kirche, in: LThK 1 ([2]1957), Sp. 137–140.

180 Jan de Vries, Die geistige Welt der Germanen, Darmstadt 1964, S. 24.

181 Hans Hattenhauer, Europäische Rechtgeschichte, Heidelberg 1992, S. 12.

182 Hans Hattenhauer, Europäische Rechtgeschichte, Heidelberg 1992, S. 18.

183 Hans Hattenhauer, Europäische Rechtgeschichte, Heidelberg 1992, S. 23.

184 Johannes Fried, Der Weg in die Geschichte. Die Ursprünge Deutschlands bis 1024 (Propyläen Taschenbuch), Berlin 1998, S. 118f.

185 Aaron J. Gurjewitsch, Das Individuum im europäischen Mittelalter, München 1994, S. 68.

186 Aaron J. Gurjewitsch, Das Individuum im europäischen Mittelalter, München 1994, S. 59.

187 Aaron J. Gurjewitsch, Das Individuum im europäischen Mittelalter, München 1994, S. 69.

188 Aaron J. Gurjewitsch, Das Individuum im europäischen Mittelalter, München 1994, S. 98.

189 Aaron J. Gurjewitsch, Das Individuum im europäischen Mittelalter, München 1994, S. 54.

190 Gregor von Tours, Historiarum libri decem VIII 39; AQDGMA III, S. 214[32].

191 Reinhold Glei, Art. Schuld I (Griechische und lateinische Antike), in: Historisches Wörterbuch der Philosphie 8 (1992), Sp. 1442–1446, Sp. 1443.

192 Jörg Dittmer, Die Katharsis des Oidipus. Überlegungen zur religiös-politischen Funktion von Sophokles' Oidipus auf Kolonos?, in: Richard Riess (Hg.), Abschied von der Schuld? Zur Anthropologie und Theologie von Schuldbekenntnis, Opfer und Versöhnung, Stuttgart/Berlin/Köln 1996, S. 26–50, S. 27.

193 Paul Ricoeur, Symbolik des Bösen. Phänomenologie der Schuld II, Freiburg-München 1971, S. 119.

194 Michael Müller-Wille, Opferkulte der Germanen und Slawen (Sonderheft der Zeitschrift 'Archäologie in Deutschland'), Stuttgart 1999, S. 32.

195 Anders Hultgård, Art. Menschenopfer, in: RGA 19 (2001), S. 533–546, S. 536f.

196 Rudolf Simek, Religion und Mythologie der Germanen, Darmstadt 2003, S. 59.

197 Rudolf Simek, Religion und Mythologie der Germanen, Darmstadt 2003, S. 58.

198 Detlev Ellmers, Die archäologischen Quellen zur germanischen Religionsgeschichte, in: Heinrich

Beck / Detlev Ellmers / Kurt Schnier (Hgg.), Germanische Religionsgeschichte. Quellen und Quellenprobleme (RGA.E 5), Berlin/New York 1992, S. 100.

199 Stéphane Lebecq, Vulfran, Willibrord et la mission de Frise: pour une relecture de la Vita Vulframni, in: Michel Polfer (Hg.), L'évangélisation des régions entre Meuse et Moselle et la fondation de l'abbaye d'Echternach (V[e]– IXe siècle) (Publications de la Section Historique de l'Institut Grand-Ducal de Luxembourg, Vol. 117; Publications du Cludem, t. 16), Luxembourg 2000, S. 429–451.

200 Jörg Fisch, Jenseitsglaube, Ungleichheit und Tod. Zu einigen Aspekten der Totenfolge, in: Saeculum 44 (1993), S. 264–299.

201 Anders Hultgård, Art. Menschenopfer, in: RGA 19 (2001), S. 533–546, S. 543f.

202 Taufgelöbnisse XVI. 2. II., in: Wilhelm Braune, Althochdeutsches Lesebuch, Tübingen [17]1994, S. 39.

203 Taufgelöbnisse XVI. 2. I., in: Wilhelm Braune, Althochdeutsches Lesebuch, Tübingen [17]1994, S. 38f.; Übersetzung freundlicherweise vom Kollegen Volker Honemann zur Verfügung gestellt.

204 Capitulatio de partibus Saxoniae 9; MGH.Cap 1, S. 69[8].

205 Michael Müller-Wille, Opferkulte der Germanen und Slawen (Sonderheft der Zeitschrift 'Archäologie in Deutschland'), Stuttgart 1999, S. 63, Abb. 72.

206 H. Homann, Indiculus superstitionum et paganiarum (§ 1. Kulturgeschichtliches), in: RGA 15 (2000), S. 369–379, S. 373.

207 Mayke B. de Jong, In Samuel's Image. Child Oblation in the Early Medieval West (Brill's Studies in Intellectual History 12), Leiden u.a. 1996; Maria Lahaye-Geusen, Das Opfer der Kinder. Ein Beitrag zur Liturgie- und Sozialgeschichte des Mönchtums im Hohen Mittelalter (MThA 15), Altenberge 1991.

208 Helmut Geisslinger, Art. Grab und Grabbrauch (§ 2. Kulthistorisches. Grabsitte), in: RGA 12 (1998), S. 492–508, S. 494.

209 Klaus E. Müller, Das magische Universum der Identität. Elementarformen sozialen Verhaltens. Ein ethnologischer Grundriß, Frankfurt a. M./ New York 1987, S. 124.

210 Heiko Steuer, Art. Sakralkönigtum (§ 3. Die arch. Perspektive), in: RGA 26 (2004), S. 183–207, S. 201.

211 Alfred Ebenbauer, Art. Germanische Religion, in: TRE 12 (1984), S. 510–521, S. 517.

212 Helmut Geisslinger, Art. Grab und Grabbrauch (§ 2. Kulthistorisches. Grabsitte), in: RGA 12 (1998), S. 492–508, S. 503.

213 Alfred Ebenbauer, Art. Germanische Religion, in: TRE 12 (1984), S. 510–521, S. 517f.; Aaron J. Gurjewitsch, Das Individuum im europäischen Mittelalter, München 1994, S. 96f.

214 Georges Minois, Die Hölle. Zur Geschichte einer Fiktion, München 1996, S. 34–38.

215 Lutz Richter-Bernburg, Art Ibn Faḍlân, in: RGA 15 (2000), S. 315–317.

216 Hans-Peter Hasenfratz, Die religiöse Welt der Germanen. Ritual, Magie, Kult, Mythus, Freiburg u.a. 1992, S. 17.

217 Michael Müller-Wille, Art. Grab, -formen, -mal (A. Westen, I. Archäologie), in: LMA 4 (1989), Sp. 1621–1623.

218 Jörg Fisch, Jenseitsglaube, Ungleichheit und Tod. Zu einigen Aspekten der Totenfolge, in: Saeculum 44 (1993), S. 265–299, S. 270f.

219 Jan Assmann, Ma'at. Gerechtigkeit und Unsterblichkeit im Alten Ägypten, München 1990, S. 114.

220 Arnold Angenendt, Geschichte der Religiosität im Mittelalter, Darmstadt 1997, S. 690–694.

221 Klaus E. Müller, Das magische Universum der Identität. Elementarformen sozialen Verhaltens. Ein ethnologischer Grundriß, Frankfurt a. M./ New York 1987, S. 19f., S. 173–178.

222 Arnold Angenendt, Heilige und Reliquien. Die Geschichte ihres Kultes vom frühen Christentum bis zur Gegenwart, München [2]1997, S. 102–122.

223 Arnold Angenendt, Das Frühmittelalter. Die abendländische Christenheit von 400–900, Stuttgart [3]2001, S. 339–342; Rudolf Schieffer, Reliquientranslationen nach Sachsen, in: Christoph Stiegemann / Matthias Wemhoff (Hgg.), 799 – Kunst und Kultur der Karolingerzeit. Karl der Große und Papst Leo III. in Paderborn, Katalog der Ausstellung Paderborn 1999, Mainz 1999, Bd. 3, S. 484-497.

224 Georges Duby, Krieger und Bauern. Die Entwicklung der mittelalterlichen Wirtschaft und Gesellschaft bis um 1200, Frankfurt a.M. 1986, S. 72.

225 Arnold Angenendt, Mission bis Millenium. 313–1000 (Geschichte des Bistums Münster 1), Münster 1998, S. 166–169.

226 Georges Duby, Krieger und Bauern. Die Entwicklung der mittelalterlichen Wirtschaft und Gesell-

schaft bis um 1200, Frankfurt a.M. 1986, S. 72.

227 ARNOLD ANGENENDT, Das Frühmittelalter. Die abendländische Christenheit von 400–900, Stuttgart [3]2001, S. 185f.; LUTZ E. VON PADBERG, Mission und Christianisierung. Formen und Folgen bei Angelsachsen und Franken im 7. und 8. Jahrhundert, Stuttgart 1995, S. 32–41.

228 ARNOLD ANGENENDT, Kaiserherrschaft und Königstaufe. Kaiser, Könige und Päpste als geistliche Patrone in der abendländischen Missionsgeschichte (Arbeiten zur Frühmittelalterforschung 15), Berlin/New York 1984, S. 54–57.

229 Liudger, Vita Gregorii 8; MGH.SS 15/1, S. 73[42].

230 Alkuin, Epistola 174; MGH.Ep 4, S. 289[9].

231 Sulpicius Severus, Vie de Saint Martin 1, 13 und 22, ed. JACQUES FONTAINE (Sources chrétiennes 133), Paris 1967, S. 280ff. und S. 300ff.

232 LUTZ E. VON PADBERG, Art. Mission, Missionar, Missionspredigt, in: RGA 20 (2002), S. 81–89, S. 82, 84f.

233 LUTZ E. VON PADBERG, Die Inszenierung religiöser Konfrontationen. Theorie und Praxis der Missionspredigt im frühen Mittelalter (Monographien zur Geschichte des Mittelalters, Bd. 51), Stuttgart 2003, S. 244–315.

234 ARNOLD ANGENENDT, Der Taufexorzismus und seine Kritik in der Theologie des 12. und 13. Jahrhunderts, in: ALBERT ZIMMERMANN (Hg.), Die Mächte des Guten und Bösen. Vorstellungen im 12. und 13. Jahrhundert über ihr Wirken in der Heilsgeschichte, Berlin/New York 1977, S. 388–409.

235 Nicolaus I., Epistola 99; MGH.Ep 6, S. 267–690, S. 568–600; Übersetzung: LOTHAR HEISER, Die Responsa ad consulta Bulgarorum des Papstes Nikolaus I. (858–867) – ein Zeugnis päpstlicher Hirtensorge und ein Dokument unterschiedlicher Entwicklungen in den Kirchen von Rom und Konstantinopel (Diss.), Münster 1978, S. 400–488, gemeint sind Kap. 42, 43 und 90, 33, 25, 49 und 59.

236 Nicolaus I., Epistola 99; MGH.Ep 6, S. 575[10]; Übersetzung: LOTHAR HEISER, Die Responsa ad consulta Bulgarorum des Papstes Nikolaus I. (858–867) – ein Zeugnis päpstlicher Hirtensorge und ein Dokument unterschiedlicher Entwicklungen in den Kirchen von Rom und Konstantinopel (Diss.), Münster 1978, S. 417.

237 MARY DOUGLAS, Reinheit und Gefährdung. Eine Studie zu Vorstellungen von Verunreinigung und Tabu, Frankfurt a. M. 1988.

238 KLAUS E. MÜLLER, Das magische Universum der Identität. Elementarformen sozialen Verhaltens. Ein ethnologischer Grundriß, Frankfurt a. M./New York 1987, S. 228.

239 WALTER KORNFELD, Art. Reinheit, kultische (I. Im AT), in: LThK 8 ([2]1963), Sp. 1145–1147.

240 HEINZ JOSEF FABRY / HANS-WINFRIED JÜNGLING (Hrsg.), Levitikus als Buch (BBB 119), Mainz 1999.

241 WALTER BURKERT, Griechische Religion der archaischen und klassischen Epoche (RM 15), Stuttgart u.a. 1977, S. 133.

242 ERIC ROBERTSON DODDS, Die Griechen und das Irrationale, Darmstadt 1970, S. 25.

243 ERNST DASSMANN, Diakonat und Zölibat, in: J. G. PLÖGER / H. J. WEBER, Der Diakon. Wiederentdekkung und Erneuerung seines Dienstes, Freiburg i. Br. u.a. 1980, S. 57–67, S. 63.

244 DOROTHEA WENDENBOURG, Die alttestamentlichen Reinheitsgesetze in der frühen Kirche, in: ZKG 95 (1984), S. 149–170.

245 HUBERTUS LUTTERBACH, Sexualität im Mittelalter. Eine Kulturstudie anhand von Bußbüchern des 6. bis 12. Jahrhunderts (Beihefte zum Archiv für Kulturgeschichte 43), Köln u.a. 1999.

246 ROB MEENS, Polution in the early middle ages: the case of food regulations in penitentiels, in: Early Medieval Europe 4 (1995), S. 3–19; HUBERTUS LUTTERBACH, Die Speisegesetzgebung in den mittelalterlichen Bußbüchern, in: Archiv für Kulturgeschichte 80 (1998), S. 1–37.

247 KARL GROSS, Menschenhand und Gotteshand in Antike und Christentum, hg. von WOLFGANG SPEYER, Stuttgart 1985, S. 133.

248 KARL GROSS, Menschenhand und Gotteshand in Antike und Christentum, hg. von WOLFGANG SPEYER, Stuttgart 1985, S. 133–146.

249 WALTER BURKERT, Griechische Religion der archaischen und klassischen Epoche (RM 15), Stuttgart u.a. 1977, S. 129–142; KURT LATTE, Römische Religionsgeschichte (HAW 5,4), München 1960, S. 47–50; GERHARD VON RAD, Theologie des Alten Testaments, München [4]1965, Bd. 1, S. 285–293.

250 KARL GROSS, Menschenhand und Gotteshand in Antike und Christentum, hg. von WOLFGANG SPEYER, Stuttgart 1985, S. 146–167.

251 PETER BROWE, Beiträge zur Sexualethik des Mittelalters (BSHT 23), Breslau 1932, S. 59.

252 JOSEPH H. LYNCH, Godparents and Kinship in Early Medieval Europe, Princeton/New Jersey 1986;

Arnold Angenendt, Kaiserherrschaft und Königstaufe. Kaiser, Könige und Päpste als geistliche Patrone in der abendländischen Missionsgeschichte (Arbeiten zur Frühmittelalterforschung 15), Berlin/New York 1984, S. 91–126; Bernhard Jussen, Patenschaft und Adoption im frühen Mittelalter. Künstliche Verwandtschaft als soziale Praxis, Göttingen 1991.

253 Robert Bartlett, Trial by Fire and Water. The Medieval Judicial Ordeal, Oxford u.a. [2]1990; Hans-Jürgen Becker, Art. Gottesurteil, in: LMA 4 (1989), Sp. 1594–1595.

254 Peter Landau, Art. Asylrecht (III. Alte Kirche und Mittelalter), in: TRE 4 (1979), S. 319–327; Reinhold Kaiser, „Mord im Dom". Von der Vertreibung zur Ermordung des Bischofs im frühen und hohen Mittelalter, in: ZSRG.K 79 (1993), S. 95–134.

255 Arnold Angenendt, Heilige und Reliquien. Die Geschichte ihres Kultes vom frühen Christentum bis zur Gegenwart, München [2]1997, S. 198–203.

256 Hans-Dietrich Kahl, Was bedeutet: „Mittelalter"?, in: Saeculum 40 (1989), S. 15–38, S. 37.

257 Knut Schäferdiek, Chlodwigs Religionswechsel. Bedingungen, Ablauf und Bewegkräfte, in: Peter Gemeinhardt / Uwe Kühneweg (Hgg.), Patristica et Oecumenica. Festschrift für Wolfgang A. Bienert zum 65. Geburtstag, Marburg 2004, S. 105–121.

258 Max Weber, Wirtschaft und Gesellschaft. Grundriß der verstehenden Soziologie, hrg. von Johannes Winckelmann, Tübingen [5]1976, S. 261.

259 Gregor von Tours, Historiarum libri decem II 30; AQDGMA II, S. 116f.

260 Karl Hauck, Zur Ikonologie der Goldbrakteaten XX: Die Veränderung der Missionsgeschichte durch die Entdeckung der Ikonologie der germanischen Bilddenkmäler, erhellt am Beispiel der Propagierung der Kampfhilfen des Mars-Wodan in Altuppsala im 7. Jahrhundert, in: Westfalen 58 (1980), S. 227–307, S. 286ff.

261 Gregor von Tours, Historiarum libri decem II 30; AQDGMA II, S. 118f.

262 Alcimus Avitus, Opera quae supersunt 46; MGH.AA 6,2, S. 75[13]; Übersetzung: Wolfram von den Steinen, Chlodwigs Übergang zum Christentum. Eine quellenkritische Studie, Darmstadt 1963, S. 64–68, S. 65; Hans Hattenhauer, Das Recht der Heiligen (Schriften zur Rechtsgeschichte 12), Berlin 1976, S. 104–135.

263 Nikolaus Staubach, Germanisches Königtum und lateinische Literatur vom fünften bis zum siebten Jahrhundert. Bemerkungen zum Buch von Marc Reydellet, La royauté dans la littérature latine de Sidoine Apollinaire à Isidore de Séville, in: FMSt 17 (1983), S. 1–54, S. 30.

264 Arnold Angenendt, Karl der Große als „rex et sacerdos", in: Rainer Berndt (Hg.), Das Frankfurter Konzil von 794, Frankfurt a.M. 1997, S. 255–278.

265 Arnold Angenendt, Princeps imperii – Princeps apostolorum. Rom zwischen Universalismus und Gentilismus, in: Roma – Caput et Fons. Zwei Vorträge über das päpstliche Rom zwischen Altertum und Mittelalter, hg. v. der gemeinsamen Kommission der Rheinisch-Westfälischen Akademie der Wissenschaften und der Gerda Henkel Stiftung, Köln 1989, S. 7–44.

266 Benedikt K. Vollmann, Art. Gregor IV (Gregor von Tours), in: RAC 12 (1983), Sp. 895–930.

267 Rudolf Buchner, Einleitung, S. XVII; ed. Rudolf Buchner, Gregor von Tours, Zehn Bücher Geschichten, Bd. 1 (AQDGMA II), Darmstadt [2]1964; Fritz Beisel, Studien zu den fränkisch-römischen Beziehungen. Von ihren Anfängen bis zum Ende des 6. Jahrhunderts (Wissenschaftliche Schriften im Wissenschaftlichen Verlag Dr. Schulz-Kirchner 9/105), Idstein 1987, S. 147–188.

268 Dáibhí ó Cróinín, Early Medieval Ireland 400–1200, London/New York [2]1996, S. 147–168; Knut Schäferdiek, Art. Irische Mission, in: RGA 15 (2000), S. 491–493.

269 Arnold Angenendt, Die irische Peregrinatio und ihre Auswirkungen auf dem Kontinent vor dem Jahre 800, in: Heinz Löwe (Hg.), Die Iren und Europa im frühen Mittelalter 1 (Veröffentlichungen des Europa Zentrums Tübingen. Kulturwissenschaftliche Reihe), Stuttgart 1982, S. 52–79; Arnold Angenendt, Die Spiritualität der *peregrinatio* im frühen Mittelalter, in: Dieter Geuenich (Hg.), Heiligenverehrung und Wallfahrten am Niederrhein (Schriftenreihe der Niederrhein-Akademie, Bd. 6), Essen 2004, S. 9–17 (in Druck).

270 Paenitentiale Burgundense 2f.; ed. Raymund Kottje (CChr.SL 156), Turnhout 1994, S. 63[23], mit Parallelen ebd. S. 9–12.

271 Hubertus Lutterbach, Die Speisegesetzgebung in den mittelalterlichen Bußbüchern, in: Archiv für Kulturgeschichte 80 (1998), S. 1–37.

272 Georg Schreiber, Gesammelte Abhandlungen, Bd. 1: Gemeinschaften des Mittelalters, Recht

und Verfassung, Kult und Frömmigkeit, Münster 1948, S. 180; Georg Schreiber, Kurie und Kloster im 12. Jahrhundert, Bd. 2, ND Stuttgart 1965, S. 92–104; Willibald Jorden, Das cluniazensische Totengedächtniswesen vornehmlich unter den drei ersten Äbten Berno, Odo und Aymard (910–945). Zugleich ein Beitrag zu den Traditionsurkunden, Münster 1930; Michel Lauwers, La mémoire des ancêtres, le souci des morts. Morts, rites et société au Moyen Âge, Paris 1996, S. 181–198; Stephen D. White, Custum, Kinship and Gifts to Saints. The Laudatio Parentum in Western France, 1050–1150, Chapel Hill u.a. 1988, S. 19–39, S. 35.

273 Dáibhí ó Cróinín, Early Medieval Ireland 400–1200, London/New York ²1996, S. 167.

274 Dáibhí ó Cróinín, Early Medieval Ireland 400–1200, London/New York ²1996, S. 167; Thomas Charles-Edwards, The pastoral role of the church in the early Irish laws, in: John Blair / Richard Sharpe (Hgg.), Pastoral Care before the Parish, Leicester u.a. 1992, S. 63–80, S. 67.

275 Dáibhí ó Cróinín, Art. Paruchia, in: LMA 6 (1993), Sp. 1746.

276 Michael Richter, Art. Iona, in: RGA 15 (2000), S. 475f.

277 P. H. Sawyer, Art. Lindisfarne, in: RGA 18 (2001), S. 464–466.

278 Alan Thacker, Monks, preaching and pastoral care in early Anglo-Saxon England, in: John Blair / Richard Sharpe (Hgg.), Pastoral Care before the Parish, Leicester u.a 1992, S. 137–170, S. 142.

279 John Blair, Art. Minister, in: LMA 6 (1993), Sp. 652; John Blair (Hg.), Ministers and Parish Churches. The Local Church in Transition 950–1200 (Oxford University Committee for Archaeology, Monograph No. 17), Oxford 1988.

280 Arnold Angenendt, Monachi Peregrini. Studien zu Pirmin und den monastischen Vorstellungen des frühen Mittelalters (MMAS 6), München 1972, S. 175–187.

281 Beda, Historia Ecclesiastica III 4; ed. Günter Spitzbart, Beda der Ehrwürdige, Kirchengeschichte des englischen Volkes, Darmstadt ²1997, S. 216f.; Arnold Angenendt, Kloster und Klosterverband zwischen Benedikt von Nursia und Benedikt von Aniane, in: Hagen Keller / Franz Neiske (Hgg.), Vom Kloster zum Klosterverband. Das Werkzeug der Schriftlichkeit (MMAS 74), Münster 1997, S. 7–35; Catherine Cubitt, Anglo-Saxon church councils c.650–c.850, London/New York 1995, S. 17–76; Martin Brett, Theodore and the Latin canon law, in: Michael Lapidge (Hg.), Archbishop Theodore. Commemorative studies on his life and influence (Cambridge Studies in Anglo-Saxon England 11), Cambridge u.a. 1995, S. 120–140.

282 Henry Mayr-Harting, The Coming of Christianity to Anglo-Saxon England, London ³1991.

283 Beda, Historia Ecclesiastica II 16; ed. Günter Spitzbart, Beda der Ehrwürdige, Kirchengeschichte des englischen Volkes, Darmstadt ²1997, S. 191.

284 Beda, Historia Ecclesiastica II 14; ed. Günter Spitzbart, Beda der Ehrwürdige, Kirchengeschichte des englischen Volkes, Darmstadt ²1997, S. 187; Helen Gittos, Art. Yeavering, in: The Blackwell Encyclopaedia of Anglo-Saxon England, Oxford 1999, S. 497.

285 Vita Wilfridi 26; MGH.SRM 6, S. 220[15].

286 Catherine Cubitt, Anglo-Saxon church councils c.650–c.850, London/New York 1995, S. 17–96; Reinhold Kaiser, Bistumsgründung und Kirchenorganisation im 8. Jahrhundert, in: Harald Dickerhof / Ernst Reiter / Stefan Weinfurter (Hg.), Der heilige Willibald – Klosterbischof oder Bistumsgründer? (Eichstätter Studien, N.F. 30), Regensburg 1990, S. 29–67.

287 Friedrich Kempf, Primatiale und episkopal-synodale Struktur der Kirche vor der gregorianischen Reform, in: Archivum Historiae Pontificiae 16 (1978), S. 27–66, S. 49.

288 Arnold Angenendt, Princeps imperii – Princeps apostolorum. Rom zwischen Universalismus und Gentilismus, in: Roma – Caput et Fons. Zwei Vorträge über das päpstliche Rom zwischen Altertum und Mittelalter, hrsg. v. der Gemeinsamen Kommission der Rheinisch-Westfälischen Akademie der Wissenschaften und der Gerda Henkel-Stiftung, Köln 1989, S. 7–44.

289 Gregor, Epistula 11, 56a, c. VIII; MGH.Ep 2, S. 338ff.; Raymund Kottje, Studien zum Einfluß des Alten Testaments auf Recht und Liturgie des frühen Mittelalters (6.–8. Jahrhundert) (BHF 23), Bonn ²1970, S. 69–83; zu der lange umstrittenen Echtheitsfrage der Responsa Gregorii s. P. Meyvaert, Le 'Libellus responsionum' à Augustin de Cantorbéry. Une œvre authentique de Saint Grégoire le Grand, in: Grégoire le Grand, hg. von J. Fontaine / R. Gillet / St. Pellistrandi = Colloques internationaux du CNRS (Paris 1986), S. 543–550.

290 Gregor, Epistula 11, 56a; MGH.Ep 2, S. 333[7]; Rudolf Schieffer, Die Entstehung von Domkapiteln in Deutschland (BHF 43), Bonn 1976, S. 173f.

291 Rudolf Schieffer, Die Entstehung von Domkapiteln in Deutschland (BHF 43), Bonn 1976, S. 183.

292 Arnold Angenendt, The Conversion of the Anglo-Saxon Considered against the Background of the Early Medieval Mission, in: SSAM 32, Spoleto 1986, S. 747–792.

293 Nicholas J. Higham, The convert kings. Power and religious affiliation in early Anglo-Saxon England, Manchester/New York 1997.

294 Nicholas P. Brooks, Art. Bretwalda, in: LMA 2 (1983), Sp. 636.

295 Arnold Angenendt, Kaiserherrschaft und Königstaufe. Kaiser, Könige und Päpste als geistliche Patrone in der abendländischen Missionsgeschichte (Arbeiten zur Frühmittelalterforschung 15), Berlin/New York 1984, S. 176–186; Lutz E. von Padberg, Königtum und Bekenntnis. Überlegungen zum Glaubenswechsel in angelsächsischen Herrscherfamilien des Frühmittelalters, in: Op twee gedachten. Status confessionis en het spreken van de kerk getoetst aan het spreken van God, Utrecht 191, S. 32–51.

296 Beda, Historia Ecclesiastica II 15; ed. Günter Spitzbart, Beda der Ehrwürdige, Kirchengeschichte des englischen Volkes, Darmstadt [2]1997, S. 186–189; Lutz E. von Padberg, Die Inszenierung religiöser Konfrontationen. Theorie und Praxis der Missionspredigt im frühen Mittelalter (Monographien zur Geschichte des Mittelalters, Bd. 51), Stuttgart 2003, S. 282ff.; J. Insley, Art. Rædwald, in: RGA 24 (2003), S. 65–68.

297 Arnold Angenendt, Kaiserherrschaft und Königstaufe. Kaiser, Könige und Päpste als geistliche Patrone in der abendländischen Missionsgeschichte (Arbeiten zur Frühmittelalterforschung 15), Berlin/New York 1984, S. 179f.

298 Beda, Historia Ecclesiastica II 15; ed. Günter Spitzbart, Beda der Ehrwürdige, Kirchengeschichte des englischen Volkes, Darmstadt [2]1997, S. 188f.

299 Catherine Cubitt, Anglo-Saxon church councils c.650–c.850, London/New York 1995, S. 15–96.

300 Michelle P. Brown, „In the beginning was the Word“: books and faith in the age of Bede (Jarrow Lecture 2000), Jarrow 2000.

301 Beda der Ehrwürdige, Kirchengeschichte des englischen Volkes, ed. Günter Spitzbart, Darmstadt [2]1997.

302 Georges Tugène, L'idée de nation chez Bède le Vénérable (Collection des Études Augustiniennes. Série Moyen Âge et Temps Modernes 37), Paris 2001, S. 336.

303 Georges Tugène, L'idée de nation chez Bède le Vénérable (Collection des Études Augustiniennes. Série Moyen Âge et Temps Modernes 37), Paris 2001, S. 203–209.

304 David Rollason, Northumbria, 500–1100. Creation and Destruction of a Kingdom, Cambridge 2003, S. 110–170.

305 Donald A. Bullough, Alcuin. Achievement and Reputation. Being Part of the Ford Lectures Delivered in Oxford in Hilary Term 1980 (Education and society in the Middle Ages and Renaissance 16), Leiden/Boston 2004, S. 127–251.

306 Friedrich Prinz, Frühes Mönchtum im Frankenreich. Kultur und Gesellschaft in Gallien, den Rheinlanden und Bayern am Beispiel der monastischen Entwickung (4. bis 8. Jahrhundert), München/Wien [2]1988.

307 Josef Semmler, Art. Regula mixta, in: LMA 7 (1995), Sp. 606f.

308 Knut Schäferdiek, Schwellenzeit. Beiträge zur Geschichte des Christentums in Spätantike und Frühmittelalter (Arbeiten zur Kirchengeschichte 64) hg. von Winrich A. Löhr / Hanns Christof Brennecke, Berlin/New York 1996, S. 349–379.

309 Joseph-Claude Poulin, Art. Eligius, in: LMA 3 (1986), Sp. 1829f.

310 Wolfgang H. Fritze, Universalis gentium confessio. Formeln, Träger und Wege universalmissionarischen Denkens im 7. Jahrhundert, in: FMSt 3 (1969), S. 78–130, S. 81–98, S. 86.

311 Joseph Prinz, Art. Amandus, in: LMA 1 (1980), Sp. 510f.

312 Wolfgang H. Fritze, Universalis gentium confessio. Formeln, Träger und Wege universalmissionarischen Denkens im 7. Jahrhundert, in: FMSt 3 (1969), S. 78–130, S. 99–106.

313 Gregor Hövelmann, Westfränkischer Klosterbesitz am unteren Niederrhein, in: Rheinische Vierteljahrsblätter 27 (1962), S. 18–36.

314 Arnold Angenendt, „Mit reinen Händen“. Das Motiv der kultischen Reinheit in der abendländischen Askese, in: Georg Jenal (Hg.), Herrschaft, Kirche, Kultur. Beiträge zur Geschichte des Mittelalters. FS Friedrich Prinz (Monographien zur Geschichte des Mittelalters 37), Stuttgart 1993, S. 297–316.

315 Arnold Angenendt, Missa specialis. Zugleich ein

Beitrag zur Entstehung der Privatmessen, in: FMSt 17 (1983), S. 153–221.

316 Angelus A. Häussling, Mönchskonvent und Eucharistiefeier. Eine Studie über die Messe in der abendländischen Klosterliturgie des frühen Mittelalters und zur Geschichte der Meßhäufigkeit (LWQF 58), Münster 1973.

317 Bobbio-Missale Nr. 438; ed. E.A. Lowe, The Bobbio Missal. A Gallican Mass-Book, London 1920, S. 130[10]; Yitzhak Hen / Rob Meens (Hgg.), The Bobbio Missal. Liturgy and religious culture in Merovingian Gaul, Cambridge 2004.

318 Arnold Angenendt, Pro vivis et defunctis. Histoire et influence d'une orasion de messe, in: Sylvain Gouguenheim u.a. (Hgg.), Retour aux sources. Mélanges offerts à Michel Parisse, Paris 2003, S. 563–571.

319 Sacramentarium Gregorianum-Hadrianum Nr. 3100; ed. J. Deshusses, Le Sacramentaire Grégorien. Ses principales formes d'après les plus anciens manuscrits 2: Le sacramentaire, le supplément d'Aniane, Fribourg 1971, Bd. 2, S. 241.

320 Arnold Angenendt, Das Offertorium. In liturgischer Praxis und symbolischer Kommunikation, in: Gerd Althoff (Hg.), Zeichen – Rituale – Werte. Internationales Kolloquium des Sonderforschungsbereichs 496 an der Westfälischen Wilhelms-Universität Münster (Symbolische Kommunikation und gesellschaftliche Wertesysteme. Schriftenreihe des Sonderforschungsbereichs 496, Bd. 3), Münster 2004, S. 71–150.

321 Émile Lesne, Histoire de la Propriété Ecclésiastique en France, Bd. 6: Les Églises et les Monastères centres d'accueil, d'exploitation et de peuplement, Lille 1943, S. 310–320; Dieter Hägermann, Der Abt als Grundherr. Kloster und Wirtschaft im frühen Mittelalter, in: Friedrich Prinz (Hg.), Herrschaft und Kirche. Beiträge zur Entstehung und Wirkungsweise episkopaler und monastischer Organisationsformen, Stuttgart 1988, S. 345–385.

322 Michael Borgolte, Gedenkstiftungen in St. Galler Urkunden, in: Karl Schmid / Joachim Wollasch (Hgg.), Memoria. Der geschichtliche Zeugniswert des liturgischen Gedenkens im Mittelalter, München 1984, S. 578–602.

323 Franz Staab, Die Grundherrschaft Fulda und ihre Stifter bis zur Mitte des 9. Jahrhunderts, in: Winfried Böhne (Hg.), Hrabanus Maurus und seine Schule, Fulda 1980, S. 48–63; Walter Heinemeyer, Zum frühmittelalterlichen Urkundenwesen des Kosters Fulda, in: Reinhard Härtel (Hg.), Geschichte und ihre Quellen. Festschrift für Friedrich Hausmann zum 70. Geburtstag, Graz 1987, S. 403–416.

324 Jan Gerchow (Hg.), Das Jahrtausend der Mönche. KlosterWelt Werden 799–1803, Köln 1999.

325 Hubertus Seibert, Art. Werden, in: LMA 8 (1997), Sp. 2196f.

326 Eugen Ewig, Studien zur merowingischen Dynastie, in: FMSt 8 (1974), S. 15-59.

327 Johannes Fried, Der Weg in die Geschichte. Die Ursprünge Deutschlands bis 1024 (Propyläen Taschenbuch), Berlin 1998, S. 373–375.

328 Johannes Fried, Der Weg in die Geschichte. Die Ursprünge Deutschlands bis 1024 (Propyläen Taschenbuch), Berlin 1998, S. 322-408.

329 Pierre Riché, Die Karolinger. Eine Familie formt Europa, Stuttgart 1987.

330 Thomas Scharff, Die Kämpfe der Herrscher und Heiligen. Krieg und historische Erinnerung in der Karolingerzeit, Darmstadt 2002, S. 11.

331 Hartmut Hoffmann, Kirche und Sklaverei im frühen Mittelalter, in: Deutsches Archiv für Erforschung des Mittelalters 42 (1986), S. 1–24.

332 Agobard, Adversus Legem Gundobaldi 3; ed. CChr.CM 52, S. 20[9].

333 Horst Fuhrmann, Karl der Große – Versuch einer europäischen Ordnung, in: Karl der Große und Europa. Symposium, hg. von der Schweizerischen Botschaft in der Bundesrepublik Deutschland in Zusammenarbeit mit dem Deutschen Historischen Museum, Frankfurt a. M. u.a. 2004, S. 17–27, S. 20

334 Arnold Angenendt, Karl der Große als „rex et sacerdos“, in: Rainer Berndt (Hg.), Das Frankfurter Konzil von 794, Frankfurt a. M. 1997, S. 255–278.

335 Alkuin, Epistola 202; MGH.Ep 4, S. 336[20].

336 Matthias Becher, Karl der Große und Papst Leo III. Die Ereignisse der Jahre 799 und 800 aus der Sicht der Zeitgenossen, in: Christoph Stiegemann / Matthias Wemhoff (Hgg.), 799 – Kunst und Kultur der Karolingerzeit. Karl der Große und Papst Leo III. in Paderborn, Katalog der Ausstellung Paderborn 1999, Mainz 1999, Bd. 1, S. 22–36; Lutz E. von Padberg, Das Paderborner Treffen von 799 im Kontext der Geschichte Karls des Großen, in: Wilhelm Hentze (Hg.), De Karolo rege et Leone papa. Der Bericht über die Zusammenkunft Karls des Großen mit Papst Leo III. in Paderborn 799 in einem Epos für Karl den Kaiser, Paderborn 1999, S. 9–104.

337 Thomas Martin Buck, Admonitio und Praedicatio. Zur religiös-pastoralen Dimension von Kapitularien und kapitulariennahen Texten (507–814) (Freiburger Beiträge zur Mittelalterlichen Geschichte 9), Frankfurt a. M. 1997, S. 13, 52.

338 Thomas Martin Buck, Admonitio und Praedicatio. Zur religiös-pastoralen Dimension von Kapitularien und kapitulariennahen Texten (507–814) (Freiburger Beiträge zur Mittelalterlichen Geschichte 9), Frankfurt a. M. 1997, S. 55–156.

339 Josef Fleckenstein, Bildungsreform Karls des Großen, in: LMA 2 (1983), Sp. 187–189.

340 Bonifatius Fischer, Lateinische Bibelhandschriften im frühen Mittelalter (Vetus Latina, Beiheft 11), Freiburg 1985, S. 98f.

341 Bonifatius Fischer, Lateinische Bibelhandschriften im frühen Mittelalter (Vetus Latina, Beiheft 11), Freiburg 1985, S. 99.

342 Rosamond McKitterick, The Carolingians and the written word, Cambridge u.a. 1989, S. 140f.

343 Bernhard Bischof, Die Hofbibliothek Karls des Großen, in: Wolfgang Braunfels (Hg.), Karl der Große. Lebenswerk und Nachleben, Bd. 2, Düsseldorf 1965, S. 42–62.

344 Jacques Le Goff, Das alte Europa und die Welt der Moderne, München 1994.

345 Beda, Historia Ecclesiastica V 7; ed. Günter Spitzbart, Beda der Ehrwürdige, Kirchengeschichte des englischen Volkes, Darmstadt [2]1997, S. 450f.

346 Karl Heinrich Krüger, Königskonversionen im 8. Jahrhundert, in: FMSt 7 (1973), S. 169–222.

347 David Rollason, Bede and Germany (Jarrow Lecture 2001), Jarrow 2001.

348 Vita Willibaldi 4, ed. Andreas Bauch, Quellen zur Geschichte der Diözese Eichstätt, Bd. 1: Biographien der Gründungszeit (Eichstätter Studien VIII/1), Eichstätt 1962, S. 44–75.

349 Benjamin Z. Kedar, Crusade and Mission. European Approaches towards the Muslims, Princeton 1984.

350 Liudger, Vita Gregorii 5, MGH.SS 15/1 S. 72[6].

351 D. Strauch, Art. Friesen (§ 24. Recht und Verfassung), in: RGA 10 (1998), S. 63–66, S. 63.

352 Stéphane Lebecq, Art. Friesenhandel, in: RGA 10 (1998), S. 69–80.

353 Bonifatius, Epistula 109; AQDGMA IV b, S. 340[19].

354 Vita Wilfridi 26, MGH.SRM 6, 220[6].

355 Beda, Historia Ecclesiastica V 9; ed. Günter Spitzbart, Beda der Ehrwürdige, Kirchengeschichte des englischen Volkes, Darmstadt [2]1997, S. 457.

356 Vita Bonifatii 4; AQDGMA IV b, S. 476[23].

357 Altfried, Vita Liudgeri I, 2; ed. Wilhelm Diekamp, Die vitae sancti Liudgeri (GQBM 4), Münster 1881, S. 7; Übersetzung: Basilius Senger, Das Leben des heiligen Liudger von Altfrid (Kleine Westfälische Reihe V/6*), Bielefeld-Bethel 1959, S. 4; Wolfgang H. Fritze, Zur Entstehungsgeschichte des Bistums Utrecht. Franken und Friesen 690–734, in: Rheinische Vierteljahrsblätter 35 (1971), S. 107–151, S. 131.

358 Fredegar, Continuationes 6; AQDGMA IV a, S. 280f.

359 Arnold Angenendt, Willibrord im Dienste der Karolinger, in: AHVNRh 175 (1973), S. 63–113, S. 108 ff.

360 Arnold Angenendt, Willibrord als römischer Erzbischof, in: Georges Kiesel / Jean Schroeder (Hgg.), Willibrord. Apostel der Niederlande. Gründer der Abtei Echternach, Luxemburg 1989, S. 31–41; Wolfgang H. Fritze, Zur Entstehungsgeschichte des Bistums Utrecht. Franken und Friesen 690–734, in: Rheinische Vierteljahrsblätter 35 (1971), S. 107–151, S. 120–127.

361 John Michael Wallace-Hadrill, Bede's Ecclesiastical History of the English People. A Historical Commentary (Oxford Medieval Texts), Oxford 1988, S. 184.

362 Arnold Angenendt, Willibrord und die thüringische Kirchenorganisation, in: Gerhard Graf / Hans-Peter Hasse u.a. (Hgg.), Vestigia pietatis. Studien zur Geschichte der Frömmigkeit in Thüringen und Sachsen, (Ernst Koch gewidmet), Leipzig 2000, S. 9–17.

363 Fredegar, Continuationes 7; AQDGMA IV a, S. 280f.; Waltraud Joch, Legitimität und Integration. Untersuchungen zu den Anfängen Karl Martells (Historische Studien 456), Husum 1999, S. 46–52 mit Anm. 274.

364 Brigitte Kasten, Königssöhne und Königsherrschaft. Untersuchungen zur Teilhabe am Reich in der Merowinger- und Karolingerzeit (Monumenta Germaniae Historica Schriften 44), Hannover 1997, S. 68.

365 Altfried, Vita Liudgeri I, 3; ed. Wilhelm Diekamp, Die vitae sancti Liudgeri (GQBM 4), Münster 1881, S. 8; Übersetzung: Basilius Senger, Das Leben des heiligen Liudger von Altfrid (Kleine Westfälische Reihe V/6*), Bielefeld-Bethel 1959, S. 5.

366 Bonifatius, Epistula 15; AQDGMA IV b, S. 60[19].

367 Arnulfinger-Urkunde 12; ed. INGRID HEIDRICH, Die Urkunden der Arnulfinger, Bad Münstereifel 2001, S. 85: *monasterium quod est infra muros Traiecto castro situm constructum, ubi apostolicus vir domnus et in Christo pater noster Willibrordus archiepiscopus sub sancte conversationis cenobitali ordine custos preesse videtur.*

368 RUDOLF SCHIEFFER, Die Entstehung von Domkapiteln in Deutschland (BHF 43), Bonn 1976, S. 176.

369 Altfried, Vita Liudgeri I, 4; ed. WILHELM DIEKAMP, Die vitae sancti Liudgeri (GQBM 4), Münster 1881, S. 9; Übersetzung: BASILIUS SENGER, Das Leben des heiligen Liudger von Altfrid (Kleine Westfälische Reihe V/6*), Bielefeld-Bethel 1959, S. 5.

370 Arnulfinger-Urkunde 13; ed. INGRID HEIDRICH, Die Urkunden der Arnulfinger, Bad Münstereifel 2001, S. 87–89.

371 INGRID HEIDRICH, Die Urkunden der frühen Karolinger für das Kloster Echternach, in: MICHEL POLFER (Hg.), L'évangélisation des régions entre Meuse et Moselle et la fondation de l'abbaye d'Echternach (V[e] – IXe siècle) (Publications de la Section Historique de l'Institut Grand-Ducal de Luxembourg, Vol. 117; Publications du Cludem, t. 16), Luxembourg 2000, S. 453–471.

372 FRANS THEUWS, Landed property and manorial organisation in Northern Austrasia: some considerations and a case study, in: NICO ROYMANS / FRANS THEUWS, Images of the past. Studies on ancient societies in Northwestern Europe, Amsterdam 1991, S. 299–397, S. 321–324.

373 Echternach-Urkunde 31; ed. CAMILLUS WAMPACH, Geschichte der Grundherrschaft Echternach im Frühmittelalter. I/2: Quellenband, Luxemburg 1930, S. 75.

374 RICHARD A. GERBERDING, 716: A Crucial Year For Charles Martel, in: JÖRG JARNUT / ULRICH NONN / MICHAEL RICHTER (Hgg.), Karl Martell in seiner Zeit (Beihefte der Francia 37), Sigmaringen 1994, S. 205–216.

375 THEODOR SCHIEFFER, Winfrid-Bonifatius und die christliche Grundlegung Europas, Freiburg 1954, S. 273.

376 Vita Bonifatii 8; AQDGMA IV b, S. 516[34]; LUTZ E. VON PADBERG, Studien zur Bonifatiusverehrung (Fuldaer Hochschulschriften 25), Frankfurt 1996, S. 24–44.

377 GEREON BECHT-JÖRDENS, Heiliger und Buch. Überlegungen zur Tradition des Bonifacius-Martyriums anläßlich der Teilfaksimilierung des Ragyndrudis-Codex, in: Hessisches Jahrbuch für Landesgeschichte 46 (1996), S. 1–30, S. 17, 23.

378 Altfried, Vita Liudgeri I, 21; ed. WILHELM DIEKAMP, Die vitae sancti Liudgeri (GQBM 4), Münster 1881, S. 24f.; Übersetzung: BASILIUS SENGER, Das Leben des heiligen Liudger von Altfrid (Kleine Westfälische Reihe V/6*), Bielefeld-Bethel 1959, S. 15.

379 PETER SCHMID, Friesischer Grabbrauch in Karolingischer Zeit, in: FRANK BOTH / HEIKE AOUNI, Über allen Fronten. Nordwestdeutschland zwischen Augustus und Karl dem Großen (Archäologische Mitteilungen aus Nordwestdeutschland, Beiheft 26), Oldenburg 1999, S. 213–229, S. 228.

380 ROB MEENS, Christentum und Heidentum aus der Sicht Willibrords? Überlegungen zum Paenitentiale Oxoniense II, in: MICHEL POLFER (Hg.), L'évangélisation des régions entre Meuse et Moselle et la fondation de l'abbaye d'Echternach (V[e] – IXe siècle) (Publications de la Section Historique de l'Institut Grand-Ducal de Luxembourg, Vol. 117; Publications du Cludem, t. 16), Luxembourg 2000, S. 415–428.

381 ROB MEENS, Christentum und Heidentum aus der Sicht Willibrords? Überlegungen zum Paenitentiale Oxoniense II, in: MICHEL POLFER (Hg.), L'évangélisation des régions entre Meuse et Moselle et la fondation de l'abbaye d'Echternach (V[e] – IXe siècle) (Publications de la Section Historique de l'Institut Grand-Ducal de Luxembourg, Vol. 117; Publications du Cludem, t. 16), Luxembourg 2000, S. 415–428; LUDGER KÖRNTGEN, Studien zu den Quellen der frühmittelalterlichen Bußbücher (Quellen und Forschungen zum Recht im Mittelalter 7), Sigmaringen 1993, S. 177ff.

382 Vita sancti Willibrordi 11; MGH.SRM 7, S. 125[16]; LUTZ E. VON PADBERG, Die Inszenierung religiöser Konfrontationen. Theorie und Praxis der Missionspredigt im frühen Mittelalter (Monographien zur Geschichte des Mittelalters, Bd. 51), Stuttgart 2003, S. 178–182.

383 Altfried, Vita Liudgeri I, 6; ed. WILHELM DIEKAMP, Die vitae sancti Liudgeri (GQBM 4), Münster 1881, S. 10; Übersetzung: BASILIUS SENGER, Das Leben des heiligen Liudger von Altfrid (Kleine Westfälische Reihe V/6*), Bielefeld-Bethel 1959, S. 6.

384 Vita secunda sancti Liudgeri I 1; ed. ECKHARD FREISE, Die Vita sancti Liudgeri, Graz / Bielefeld 1999, S. 9.

385 Stéphane Lebecq, Vulfran, Willibrord et la mission de Frise: pour une relecture de la Vita Vulframni, in: Michel Polfer (Hg.), L'évangélisation des régions entre Meuse et Moselle et la fondation de l'abbaye d'Echternach (V[e]– IXe siècle) (Publications de la Section Historique de l'Institut Grand-Ducal de Luxembourg, Vol. 117; Publications du Cludem, t. 16), Luxembourg 2000, S. 429–451.

386 John Howe, The Hagiography of Saint-Wandrille (Fontenelle) (Province of Haute-Normandie), in: Martin Heinzelmann (Hg.), L'hagiographie du haut moyen âge en Gaule du Nord. Manuscrits, textes et centres de production (Beihefte der Francia 52), Stuttgart 2001, S. 127–192, S. 153–160; Ian Wood, The Missionary Life. Saints and the Evangelisation of Europe 400–1050, Essex 2001, S. 92–99.

387 Vita Vulframni 9; MGH.SRM 5, S.668[1].

388 Vita Vulframni 6; MGH.SRM 5, S. 666[15].

389 Vita Vulframni 8; MGH.SRM 5, S. 667[7].

390 Torsten Capelle, Moorleiche, in: Ralf Busch u. a., Opferplatz und Heiligtum. Kult der Vorzeit in Norddeutschland (Veröffentlichungen des Helms-Museums 86), Neumünster 2000, S. 185–189.

391 Arnold Angenendt, Willibrord im Dienste der Karolinger, in: AHVNRh 175 (1973), S. 63–113, S. 91–94.

392 Nancy Netzer, Die Arbeitsmethoden der insularen Skriptorien. Zwei Fallstudien: Lindisfarne und Echternach, in: Michele Camillo Ferrari u. a., Die Abtei Echternach. 698–1998 (Publications du Cludem, t. 15), Luxembourg 1999, S. 65–83.

393 Echternach-Urkunde 39; ed. Camillus Wampach, Geschichte der Grundherrschaft Echternach im Frühmittelalter. I/2: Quellenband, Luxemburg 1930, S. 95.

394 Arnold Angenendt, Willibrord und die thüringische Kirchenorganisation, in: Gerhard Graf / Hans-Peter Hasse u.a. (Hgg.), Vestigia pietatis. Studien zur Geschichte der Frömmigkeit in Türingen und Sachsen, (Ernst Koch gewidmet), Leipzig 2000, S. 9–17.

395 Arnold Angenendt, Willibrord im Dienste der Karolinger, in: AHVNRh 175 (1973), S. 63–113, S. 94–104; Lutz E. von Padberg, Heilige und Familie. Studien zur Bedeutung familiengebundener Aspekte in den Viten des Verwandten- und Schülerkreises um Willibrord, Bonifatius und Liudger (QMRKG 83), Mainz [2]1997.

396 Bonifatius, Epistula 109; AQDGMA IV b, S. 338[28].

397 Liudger,Vita Gregorii 1 und 10; MGH.SS 15/1, S. 66[41] und S. 75[7]; Lutz E. von Padberg, Bonifatius. Missionar und Reformer, München 2003.

398 Lutz E. von Padberg, Bonifatius. Missionar und Reformer, München 2003; Hubertus Lutterbach, Bonifatius – mit Axt und Evangelium. Eine Biographie in Briefen, Freiburg i. Br. u.a. 2004.

399 Liudger,Vita Gregorii 1; MGH.SS 15/1, S. 66[2].

400 Bonifatius, Ars grammatica, De Verbo, De declinationibus verborum; ed. George J. Gebauer (CChr.SL 133 B), Turnhout 1980, S. 40[106].

401 Bonifatius, Epistola 46; AQDGMA IV b, S. 134[21]

402 Arnold Angenendt, Bonifatius und das Sacramentum initiationis. Zugleich ein Beitrag zur Geschichte der Firmung, in: RQ 72 (1977), S. 133–183.

403 Arnold Angenendt, Ex occidente lux. Europas west-östliches Religionsgefälle, in: J. Ehlers (Hg.), Deutschland und der Westen Europas im Mittelalter (Vorträge und Forschungen 56), Stuttgart 2002, S. 7–51.

404 Michael Mitterauer, Warum Europa? Mittelalterliche Grundlagen eines Sonderwegs, München 2003, S. 153.

405 Robert Bartlett, Die Geburt Europas aus dem Geist der Gewalt, München 1998, S. 44.

406 Gerd Althoff, Die Macht der Rituale. Symbolik und Herrschaft im Mittelalter, Darmstadt 2003.

407 Johannes Fried, Der Weg in die Geschichte. Die Ursprünge Deutschlands bis 1024 (Propyläen Taschenbuch), Berlin 1998, S. 114.

408 Wilfried Hartmann, Die Synoden der Karolingerzeit im Frankenreich und in Italien, Paderborn u.a. 1989, S. 47–63.

409 Krzysztof Pomian, Europa und seine Nationen, Berlin 1990, S. 33.

410 Franz Staab, *Rudi populo rudis adhuc presul.* Zu den wehrhaften Bischöfen der Zeit Karl Martells, in: Jörg Jarnut / Ulrich Nonn / Michael Richter (Hgg.), Karl Martell in seiner Zeit (Beihefte der Francia 37), Sigmaringen 1994, S. 249–275, S. 262–267.

411 Bonifatius, Epistula 60; AQDGMA IV b, S. 177[34].

412 Concilium Germanicum c. 6; AQDGMA IV b, S. 381[24].

413 Rudolf Schieffer, Die Entstehung von Domkapiteln in Deutschland (BHF 43), Bonn 1976, S. 180.

414 Rudolf Schieffer, Die Entstehung von Domkapiteln in Deutschland (BHF 43), Bonn 1976, S. 180–187.

415 Rudolf Schieffer, Die Entstehung von Domkapiteln in Deutschland (BHF 43), Bonn 1976, S. 192–202.

416 Rudolf Schieffer, Die Entstehung von Domkapiteln in Deutschland (BHF 43), Bonn 1976, S. 187–190.

417 Bonifatius, Epistola 86; AQDGMA IV b, S. 290[10].

418 Josef Semmler, *Instituta sancti Bonifatii.* Fulda im Widerstand der Observanzen, in: Gangolf Schrimpf (Hg.), Kloster Fulda in der Welt der Karolinger und Ottonen (Fuldaer Studien 7), Frankfurt a. M. 1996, S. 79–103.

419 Lutz E. von Padberg, Heilige und Familie. Studien zur Bedeutung familiengebundener Aspekte in den Viten des Verwandten- und Schülerkreises um Willibrord, Bonifatius und Liudger (QMRKG 83), Mainz [2]1997, S. 47–53, S. 81–83.

420 Bonifatius, Epistola 8; MGH.ES 1, S. 3[20]; Dagmar B. Schneider, Anglo-Saxon Women in the Religious Life. A Study of the Status and Position of Women in an Early Mediaeval Society (Diss. phil. Cambridge 1985), S. 228f.

421 Bonifatius, Epistola 14; AQDGMA IV b, S. 52–61.

422 Bonifatius, Epistola 27; AQDGMA IV b, S. 94f.

423 Bonifatius, Epistola 105; AQDGMA IV b, S. 330[1].

424 Bonifatius, Epistola 29; AQDGMA IV b, S. 102f.; Lutz E. von Padberg, Heilige und Familie. Studien zur Bedeutung familiengebundener Aspekte in den Viten des Verwandten- und Schülerkreises um Willibrord, Bonifatius und Liudger (QMRKG 83), Mainz [2]1997, S. 63–70.

425 Hubert Mordek, Rom, Byzanz und die Franken im 8. Jahrhundert. Zur Überlieferung und kirchenpolitischen Bedeutung der Synodus Romana Papst Gregors III. vom Jahr 732 (mit Edition), in: Gerd Althoff u.a. (Hgg.), Person und Gemeinschaft im Mittelalter. Karl Schmid zum fünfundsechzigsten Geburtstag, Sigmaringen 1988, S. 123–156.

426 Arnold Angenendt, In honore Salvatoris. Vom Sinn und Unsinn der Patrozinienkunde, in: RHE 97 (2002), S. 791–823, S. 794–799.

427 Theodor Schieffer, Winfrid-Bonifatius und die christliche Grundlegung Europas, Freiburg 1954, S. 274.

428 Vita Bonifatii 8; AQDGMA IV b, S. 514[21].

429 Vita altera Bonifatii 16, MGH.SRG in us. schol. 57, S. 73[22]; Lutz E. von Padberg, Bonifatius und die Bücher, in: Lutz E. von Padberg / Heinz-Walter Stork, Der Ragyndrudis-Codex des Hl. Bonifatius, Paderborn/Fulda 1994, S. 7–75.

430 Ian Wood, The Missionary Life. Saints and the Evangelisation of Europe 400–1050, Essex 2001, S. 257.

431 Bonifatius, Epistola 111; AQDGMA IV b, S. 344[15+35]

432 Joachim Ehlers, Art. Sachsen (I. Frühgeschichte und Ethnogenese), in: LMA 7 (1995), Sp. 1223–1225.

433 Matthias Springer, Art. Sachsen (§ 3. Historisches), in: RGA 26 (2004), S. 31–46, S. 43; Matthias Springer, Die Sachsen (Kohlhammer Urban-Taschenbücher 598), Stuttgart 2004.

434 Heinrich Tiefenbach, Art. Sachsen (§ 2. Namenkundliches), in: RGA 26 (2004), S. 30f.

435 H. Sauer, Art. Genealogie (§ 5. Angelsächsisches England), in: RGA 11 (1998), S. 45–52, S. 47.

436 Günter Mühlpfordt, Die Sachsen – Weltwanderung eines Stammesnamens, in: Uwe John / Josef Matzerath (Hgg.), Landesgeschichte als Herausforderung und Programm. Karlheinz Blaschke zum 70. Geburtstag (Quellen und Forschungen zur sächsischen Geschichte 15), Stuttgart 1997, S. 11–40, S. 16.

437 Matthias Becher, Die Sachsen im 7. und 8. Jh. Verfassung und Ethnogenese, in: Christoph Stiegemann / Matthias Wemhoff (Hgg.), 799 – Kunst und Kultur der Karolingerzeit. Karl der Große und Papst Leo III. in Paderborn, Katalog der Ausstellung Paderborn 1999, Mainz 1999, Bd. 1, S. 188–194, S. 191.

438 Matthias Becher, Die Sachsen im 7. und 8. Jh. Verfassung und Ethnogenese, in: Christoph Stiegemann / Matthias Wemhoff (Hgg.), 799 – Kunst und Kultur der Karolingerzeit. Karl der Große und Papst Leo III. in Paderborn, Katalog der Ausstellung Paderborn 1999, Mainz 1999, Bd. 1, S. 188–194, S. 193.

439 Knut Schäferdiek, Art. Sachsen (I. Volk), in: TRE 29 (1998), S. 551–557.

440 Matthias Springer, Art. Sachsenkriege, in: RGA 26 (2004), S. 53–60.

441 Matthias Becher, Sachsen vom 6. bis 8. Jahrhundert, in: Frank Both / Heike Aouni, Über allen Fronten. Nordwestdeutschland zwischen Augustus und Karl dem Großen (Archäologische Mitteilungen aus Nordwestdeutschland, Beiheft 26), Oldenburg 1999, S. 145–161.

442 Angelika Lampen, Sachsenkriege, sächsischer Widerstand und Kooperation, in: Christoph Stiegemann / Matthias Wemhoff (Hgg.), 799 – Kunst und Kultur der Karolingerzeit. Karl der Große

und Papst Leo III. in Paderborn, Katalog der Ausstellung Paderborn 1999, Mainz 1999, Bd. 1, S, 264–272.

443 Annales regni Francorum a. 772; AQDGMA V, S. 26f.; M. SPRINGER, Art. Irminsul, in: RGA 15 (2000), S. 305 f.

444 HANS-DIETRICH KAHL, Karl der Große und die Sachsen. Stufen einer historischen „Eskalation", in: HERBERT LUDAT / RAINER CHRISTOPH SCHWINGES (Hgg.), Politik, Gesellschaft, Geschichtsschreibung: FS František Graus (BAKG 18), Köln/Wien 1982, S. 49–131.

445 ECKHARD FREISE, Das Frühmittelalter bis zum Vertrag von Verdun (843), in: WILHELM KOHL (Hg.), Westfälische Geschichte in drei Textbänden und einem Bild- und Dokumentarband, Bd. 1: Von den Anfängen bis zum Ende des alten Reiches (Veröffentlichungen der Historischen Kommission für Westfalen im Provinzialinstitut für Westfälische Landes- und Volksforschung des Landschaftsverbandes Westfalen-Lippe 43), Düsseldorf 1983, S. 275–335, S. 283, 294.

446 Annales regni Francorum a. 772; MGH.SRG 6, S. 34; Annales Mettenses priores a. 772; MGH.SRG 10, S. 59[9]; JOSEPH PRINZ, Marklo, in: Westfalen 56 (1980) FS Wilhelm Kohl, S. 3–23.

447 KARL HAUCK, Die Ausbreitung des Glaubens in Sachsen und die Verteidigung der römischen Kirche als konkurrierende Herrscheraufgaben Karls des Großen, in: FMSt 4 (1970), S. 138–172.

448 Annales regni Francorum a. 773; AQDGMA V, S. 28[15].

449 Altfried, Vita Liudgeri I, 14 und 15; ed. WILHELM DIEKAMP, Die vitae sancti Liudgeri (GQBM 4), Münster 1881, S. 18ff.; Übersetzung: BASILIUS SENGER, Das Leben des heiligen Liudger von Altfrid (Kleine Westfälische Reihe V/6*), Bielefeld-Bethel 1959, S. 11f.

450 Annales qui dicuntur Einhardi a. 775; MGH.SRG 6, S. 41; HANS-DIETRICH KAHL, Compellere intrare. Die Wendepolitik Bruns von Querfurt im Lichte hochmittelalterlichen Missions- und Völkerrechts, in: HELMUT BEUMANN (Hg.), Heidenmission und Kreuzzugsgedanke in der deutschen Ostpolitik des Mittelalters (WdF 7), Darmstadt 1963, S. 177–274, S. 227f., 231f.

451 Annales Nordhumbrani a. 775; MGH.SS 13, S. 155[7]; JOANNA STORY, Carolingian Connections. Anglo-Saxon England and Carolingian Francia c. 750–870 (Studies in Early Medieval Britain), Aldershot u.a. 2003, S. 100.

452 Annales Sangallenses Baluzii a. 775; MGH.SS 1, S. 63.

453 Annales regni Francorum a. 775; AQDGMA V, S. 30ff.; G. NEUMANN, Art. Falen, in: RGA 8 (1994), S. 172f.; G. NEUMANN, Art. Engern, in: RGA 7 (1989), S. 286–288.

454 REINHARD WENSKUS, Sächsischer Stammesadel und fränkischer Reichsadel (AAWG.PH 93), Göttingen 1976, S. 178.

455 Annales regni Francorum a. 776; AQDGMA V, S. 34[30]; MANFRED BALZER, Lippiagyspringiae in Saxonia. Der Quellbereich der Lippe in den Sachsenkriegen Karls des Großen, in: MICHAEL PAVLICI (Hg.), Lippspringe. Beiträge zur Geschichte, Paderborn 1995, S. 63–71.

456 MANFRED BALZER, Paderborn als Karolingischer Pfalzort, in: Deutsche Königspfalzen. Beiträge zu ihrer historischen und archäologsichen Erforschung, Bd. 3 (VMPIG 11,3), Göttingen 1979, S. 9–85, S. 25f., S. 67–70; KARL HAUCK, Karolingische Taufpfalzen im Spiegel hofnaher Dichtung. Überlegungen zur Ausmalung von Pfalzkirchen, Pfalzen und Reichsklöstern, Göttingen 1985; MANFRED BALZER, Paderborn im frühen Mittelalter (776–1050): Sächsische Siedlung – Karolingischer Pfalzort – Ottonisch-salische Bischofsstadt, in: JÖRG JARNUT (Hg.), Paderborn. Geschichte der Stadt in ihrer Region, Bd. 1, Paderborn u.a. 1999, S. 2–118, S. 12–19.

457 Annales regni Francorum a. 777; AQDGMA V, S. 36f.

458 MANFRED BALZER, Paderborn im frühen Mittelalter (776–1050): Sächsische Siedlung – Karolingischer Pfalzort – Ottonisch-salische Bischofsstadt, in: JÖRG JARNUT (Hg.), Paderborn. Geschichte der Stadt in ihrer Region, Bd. 1, Paderborn u.a. 1999, S. 2–118, S. 22 ff.; Eigil, Vita sturmi 23; ed. PIUS ENGELBERT, Eigil, Das Leben des Abtes Sturmi (Lateinischer Text mit deutscher Übersetzung), in: Fuldaer Geschichtsblätter. Zeitschrift des Fuldaer Geschichtsvereins 56 (1980), S. 45: *prociniam illam in parochias episcopales divisit.*

459 REINHARD WENSKUS, Die ständische Entwicklung in Sachsen im Gefolge der fränkischen Eroberung, in: Angli e Sassoni al di qua e al di lá del mare (SSAM 32,2), Spoleto 1986, S. 587–616, S. 610.

460 BERND SCHNEIDMÜLLER, Art. Widukind, in: LMA 9 (1998), Sp. 74–76.

461 Annales regni Francorum a. 778; AQDGMA V, S. 36–39.

462 Daß die Frage der Apostasie eine Rolle gespielt hat, zeigt auch eine Anfrage bei Papst Hadrian; vgl. Codex Carolinus 77; MGH.Ep 3, S. 609[4].

463 Ernst Schubert, Die Capitulatio de partibus Saxoniae, in: Dieter Brosius u.a. (Hgg.), Geschichte der Region. FS Heinrich Schmidt (VHKHO Sonderband), Hannover 1993, S. 3–28, S. 8f.

464 Annales regni Francorum a. 780; AQDGMA V, S. 40[5].

465 Annales regni Francorum a. 782; AQDGMA V, S. 44[7]: *Tunc omnes Saxones iterum convenientes subdiderunt se sub potestate supradicti domni regis et reddiderunt omnes malefactores illos, qui ipsud rebellium maxime terminaverunt, ad occidendum IIII D; quod ita et factum est.*

466 Ernst Schubert, Art. Verden, »Blutbad v.«, in: LMA 8 (1997), Sp. 1500f., Sp. 1501.

467 Theodor Schieffer, Das karolingische Großreich (751–843), in: Theodor Schieder (Hg.), Handbuch der Europäischen Geschichte 1: Europa im Wandel von der Antike zum Mittelalter, Stuttgart 1976, S. 541–596, S. 554, mit Anm. 21: „absurde Zahl"; Karl Hengst, Die Urbs Karoli und das Blutbad zu Verden in den Quellen zur Sachsenmission (775–785), in: ThGl 70 (1980), S. 283–299, S. 291–297; Zur älteren Diskussion siehe Beiträge in: Walther Lammers (Hg.), Die Eingliederung der Sachsen in das Frankenreich (WdF 185), Darmstadt 1970.

468 Dieter Hägermann, Karl der Große. Herrscher des Abendlandes, Berlin 2000, S. 214ff.

469 Wilhelm Kohl, Bemerkungen zur Entstehung der Pfarrorganisation im alten Sachsen, vornehmlich im Bistum Münster, in: Johannes Mötsch (Hg.), Ein Eifler für Rheinland-Pfalz. FS Franz-Josef Heyen zum 75. Geburtstag (QMRKG 105,2), Mainz 2003, S. 915–931, S. 920, Anm. 16.

470 Regine Sonntag, Studien zur Bewertung von Zahlenangaben in der Geschichtsschreibung des frühen Mittelalters. Die decem libri historiarum Gregors von Tours und die chronica Reginos von Prüm, Kallmünz 1987, S. 143.

471 Ernst Schubert, Die Capitulatio de partibus Saxoniae, in: Dieter Brosius u.a. (Hgg.), Geschichte der Region. FS Heinrich Schmidt (VHKHO Sonderband), Hannover 1993, S. 3–28, S. 5–11.

472 Capitulatio de partibus Saxoniae; MGH.Cap 1, S. 68–70; Walter Lammers, Art. Capitulatio de partibus Saxoniae, in: LMA 2 (1983), Sp. 1483f.

473 Heinrich Wiedemann, Karl der Große, Widukind und die Sachsenbekehrung (VMWI 2), Münster 1949, S. 20.

474 Eugen Ewig, Das Zeitalter Karls des Großen (768–814), in: HKG(J) 3,1 (1996), S. 62–118, S. 74.

475 Rudolf Schieffer, Die Karolinger, Stuttgart u.a. [3]2000, S. 80.

476 Ernst Schubert, Die Capitulatio de partibus Saxoniae, in: Dieter Brosius u.a. (Hgg.), Geschichte der Region. FS Heinrich Schmidt (VHKHO Sonderband), Hannover 1993, S. 3–28, S. 16.

477 Ernst Schubert, Die Capitulatio de partibus Saxoniae, in: Dieter Brosius u.a. (Hgg.), Geschichte der Region. FS Heinrich Schmidt (VHKHO Sonderband), Hannover 1993, S. 3–28, S. 11.

478 Walter Lammers, Art. Capitulatio de partibus Saxoniae, in: LMA 2 (1983), Sp. 1483f., Sp. 1484.

479 Lex Saxonum 29 u. 30; MGH.F 4, S. 25.

480 Ernst Schubert, Art. Verden, »Blutbad v.«, in: LMA 8 (1997), Sp. 1500f., Sp. 1501.

481 Annales regni Francorum a. 778; MGH.SRG 6, S. 48; Annales regni Francorum a. 782; MGH.SRG 6, S. 60; Annales Mosellani a. 782; MGH.SS 16, S. 497[20]; Annales Mettenses priores a. 778; MGH.SRG 10, S. 67[8]; Annales Mettenses priores a. 782; MGH.SRG 10, S. 70[1]; ebd., S. 69[2]; zur *perfidia* s. Helmut Beumann, Die Hagiographie „bewältigt" Unterwerfung und Christianisierung der Sachsen durch Karl den Großen in: Helmut Beumann, Ausgewählte Aufsätze aus den Jahren 1966–1986. Festgabe zu seinem 75. Geburtstag, hg. von Jürgen Petersohn / Roderich Schmidt, Sigmaringen 1987, S. 289–323, S. 298f.

482 Annales regni Francorum a. 785; MGH.SRG 6, S. 70.

483 Annales regni Francorum a. 785; MGH.SRG 6, S. 70; Eckhard Freise, Das Frühmittelalter bis zum Vertrag von Verdun (843), in: Wilhelm Kohl (Hg.), Westfälische Geschichte in drei Textbänden und einem Bild- und Dokumentarband, Bd.1: Von den Anfängen bis zum Ende des alten Reiches (Veröffentlichungen der Historischen Kommission für Westfalen im Provinzialinstitut für Westfälische Landes- und Volksforschung des Landschaftsverbandes Westfalen-Lippe 43), Düsseldorf 1983, S. 275–335, S. 300; Arnold Angenendt, Kaiserherrschaft und Königstaufe. Kaiser, Könige und Päpste als geistliche Patrone in der abendländischen Missionsgeschichte (Arbeiten zur Frühmittelalterforschung 15), Berlin/New York 1984, S. 207–212.

484 Altfried, Vita Liudgeri I, 21; ed. WILHELM DIEKAMP, Die vitae sancti Liudgeri (GQBM 4), Münster 1881, S 24f.; Übersetzung: BASILIUS SENGER, Das Leben des heiligen Liudger von Altfrid (Kleine Westfälische Reihe V/6*), Bielefeld-Bethel 1959, S. 15.

485 JOSEF FLECKENSTEIN, Art. Karl (I.) der Große (A. Leben und Persönlichkeit), in: LMA 5 (1991), Sp. 956–961, Sp. 957.

486 Alkuin, Epistola 43; MGH.Ep 4, S. 89[1].

487 Einhard, Vita Karoli 7; AQDGMA V, S. 174[27].

488 Capitulare Saxonicum a. 797; MGH.Cap 1, S. 71f.; WALTER LAMMERS, Art. Capitulatio de partibus Saxoniae, in: LMA 2 (1983), Sp. 1483f.

489 RUTH SCHMIDT-WIEGAND, Lex Saxonum, in: LMA 5 (1991), Sp. 1932; H. LÜCK, Art. Lex Saxonum, in: RGA 18 (2001), S. 332–336.

490 Einhard, Vita Karoli 7; AQDGMA V, S. 176[1].

491 Eigil, Vita sturmi 23; ed. PIUS ENGELBERT, Eigil, Das Leben des Abtes Sturmi (Lateinischer Text mit deutscher Übersetzung), in: Fuldaer Geschichtsblätter. Zeitschrift des Fuldaer Geschichtsvereins 56 (1980), S. 45.

492 HELMUT BEUMANN, Die Hagiographie »bewältigt« Unterwerfung und Christianisierung der Sachsen durch Karl den Großen in: HELMUT BEUMANN, Ausgewählte Aufsätze aus den Jahren 1966–1986. Festgabe zu seinem 75. Geburtstag, hg. von JÜRGEN PETERSOHN / RODERICH SCHMIDT, Sigmaringen 1987, S. 289–323.

493 Vita tertia Liudgeri I, 27; ed. WILHELM DIEKAMP, Die vitae sancti Liudgeri (GQBM 4), Münster 1881, S. 103.

494 Annales Mosellani a. 785; MGH.SS 16, S. 497[38].

495 ARNOLD ANGENENDT, Kaiserherrschaft und Königstaufe. Kaiser, Könige und Päpste als geistliche Patrone in der abendländischen Missionsgeschichte (Arbeiten zur Frühmittelalterforschung 15), Berlin/New York 1984, S. 115f.; FRANZ-JOSEPH DÖLGER, Die „Familie der Könige" im Mittelalter, in: DERS., Byzanz und die europäische Staatenwelt. Ausgewählte Vorträge und Aufsätze, Darmstadt 1953, S. 34–69; BERNHARD JUSSEN, Art. Patenschaft, in: LMA 6 (1993), Sp. 1779f.; JOPSEH H. LYNCH, Godparents and Kingship in Early Medieval Europe, Princeton/New Jersey 1986.

496 Annales Mosellani a. 785; MGH.SS 16, S. 497[38]

497 KARL SCHMID, Die Nachfahren Widukinds, in: DERS., Gebetsgedenken und adliges Selbstverständnis im Mittelalter. Ausgewählte Beiträge. Festgabe zu seinem sechzigsten Geburtstag, Sigmaringen 1983, S. 59–105, S. 59; MANFRED BALZER, Widukind. Sachsenherzog – und Mönch auf der Reichenau?, in: Stadt Enger. Beiträge zur Stadtgeschichte, Bd. 3: Neueröffnung des Widukindmuseums in Enger, Enger 1983, S. 9–29, S. 17–21.

498 ECKHART FREISE, Art. Widukind, in: LThK 10 ([3]2001), Sp. 1144; GERD ALTHOFF, Der Sachsenherzog Widukind als Mönch auf der Reichenau. Ein Beitrag zur Kritik des Widukind-Mythos, in: FMSt 17 (1983), S. 251–279.

499 KARL SCHMID, Die Nachfahren Widukinds, in: DERS., Gebetsgedenken und adliges Selbstverständnis im Mittelalter. Ausgewählte Beiträge. Festgabe zu seinem sechzigsten Geburtstag, Sigmaringen 1983, S. 59–105, S. 60–68.

500 KARL L. NOETHLICHS, Die ›Christianisierung‹ des Krieges vom spätantiken bis zum frühmittelalterlichen und mittelbyzantinischen Reich, in: Jahrbuch für Antike und Christentum 44 (2001), S. 5–22, S. 14.

501 Codex Carolinus 50 a. 774; MGH.Ep 3, S. 579[14]; JOSEF A. JUNGMANN, Flectere pro Carolo rege, in: Mélanges en l'honneur de Monseigneur Michel Andrieu, Straßburg 1956, S. 219–228.

502 Capitulare episcoporum a. 780; MGH.Cap 1, S. 52[6].

503 Codex Carolinus 76 a. 780; MGH.Ep 3, S. 607[30], S. 608[8].

504 Codex Carolinus 76 a. 786; MGH.Ep 3, S. 608[14].

505 Hadrian, Epistula; ed. JOHANNES DOMINICUS MANSI u.a., Sacrorum conciliorum nova et amplissima collectio 12, Florenz 1766, Reproduktion von 1901, Sp. 1075C: *sicut filius et spiritualis compater noster dominus Carolus rex Francorum et Langobardorum, ac patricius Romanorum, nostris obtemperans monitis, atque adimplens in omnibus voluntates, omnis Hesperie occidueque partis barbaras nationes suo suis prosternens conculcavit pedibus, omnipotentatum illarum domans, et suo subjiciens regno adunavit.*

506 Libri Carolini I,6; MGH.Conc 2, Suppl., S. 21[34]: *Quod non solum omnium Galliarum provinciae et Germania sive Italia, sed etiam Saxones et quaedam aquilonalis plagae gentes per nos Deo annuente ad verae fidei rudimenta conversae facere noscuntur, et ita beati Petri sedem in omnibus sequi curant, sicut illo pervenire, quo ille clavicularius exstat, desiderant.*

507 PERCY ERNST SCHRAMM, Kaiser, Könige und Päpste. Gesammelte Aufsätze zur Geschichte des Mittelalters, Bd. 1: Beiträge zur allgemeinen Geschich-

te, Erster Teil: Von der Spätantike bis zum Tode Karls des Großen (814), Stuttgart 1968, S. 79–85.

508 Libri Carolini I,1; MGH.Conc. 2, Suppl., S. 11[33].

509 Helmut Beumann, Die Hagiographie »bewältigt« Unterwerfung und Christianisierung der Sachsen durch Karl den Großen in: Helmut Beumann, Ausgewählte Aufsätze aus den Jahren 1966–1986. Festgabe zu seinem 75. Geburtstag, hg. von Jürgen Petersohn / Roderich Schmidt, Sigmaringen 1987, S. 289–323, S. 303.

510 Arnold Angenendt, Kaiserherrschaft und Königstaufe. Kaiser, Könige und Päpste als geistliche Patrone in der abendländischen Missionsgeschichte (Arbeiten zur Frühmittelalterforschung 15), Berlin/New York 1984, S. 212–214.

511 Annales Nordhumbrani a. 767; MGH.SS 13, S. 154[22]; Joanna Story, Carolingian Connections. Anglo-Saxon England and Carolingian Francia c. 750–870 (Studies in Early Medieval Britain), Aldershot u.a. 2003, S. 131; Donald A. Bullough, Alcuin. Achievement and Reputation. Being Part of the Ford Lectures Delivered in Oxford in Hilary Term 1980 (Education and society in the Middle Ages and Renaissance 16), Leiden/Boston 2004, S. 247–249.

512 Vita secunda sancti Liudgeri I 6; ed. Eckhard Freise, Die Vita sancti Liudgeri, Graz/Bielefeld 1999, S. 10, Übersetzung: S. 32, Anm. 18 und 21.

513 Eckhard Freise, Vom vorchristlichen Mimigernaford zum *honestum monasterium* Liudgers, in: Franz-Josef Jakobi (Hg.), Geschichte der Stadt Münster, Bd. 1, Münster 1993, S. 1–51, S. 19.

514 Harald Siems, Studien zur Lex Frisonum (Abhandlungen zur rechtswissenschaftlichen Grundlagenforschung 42), Ebelsbach 1980, S. 334–338.

515 Altfried, Vita Liudgeri I, 8; ed. Wilhelm Diekamp, Die vitae sancti Liudgeri (GQBM 4), Münster 1881, S. 12; Übersetzung: Basilius Senger, Das Leben des heiligen Liudger von Altfrid (Kleine Westfälische Reihe V/6*), Bielefeld-Bethel 1959, S. 7f.

516 Altfried, Vita Liudgeri I, 4; ed. Wilhelm Diekamp, Die vitae sancti Liudgeri (GQBM 4), Münster 1881, S. 9; Übersetzung: Basilius Senger, Das Leben des heiligen Liudger von Altfrid (Kleine Westfälische Reihe V/6*), Bielefeld-Bethel 1959, S. 5; Dirk Peter Blok, De historische en geografische situatie van Liudgers geboortestreek Nifterlake, in: Augustinus van Berkum u.a., Liudger 742–809. De confrontatie tussen heidendom en christendom in die Lage Landen, Muiderberg 1984, S. 9–19.

517 Bonifatius, Epistola 109, AQDGMA IV b, S. 340[12].

518 Reinhold Kaiser, Bistumsgründung und Kirchenorganisation im 8. Jahrhundert, in: Harald Dickerhof / Ernst Reiter / Stefan Weinfurter (Hg.), Der heilige Willibald – Klosterbischof oder Bistumsgründer? (Eichstätter Studien, N.F. 30), Regensburg 1990, S. 29–67, S. 63.

519 Matthias Werner, Adelsfamilien im Umkreis der frühen Karolinger. Die Verwandtschaft Irminas von Oeren und Adelas von Pfalzel. Personengeschichtliche Untersuchungen zur frühmittelalterlichen Führungsschicht im Maas-Mosel-Gebiet (Vorträge und Forschungen, Sonderband 28), Sigmaringen 1982, S. 298–313; Lutz E. von Padberg, Heilige und Familie. Studien zur Bedeutung familiengebundener Aspekte in den Viten des Verwandten- und Schülerkreises um Willibrord, Bonifatius und Liudger (QMRKG 83), Mainz [2]1997, S. 122ff.

520 Matthias Werner, Adelsfamilien im Umkreis der frühen Karolinger. Die Verwandtschaft Irminas von Oeren und Adelas von Pfalzel. Personengeschichtliche Untersuchungen zur frühmittelalterlichen Führungsschicht im Maas-Mosel-Gebiet (Vorträge und Forschungen, Sonderband 28), Sigmaringen 1982, S. 314–317.

521 Walter Berschin, Biographie und Epochenstil im lateinischen Mittelalter, Bd. 3: Karolingische Biographie 750–920 n. Chr. (Quellen und Untersuchungen zur lateinischen Philologie des Mittelalters 10), Stuttgart 1991, S. 41f.

522 Liudger,Vita Gregorii 2; MGH.SS 15/1, S. 68[13].

523 Jan Gerchow, Liudger, Werden und die Angelsachsen, in: Jan Gerchow (Hg.), Das Jahrtausend der Mönche. KlosterWelt Werden 799–1803, Köln 1999, S. 49–58.

524 Donald A. Bullough, Alcuin. Achievement and Reputation. Being Part of the Ford Lectures Delivered in Oxford in Hilary Term 1980 (Education and society in the Middle Ages and Renaissance 16), Leiden/Boston 2004.

525 Josef Fleckenstein, Alcuin im Kreis der Hofgelehrten Karls des Großen, in: Paul Leo Butzer / Dietrich Lohrmann (Hg.), Science in Western and Eastern Civilization in Carolingian Times, Basel/Boston/Berlin 1993, S. 3–21, S. 4.

526 Altfried, Vita Liudgeri I, 10; ed. Wilhelm Diekamp, Die vitae sancti Liudgeri (GQBM 4), Mün-

ster 1881, S 15f.; Übersetzung: Basilius Senger, Das Leben des heiligen Liudger von Altfrid (Kleine Westfälische Reihe V/6*), Bielefeld-Bethel 1959, S. 8f.; Joanna Story, Carolingian Connections. Anglo-Saxon England and Carolingian Francia c. 750–870 (Studies in Early Medieval Britain), Aldershot u.a. 2003, S. 95–104, S. 131; Donald A. Bullough, Alcuin. Achievement and Reputation. Being Part of the Ford Lectures Delivered in Oxford in Hilary Term 1980 (Education and society in the Middle Ages and Renaissance 16), Leiden/Boston 2004, S. 247–249.

527 Altfried, Vita Liudgeri I, 12; ed. Wilhelm Diekamp, Die vitae sancti Liudgeri (GQBM 4), Münster 1881, S 17; Übersetzung: Basilius Senger, Das Leben des heiligen Liudger von Altfrid (Kleine Westfälische Reihe V/6*), Bielefeld-Bethel 1959, S. 10.

528 Mary Garrison, The English and the Irish at the Court of Charlemagne, in: Paul Leo Butzer u.a., Karl der Große und seine Nachwirkungen. 1200 Jahre Kultur und Wissenschaft in Europa, Turnhout 1997, S. 97–123, S. 105f.; Donald A. Bullough, Alcuin. Achievement and Reputation. Being Part of the Ford Lectures Delivered in Oxford in Hilary Term 1980 (Education and society in the Middle Ages and Renaissance 16), Leiden/Boston 2004, S. 397f.

529 Lutz E. von Padberg, Art. Lebuin, in: LThK 6 (³1997), Sp. 733; Marc van Uytfanghe, Art. Lebuin, in: LMA 5 (1991), Sp. 1783.

530 Altfried, Vita Liudgeri I, 14; ed. Wilhelm Diekamp, Die vitae sancti Liudgeri (GQBM 4), Münster 1881, S. 18f.; Übersetzung: Basilius Senger, Das Leben des heiligen Liudger von Altfrid (Kleine Westfälische Reihe V/6*), Bielefeld-Bethel 1959, S. 11.

531 Altfried, Vita Liudgeri I, 16; ed. Wilhelm Diekamp, Die vitae sancti Liudgeri (GQBM 4), Münster 1881, S. 20; Übersetzung: Basilius Senger, Das Leben des heiligen Liudger von Altfrid (Kleine Westfälische Reihe V/6*), Bielefeld-Bethel 1959, S. 12; Wijnand van der Sanden / Torsten Capelle, Götter, Götzen, Holzmenschen (Archäologische Mitteilung aus Nordwestdeutschland, Beiheft 39), Oldenburg 2002.

532 Altfried, Vita Liudgeri I, 19; ed. Wilhelm Diekamp, Die vitae sancti Liudgeri (GQBM 4), Münster 1881, S. 23f.; Übersetzung: Basilius Senger, Das Leben des heiligen Liudger von Altfrid (Kleine Westfälische Reihe V/6*), Bielefeld-Bethel 1959, S. 14.

533 Vita secunda sancti Liudgeri I 7; ed. Eckhard Freise, Die Vita sancti Liudgeri, Graz/Bielefeld 1999, Übersetzung: S. 33, Anm. 25.

534 Altfried, Vita Liudgeri I, 20; ed. Wilhelm Diekamp, Die vitae sancti Liudgeri (GQBM 4), Münster 1881, S. 24; Übersetzung: Basilius Senger, Das Leben des heiligen Liudger von Altfrid (Kleine Westfälische Reihe V/6*), Bielefeld-Bethel 1959, S. 14

535 Altfried, Vita Liudgeri I, 17; ed. Wilhelm Diekamp, Die vitae sancti Liudgeri (GQBM 4), Münster 1881, S. 21; Übersetzung: Basilius Senger, Das Leben des heiligen Liudger von Altfrid (Kleine Westfälische Reihe V/6*), Bielefeld-Bethel 1959, S. 12.

536 Altfried, Vita Liudgeri I, 18; ed. Wilhelm Diekamp, Die vitae sancti Liudgeri (GQBM 4), Münster 1881, S. 21f.; Übersetzung: Basilius Senger, Das Leben des heiligen Liudger von Altfrid (Kleine Westfälische Reihe V/6*), Bielefeld-Bethel 1959, S. 12f.; Lutz E. von Padberg, Liudger und die Vollendung der angelsächsischen Mission in der Karolingerzeit, in: St. Liudger. Zeuge des Glaubens 742–809, Essen-Werden 1999, S. 37–50.

537 Altfried, Vita Liudgeri I, 21; ed. Wilhelm Diekamp, Die vitae sancti Liudgeri (GQBM 4), Münster 1881, S. 24f.; Übersetzung: Basilius Senger, Das Leben des heiligen Liudger von Altfrid (Kleine Westfälische Reihe V/6*), Bielefeld-Bethel 1959, S. 15.

538 Altfried, Vita Liudgeri I, 21; ed. Wilhelm Diekamp, Die vitae sancti Liudgeri (GQBM 4), Münster 1881, S. 24f.; Übersetzung: Basilius Senger, Das Leben des heiligen Liudger von Altfrid (Kleine Westfälische Reihe V/6*), Bielefeld-Bethel 1959, S. 15.

539 Liudger,Vita Gregorii 7; MGH.SS 15/1, S. 73³; Matthias Werner, Adelsfamilien im Umkreis der frühen Karolinger. Die Verwandtschaft Irminas von Oeren und Adelas von Pfalzel. Personengeschichtliche Untersuchungen zur frühmittelalterlichen Führungsschicht im Maas-Mosel-Gebiet (Vorträge und Forschungen, Sonderband 28), Sigmaringen 1982, S. 299.

540 Altfried, Vita Liudgeri I, 22; ed. Wilhelm Diekamp, Die vitae sancti Liudgeri (GQBM 4), Münster 1881, S. 25ff.; Übersetzung: Basilius Senger, Das Leben des heiligen Liudger von Altfrid (Kleine Westfälische Reihe V/6*), Bielefeld-Bethel 1959, S. 15f.; M. Tveitane, Art. Forseti, in: RGA 9 (1995), S.

343–345; E. MEINEKE, Art. Helgoland (§ 1. Namenkundliches), in: RGA 14 (1999), S. 291–293.

541 Altfried, Vita Liudgeri I, 22; ed. WILHELM DIEKAMP, Die vitae sancti Liudgeri (GQBM 4), Münster 1881, S. 25ff.; Übersetzung: BASILIUS SENGER, Das Leben des heiligen Liudger von Altfrid (Kleine Westfälische Reihe V/6*), Bielefeld-Bethel 1959, S. 15f.

542 Vita Willehadi; MGH.SS 2, S. 378–390; Übersetzung: ANDREAS RÖPCKE, Willehad. Das Leben des hl. Willehad, Bischof von Bremen und die Beschreibung der Wunder an seinem Grabe, Bremen 1982; ANDREAS RÖPCKE, Leben und Nachleben Willehads. Zur Geschichte und Tradition des ersten Bremer Bischofs, Bremen 1987; LUTZ E. VON PADBERG, Heilige und Familie. Studien zur Bedeutung familiengebundener Aspekte in den Viten des Verwandten- und Schülerkreises um Willibrord, Bonifatius und Liudger (QMRKG 83), Mainz [2]1997

543 Alkuin, Epistola 6, MGH.Ep 4, S. 31[11]: *saluta millies dilectissimum meum Uilhaed episcopum.*

544 Liudger, Vita Gregorii, Prolog; MGH.SS 15/1, S. 66[7].

545 Liudger, Vita Gregorii, Prolog; MGH.SS 15/1, S. 66[21].

546 ARNOLD ANGENENDT, Heilige und Reliquien. Die Geschichte ihres Kultes vom frühen Christentum bis zur Gegenwart, München [2]1997, S. 33–88.

547 WALTER BERSCHIN, Biographie und Epochenstil im lateinischen Mittelalter, Bd. 3: Karolingische Biographie 750–920 n. Chr. (Quellen und Untersuchungen zur lateinischen Philologie des Mittelalters 10), Stuttgart 1991, S. 48.

548 HEINZ LÖWE, Liudger als Zeitkritiker, in: Historisches Jahrbuch 74 (1955), S. 79–91.

549 Liudger,Vita Gregorii 2; MGH.SS 15/1, S. 68[35].

550 Liudger,Vita Gregorii 2; MGH.SS 15/1, S. 69[6].

551 Liudger,Vita Gregorii 2; MGH.SS 15/1, S. 69[7].

552 Liudger,Vita Gregorii 2; MGH.SS 15/1, S. 69[9].

553 ARNOLD ANGENENDT, Die irische Peregrinatio und ihre Auswirkungen auf dem Kontinent vor dem Jahre 800, in: HEINZ LÖWE (Hg.), Die Iren und Europa im frühen Mittelalter, Bd. 1, Stuttgart 1982, S. 52–79.

554 Liudger,Vita Gregorii 2; MGH.SS 15/1, S 69[6+13].

555 PIUS ENGELBERT, Liudger und das fränkische Mönchtum seiner Zeit, in: ECKHARD FREISE (Hg.), Die Vita sancti Liudgeri. Text, Übersetzung und Kommentar, Forschungsbeiträge, Graz/Bielefeld 1999, S. 151–166, S. 152.

556 PIUS ENGELBERT, Liudger und das fränkische Mönchtum seiner Zeit, in: ECKHARD FREISE (Hg.), Die Vita sancti Liudgeri. Text, Übersetzung und Kommentar, Forschungsbeiträge, Graz/Bielefeld 1999, S. 151–166, S. 165.

557 WALTER BERSCHIN, Biographie und Epochenstil im lateinischen Mittelalter, Bd. 3: Karolingische Biographie 750–920 n. Chr. (Quellen und Untersuchungen zur lateinischen Philologie des Mittelalters 10), Stuttgart 1991, S. 47.

558 Liudger, Vita Gregorii 11; MGH.SS 15/1, S. 75[25]; LUTZ E. VON PADBERG, Die Liudger-Viten in der angelsächsischen Tradition der Missionsarbeit im geistlichen Familienverband, in: ECKHARD FREISE (Hg.), Die Vita sancti Liudgeri. Text, Übersetzung und Kommentar, Forschungsbeiträge, Graz / Bielefeld 1999, S. 113–126.

559 LUTZ E. VON PADBERG, Die Inszenierung religiöser Konfrontationen. Theorie und Praxis der Missionspredigt im frühen Mittelalter (Monographien zur Geschichte des Mittelalters, Bd. 51), Stuttgart 2003, S. 341–348.

560 Liudger,Vita Gregorii 2; MGH.SS 15/1, S. 70[6].

561 Liudger,Vita Gregorii 2; MGH.SS 15/1, S. 70[13].

562 Liudger,Vita Gregorii 4; MGH.SS 15/1, S. 71[1].

563 Urkunde Werden 11; ed. DIRK PETER BLOK, De oudste particuliere oorkonden van het klooster werden. Een diplomatische studie met enige uitweidingen over het ontstaan van dit soort oorkonden in het algemeen (Van Gorcum's Historische Bibliotheek 61), Assen 1960, S. 168.

564 Vita Gregorii 9; MGH.SS 15/1, S. 74[24].

565 JOHANNES FRIED, Der Weg in die Geschichte. Die Ursprünge Deutschlands bis 1024 (Propyläen Taschenbuch), Berlin 1998, S. 123.

566 Liudger,Vita Gregorii 2; MGH.SS 15/1, S. 69[29].

567 ARNOLD ANGENENDT, Sühne durch Blut, in: ARNOLD ANGENENDT, Liturgie im Mittelalter. Ausgewählte Aufsätze zum 70. Geburtstag, hg. von THOMAS FLAMMER / DANIEL MEYER, S. 218–220.

568 HEINZ LÖWE, Liudger als Zeitkritiker, in: Historisches Jahrbuch 74 (1955), S. 79–91.

569 Liudger,Vita Gregorii 3; MGH.SS 15/1, S. 69[17].

570 Urkunde Werden 1; ed. DIRK PETER BLOK, De oudste particuliere oorkonden van het klooster werden. Een diplomatische studie met enige uitweidingen over het ontstaan van dit soort oorkonden in het algemeen (Van Gorcum's Historische Bibliotheek 61), Assen 1960, S. 156.

571 ECKHARD FREISE, Vom vorchristlichen Mimigernaford zum *honestum monasterium* Liudgers, in:

FRANZ-JOSEF JAKOBI (Hg.), Geschichte der Stadt Münster, Bd. 1, Münster 1993, S. 1–51, S. 14.

572 MARTIN KROKER, Die Siedlung Mimigernaford und die „Domburg" im 9. und 10. Jahrhundert, in: GABRIELE ISENBERG / BARBARA ROMMÉ (Hgg.), 805: Liudger wird Bischof. Spuren eines Heiligen zwischen York, Rom und Münster, Mainz 2005, S. 229–240.

573 CHRISTIAN GRÜNEWALD, Frühmittelalterliche Gräberfelder im Münsterland, in: CHRISTOPH STIEGEMANN / MATTHIAS WEMHOFF (Hgg.), 799 – Kunst und Kultur der Karolingerzeit. Karl der Große und Papst Leo III. in Paderborn, Katalog der Ausstellung Paderborn 1999, Mainz 1999, Bd 3, S. 246–255.

574 Beda, Historia Ecclesiastica V 11; ed. GÜNTER SPITZBART, Beda der Ehrwürdige, Kirchengeschichte des englischen Volkes, Darmstadt [2]1997, S. 462.

575 Annales regni Francorum a. 775; AQDGMA V, S. 32[8].

576 ANNA WIRTZ, Art. Hamaland, in: RGA 13 (1999), S. 470–472; ANNA WIRTZ, Die Geschichte des Hamalandes, in: AHVNRh 173 (1971), S. 7–84.

577 Annales regni Francorum a. 784; MGH.SRG 6, S. 68: *in pago, qui dicitur Dragini*; Annales regni Francorum a. 784; AQDGMA V, S. 46[34].

578 ECKHARD FREISE, Vom vorchristlichen Mimigernaford zum *honestum monasterium* Liudgers, in: FRANZ-JOSEF JAKOBI (Hg.), Geschichte der Stadt Münster, Bd. 1, Münster 1993, S. 1–51, S. 12.

579 ECKHARD FREISE, Vom vorchristlichen Mimigernaford zum *honestum monasterium* Liudgers, in: FRANZ-JOSEF JAKOBI (Hg.), Geschichte der Stadt Münster, Bd. 1, Münster 1993, S. 1–51, S. 12.

580 Beda, Historia Ecclesiastica V 10; ed. GÜNTER SPITZBART, Beda der Ehrwürdige, Kirchengeschichte des englischen Volkes, Darmstadt [2]1997, S. 456–460; KNUT SCHÄFERDIEK, Der Schwarze und die Weiße Hewald. Der erste Versuch einer Sachsenmission, in: Westfälische Zeitschrift 146 (1996), S. 9–24.

581 Beda, Historia Ecclesiastica V 11; ed. GÜNTER SPITZBART, Beda der Ehrwürdige, Kirchengeschichte des englischen Volkes, Darmstadt [2]1997, S. 460–463; ARNOLD ANGENENDT, Mission bis Millenium. 313–1000 (Geschichte des Bistums Münster 1), Münster 1998, S. 86.; KNUT SCHÄFERDIEK, Suidberht von Kaiserswerth, in: Düsseldorfer Jahrbuch 66 (1995), S. 1–21.

582 Vita Lebuini 6; AQDGMA IV a, S. 38ff.

583 MATTHIAS SPRINGER, Die Sachsen, Stuttgart 2004, S. 135ff.; LUTZ E. VON PADBERG, Die Inszenierung religiöser Konfrontationen. Theorie und Praxis der Missionspredigt im frühen Mittelalter (Monographien zur Geschichte des Mittelalters, Bd. 51), Stuttgart 2003, S. 183ff.

584 WALTER BERSCHIN, Biographie und Epochenstil im lateinischen Mittelalter, Bd. 3: Karolingische Biographie 750–920 n. Chr. (Quellen und Untersuchungen zur lateinischen Philologie des Mittelalters 10), Stuttgart 1991, S. 59f.

585 Annales regni Francorum a. 758, a. 779 und a. 784; MGH.SRG 6, S. 16, 53f. und 66f.; Annales regni Francorum a. 758, a. 779 und a. 784; AQDGMA V, S. 18[10], 38[26] und 46[34].

586 ECKHARD FREISE, Vom vorchristlichen Mimigernaford zum *honestum monasterium* Liudgers, in: FRANZ-JOSEF JAKOBI (Hg.), Geschichte der Stadt Münster, Bd. 1, Münster 1993, S. 1–51, S. 23.

587 Vita secunda sancti Liudgeri I 18; ed. ECKHARD FREISE, Die Vita sancti Liudgeri, Graz/Bielefeld 1999, S. 12, Übersetzung: S. 36.

588 ARNOLD ANGENENDT, Willibrord im Dienste der Karolinger, in: AHVNRh 175 (1973), S. 63–113, S. 97; LUTZ E. VON PADBERG, Heilige und Familie. Studien zur Bedeutung familiengebundener Aspekte in den Viten des Verwandten- und Schülerkreises um Willibrord, Bonifatius und Liudger (QMRKG 83), Mainz [2]1997, S. 19f.

589 Alkuin, Epistula 6; MGH.Ep 4, S. 31.

590 ECKHARD FREISE, Vom vorchristlichen Mimigernaford zum *honestum monasterium Liudgers*, in: FRANZ-JOSEF JAKOBI (Hg.), Geschichte der Stadt Münster, Bd. 1, Münster 1993, S. 1–51, S. 27.

591 Echternach-Urkunde 92; ed. CAMILLUS WAMPACH, Geschichte der Grundherrschaft Echternach im Frühmittelalter. I/2: Quellenband, Luxemburg 1930, S. 155–157.

592 Echternach-Urkunde 98; ed. CAMILLUS WAMPACH, Geschichte der Grundherrschaft Echternach im Frühmittelalter. I/2: Quellenband, Luxemburg 1930, S. 164–166.

593 ECKHARD FREISE, Vom vorchristlichen Mimigernaford zum *honestum monasterium* Liudgers, in: FRANZ-JOSEF JAKOBI (Hg.), Geschichte der Stadt Münster, Bd. 1, Münster 1993, S. 1–51, S. 23.

594 ALBERT K. HÖMBERG, Studien zur Entstehung der mittelalterlichen Kirchenorganisation in Westfalen, in: Westfälische Forschungen 6 (1953), S. 46–108, S. 80.

595 Vita secunda sancti Liudgeri I 17; ed. ECKHARD

Freise, Die Vita sancti Liudgeri, Graz/Bielefeld 1999, S. 12, Übersetzung: S. 36.

596 Altfried, Vita Liudgeri I, 23; ed. Wilhelm Diekamp, Die vitae sancti Liudgeri (GQBM 4), Münster 1881, S. 27; Übersetzung: Basilius Senger, Das Leben des heiligen Liudger von Altfrid (Kleine Westfälische Reihe V/6*), Bielefeld-Bethel 1959, S. 16.

597 Vita tertia Liudgeri I, 27; ed. Wilhelm Diekamp, Die vitae sancti Liudgeri (GQBM 4), Münster 1881, S. 104.

598 Altfried, Vita Liudgeri I, 23; ed. Wilhelm Diekamp, Die vitae sancti Liudgeri (GQBM 4), Münster 1881, S. 27ff.; Übersetzung: Basilius Senger, Das Leben des heiligen Liudger von Altfrid (Kleine Westfälische Reihe V/6*), Bielefeld-Bethel 1959, S. 16f.

599 Capitulatio de partibus Saxoniae 8; MGH.Cap 1, S. 69[5].

600 Paderborner Anonymus, Translatio sancti Liborii 7; ed. Volker de Vry (Hg.), Liborius. Brückenbauer Europas. Die mittelalterlichen Viten und Translationsberichte, Paderborn u.a. 1997, S. 187–221, S. 194.

601 Bonifatius, Epistula 26 und 80; AQDGMA IV b, S. 92[13] und S. 262[12].

602 Beda, Epistola ad Ecgbertum V; ed. Charles Plummer, Venerabilis Baedae opera historica 1, Oxford 1896, Nachdruck Oxford 1961, S. 408f.

603 Hans Eggers, Deutsche Sprachgeschichte, Bd. 1: Das Althochdeutsche und das Mittelhochdeutsche, Reinbek/Hamburg 1986, S. 197.

604 Johannes Fried, Der Weg in die Geschichte. Die Ursprünge Deutschlands bis 1024 (Propyläen Taschenbuch), Berlin 1998, S. 120.

605 Lutz E. von Padberg, Die Inszenierung religiöser Konfrontationen. Theorie und Praxis der Missionspredigt im frühen Mittelalter (Monographien zur Geschichte des Mittelalters, Bd. 51), Stuttgart 2003, S. 349–358.

606 Alkuin, Epistola 113; MGH.Ep 4, S. 164[25]

607 Alkuin, Epistola 113; MGH.Ep 4, S. 164[28]

608 Alkuin, Epistola 111; MGH.Ep 4, S. 161[5]

609 Alkuin, Epistola 111; MGH.Ep 4, S. 160[13]

610 Maurits Gysseling, Die nordniederländische Herkunft des Helianddichters und des „altsächsischen“ Taufgelöbnisses, in: Jahrbuch des Vereins für niederdeutsche Sprachforschung 103 (1980), S. 14–31, S. 26–31; Michael Glatthaar, Bonifatius und das Sakrileg. Zur politischen Dimension eines Rechtsbegriffs (Freiburger Beiträge zur Mittelalterlichen Geschichte 17), Frankfurt a. M. 2004, S. 562–580.

611 Taufgelöbnisse XVI. 2. II., in: Wilhelm Braune, Althochdeutsches Lesebuch, Tübingen [17]1994, S. 39.

612 Taufgelöbnisse XVI. 2. I., in: Wilhelm Braune, Althochdeutsches Lesebuch, Tübingen [17]1994, S. 38f.; Übersetzung freundlicherweise vom Kollegen Volker Honemann zur Verfügung gestellt; Heinrich Tiefenbach, Werden und die Anfänge der altniederdeutschen Sprachgeschichte, in: Jan Gerchow (Hg.), Das Jahrtausend der Mönche. KlosterWelt Werden 799–1803, Köln 1999, S. 212–217, S. 213.

613 Wolfgang Haubrichs, Die Anfänge: Versuche volkssprachiger Schriftlichkeit im frühen Mittelalter (ca. 700–1050/60), in: Joachim Heinzle (Hg.), Geschichte der deutschen Literatur von den Anfängen bis zum Beginn der Neuzeit I,1, Frankfurt 1988, S. 280–311.

614 Johannes Rathofer, Art. Heliand, in: TRE 15 (1986), S. 16–19; Burkhard Taeger, Art. Heliand, in: Die deutsche Literatur des Mittelalters. Verfasserlexikon 3, Berlin/New York 1981, Sp. 958–971.

615 Translatio Sanctae Pusinnae 1; MGH.SS 2, S. 681[39].

616 Altfried, Vita Liudgeri II, 3; ed. Wilhelm Diekamp, Die vitae sancti Liudgeri (GQBM 4), Münster 1881, S. 40f.

617 Vita secunda sancti Liudgeri I 28; ed. Eckhard Freise, Die Vita sancti Liudgeri, Graz/Bielefeld 1999, S. 15, Übersetzung: S. 41f.

618 Hedwig Röckelein, Reliquientranslationen nach Sachsen im 9. Jahrhundert. Über Kommunikation, Mobilität und Öffentlichkeit im Frühmittelalter (Beihefte der Francia 48), Stuttgart 2002, S. 15.

619 Capitulatio de partibus Saxoniae 22; MGH.Cap 1, S. 69[43].

620 Hedwig Röckelein, Reliquientranslationen nach Sachsen im 9. Jahrhundert. Über Kommunikation, Mobilität und Öffentlichkeit im Frühmittelalter (Beihefte der Francia 48), Stuttgart 2002, S. 366.

621 Annales Xantenses a. 839; AQDGMA VI, S. 344[1]; Klaus Herbers, Rom im Frankenreich – Rombeziehungen durch Heilige in der Mittes des 9. Jahrhunderts, in: Dieter R. Bauer u.a., Mönchtum – Kirche – Herrschaft, 750–1000, Sigmaringen 1998, S. 133–169, S. 139–150.

622 HEDWIG RÖCKELEIN, Reliquientranslationen nach Sachsen im 9. Jahrhundert. Über Kommunikation, Mobilität und Öffentlichkeit im Frühmittelalter (Beihefte der Francia 48), Stuttgart 2002, S. 127–134.

623 ARNOLD ANGENENDT, In honore Salvatoris. Vom Sinn und Unsinn der Patrozinienkunde, in: RHE 97 (2002), S. 791–823, S. 796.

624 Altfried, Vita Liudgeri II, 8; ed. WILHELM DIEKAMP, Die vitae sancti Liudgeri (GQBM 4), Münster 1881, S. 44ff.

625 Altfried, Vita Liudgeri II, 12 und 22; ed. WILHELM DIEKAMP, Die vitae sancti Liudgeri (GQBM 4), Münster 1881, S. 47f. und 53.

626 Altfried, Vita Liudgeri II, 10; ed. WILHELM DIEKAMP, Die vitae sancti Liudgeri (GQBM 4), Münster 1881, S. 46f.

627 Altfried, Vita Liudgeri II, 7 und 10 und 13; ed. WILHELM DIEKAMP, Die vitae sancti Liudgeri (GQBM 4), Münster 1881, S. 44 und 46f. und 48.

628 Altfried, Vita Liudgeri II, 1 und 6 und 10; ed. WILHELM DIEKAMP, Die vitae sancti Liudgeri (GQBM 4), Münster 1881, S. 39f. und 43f. und 46f..

629 Altfried, Vita Liudgeri II, 8; ed. WILHELM DIEKAMP, Die vitae sancti Liudgeri (GQBM 4), Münster 1881, S. 44ff.

630 Altfried, Vita Liudgeri II, 9; ed. WILHELM DIEKAMP, Die vitae sancti Liudgeri (GQBM 4), Münster 1881, S. 46.

631 Altfried, Vita Liudgeri II, 12 und 21; ed. WILHELM DIEKAMP, Die vitae sancti Liudgeri (GQBM 4), Münster 1881, S. 47f. und 52.

632 ARNOLD ANGENENDT, Heilige und Reliquien. Die Geschichte ihres Kultes vom frühen Christentum bis zur Gegenwart, München ^{2}1997, S. 123–137.

633 Urkunde Werden 1; ed. DIRK PETER BLOK, De oudste particuliere oorkonden van het klooster werden. Een diplomatische studie met enige uitweidingen over het ontstaan van dit soort oorkonden in het algemeen (Van Gorcum's Historische Bibliotheek 61), Assen 1960, S. 156.

634 Urkunde Werden 16; ed. DIRK PETER BLOK, De oudste particuliere oorkonden van het klooster werden. Een diplomatische studie met enige uitweidingen over het ontstaan van dit soort oorkonden in het algemeen (Van Gorcum's Historische Bibliotheek 61), Assen 1960, S. 174.

635 Urkunde Werden 18; ed. DIRK PETER BLOK, De oudste particuliere oorkonden van het klooster werden. Een diplomatische studie met enige uitweidingen over het ontstaan van dit soort oorkonden in het algemeen (Van Gorcum's Historische Bibliotheek 61), Assen 1960, S. 176.

636 Urkunde Werden 29; ed. DIRK PETER BLOK, De oudste particuliere oorkonden van het klooster werden. Een diplomatische studie met enige uitweidingen over het ontstaan van dit soort oorkonden in het algemeen (Van Gorcum's Historische Bibliotheek 61), Assen 1960, S. 187.

637 Urkunde Werden 17, ed. DIRK PETER BLOK, De oudste particuliere oorkonden van het klooster werden. Een diplomatische studie met enige uitweidingen over het ontstaan van dit soort oorkonden in het algemeen (Van Gorcum's Historische Bibliotheek 61), Assen 1960, S. 175.

638 Urkunde Werden 20; ed. DIRK PETER BLOK, De oudste particuliere oorkonden van het klooster werden. Een diplomatische studie met enige uitweidingen over het ontstaan van dit soort oorkonden in het algemeen (Van Gorcum's Historische Bibliotheek 61), Assen 1960, S. 178f.

639 Urkunde Werden 27; ed. DIRK PETER BLOK, De oudste particuliere oorkonden van het klooster werden. Een diplomatische studie met enige uitweidingen over het ontstaan van dit soort oorkonden in het algemeen (Van Gorcum's Historische Bibliotheek 61), Assen 1960, S. 185.

640 Urkunde Werden 24; ed. DIRK PETER BLOK, De oudste particuliere oorkonden van het klooster werden. Een diplomatische studie met enige uitweidingen over het ontstaan van dit soort oorkonden in het algemeen (Van Gorcum's Historische Bibliotheek 61), Assen 1960, S. 182f.

641 Vita tertia Liudgeri II, 42; ed. WILHELM DIEKAMP, Die vitae sancti Liudgeri (GQBM 4), Münster 1881, S. 111.

642 Altfried, Vita Liudgeri I 21; ed. WILHELM DIEKAMP, Die vitae sancti Liudgeri (GQBM 4), Münster 1881, S. 24f.; Übersetzung: BASILIUS SENGER, Das Leben des heiligen Liudger von Altfrid (Kleine Westfälische Reihe V/6*), Bielefeld-Bethel 1959, S. 15.

643 JOSEF SEMMLER, Mönche und Kanoniker im Frankenreiche Pippins III. und Karls des Großen, in: MAX-PLANCK-INSTITUT FÜR GESCHICHTE (Hg.), Untersuchungen zu Kloster und Stift (VMPIG 68), Göttingen 1980, S. 78–111; JOSEF SEMMLER, Die Kanoniker und ihre Regel im 9. Jahrhundert, in: IRENE CRUSIUS, Studien zum weltlichen Kollegiatstift in Deutschland (VMPIG 114), Göttingen 1995, S. 62–109.

644 PIUS ENGELBERT, Bendikt von Aniane und die ka-

rolingische Reichsidee. Zur politischen Theologie des Frühmittelalters (Studia Anselmiana 103), Rom 1990; JOSEF SEMMLER, Institutiones Aquisgranenses, in: LMA 5 (1991), Sp. 451f.; DIETER GEUENICH, Kritische Anmerkungen zur sogenannten 'anianischen Reform', in: DIETER R. BAUER u.a. (Hg.), Mönchtum – Kirche – Herrschaft 750–1000, Sigmaringen 1998, S. 99–112.

645 OTTO NUSSBAUM, Kloster, Priestermönch und Privatmesse (Theophaneia 14), Bonn 1961; ANGELUS A. HÄUSSLING, Mönchskonvent und Eucharistiefeier. Eine Studie über die Messe in der abendländischen Klosterliturgie des frühen Mittelalters und zur Geschichte der Meßhäufigkeit (LWQF 58), Münster 1973, S. 142–159.

646 OTTO GERHARD OEXLE, Forschungen zu monastischen und geistlichen Gemeinschaften im Westfränkischen Bereich (MMAS 31), München 1978, S. 110.

647 KARL SCHMID, Mönchslisten und Klosterkonvent von Fulda zur Zeit der Karolinger, in: KARL SCHMID (Hg.), Die Klostergemeinschaft von Fulda im frühen Mittelalter, Bd. 2,2 (MMAS 8/2,2), München 1978, S. 571, S. 691, S. 621ff.

648 JOSEF SIEGWART, Die Chorherren- und Chorfrauengemeinschaften in der deutschsprachigen Schweiz vom 6. Jahrhundert bis 1160. Mit einem Überblick über die deutsche Kanonikerreform des 10. und 11. Jahrhunderts (Studia Friburgensia, N.F. 30), Freiburg/Schweiz 1962, S. 1–11.

649 RUDOLF SCHIEFFER, Die Anfänge der westfälischen Domstifte, in: Westfälische Zeitschrift 138 (1988), S. 175–191, S. 178, S. 180.

650 Pippin, Diploma 4; MGH.DK 1, S. 7[4].

651 DONALD A. BULLOUGH, Alcuin. Achievement and Reputation. Being Part of the Ford Lectures Delivered in Oxford in Hilary Term 1980 (Education and society in the Middle Ages and Renaissance 16), Leiden/Boston 2004, S. 167.

652 Z. B.: Urkunde Werden 11 und 13 und 18; ed. DIRK PETER BLOK, De oudste particuliere oorkonden van het klooster werden. Een diplomatische studie met enige uitweidingen over het ontstaan van dit soort oorkonden in het algemeen (Van Gorcum's Historische Bibliotheek 61), Assen 1960, S. 168 und 169 und 176 und öfter.

653 Altfried, Vita Liudgeri I, 9 und 30; ed. WILHELM DIEKAMP, Die vitae sancti Liudgeri (GQBM 4), Münster 13f. und 35f.; Übersetzung: BASILIUS SENGER, Das Leben des heiligen Liudger von Altfrid (Kleine Westfälische Reihe V/6*), Bielefeld-Bethel 1959, S. 8 und 21f.

654 PIUS ENGELBERT, Liudger und das fränkische Mönchtum seiner Zeit, in: ECKHARD FREISE (Hg.), Die Vita sancti Liudgeri. Text, Übersetzung und Kommentar, Forschungsbeiträge, Graz/Bielefeld 1999, S. 151–166, S. 152.

655 PIUS ENGELBERT, Liudger und das fränkische Mönchtum seiner Zeit, in: ECKHARD FREISE (Hg.), Die Vita sancti Liudgeri. Text, Übersetzung und Kommentar, Forschungsbeiträge, Graz/Bielefeld 1999, S. 151–166, S. 165.

656 Alkuin, Epistola 247; MGH.Ep. 4, S. 400[36].

657 Alkuin, Epistola 258; MGH.Ep. 4, S. 416[15].

658 PIUS ENGELBERT, Liudger und das fränkische Mönchtum seiner Zeit, in: ECKHARD FREISE (Hg.), Die Vita sancti Liudgeri. Text, Übersetzung und Kommentar, Forschungsbeiträge, Graz/Bielefeld 1999, S. 151–166, S. 161.

659 PIUS ENGELBERT, Liudger und das fränkische Mönchtum seiner Zeit, in: ECKHARD FREISE (Hg.), Die Vita sancti Liudgeri. Text, Übersetzung und Kommentar, Forschungsbeiträge, Graz/Bielefeld 1999, S. 151–166, S. 156–160.

660 ECKHARD FREISE, Vom vorchristlichen Mimigernaford zum *honestum monasterium* Liudgers, in: FRANZ-JOSEF JAKOBI (Hg.), Geschichte der Stadt Münster, Bd. 1, Münster 1993, S. 34.

661 Urkunde Werden 24; ed. DIRK PETER BLOK, De oudste particuliere oorkonden van het klooster werden. Een diplomatische studie met enige uitweidingen over het ontstaan van dit soort oorkonden in het algemeen (Van Gorcum's Historische Bibliotheek 61), Assen 1960, S. 183.

662 Altfried, Vita Liudgeri I, 19; ed. WILHELM DIEKAMP, Die vitae sancti Liudgeri (GQBM 4), Münster 1881, S. 22ff.; Übersetzung: BASILIUS SENGER, Das Leben des heiligen Liudger von Altfrid (Kleine Westfälische Reihe V/6*), Bielefeld-Bethel 1959, S. 13f.

663 Altfried, Vita Liudgeri I 15; ed. WILHELM DIEKAMP, Die vitae sancti Liudgeri (GQBM 4), Münster 1881, S. 20; Übersetzung: BASILIUS SENGER, Das Leben des heiligen Liudger von Altfrid (Kleine Westfälische Reihe V/6*), Bielefeld-Bethel 1959, S. 12.

664 Altfried, Vita Liudgeri I, 23; ed. WILHELM DIEKAMP, Die vitae sancti Liudgeri (GQBM 4), Münster 1881, S. 27ff.; Übersetzung: BASILIUS SENGER, Das Leben des heiligen Liudger von Altfrid (Kleine Westfälische Reihe V/6*), Bielefeld-Bethel 1959, S. 16f.

665 Vita Willehardi 2; MGH.SS 2, S. 380[34].

666 Heinrich Schmidt, Art. Gerbert, in: Hans Friedl u. a. (Hg.), Biographisches Handbuch zur Geschichte des Landes Oldenburg, Oldenburg 1992, S. 231f.; Heinrich Schmidt, Visbeck, in: Ulrich Faust, Die Benediktinerklöster in Niedersachsen, Schleswig-Holstein und Bremen (Germania Benedictina VI), St. Ottilien 1979, S. 485–487.

667 Altfried, Vita Liudgeri I, 21; ed. Wilhelm Diekamp, Die vitae sancti Liudgeri (GQBM 4), Münster 1881, S. 24f.; Übersetzung: Basilius Senger, Das Leben des heiligen Liudger von Altfrid (Kleine Westfälische Reihe V/6*), Bielefeld-Bethel 1959, S. 15.

668 Urkunde Werden 7; ed. Dirk Peter Blok, De oudste particuliere oorkonden van het klooster werden. Een diplomatische studie met enige uitweidingen over het ontstaan van dit soort oorkonden in het algemeen (Van Gorcum's Historische Bibliotheek 61), Assen 1960, S. 163.

669 Freundliche Auskunft des Kollegen Theo Kölzer (Bonn), der die Edition der Diplome Ludwigs des Frommen vorbereitet.

670 Bernhard Brockmann, Die Christianisierung des Oldenburger Münsterlandes. Abt Gerbert-Castus in seiner Zeit (Quellen und Beiträge zur Kirchengeschichte des Oldenburger Landes 1), Vechta 1996, S. 70–89 (mit Urkunden), S. 73

671 Roger Wilmans, Die Urkunden des Karolingischen Zeitalters, Nr. 30, in: Roger Wilmans, Die Kaiserurkunden der Provinz Westfalen 777–1313 kritisch, topographisch und historisch, nebst anderweitigen Documenten und Excursen, Bd. 1: Die Urkunden des Karolingischen Zeitalters 777–900, Münster 1867, S. 138–142.

672 Bernhard Brockmann, Die Christianisierung des Oldenburger Münsterlandes. Abt Gerbert-Castus in seiner Zeit (Quellen und Beiträge zur Kirchengeschichte des Oldenburger Landes 1), Vechta 1996, S. 120–130 (mit Quellen), S. 24, S. 26; Reinhard Wenskus, Sächsischer Stammesadel und fränkischer Reichsadel (Abhandlungen der Akademie der Wissenschaften in Göttingen. Philologisch-historische Klasse, 3. Folge, Nr. 93), Göttingen 1976, S. 175f.

673 Freundliche Mitteilung des Kollegen Theo Kölzer (Bonn).

674 Rudolf Schieffer, Die Anfänge der westfälischen Domstifte, in: Westfälische Zeitschrift 138 (1988), S. 175–191, S. 175, S. 179.

675 Rudolf Schieffer, Zur Frühgeschichte des Domstifts von Münster, in: Westfälische Forschungen 28 (1976/77), S. 18f.; Rudolf Schieffer, Die Anfänge der westfälischen Domstifte, in: Westfälische Zeitschrift 138 (1988), S. 175–191, S. 180f., 191.

676 Heinrich Tiefenbach, Mimigernaford – Mimigardeford. Die ursprünglichen Namen der Stadt Münster, in: Beiträge zur Namensforschung, N.F. 19 (1984), S. 1–20.

677 Martin Kroker, Die Siedlung Mimigernaford und die „Domburg" im 9. und 10. Jahrhundert, in: Gabriele Isenberg / Barbara Rommé (Hgg.), 805: Liudger wird Bischof. Spuren eines Heiligen zwischen York, Rom und Münster, Mainz 2005, S. 229–240; Christoph Grünewald, Frühe Thorshammer-Anhänger aus Warendorf an der Ems, in: Ernst Pohl (Hg.), Archäologisches Zellwerk. Beiträge zur Kulturgeschichte in Europa und Asien. FS für Helmut Roth zum 60. Geburtstag (Internationale Archäologie: Studia honoraria 16), Rahden/Westf. 2001, S. 417–423.

678 Manfred Schneider, Die Kirchen auf dem Domhügel – Ergebnisse der archäologischen Ausgrabungen, in: Gabriele Isenberg / Barbara Rommé (Hgg.), 805: Liudger wird Bischof. Spuren eines Heiligen zwischen York, Rom und Münster, Mainz 2005, S. 195–205, S. 198.

679 Altfried, Vita Liudgeri I, 32; ed. Wilhelm Diekamp, Die vitae sancti Liudgeri (GQBM 4), Münster 1881, S. 37f.; Übersetzung: Basilius Senger, Das Leben des heiligen Liudger von Altfrid (Kleine Westfälische Reihe V/6*), Bielefeld-Bethel 1959, S. 23.

680 Bernd Thier, Mimigernaford zur Zeit Liudgers (792/795 bis 809), in: Gabriele Isenberg / Barbara Rommé (Hgg.), 805: Liudger wird Bischof. Spuren eines Heiligen zwischen York, Rom und Münster, Mainz 2005, S. 175–180.

681 Arnold Angenendt, In honore Salvatoris. Vom Sinn und Unsinn der Patrozinienkunde, in: RHE 97 (2002), S. 791–823, S. 802–804.

682 Arnold Angenendt, In honore Salvatoris. Vom Sinn und Unsinn der Patrozinienkunde, in: RHE 97 (2002), S. 791–823, S. 796.

683 Karl Hauck, Zu geschichtlichen Werken Münsterscher Bischöfe, in: Alois Schröer (Hg.), Monasterium. Festschrift zum siebenhundertjährigen Weihegedächtnis des Paulus-Domes zu Münster, Münster 1966, S. 337–426, S. 376f.

684 Arnold Angenendt, In honore Salvatoris. Vom Sinn und Unsinn der Patrozinienkunde, in: RHE 97 (2002), S. 791–823, S. 794–796, S. 807f.

685 Wolfhelm Urkunde; ed. RUDOLF SCHIEFFER, Zur Frühgeschichte des Domstifts von Münster, in: Westfälische Forschungen 28 (1976/77), S. 28[7+16].

686 ARNOLD ANGENENDT, In honore Salvatoris. Vom Sinn und Unsinn der Patrozinienkunde, in: RHE 97 (2002), S. 431–456.

687 ECKHARD FREISE, Liudger und das Kloster Werden. Über Gründervater, Gründerjahre und Gründungstradition, in: JAN GERCHOW (Hg.), Das Jahrtausend der Mönche. KlosterWelt Werden 799–1803, Köln 1999, S. 59–64, S. 59.

688 Urkunde Werden 1; ed. DIRK PETER BLOK, De oudste particuliere oorkonden van het klooster werden. Een diplomatische studie met enige uitweidingen over het ontstaan van dit soort oorkonden in het algemeen (Van Gorcum's Historische Bibliotheek 61), Assen 1960, S. 156.

689 Urkunde Werden 4 und 10 und 16 und 18; ed. DIRK PETER BLOK, De oudste particuliere oorkonden van het klooster werden. Een diplomatische studie met enige uitweidingen over het ontstaan van dit soort oorkonden in het algemeen (Van Gorcum's Historische Bibliotheek 61), Assen 1960, S. 158f. und 166f. und 173ff. und 176f.

690 Urkunde Werden 5 und 6; ed. DIRK PETER BLOK, De oudste particuliere oorkonden van het klooster werden. Een diplomatische studie met enige uitweidingen over het ontstaan van dit soort oorkonden in het algemeen (Van Gorcum's Historische Bibliotheek 61), Assen 1960, S. 159ff. und 161f.

691 Urkunde Werden 7; ed. DIRK PETER BLOK, De oudste particuliere oorkonden van het klooster werden. Een diplomatische studie met enige uitweidingen over het ontstaan van dit soort oorkonden in het algemeen (Van Gorcum's Historische Bibliotheek 61), Assen 1960, S. 162f.

692 ARNOLD ANGENENDT, In honore Salvatoris. Vom Sinn und Unsinn der Patrozinienkunde, in: RHE 97 (2002), S. 794–799, S. 796.

693 GUDRUN BÜHL, Fränkischer Reliquienkasten, sog. Tragaltar des heiligen Liudger, in: JAN GERCHOW (Hg.), Das Jahrtausend der Mönche. KlosterWelt Werden 799–1803, Köln 1999, Nr. 380, S. 519–521; MECHTHILD SCHULZE-DÖRRLAMM, Der rekonstruierte Beinkasten von Essen-Werden. Reliquiar und mutmaßlicher Tragaltar des hl. Liudger aus dem späten 8. Jahrhundert, in: Jahrbuch des Römisch-Germanischen Zentralmuseums Mainz 49 (2002), Mainz 2003, S. 281–363.

694 WOLFGANG SPEYER, Art. Gründer, in: RAC 12 (1983), Sp. 1107–1171.

695 HUBERTUS LUTTERBACH, Der locus resurrectionis – Ziel der irischen Peregrini. Zugleich ein Beitrag zur Eschatologie im frühen Mittelalter, in: Römische Quartalschrift 89 (1994), S. 26–46.

696 Vita secunda sancti Liudgeri I 30 und 31; ed. ECKHARD FREISE, Die Vita sancti Liudgeri, Graz/Bielefeld 1999, S. 16f., Übersetzung: S. 43–45.

697 RUDOLF SCHIEFFER, Über Bischofssitz und Fiskalgut im 8. Jahrhundert, in: Historisches Jahrbuch 95 (1975), S. 18–32.

698 KARL SCHMID, Die ›Liudgeriden‹. Erscheinung und Problematik einer Adelsfamilie, in: KARL SCHMID, Gebetsgedenken und adliges Selbstverständnis im Mittelalter. Ausgewählte Beiträge. Festgabe zu seinem sechzigsten Geburtstag, Sigmaringen 1983, S. 305–335, S. 324.

699 Vita secunda sancti Liudgeri I 32; ed. ECKHARD FREISE, Die Vita sancti Liudgeri, Graz/Bielefeld 1999, S. 17, Übersetzung: S. 45f.

700 Altfried, Vita Liudgeri I, prol.; ed. WILHELM DIEKAMP, Die vitae sancti Liudgeri (GQBM 4), Münster 1881, S. 4: *sanctimoniali femina Heriburga germana*; Übersetzung: BASILIUS SENGER, Das Leben des heiligen Liudger von Altfrid (Kleine Westfälische Reihe V/6*), Bielefeld-Bethel 1959, S. 3; Altfried, Vita Liudgeri I, 27; ed. WILHELM DIEKAMP, Die vitae sancti Liudgeri (GQBM 4), Münster 1881, S. 32; Übersetzung: BASILIUS SENGER, Das Leben des heiligen Liudger von Altfrid (Kleine Westfälische Reihe V/6*), Bielefeld-Bethel 1959, S. 19f.

701 UWE LOBBEDEY, Ausgrabungen auf dem Stiftsplatz zu Nottuln, in: Westfalen. Hefte für Geschichte, Kunst und Volkskunde 58 (1980), S. 45–54, S. 49; HANS JÜRGEN WARNECKE, Nottuln, in: KARL HENGST (Hg.), Westfälisches Klosterbuch. Lexikon der vor 1815 errichteten Stifte und Klöster von ihrer Gründung bis zur Aufhebung, Teil 2 (Veröffentlichungen der Historischen Kommission für Westfalen 44,2), Münster 1994, S. 150–158.

702 Altfried, Vita Liudgeri II 5; ed. WILHELM DIEKAMP, Die vitae sancti Liudgeri (GQBM 4), Münster 1881, S. 42f.

703 Urkunde Werden 54; ed. DIRK PETER BLOK, De oudste particuliere oorkonden van het klooster werden. Een diplomatische studie met enige uitweidingen over het ontstaan van dit soort oorkonden in het algemeen (Van Gorcum's Historische Bibliotheek 61), Assen 1960, S. 209.

704 Altfried, Vita Liudgeri II, 9; ed. WILHELM DIEKAMP, Die vitae sancti Liudgeri (GQBM 4), Münster 1881, S. 46: *missarum sollempnia*; Altfried, Vita

Liudgeri II, 20; ed. Wilhelm Diekamp, Die vitae sancti Liudgeri (GQBM 4), Münster 1881, S. 52: *matutinas laudes*.

705 Altfried, Vita Liudgeri II 13; ed. Wilhelm Diekamp, Die vitae sancti Liudgeri; (GQBM 4), Münster 1881, S. 48.

706 Altfried, Vita Liudgeri II 8; ed. Wilhelm Diekamp, Die vitae sancti Liudgeri (GQBM 4), Münster 1881, S. 44ff..

707 Altfried, Vita Liudgeri II 5; ed. Wilhelm Diekamp, Die vitae sancti Liudgeri (GQBM 4), Münster 1881, S. 42f.

708 Altfried, Vita Liudgeri II 15; ed. Wilhelm Diekamp, Die vitae sancti Liudgeri (GQBM 4), Münster 1881, S. 49.

709 Vita secunda sancti Liudgeri II 20; ed. Eckhard Freise, Die Vita sancti Liudgeri, Graz/Bielefeld 1999, S. 23, Übersetzung S. 56.

710 Jan Gerchow, Liudger, Werden und die Angelsachsen, in: Jan Gerchow (Hg.), Das Jahrtausend der Mönche. KlosterWelt Werden 799–1803, Köln 1999, S. 49–58, S. 55.

711 Urkunde Werden 40 und 41; ed. Dirk Peter Blok, De oudste particuliere oorkonden van het klooster werden. Een diplomatische studie met enige uitweidingen over het ontstaan van dit soort oorkonden in het algemeen (Van Gorcum's Historische Bibliotheek 61), Assen 1960, S. 197: *monasterium... saluatoris; in loco qui dicitur UUyrdina* und S. 198: *ad ecclesiam sancti salvatoris*; und so nahezu regelmäßig weiter.

712 Vita secunda sancti Liudgeri, Privilegium; ed. Eckhard Freise, Die Vita sancti Liudgeri, Graz/Bielefeld 1999, S. 24, Übersetzung S. 58.

713 Werner Rösener, Das Kloster und die Bauern. Die Grundherrschaften von Werden und Helmstedt im Mittelalter, in: Jan Gerchow (Hg.), Das Jahrtausend der Mönche. KlosterWelt Werden 799–1803, Köln 1999, S. 113–118, S. 113.

714 Heinrich Tiefenbach, Art. Sachsen (§ 1. Sprachliches), in: RGA 26 (2004), S. 24–30, S. 27.

715 Vita secunda sancti Liudgeri II 18; ed. Eckhard Freise, Die Vita sancti Liudgeri, Graz/Bielefeld 1999, S. 12, Übersetzung S. 36.

716 Alois Schröer, Das Datum der Bischofsweihe Liudgers von Münster, in: Alois Schröer, Die Kirche von Münster im Wandel der Zeit. Ausgewählte Abhandlungen, Aufsätze und Vorträge zur Kirchengeschichte und religiösen Volkskunde des Bistums und Fürstbistums Münster, Münster 1994, S. 57–74.

717 Urkunde Werden 30; ed. Dirk Peter Blok, De oudste particuliere oorkonden van het klooster werden. Een diplomatische studie met enige uitweidingen over het ontstaan van dit soort oorkonden in het algemeen (Van Gorcum's Historische Bibliotheek 61), Assen 1960, S. 187: *Liudgero episcopo*.

718 Werner Schäfke, Art. Hildebald, in: LMA 5 (1991) Sp. 10f.

719 Marc van Uytfanghe, Lotusa en Zele. Een merkwaardige band tussen de Fries Liudger (ca. 742–809), zijn abdij te Werden en de Zuidelijke Nederlanden, in: P. Bange / A. G. Weiler (Hgg.), Willibrord, zijn wereld en zijn werk (Middeleeuwse Studies VI), Nijmegen 1990, S. 184–200.

720 Wolfgang Seegrün, Die Urkunden von 819. Eine Auswertung nach Übersetzung durch Otto Nagel, in: Christine Hermanns (Hg.), Saxlinga – Kirchspiel – Gemeinde. 1175 Jahre Emsbüren, Emsbüren/Lingen 1994, S. 11–18.

721 Vita secunda sancti Liudgeri I 28; ed. Eckhard Freise, Die Vita sancti Liudgeri, Graz/Bielefeld 1999, S. 15, Übersetzung S. 42.

722 Altfried, Vita Liudgeri I, 25; ed. Wilhelm Diekamp, Die vitae sancti Liudgeri (GQBM 4), Münster 1881, S. 30f.; Übersetzung: Basilius Senger, Das Leben des heiligen Liudger von Altfrid (Kleine Westfälische Reihe V/6*), Bielefeld-Bethel 1959, S. 17f.

723 Altfried, Vita Liudgeri I, 26; ed. Wilhelm Diekamp, Die vitae sancti Liudgeri (GQBM 4), Münster 1881, S. 31f.; Übersetzung: Basilius Senger, Das Leben des heiligen Liudger von Altfrid (Kleine Westfälische Reihe V/6*), Bielefeld-Bethel 1959, S. 18f.

724 Altfried, Vita Liudgeri I, 28; ed. Wilhelm Diekamp, Die vitae sancti Liudgeri (GQBM 4), Münster 1881, S. 33f.; Übersetzung: Basilius Senger, Das Leben des heiligen Liudger von Altfrid (Kleine Westfälische Reihe V/6*), Bielefeld-Bethel 1959, S. 20.

725 Vita secunda sancti Liudgeri I 24; ed. Eckhard Freise, Die Vita sancti Liudgeri, Graz/Bielefeld 1999, S. 14f., Übersetzung S. 39f.

726 Eckhard Freise, Vom vorchristlichen Mimigernaford zum *honestum monasterium* Liudgers, in: Franz-Josef Jakobi (Hg.), Geschichte der Stadt Münster, Bd. 1, Münster 1993, S. 1–51, S. 41.

727 Paul Leidinger, Zur Christianisierung des Ostmünsterlandes im 8. Jahrhundert und zur Entwicklung des mittelalterlichen Pfarrsystems. Ein

Beitrag zum 1200jährigen Bestehens des Bistums Münster, in: Westfälische Zeitschrift 154 (2004), S. 9–52.

728 Eckhard Freise, Canonum collectio Quesnelliana, in: Jan Gerchow (Hg.), Das Jahrtausend der Mönche. KlosterWelt Werden 799–1803, Köln 1999, Nr. 81, S. 374f.

729 Arnold Angenendt, Die Liturgie und die Organisation des kirchlichen Lebens auf dem Lande, in: SSAM 28,1, Spoleto 1982, S. 169–226.

730 Capitulatio de partibus Saxoniae 15; MGH.Cap. 1, S. 69[19].

731 Arnold Angenendt, Das Offertorium. In liturgischer Praxis und symbolischer Kommunikation, in: Gerd Althoff (Hg.), Zeichen – Rituale – Werte. Internationales Kolloquium des Sonderforschungsbereichs 496 an der Westfälischen Wilhelms-Universität Münster (Symbolische Kommunikation und gesellschaftliche Wertesysteme. Schriftenreihe des Sonderforschungsbereichs 496, Bd. 3), Münster 2004, S. 71–150.

732 Altfried, Vita Liudgeri I, 8; ed. Wilhelm Diekamp, Die vitae sancti Liudgeri (GQBM 4), Münster 1881, S. 12f.; Übersetzung: Basilius Senger, Das Leben des heiligen Liudger von Altfrid (Kleine Westfälische Reihe V/6*), Bielefeld-Bethel 1959, S. 7f.

733 Altfried, Vita Liudgeri I, 12; ed. Wilhelm Diekamp, Die vitae sancti Liudgeri (GQBM 4), Münster 1881, S. 17; Übersetzung: Basilius Senger, Das Leben des heiligen Liudger von Altfrid (Kleine Westfälische Reihe V/6*), Bielefeld-Bethel 1959, S. 10.

734 Sancti Augustini enchiridion de fide, spe et caritate; ed. Joseph Barbel, Aurelius Augustinus, Enchiridion de fide spe et caritate. Handbüchlein über Glaube Hoffnung und Liebe (Testimonia 1), Düsseldorf 1960.

735 Jan Gerchow, Paulus-Briefe, in: Ders. (Hg.), Das Jahrtausend der Mönche. KlosterWelt Werden 799–1803, Köln 1999, Nr. 378, S. 518.

736 Urkunde Werden 2 und 42; ed. Dirk Peter Blok, De oudste particuliere oorkonden van het klooster werden. Een diplomatische studie met enige uitweidingen over het ontstaan van dit soort oorkonden in het algemeen (Van Gorcum's Historische Bibliotheek 61), Assen 1960, S. 157 und 199.

737 Eckhard Freise, Vom vorchristlichen Mimigernaford zum *honestum monasterium* Liudgers, in: Franz-Josef Jakobi (Hg.), Geschichte der Stadt Münster, Bd. 1, Münster 1993, S. 1–51, S. 40.

738 Jan Gerchow, Gregor der Große, Homiliae in Ezechielem, in: Jan Gerchow (Hg.), Das Jahrtausend der Mönche. KlosterWelt Werden 799–1803, Köln 1999, Nr. 102, S. 382f.

739 Susan A. Keefe, Water and the Word. Baptism and the Education of the Clergy in the Carolingian Empire, 2 Bde., Notre Dame, Indiana 2002.

740 Gerhard Karpp, Die Bibliothek der Benediktinerabtei Werden im Mittelalter, in: Jan Gerchow (Hg.), Das Jahrtausend der Mönche. KlosterWelt Werden 799–1803, Köln 1999, S. 241–247, S. 241f.; Bernd Michael, Die Handschrift. Zu Geschichte und Gestalt von Manuskript und Buchkasten, in: Eckhard Freise (Hg.), Die Vita sancti Liudgeri, Graz/Bielefeld 1999, S. 63–84, S. 71.

741 Kurt Aland, Bibelübersetzungen I (10. Die Übersetzung ins Gotische), in: TRE 6 (1980), S. 211–213, S. 211.

742 Eckhard Freise, Vom vorchristlichen Mimigernaford zum *honestum monasterium* Liudgers, in: Franz-Josef Jakobi (Hg.), Geschichte der Stadt Münster, Bd. 1, Münster 1993, S. 1–51, S. 39.

743 Eckhard Freise, Vom vorchristlichen Mimigernaford zum *honestum monasterium* Liudgers, in: Franz-Josef Jakobi (Hg.), Geschichte der Stadt Münster, Bd. 1, Münster 1993, S. 1–51, S. 45.

744 Altfried, Vita Liudgeri I 30; ed. Wilhelm Diekamp, Die vitae sancti Liudgeri (GQBM 4), Münster 1881, S. 35f.; Übersetzung: Basilius Senger, Das Leben des heiligen Liudger von Altfrid (Kleine Westfälische Reihe V/6*), Bielefeld-Bethel 1959, S. 21f.

745 Altfried, Vita Liudgeri I, 27; ed. Wilhelm Diekamp, Die vitae sancti Liudgeri (GQBM 4), Münster 1881, S. 32f.; Übersetzung: Basilius Senger, Das Leben des heiligen Liudger von Altfrid (Kleine Westfälische Reihe V/6*), Bielefeld-Bethel 1959, S. 19.

746 Vita secunda sancti Liudgeri I 32; ed. Eckhard Freise, Die Vita sancti Liudgeri, Graz/Bielefeld 1999, S. 17, Übersetzung: S. 45f.

747 Vita secunda sancti Liudgeri I 24; ed. Eckhard Freise, Die Vita sancti Liudgeri, Graz/Bielefeld 1999, S. 14f., Übersetzung: S. 40.

748 Altfried, Vita Liudgeri I 31; ed. Wilhelm Diekamp, Die vitae sancti Liudgeri (GQBM 4), Münster 1881, S. 36f.; Übersetzung: Basilius Senger, Das Leben des heiligen Liudger von Altfrid (Kleine Westfälische Reihe V/6*), Bielefeld-Bethel 1959, S. 22f.

749 Altfried, Vita Liudgeri I 32; ed. Wilhelm Diekamp,

Die vitae sancti Liudgeri (GQBM 4), Münster 1881, S. 37f.; Übersetzung: BASILIUS SENGER, Das Leben des heiligen Liudger von Altfrid (Kleine Westfälische Reihe V/6*), Bielefeld-Bethel 1959, S. 23.

750 KARL HAUCK, Apostolischer Geist im Genus sacerdotale der Liudgeriden, Essen 1986, S. 7.

751 Altfried, Vita Liudgeri I, 21; ed. WILHELM DIEKAMP, Die vitae sancti Liudgeri (GQBM 4), Münster 1881, S. 25; Übersetzung: BASILIUS SENGER, Das Leben des heiligen Liudger von Altfrid (Kleine Westfälische Reihe V/6*), Bielefeld-Bethel 1959, S. 15.

752 Urkunde Werden 10; ed. DIRK PETER BLOK, De oudste particuliere oorkonden van het klooster werden. Een diplomatische studie met enige uitweidingen over het ontstaan van dit soort oorkonden in het algemeen (Van Gorcum's Historische Bibliotheek 61), Assen 1960, S. 167.

753 MICHEL BUR, Art. Châlons-sur-Marne, in: LMA 2 (1983), Sp. 1666–1669.

754 KARLOTTO BOGUMIL, Art. Halberstadt, in: LMA 4 (1989), Sp. 1870–1872; HEDWIG RÖCKELEIN, Halberstadt, Helmstedt und die Liudgeriden, in: JAN GERCHOW (Hg.), Das Jahrtausend der Mönche. KlosterWelt Werden 799–1803, Köln 1999, S. 65–73.

755 C. RÖMER, Helmstedt, St. Liudgeri, in: ULRICH FAUST, Die Benediktinerklöster in Niedersachsen, Schleswig-Holstein und Bremen (Germania Benedictina VI), St. Ottilien 1979, S. 163–199, S. 163f.

756 Altfried, Vita Liudgeri I, 32; ed. WILHELM DIEKAMP, Die vitae sancti Liudgeri (GQBM 4), Münster 1881, S. 37f.; Übersetzung: BASILIUS SENGER, Das Leben des heiligen Liudger von Altfrid (Kleine Westfälische Reihe V/6*), Bielefeld-Bethel 1959, S. 23.

757 Altfried, Vita Liudgeri I, 31; ed. WILHELM DIEKAMP, Die vitae sancti Liudgeri (GQBM 4), Münster 1881, S. 37: *nepos eius et sucessor*; Übersetzung: BASILIUS SENGER, Das Leben des heiligen Liudger von Altfrid (Kleine Westfälische Reihe V/6*), Bielefeld-Bethel 1959, S. 22.

758 ALOIS SCHRÖER, Die Bischöfe von Münster. Biogramme der Weihbischöfe und Generalvikare (Das Bistum Münster 1), Münster 1993, S. 44–48.

759 WILFRIED HARTMANN, Die Synoden der Karolingerzeit im Frankenreich und in Italien, Paderborn u.a. 1989, S. 178–181, mit Anm. 4.

760 Vita secunda sancti Liudgeri I 36; ed. ECKHARD FREISE, Die Vita sancti Liudgeri, Graz/Bielefeld 1999, S. 18, Übersetzung S. 49f.

761 Altfried, Vita Liudgeri II, 13; ed. WILHELM DIEKAMP, Die vitae sancti Liudgeri (GQBM 4), Münster 1881, S. 48.

762 GABRIELE ISENBERG, Die karolingischen und ottonischen Bauten der Werdener Abteikirche, in: JAN GERCHOW (Hg.), Das Jahrtausend der Mönche. KlosterWelt Werden 799–1803, Köln 1999, S. 257–263, 257ff.

763 Altfried, Vita Liudgeri II, 8; ed. WILHELM DIEKAMP, Die vitae sancti Liudgeri (GQBM 4), Münster 1881, S. 45.

764 Urkunde Werden 65; ed. DIRK PETER BLOK, De oudste particuliere oorkonden van het klooster werden. Een diplomatische studie met enige uitweidingen over het ontstaan van dit soort oorkonden in het algemeen (Van Gorcum's Historische Bibliotheek 61), Assen 1960, S. 217.; Altfried, Vita Liudgeri I prol.; ed. WILHELM DIEKAMP, Die vitae sancti Liudgeri (GQBM 4), Münster 1881, S. 3.

765 KARL SCHMID, Die ›Liudgeriden‹. Erscheinung und Problematik einer Adelsfamilie, in: KARL SCHMID, Gebetsgedenken und adliges Selbstverständnis im Mittelalter. Ausgewählte Beiträge. Festgabe zu seinem sechzigsten Geburtstag, Sigmaringen 1983, S. 305–335, S. 324.

766 FRIEDERIKE TSCHOCHNER, Liudger, in: Lexikon der christlichen Ikonographie 7 (1974), Sp. 422f.

767 Vita tertia sancti Liudgeri II, 9; ed. WILHELM DIEKAMP, Die vitae sancti Liudgeri (GQBM 4), Münster 1881, S. 117.

768 WOLFGANG HAUBRICHS, Die Anfänge: Versuche volksprachiger Schriftlichkeit im frühen Mittelalter (ca. 700–1050/60), in: JOACHIM HEINZLE (Hg.), Geschichte der deutschen Literatur von den Anfängen bis zum Beginn der Neuzeit I,1, Frankfurt 1988, S. 280–311, S. 285f., S. 303f.

769 BURKHARD GLADIGOW, Art. Gottesvorstellungen, in: HRWG 3 (1993), S. 32–49; CHRISTOPH ELSAS, Art. Hochgottglaube, in: HRWG 3 (1993), S. 155–160.

770 WALTER BURKERT, Griechische Religion der archaischen und klassischen Epoche (Die Religionen der Menschheit 15), Stuttgart u.a. 1977, S. 468–495.

771 JOHANNES B. BAUER, Art. Herz, in: RAC 14 (1988), Sp. 1093–1131, Sp. 1096f.

772 JAN ASSMANN, Die Mosaische Unterscheidung oder der Preis des Monotheismus, München/Wien 2003, S. 158.

773 Rupert L. S. Bruce-Mitford, The Sutton-Hoo Ship Burial, 3 Bde., London 1975–1983, Karl Hauck, Zum ersten Band der Sutton Hoo-Edition, in: FMSt 12 (1978), S. 438–456; Karl Hauck, Zum zweiten Band der Sutton Hoo-Edition, in: FMSt 16 (1982), S. 319–362.

774 Otto Doppelfeld, Das fränkische Frauengrab unter dem Chor des Kölner Domes, in: Germania 38 (1960), S. 89–113; Otto Doppelfeld, Das fränkische Knabengrab unter dem Chor des Kölner Domes, in: Germania 42 (1964), S. 156–187.

775 Kurt Böhner, Das Grab eines fränkischen Herrn aus Morken im Rheinland (Führer Nr. 4 des Rheinischen Landesmuseums in Bonn), Bonn 1959; Otto Doppelfeld / Renate Pirling, Fränkische Fürsten im Rheinland (Schrift des Rheinischen Landesmuseums Bonn 2), Düsseldorf 1966; Josef Engemann / Christoph B. Rüger (Hgg.), Spätantike und frühes Mittelalter. Ausgewählte Denkmäler im Rheinischen Landesmuseum Bonn (Führer Nr. 134 des Rheinischen Landesmuseums in Bonn), Bonn 1991, S. 35–43.

776 Georges Duby, Krieger und Bauern. Die Entwicklung der mittelalterlichen Wirtschaft und Gesellschaft bis um 1200, Frankfurt a.M. 1986, S. 72.

777 Günter P. Fehring, Missions- und Kirchenwesen in archäologischer Sicht, in: Herbert Jahnkuhn / Reinhard Wenskus (Hgg.), Geschichtswissenschaft und Archäologie (Vorträge und Forschungen 22), Sigmaringen 1979, S. 547–591, S. 568f.

778 Christoph Grünewald, Die Siedlungsgeschichte des Münsterlandes vom 7. bis 10. Jahrhundert aus archäologischer Sicht, in: Gabriele Isenberg / Barbara Rommé (Hgg.), 805: Liudger wird Bischof. Spuren eines Heiligen zwischen York, Rom und Münster, Mainz 2005, S. 31–44.

779 Georges Duby, Krieger und Bauern. Die Entwicklung der mittelalterlichen Wirtschaft und Gesellschaft bis um 1200, Frankfurt a.M. 1986, S. 73.

780 Arnold Angenendt, Mission bis Millenium. 313–1000 (Geschichte des Bistums Münster 1), Münster 1998, S. 139.

781 Altfried, Vita Liudgeri I, 13; ed. Wilhelm Diekamp, Die vitae sancti Liudgeri (GQBM 4), Münster 1881, S. 18; Übersetzung: Basilius Senger, Das Leben des heiligen Liudger von Altfrid (Kleine Westfälische Reihe V/6*), Bielefeld-Bethel 1959, S. 10f.

782 Eugen Ewig, Die Merowinger und das Frankenreich, Stuttgart u.a. ^{3}1997, S. 107.

783 Paul Mikat, Dotierte Ehe - rechte Ehe. Zur Entwicklung des Eheschließungsrechts in fränkischer Zeit (Rheinisch-Westfälische Akademie der Wissenschaften. Geisteswissenschaften. Vorträge G 227), Opladen 1978, S. 16ff.

784 Josef Semmler, Zur pippinisch-karolingischen Sukzessionskrise 714–723, in: Deutsches Archiv für Erforschung des Mittelalters 33 (1977), S. 1–36.

785 Codex Carolinus 45; MGH.Ep 3, S. 561^{40}.

786 Raymund Kottje, Ehe und Eheverständnis in den vorgratianischen Bußbüchern, in: Willy van Holcke / Andries Welkenhuysen (Hgg.), Love and Marriage in the XIIth Century (Mediaevalia Lovaniensia I,8), Louvain 1981, S. 18–40.

787 Decretum Compediense 4 und 8; MGH.Cap 1, S. 38^{5+16}.

788 Suzanne Fonay Wemple, Women in Frankish Society, Philadelphia 1981; Elisabeth Gössmann u. a., Art. Frau, in: LMA 4 (1989), Sp. 852–874; Cordula Nolte, Conversio und Christianitas. Frauen in der Christianisierung vom 5. bis 8. Jahrhundert (Monographien zur Geschichte des Mittelalters 12), Stuttgart 1995.

789 Altfried, Vita Liudgeri I, 6; ed. Wilhelm Diekamp, Die vitae sancti Liudgeri (GQBM 4), Münster 1881, S. 10f.; Übersetzung: Basilius Senger, Das Leben des heiligen Liudger von Altfrid (Kleine Westfälische Reihe V/6*), Bielefeld-Bethel 1959, S. 6.

790 Michael Mitterauer, Warum Europa? Mittelalterliche Grundlagen eines Sonderwegs, München 2003, S. 72.

791 Michael Mitterauer, Warum Europa? Mittelalterliche Grundlagen eines Sonderwegs, München 2003, S. 105f.

792 Hartmut Hoffmann, Kirche und Sklaverei im frühen Mittelalter, in: Deutsches Archiv für Erforschung des Mittelalters 42 (1986), S. 1–24, S. 21f.; Lutz E. von Padberg, Mission und Christianisierung. Formen und Folgen bei Angelsachsen und Franken im 7. und 8. Jahrhundert, Stuttgart 1995, S. 278–315.

793 Die Briefe des heiligen Bonifatius und Lullus 86; MGH.ES in us. schol. 1, S. 193^{23}: *monachus constituimus sub regula sancti patri Benedicti viventes, viros stricte abstinentiae, absque carne et vino, absque sicera et servis, proprio manuum suarum labore contentos.*

794 François Louis Ganshof, Grondbezit en gronduitbating tijdens de vroege middeleeuwen in van het Frankische rijk en meer bepaald in Tax-

andrie, in: Brabants Heem 6, 1954, S. 3–19; FRANS THEUWS, Landed property and manorial organisation in Northern Austrasia: some considerations and a case study, in: NICO ROYMANS / FRANS THEUWS, Images of the past. Studies on ancient societies in Northwestern Europe, Amsterdam 1991, S. 299–397, S. 312–318, S. 338–344.

795 DIETER HÄGERMANN, Die rechtlichen Grundlagen der Wirtschaftsentwicklung im Nordwesten des fränkischen Reiches, in: HARTMUT ATSMA (Hg.), La Neustrie. Les pays au nord de la Loire de 650 à 850. Colloque historique international 1 (Beihefte der Francia 16,1), Sigmaringen 1989, S. 341–365, S. 345.

796 So in Urkunden über Schenkungen, die Willibrord in Toxandrien erhalten hat. Echternach-Urkunde 20; ed. CAMILLUS WAMPACH, Geschichte der Grundherrschaft Echternach im Frühmittelalter. I/2: Quellenband, Luxemburg 1930, S. 51f.: *casatas tres [...], tria mancipia cum uxoribus et infantibus; [...] casatam unam et mancipium cum uxore et infantibus*, Nr. 21 S. 53: *casatas VI [...], cum VI mancipiis [et uxoribus] et infantibus eorum.*

797 In den Urkunden der Äbtissin Irmina von Oeren, die 697/98 einen Teil von Echternach an Willibrord schenkte, wird mehrmals von Freigelassenen gesprochen; Echternach-Urkunde 3; ed. CAMILLUS WAMPACH, Geschichte der Grundherrschaft Echternach im Frühmittelalter. I/2: Quellenband, Luxemburg 1930, S. 19: *[homines] quos per epistolas ingenuos relaxavimus*, vgl. auch Nr. 4, S. 22.

798 Alkuin, Vita Willibrordi 9; MGH.SRM 5, S. 124[3]: *acceptis tunc triginta eiusdem patriae pueris.*

799 Vita Eligii I, 10; MGH.SRG 4, S. 677 [23]: *Redemptos enim captivos protinus coram rege statuens, iactatis ante eum denariis, cartas eis libertatis tribuebat. Deinde trium ipsis optionum proponebat electionem: id est, ut si qui velint iam liberi ad proriam remeare patriam, ipse eis, in quantum subpetebat, praeberet subsidium; si qui antem cum ipso velint permanere, libens valde accomodebat adsensum, ita dumtaxat non iam ut servi, sed potius ut fratres cum eo degerent; porro si quos, suadere poterat, ut venerabilem monachorum vitam arripientes claustra coenobii expeterent, hos tamquam dominos insigniter honorans [...].*

800 Translatio sancti Viti III; ed.IRENE SCHMALE-OTT, Translatio sancti Viti Martyris. Übertragung des hl. Märtyrers Vitus (Fontes minores 1), Münster 1979, S. 36.

801 Altfried, Vita Liudgeri II, 1; ed. WILHELM DIEKAMP, Die vitae sancti Liudgeri (GQBM 4), Münster 1881, S. 39f.

802 Altfried, Vita Liudgeri I, 22; ed. WILHELM DIEKAMP, Die vitae sancti Liudgeri (GQBM 4), Münster 1881, S. 53.

803 MICHAEL MITTERAUER, Warum Europa? Mittelalterliche Grundlagen eines Sonderwegs, München 2003, S. 67.

804 MICHAEL MITTERAUER, Warum Europa? Mittelalterliche Grundlagen eines Sonderwegs, München 2003, S. 180.

805 JACQUES LE GOFF, Das alte Europa und die Welt der Moderne, München 1994, S. 12.

806 HANS-DIETRICH KAHL, Was bedeutet: „Mittelalter"?, in: Saeculum 40 (1989), S. 15–38, S. 37.

807 HEINZ SCHILLING, Die neue Zeit. Vom Christenheitseuropa zum Europa der Staaten. 1250–1750, Berlin 1999, S. 456.

808 FIDELIS BÖSER, Am Grabe des heiligen Liudger. Festgabe zum Jubeljahr 1909, Münster 1909, S. 4, 9f.

809 BERND MICHAEL, Die Handschrift. Zu Geschichte und Gestalt von Manuskript und Buchkasten, in: Eckhard Freise, Die Vita sancti Liudgeri. Vollständige Faksimile-Ausgabe, Graz - Bielefeld 1999, S. 63–84.

Bildnachweis

Atlas zur Geschichte des Niederrheins, 5. Aufl. Bottrop/Essen 2004: 63. Domkammer, Münster (Foto: Stefan Kube): 114 (rechts). Gymnasium Dionysianum, Rheine (Foto Willi Ahlmer): 8. Helms-Museum, Hamburg: 125. Paul Leidinger: 124. Uwe Lobbedey, Der Dom zu Münster, Band 1: 113. Römisch-Germanisches Museum, Köln: 98. Ruhrlandmuseum Essen (Foto J. Nober): 2, 117. Schatzkammer der Propsteikirche St. Ludgerus, Essen-Werden: 92. Staatsbibliothek zu Berlin, Preußischer Kulturbesitz – Handschriftenabteilung/bpk: 138–160. Stadtmuseum Münster: 115. Westfälisches Landesmedienzentrum, Münster: 99. Westfälisches Museum für Archäologie: 114 (links), 134 (Norbert Reuther).